소년법

JUVENILE LAW

카와이데 토시히로 저

황순평 · 김혁 · 장응혁 공역

저 자

서문

본서는 소년법에 관심이 있는 독자들에게 소년법의 현재 모습과 이를 둘러싼 문제의 상황을 전달하는 것을 목표로 집필되었다. 필자가 2008년 4월부터 2010년 3월까지 '법학교실'이란 잡지에 연재하였던 '입문강의 소년법'을 토대로 하고 있으며, 연재 도중 내지 종료 후에 있었던 법 개정과 그간의 연구성과를 담아 대폭 가필·수정하였다.

소년법이란 법률의 존재 자체는 일반 국민들에게 널리 알려져 있는데, 특히 소년에 의한 중대사건이 발생하면 소년법에 근거한 소년에 대한 특별취급의 당부가 문제시되는 경우가 적지 않다. 그러나 이러한 의견 가운데에는, 소년법의 내용이나 그 실무운용에 관하여 정확한 이해가 부족하거나 때로는 명백한 오해에서 비롯된 것들이 적잖이 발견된다.

이러한 점에서 본서는 무엇보다 소년법의 현재 모습을 정확히 그려내는 것에 우선적인 중점을 두었다. 형사소송법과 비교할 때, 소년법은 조문의 수가 적은 탓도 있어, 실무의 운용이 그 모습을 결정하는 데 커다란 역할을 수행하고 있다. 그러한 이유에서 본서에서는 관련되는 판례를 가능한 많이 다루고자 하였으며, 그 중에서도 중요한 판례는 그 내용에 관하여 상세히 검토하였다. 또한 실무운용의 지침이 되는 기본적인 통달이나 운용 상황을 나타내는 각종 통계수치도 적극적으로 살펴보았다.

나아가 소년법은 최근 15년 동안 4차례에 걸쳐 크게 개정되었다. 각각의 개정에는 그 당시의 소년법을 둘러싼 상황이 반영되어 있는데, 소년법의 현재를 알기 위해서는 그 내용을 이해하는 것이 불가결하다. 이에 본서에서는 소년법의 개정문제를 다룬 독립의 장을 마련함과 동시에, 관련되는 부분에서 개정의 경위나 배경을 포함하여 가능한 상세한 설명을 하고자 노력하였다.

본서의 간행 전반에 있어 유비각 서적편집 제1부의 笹倉武宏(사사쿠라 타케히로) 씨에게 큰 신세를 졌다. 깊은 감사의 뜻을 전한다.

2015년 8월
川出敏裕

역 자

서문

소년법은 소년에게 적용되는 특별법이지만, 한편으로 누구나 미숙하고 불안정한 소년기를 거치므로 그러한 의미에서 소년법은 누구에게나 적용될 수 있는 일반법이다. 흔히 소년법을 가리켜 비행소년에게 관대한 온정적 법률이라 하지만, 성인이라면 달리 문제될 것이 없는 행위도 개입의 대상이 될 수 있고, 나아가 보호처분은 소년의 요보호성에 상응하여 결정되므로 가벼운 비행사실로도 중한 보호처분이 부과될 가능성이 있기에 항상 그러한 명제가 성립하는 것은 아니다.

소년법의 목적은 비행소년의 건전한 성장을 도모함에 있고, 이는 정도의 차이는 있지만 시대를 초월하여 세계 각국에 공통된 현상이다. 즉, 범죄와 관련된 소년이라도 곧바로 형사처벌하려는 것이 아니라, 그가 가진 성격과 환경의 문제를 해결하고 이를 개선교육함으로써 장래의 범죄를 예방하는 편이 당해 소년은 물론 그가 속한 사회에도 보다 유익하리라는 생각에 기반하고 있는 것이다. 따라서 소년법을 제대로 운용하면 비행소년이 재차 범죄를 저질러 인생의 (성공을 보장할 수는 없겠으나) 실패자로 전락하는 사태를 방지할 수 있다.

이 책의 저자인 카와이데 토시히로 교수는 본래 형사소송법을 전공하였으나 소년법에도 정통한 대학자이다. 소년법의 해석과 적용에는 형사소송법에 관한 지식이 필수적인데, 그 때문에 독자의 입장에서 형사절차와 구별되는 소년보호절차, 그리고 형벌과 구별되는 보호처분의 차이를 한층 알기 쉽게 설명할 수 있었다고 생각한다.

역자들은 모두 일본에서 유학한 경험을 가지고 있다. 그것이 인연이 되어 이 책의 번역에 착수할 수 있었다. 애초의 의기투합 당시 예상과 달리, 번역이란 많은 시간이 소요되고 신경이 곤두서는 지난한 작업이었다. 기본적으로 책의 장별로 번역을 분담하였으나, 다른 부분도 순차적으로 교차하여 검토하였기에, 전체적으로 공동작업을 진행하였다고 말할 수 있다.

저자의 본지를 왜곡, 훼손하는 오역은 물론, 가급적 비문, 오탈자가 없기를 바라는 마음으로 꼼꼼히 번역하였다. 이 번역서를 통하여 일본 소년법의 현재 모습과 이를 둘러싼 문제상황의 전달이란 저자의 집필의도가 한국의 독자들에게도 그대로 실현되길 바란다. 그렇다면 역자로서 더없는 기쁨이다.

흔쾌히 번역을 허락해 주신 카와이데 교수님, 그리고 출판권 등 번역서의 간행과 관련하여 적극 협력하여 주신 유비각 및 박영사의 각 사장님을 비롯한 관계자 분께 깊은 감사를 드린다. 특히 헌신적인 편집과 교정으로 수고를 마다치 않으신 기획마케팅팀 강상희 차장님, 편집부 전채린 대리님께 각별한 고마움을 표한다.

2016. 8. 아산에서
역자 일동

차례

제6장 상 소 ▪ ▪ ▪ 279

제7장 보호처분의 취소 ▪ ▪ ▪ 301

제8장 소년보호사건의 보상 ▪ ▪ ▪ 316

제9장 소년의 형사재판 ▪ ▪ ▪ 320

범례

1. 법령명 약어

법령명은 원칙적으로 유비각 '육법전서'의 약어·통칭에 따랐다. 주된 것은 다음과 같다.

少	소년법
少院	소년원법
少鑑	소년감별소법
少補	소년의 보호사건에 관계되는 보상에 관한 법률
少審規	소년심판규칙
刑	형법
刑訴	형사소송법
刑訴規	형사소송규칙
刑補	형사보상법
刑事收容	형사수용시설 및 피수용자 등의 처우에 관한 법률
更生	갱생보호법
裁	재판소법
兒福	아동복지법
道交	도로교통법

2. 판례 등 약어

大判	대심원판결
最	최고재판소
最大判	최고재판소 대법정 판결
最大決	최고재판소 대법정 결정
高	고등재판소
地	지방재판소
家	가정재판소
支	지부
判	판결
決	결정

3. 판례집 · 판례잡지 등 약어

刑錄	대심원 형사판결록
刑集	최고재판소 형사판례집
民集	최고재판소 민사판례집
集刑	최고재판소 재판집 형사
下刑集	하급재판소 형사재판례집
高刑集	고등재판소 형사판례집
高刑速	고등재판소 형사재판속보집
訟月	송무월보
家月	가정재판월보
判時	판례시보
判評	판례평론
判タ	판례タイムズ
最判解	최고재판소판례해설
重判解	중요판례해설(ジュリスト 임시증간)

4. 문헌 약어

荒木編	荒木伸怡編著, 非行事実の認定, 弘文堂, 1997年
生田古稀	浅田和茂ほか編, 生田勝義先生古稀祝賀論文集—自由と安全の刑事法学, 法律文化社, 2014年
石井	石井一正, 刑事実務証拠法(第5版), 判例タイムズ社, 2011年
植村	植村立郎, 少年事件の実務と法理, 判例タイムズ社, 2010年
植村退官	植村立郎判事退官記念論文集—現代刑事法の諸問題(第1巻), 立花書房, 2011年
内園ほか	内園盛久ほか, 少年審判手続における非行事実認定に関する実務上の諸問題, 司法研究報告書37輯1号, 1987年
甲斐ほか	甲斐行夫ほか, 少年法等の一部を改正する法律及び少年審判規則等の一部を改正する規則の解説, 法曹会, 2002年
家裁論集	最高裁判所事務総局, 家庭裁判所論集, 1979年
柏木	柏木千秋, 新少年法概説(改訂新版), 立花書房, 1951年
課題と展望(1)(2)	斉藤豊治＝守屋克彦編著, 少年法の課題と展望 第1巻·第2巻, 成文堂, 2005年·2006年
久木元ほか	久木元伸ほか, 少年法等の一部を改正する法律及び少年審判規則等の一部を改正する規則の解説, 法曹会, 2011年
検証と展望	葛野尋行編, 少年司法改革の検証と展望, 日本評論社, 2006年
講座少年保護	平野竜一ほか編, 編講座少年保護(2)—少年法と少年審判, 大成出版社, 1982年
高麗ほか	高麗邦彦ほか, 少年審判の傍聴制度の運用に関する研究, 司法研究報告書64輯1号, 2012年
小林＝佐藤古稀(上)(下)	小林充先生·佐藤文哉先生古稀祝賀—刑事裁判論集 上·下巻, 判例タイムズ社, 2006年
裁判員裁判	武内謙治編著, 少年事件の裁判員裁判, 現代人文社, 2014年
裁判例コンメ	広瀬健二編, 裁判例コンメンタール少年法, 立花書房, 2011年
佐々木喜寿	佐々木史朗先生喜寿祝賀—刑事法の理論と実践, 第一法規出版, 2002年
澤登	澤登俊雄, 少年法入門(第6版), 有斐閣, 2015年
澤登古稀	澤登俊雄先生古稀祝賀論文集—少年法の展望, 現代人文社, 2000年

重判50選	広瀬健二ほか編，少年事件重要判決50選，立花書房，2010年
条解	田宮裕編，少年法(条文解説)，有斐閣，1986年
少年法判例百選	田宮裕編，少年法判例百選，別冊ジュリスト147号，有斐閣，1998年
諸問題	最高裁判所事務総局家庭局編，家庭裁判所の諸問題(下)，法曹会，1970年
精神科医療と法	中谷陽二編，精神科医療と法，弘文堂，2008年
総研	裁判所職員総合研修所監修，少年法実務講義案(再訂補訂版)，司法協会，2012年
武内，講義	武内謙治，少年法講義，日本評論社，2015年
武内，構造	武内謙治，少年司法における保護の構造，日本評論社，2014年
田宮	田宮裕，刑事訴訟法(新版)，有斐閣，1996年
田宮追悼(上)(下)	田宮裕博士追悼論集 上巻·下巻，信山社，2001年·2003年
田宮＝廣瀬	田宮裕＝廣瀬健二編，注釈少年法(第3版)，有斐閣，2009年
団藤＝森田	団藤重光＝森田宗一，少年法(新版第2版)，有斐閣，1984年
長岡ほか	長岡哲次ほか，改正少年法の運用に関する研究，司法研究報告書58輯1号，2006年
展開	猪瀬慎一郎ほか編，少年法のあらたな展開，有斐閣，2001年
中野還暦	中野次雄判事還暦祝賀—刑事裁判の課題，有斐閣，1972年
中村＝檞	中村功一＝檞清隆，少年法の一部を改正する法律について，曹時66巻8号，2014年
中山退官	中山善房判事退官記念—刑事裁判の理論と実務，成文堂，1998年
能勢追悼	能勢弘之先生追悼論集—激動期の刑事法学，信山社，2003年
服部	服部朗，少年法における司法福祉の展開，成文堂，2006年
浜井ほか	浜井一夫ほか，少年事件の処理に関する実務上の諸問題—否認事件を中心として，司法研究報告書48輯2号，1997年
判タ家裁実務	家庭裁判所家事·少年実務の現状と課題，判例タイムズ996号，1999年
判タ少年法	少年法—その実務と裁判例の研究，別冊判例タイムズ6号，1979年
平野	平野竜一，刑事訴訟法，有斐閣，1958年
平場	平場安治，少年法(新版)，有斐閣，1987年
廣瀬	廣瀬健二，子どもの法律入門(改訂版)，金剛出版，2013年
本圧	本圧武，少年に対する刑事処分，現代人文社，2014年
前野古稀	前野育三先生古稀祝賀—刑事政策学の体系，法律文化社，2008年

松尾(上)(下)	松尾浩也, 刑事訴訟法(上)(新版), 刑事訴訟法(下)(新版補正第2版), 弘文堂, 1999年
松岡古稀	松岡正章先生古稀祝賀—量刑法の総合的検討, 成文堂, 2005年
丸山	丸山雅夫, 少年法講義(第2版), 成文堂, 2012年
守屋=斉藤	守屋克彦=斉藤豊治編集代表, コンメンタール少年法, 現代人文社, 2012年
守山=後藤	守山正=後藤弘子編著, ビギナーズ少年法(第2版補訂版), 成文堂, 2009年
山口	山口直也, 少年司法と国際人権, 成文堂, 2013年
理念	澤登俊雄=高内寿夫編著, 少年法の理念, 現代人文社, 2010年

5. 잡지 약어

警研	警察研究
刑ジャ	刑事法ジャーナル
警論	警察学論集
ジュリ	ジュリスト
曹時	法曹時報
早法	早稲田法学
同法	同志社法学
ひろば	法律のひろば
法教	法学教室
法時	法律時報
法セ	法学セミナー

비행소년에 대한 절차의 흐름

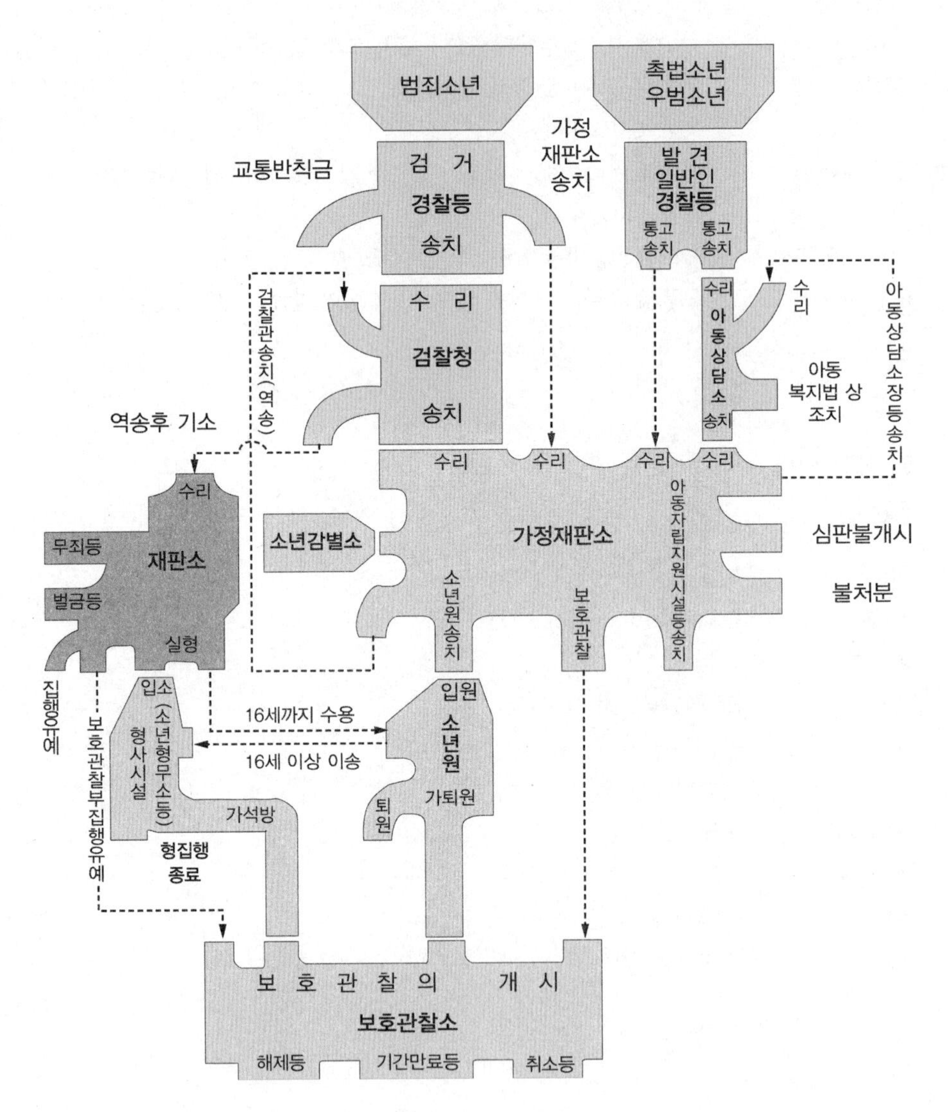

2014년판 범죄백서

제 1 장

소년법의 개요와 기본이념

소년은 성인에 비하여 일반적으로 미성숙하고 가소성이 풍부하므로, 죄를 범한 경우라도 성인과는 다르게 처우할 필요성과 합리성이 인정된다. 이러한 생각은 동서고금을 막론하고 널리 받아들여지고 있으며, 일본도 예외가 아니다. 소년이 범죄를 저지른 경우에는 성인과 달리 소년법에 의한 특별한 절차를 통하여 사건이 처리되는 것이다.

일본에서 소년법이란 명칭의 법률이 제정된 시기는 1922년인데(구 소년법), 제2차 세계대전 후에 개정되어, 1948년에 현재의 소년법이 성립되었다. 이후 50여 년에 걸쳐 현행 소년법은 실질적인 개정 없이 계속 시행되어 왔으나, 근래 들어 2000년, 2007년, 2008년, 그리고 2014년, 4회에 걸쳐 대폭의 개정을 겪었다. 다만, 이러한 4회의 개정은 모두 현행 소년법의 기본이념을 그대로 유지한다는 전제에 서 있는 것이다.

제1절 소년법에 의한 절차의 개요

Ⅰ. 소년법의 목적

소년법 1조는 "소년의 건전한 육성을 기하기 위하여, 비행 있는 소년에 대하여 성격교정과 환경조정에 관한 보호처분을 행함과 동시에, 소년의 형사사건에 관하여 특별한 조치를 강구함을 목적으로 한다."고 규정하고 있다. 이처럼 소년의 건전육성을 도모한다는 목적은, 소년에게 보호처분을 부과하는 특별한 절차뿐만 아니라, 소년에 대한 형사절차에도 미치고 있다. 이러한 점에서 소년법의 기본이념은 소년의 건전육성에 있다고 말할 수 있다. 즉, 소년법은 소년이 저지른 과거의 범죄에 대한 응보로서 소년을 처벌함에 목적이 있는 것이 아니라, 장래 다시는 범죄 내지 비행을 저지르지 않도록 소년을 개선·교육함에 목적이 있다는 것을 의미한다. 소년법에 따른 절차를 소년보호절차라고 부르는 것도 이러한 이유에서이다. 소년법이 이러한 목적을 규정한 근저에는, 소년은 가소성이 풍부하기 때문에 비록 범죄를 저지른 소년이라 하더라도 적절한 조치를 강구한다면 건전한 사회인으로서 성장할 가능성이 높고, 또 그렇게 하는 것이 단순히 제재로서 형벌을 부과하는 것보다, 소년 본인은 물론 사회에도 이익이라는 생각이 깔려 있다.

Ⅱ. 소년법의 대상

소년이란 20세 미만의 사람을 말한다(少 2조 1항). 소년법에 의한 절차의 대상은 비행 있는 소년인데, 여기서 비행은 소년법이 비행으로서 정의하고 있는 것에 한정된다. 사회에서 일반적으로 비행으로 여겨지는 모든 행위가 포함되는 것이 아니고, 경찰이 이른바 보도(補導)활동의 대상으로 삼는 행위보다 범위가 좁다. 이는 소년법에 따른 여러 조치가 소년의 건전육성을 도모함을 목적으로 하고 단지 소년을 처벌하기 위한 것이 아니라고는 하지만, 경우에 따라서는 소년 본인의 의사에 반하여 자유를 제한한다는 성격을 가지고 있기 때문이다.

소년법의 대상인 비행소년에는 범죄소년, 촉법소년, 우범소년의 3종류가 있다(少 3조 1항). 범죄소년이란 죄를 범한 소년을, 촉법소년이란 14세 미만으로 형벌법령에 저촉되는 행위를 한 소년을 말한다. 형법에서 14세 미만의 사람은 일률적으로 책임능력이 없다고 정하고 있으므로(刑 41조), 그 사람에 의한 행위는 비록 형벌법령에 저촉되는 행위라 하더라도 형법상 범죄행위가 아니어서 형벌을 과할 수는 없지만, 소년법은 이를 대상으로 하고 있는 것이다. 우범소년이란 소년법 3조 1항 3호에 규정된 4가지 사유(우범사유) 중 어느 하나에 해당하고, 그 성격 또는 환경에 비추어 장래 죄를 범하거나 또는 형벌법령에 저촉되는 행위를 할 우려가 있는 소년을 말한다. 우범사유는 ① 보호자의 정당한 감독에 복종하지 않는 성벽이 있는 것, ② 정당한 이유 없이 가정에서 이탈하는 것, ③ 범죄성이 있는 자 또는 부도덕한 자와 교제하거나 저속한 장소에 출입하는 것, ④ 자기 또는 타인의 덕성을 해하는 행위를 하는 성벽이 있는 것인데, 4가지 사유 모두 그 자체로는 형벌법령에 저촉되는 행위가 아니다. 이와 같이 소년법은 행위자가 형사책임연령에 도달하지 못하여 형법상 죄가 되지 않는 촉법행위, 나아가 범죄구성요건에조차 해당하지 않는 우범행위를 저지른 소년도 그 대상으로 하고 있다. 바로 이러한 점에서, 단순히 소년에 의한 과거의 행위를 처벌하려는 것이 아니라, 장래를 향하여 소년을 개선·교육하여 재비행을 방지하고자 하는 소년법의 목적을 확인할 수 있다.

Ⅲ. 소년법에 의한 절차의 흐름

1. 수사 및 가정재판소에의 사건송치

범죄소년에 대한 수사는 기본적으로 형사소송법에 따라 이루어진다(少 40조). 약간의 특칙이 있지만(少 43조·48조), 성인의 경우와 거의 차이가 없다. 따라서 소년사건에서도 체포·구속이나 압수·수색 등의 강제처분을 할 수 있다. 소년사건의 특색이 드러나는 것은 수사기관이 가정재판소에 사건을 송치한 이후 단계부터이다.

우선, 성인의 형사사건의 경우는 원칙적으로 지방재판소 또는 간이재판소가 제1심이 됨에 비하여(裁 24조 2호·33조 1항 2호), 소년사건은 가정재판소가 전속적 관할권을 갖는다(裁 31조의3 1항 3호). 따라서 사법경찰원 또는 검찰관이 사건을 가정재판소에 송치한다(少 41조·42조). 가정재판소에는 재판관 외에 가정재판소 조사관(이하 '조사관'이라 한다)이 배속되어 있어서, 양자가 공동으로 사건을 처리한다. 조사관은 대부분이 심리학, 교육학, 사회학 등의 전공자로서, 법률전문가인 재판관과는 다른 별개의 관점에서 비행소년이 가진 문제성을 살펴, 소년의 개선갱생에 가장 적합한 처분을 결정하는 데 조력하는 역할을 수행할 것이 기대된다.

사건송치에 있어서 성인의 형사사건과 다른 또 하나의 큰 차이는, 소년사건에서 수사기관은 범죄의 혐의가 있는 한, 원칙적으로 모든 사건을 가정재판소에 송치하여야 한다는 점이다. 이를 전건송치주의라고 한다. 즉, 수사기관의 판단으로 절차를 중단할 수 없는 것으로, 소년법은 일본의 형사절차의 특색인 기소편의주의를 채용하고 있지 않다.

소년법이 이러한 입장을 취하고 있는 이유는 절차의 목적이 소년의 건전육성을 도모함에 있기 때문이다. 즉, 사건의 객관적 측면만 본다면 비록 경미한 것이라도 그것이 소년이 가진 심각한 범죄성의 징후일 수도 있기 때문에 이를 면밀히 조사한 다음 소년에게 가장 적절한 조치를 강구할 필요가 있다는 점, 그리고 그러한 조사와 판단에 가장 적합한 기관은 이를 위한 진용을 갖춘 가정재판소이지 수사기관이 아니라는 생각에 기초한 것이다.

전건송치주의의 유일한 예외는 교통반칙통고제도의 대상이 되는 경미한 도로교통법위반사건이다. 이에 관하여는 소년이라 하더라도 반칙금을 납부하면, 사건이 가정재판소에 송치되지 않고 경찰 단계에서 절차가 종료된다(道交 130조).

한편, 촉법소년 또는 우범소년은 그 행위가 범죄가 아니므로, 경찰의 사실해명을 위한 조사활동에 형사소송법이 적용되지 않는다. 그런 이유로 촉법사건에 있어서 경찰의 조사에 관한 규정이 소년법에 있고(少 6조의2~6조의5), 신병구속을 제외한 강제처분의 권한도 인정되고 있다. 이에 반하여 우범사건에 있어서는 특별한 규정은 없고, 경찰은 임의적 조사만을 할 수 있음에 그친다.

나아가 촉법소년과 14세 미만의 우범소년은 가정재판소에의 송치절차에 있어서도 범죄소년의 경우와 차이가 있다. 이러한 사건들은 가정재판소가 아니라, 우선 아동복지기관인 아동상담소에 통고 내지 송치된다(兒福 25조, 少 6조의 6). 그리고 아동상담소가 스스로의 일정한 처분에 의해서가 아닌, 가정재판소의 처분결정을 받는 편이 적당하다고 판단하여 사건을 송치한 경우에 한하여, 가정재판소가 사건을 취급하도록 되어 있다(少 3조 2항). 이를 아동복지기관선의의 원칙이라고 부른다. 이는 14세 미만의 소년은 저연령이란 점에서, 소년법에 따른 조치보다 오로지 아동의 복지를 도모함을 목적으로 하는 아동복지법상의 조치를 우선한다는 생각에 기초한 것이다.

2. 사건의 수리와 조사

가정재판소에 사건이 송치되면 가정재판소가 이를 수리하는데, 사건송치에 있어서는 수사기관이 사건에 관한 증거자료를 일괄 송부한다(少審規 8조 2항). 즉, 소년사건에서는 형사사건에서의 공소장일본주의와 같은 원칙은 적용되지 않는다. 이 점에 있어서도 양 절차 사이에 큰 차이가 있다.

더욱이 형사절차에서는 공소가 제기되어 재판소가 사건을 수리하면 일정한 준비절차를 거쳐 공판이 개시되지만, 소년사건에서는 사건이 수리되었다 하여 형사절차의 공판에 해당하는 심판이 당연히 열리는 것은 아니다. 가정재판소에 사건이 수리되면, 재판관은 우선 수사기관으로부터 송부된 증거자료에 비추어, 소년이 비행사실을 저질렀을 개연성이 인정되는지 여부를 판단한다. 그리고 그 개연성이 인정되는 경우라 하더라도 그 즉시 심판이 열리는 것이 아니라, 재판관은 조사관에게 비행소년이 그 성격이나 가정환경 등에 어떠한 문제를 안고 있는지, 그것을 개선하기 위해서는 어떠한 조치가 필요한지에 관한 조사를 명한다(少 8조 2항). 그 명령을 받은 조사관은 소년이나 보호자 외에 소년이 다니는 학교 교사 등과의 면접 등을 거쳐 그 결과를 보고서(소년조사표) 형태로 정리하여 재판관에게 제출한다. 또한 조사의 일환으로서 소년의 심신에 관하여 과학적 전문기술을 이용하여 진단하는 감별이 실시되기도 한다. 통상적으로 감별은 관호조치(少 17조)에 의하여 소년감별소에 소년의 신병을 수용하여 이루어진다.

3. 심판의 개시와 불개시

재판관은 조사관의 보고, 나아가 사건에 따라 소년감별소의 감별결과를 종합적으로 고려한 다음, 심판을 열 것인지 여부를 결정하게 된다. 어떠한 경우에 심판을 열고, 반대로 어떠한 경우에 심판을 열지 않는지는 심판에서 과연 무엇을 심리할 것인지, 바꿔 말하여 심판의 대상이 무엇인가에 의해 결정된다.

형사사건의 경우, 공판에서의 심판대상은 소인에 기재된 범죄사실임이 분명하다. 물론, 형사사건의 공판에서 범죄사실 자체 외에도 양형사유로서 예를 들어, 피고인의 성장과정이나 반성의 정도 등 협의의 정상에 관한 사실도 고려되지만, 이는 어디까지나 피고인이 저지른 범죄사실에 상응하는 형벌을 결정하기 위함이지, 그것들이 범죄사실과 독립하여 심판대상이 되기 때문은 아니다.

이에 비하여, 소년심판에서의 심판대상은 소년이 비행사실(형사사건의 범죄사실에 대응하는 것)을 저질렀는지 여부만이 아니라, 그 소년이 장래 재차 비행을 저지를 위험성이 있는지 여부를 포함한다. 이를 요보호성이라 부른다. 즉, 요보호성은 실체법상으로는 보호처분을 부과하기 위한 요건 중 하나인데, 그것이 절차면에 반영되어 절차법상으로는 심판의 대상이 되는 것이다. 따라서 소년이 비행사실을 저지른 사실이 인정된다 하더라도, 장래 재차 비행을 저지를 위험성이 없는 경우라면 그 소년에게 보호처분을 부과할 수 없다. 이러한 점 또한 소년법이 소년에 의한 과거의 행위를 처벌하려는 것이 아니라, 소년이 장래 재차 비행을 저지르지 않도록 하고자 하는 목적에서 나오는 당연한 귀결이다.

그런 이유로 재판소가 심판을 개시하기 위해서는 소년이 비행사실을 저질렀다는 개연성과 함께 요보호성이 존재할 개연성도 있어야 한다. 역으로 말하면, 그것들이 인정되지 않는 경우에는 심판을 개시하지 않는다는 결정을 하게 된다. 실무상 심판불개시결정 이유의 대부분은 사안이 경미하여 처음부터 요보호성이 인정되지 않는 경우이거나, 그렇지는 않지만 조사과정에서 조사관의 소년에 대한 훈계 또는 부모나 교사와의 면접에 의한 환경조정 등의 조치(보호적 조치라고 불린다)를 통하여 요보호성이 소멸된 경우이다. 여기서 알 수 있듯이, 조사관에 의한 조사란 문자 그대로 조사만을 하는 것이 아니라, 동시에 소년의 개선교육을 위한 일종의 처우가 적극적으로 이루어지고 있다. 이와 같이 절차의 진행과정 자체가 소년의 개선교육의 장으로서 기능하고 있다는 점에서도, 소년의 건전육성이라는 소년법의 목적을 엿볼 수 있다.

이렇듯 소년이 비행사실을 저질렀다는 개연성이 있고, 위와 같은 의미에서의 조사를 거친 후에도 여전히 소년에게 요보호성이 인정되는 경우에 심판개시결정이 내려져 심판이 열리게 된다.

4. 심판절차

(1) 심판의 출석자

심판에는 재판관과 소년 외에 소년의 보호자, 재판소 서기관, 그리고 원칙적으로 조사관이 출석한다. 재판관은 통상 1인이지만, 비행사실의 인정이나 처우결정이 어려운 사건의 경우, 결정에 의하여 3인의 재판관에 의한 합의체의 형태를 취할 수 있다(裁 31조의4).

또한 형사사건의 변호인에 해당하는 보조인이란 제도가 있어, 보조인이 선임되어 있는 경우에는 보조인도 심판출석의 권리를 가진다. 보조인이 변호사일 필요는 없지만, 실제 대부분의 사건에서 변호사가 보조인이 된다. 그리고 사형, 무기 또는 장기 3년을 초과하는 징역 또는 금고에 해당하는 죄의 범죄소년 또는 촉법소년 사건으로서, 소년감별소에 수용하는 관호조치가 취해진 경우에는 재판소의 재량으로 국선보조인을 선정할 수 있다(少 22조의3).

나아가 종래까지는 검찰관이 소년심판에 출석하는 것이 인정되지 않았다. 그러나 2000년 및 2014년의 개정에 의하여, 사형, 무기 또는 장기 3년을 초과하는 징역 또는 금고에 해당하는 죄의 범죄소년 사건에서 검찰관의 심판출석이 인정되고 있다(少 22조의2). 다만, 이는 비행사실의 인정을 위하여 필요한 경우로 한정되는 외에, 재판소가 필요하다고 인정한 때에 출석시킬 수 있다는 것에 그칠 뿐, 검찰관에게 출석권이 보장되어 있는 것은 아니라는 점에서 형사재판과 다르다.

(2) 비공개의 원칙

소년심판절차와 형사사건의 공판절차의 큰 차이 중 하나는 소년심판절차가 비공개라는 것이다(少 22조 2항). 이는 미성숙한 소년의 정서를 보호함과 동시에, 공개함으로써 소년의 사회복귀가 곤란해지는 것을 방지하는 데 주된 목적이 있다. 나아가 심판에서는 소년이나 가족의 프라이버시에 관한 사항이 소상히 밝혀져야 하므로, 심리를 비공개하여 소년이나 관계자가 쉽게 정보를 제공하도록 만든다는 측면도 있다. 이러한 취지에 비추어, 심판비공개의 내용에는 심판 자체의 비공개뿐만 아니라 그 결과를 공표하지 않는 것도 당연히 포함하며, 이러한 비밀유지의 원칙은 심판단계 이전의 가정재판소의 조사, 나아가 수사단계에도 미치게 된다.

다만, 일정한 중요사건의 범죄피해자나 그 친족은 일정한 요건 하에서 심판을 방청할 수 있다(少 22조의4). 또한 그 신청에 따라 심판기록의 열람·등사가 인정되며(少 5조의2), 심판결과를 통지받거나(少 31조의2) 심판상황에 관한 설명을 들을 수 있다(少 22조의6).

(3) 심판절차의 기본구조

(a) 직권주의

소년심판절차와 공판절차는 심리의 기본구조에도 차이가 있다. 형사사건의 공판절차가 이른바 당사자주의구조(대심구조)임에 반하여, 소년심판절차는 직권주의구조이다.

직권주의에 따른 절차란 재판에서 재판소 스스로가 주체가 되어 사실을 해명하고 이에 기초하여 판단을 내리는 절차이다. 따라서 증거조사는 당사자의 신청에 의하지 않고, 재판소의 직권으로 필요하다고 인정되는 증거를 스스로 조사하는 형태가 된다. 이러한 점을 반영하여 소년심판에서는 형사사건에 있어서 공소장일본주의와 같은 원칙은 적용되지 않고, 재판관이 수사기관으로부터 송부된 증거자료를 사전에 읽어본 후에 심판에 임하게 된다. 그렇지 않으면 사건의 내용을 파악할 수 없어, 필요한 증거조사를 스스로 실시할 수 없기 때문이다. 그리고 이러한 직권주의에 기초한 절차구조는 검찰관이 심판에 출석하는 경우라 하여 달라지지 않는다.

(b) 비형식성

소년심판은 과거의 특정한 비행사실의 존부를 인정하기 위한 것일 뿐만 아니라, 소년의 문제점을 발견하고 그 개선갱생을 위하여 무엇이 가장 적합한 처분인지를 결정하기 위한 것이며, 그 절차 자체가 하나의 처우의 장으로서 기능하고 있다. 소년심판에서는 개별적 사안에 맞는 유연한 대응이 필요하므로, 엄격한 절차를 규정하는 것은 오히려 그러한 목적을 달성하는 데 방해가 될 수 있다. 이 때문에 형사소송법에서 상세한 규정을 두고 있는 것과 달리, 소년법에는 심판에서의 증거조사절차 또는 증거법칙에 관한 규정이 거의 없다. 즉, 적어도 소년법의 제정 당시에는 그와 같은 문제들은 재판관의 재량에 맡겨야 할 영역이라고 여겨졌던 것이다.

그러나 보호처분도 소년의 의사에 반하여 자유를 제약하는 것임이 분명하므로, 소년심판에서도 적정절차가 보장되어야 한다는 것이 지배적 견해가 되었고, 이후 전통적 견해는 수정을 피할 수 없게 되었다. 그러한 관점에서 현재 실무에서는 소년에 대한 비행사실의 고지와 변명할 기회의 부여, 묵비권·보조인 선임권의 고지, 중요한 증인에 대한 반대신문의 기회보장 등 소년의 절차적 권리를 보장하기 위한 운용이 이루어지고 있다.

5. 종국결정

심판이 있은 후 소년에게 어떠한 처분을 할 것인지에 관한 판단이 내려진다.

(a) 불처분결정

소년이 비행사실을 저질렀음이 인정되지 않는 경우이거나 소년에게 비행사실은 있지만 요보호성이 인정되지 않는 경우에는 불처분결정이 내려진다(少 23조 2항). 실무상 불처분결정은 심판단계에서 조사관이나 재판관에 의한 훈계 등 보호적 조치가 취해지거나, 다른 사건으로 보호처분을 받고 있는 등으로 요보호성이 없음을 이유로 하는 것들이 대부분이다.

(b) 보호처분결정

비행사실이 증명되고, 심판단계에서 보호적 조치가 취해졌음에도 여전히 요보호성이 인정되는 경우에는 소년에게 보호처분을 부과하는 결정이 내려진다. 현행 소년법상 보호처분에는 ① 보호관찰, ② 아동자립지원시설 또는 아동양호시설에의 송치, ③ 소년원송치의 3가지 종류가 있다(少 24조 1항). 그 중 어떠한 보호처분을 과할 것인지는 기본적으로 소년의 요보호성에 대응하여, 다시 말해, 소년을 개선·교육하여 장래 재차 비행을 저지르지 않도록 하기 위해서는 어떠한 처분을 하는 것이 가장 적당한지라는 관점에서 결정된다. 소년이 저지른 비행사실의 내용은 요보호성을 판단하기 위한 중요한 요소이기는 하지만, 보호처분의 선택에 있어서는 간접적 역할을 수행함에 그친다. 보호처분에서 비행사실이 갖는 의미는 범죄사실의 내용이 양형에서 제1차적 역할을 수행하는 형벌과 비교하여 볼 때 더욱 명확해진다.

(c) 검찰관송치결정

보호처분은 형벌이 아니고 가정재판소도 심판에서 소년에게 형벌을 과할 권한은 없다. 그러나 가정재판소가 소년에 대하여 보호처분이 아닌 형벌을 과하는 것이 상당하다고 판단한 경우에는, 결정으로 사건을 검찰관에게 송치하여야 한다(少 20조). 이를 역송결정이라 부른다.

역송결정은 소년으로부터 보호처분에 의한 개선교육을 받을 이익을 박탈하는 성격을 가지므로, 역송결정을 할 수 있는 경우는 사형, 징역 또는 금고에 해당하는 죄의 사건에 한정되고 있다. 따라서 벌금만이 법정형으로 정해져 있는 경미한 범죄에 대하여는 그러한 결정을 할 수 없다.

위와 같은 형식적 요건 외에 역송결정의 실질적 요건은 사건의 죄질 및 정상에 비추어 형사처분이 상당하다고 인정되는 것이다(少 20조 1항). 실무에서는 소년이 보호처분에 의해서는 더 이상 개선가능성이 없는 경우(保護不能)뿐만 아니라, 보호불능은 아니지만 사안의 성질이나 사회에 미친 영향 등에 비추어 형사처분을 과하는 편이 보다 상당한 경우(保護不適)도 이에 해당하는 것으로 보고 있다.

또한 행위시 16세 이상의 소년이 고의의 범죄행위에 의하여 피해자를 사망하게 한 죄의 사건에 관하여는, 가정재판소가 조사한 결과, 범행의 동기·태양, 범행 후의 정황, 소년의 성격, 연령, 행상 및 환경 그 밖의 사정을 고려하여, 형사처분 이외의 조치가 상당하다고 인정되는 경우를 제외하고 역송을 하여야 한다(少 20조 2항). 이를 원칙역송제도라고 부른다.

가정재판소에 의한 역송결정이 내려지면, 그 결정을 받은 검찰관에 의해 공소가 제기되고 성인의 형사사건과 동일하게 형사소송법에 따라 공판심리가 진행된다. 피고인이 소년이라는 이유로 인정되는 특별한 절차는 없다. 성인의 경우와 차이가 나는 것은 절차가 아니라 선고되는 형벌 쪽인데, 예를 들어 행위시 18세 미만의 경우는 사형을 선고할 수 없다(少 51조 1항). 또한 징역·금고형에 있어서 성인의 경우와 달리 부정기형의 선고가 인정되고 있다(少 52조).

6. 상소

형사사건에서 항소가 인정되는 것과 마찬가지로, 가정재판소의 보호처분결정에 대하여 소년, 법정대리인, 보조인은 결정에 영향을 미친 법령위반, 중대한 사실오인 및 처분의 현저한 부당을 이유로 고등재판소에 항고할 수 있다(少 32조). 이에 반하여 검찰관은 항고권을 갖지 못하고, 다만 검찰관관여가 이루어진 사건에서 비행사실의 인정과 관련하여 결정에 영향을 미친 법령위반, 중대한 사실오인이 있음을 이유로, 고등재판소에 항고수리의 신청을 할 수 있을 뿐이다(少 32조의4).

한편, 소년 측이 보호처분결정에 불복하여 항고한 경우라도, 항고는 보호처분의 집행을 정지하는 효력이 없다(少 34조). 형사절차에서는 유죄판결이 확정된 후에 형벌이 집행되므로, 여기에도 양 절차 사이에 큰 차이가 있다. 소년법이 이러한 제도를 채용하고 있는 것은, 개선교육을 위한 조치인 보호처분은 가급적 신속히 집행하는 것이 중요하고, 소년이 항고하였다 하여 그 집행을 당연히 정지시키는 것은 바람직하지 않다는 고려에서 비롯된 것이다.

항고심의 결정에 대하여 소년, 법정대리인, 보조인은 헌법위반 또는 판례위반을 이유로 최고재판소에 재항고하는 것이 가능하다(少 35조). 반면, 검찰관에 의한 재항고수리의 신청은 인정되지 않는다.

7. 보호처분의 취소

형사사건에서는 유죄판결이 확정된 후라도 일정한 사유가 있으면 재심절차에 의하여 확정된 유죄판결을 취소할 수 있다. 이에 비하여, 소년법에는 형사소송법상 재심에 상응하는 명확한 규정은 없지만, 보호처분의 취소제도(少 27조의2)가 재심과 유사한 기능을 담당하고 있다.

제 2 절 소년법의 기본이념

Ⅰ. 비행의 통제원리

이상과 같이, 소년법은 그 절차과정 및 최종적으로 내려지는 보호처분을 통하여, 비행을 저지른 소년을 개선교육하고 그 소년이 장래 다시 비행을 저지르지 않도록 하려는 목적을 가지고 있다. 그렇다면 대체 소년의 개선교육과 그것에 의한 재비행의 방지를 위한 일련의 조치는 무엇을 위하여 행하여지고 어떠한 이유로 정당화되는 것일까? 이는 소년법의 기본이념, 나아가 소년법이라는 법률의 성격과 관계되는 문제인데, 이에 관하여는 2가지의 견해가 대립하고 있다.

그 중 첫 번째는 소년법에 따른 조치는 어디까지나 비행을 저지른 소년 자신의 이익을 도모하기 위하여 인정된다는 견해이다. 즉, 비행소년은 미성숙하여 충분한 판단능력이 없고, 그대로 방치하여 두면 계속 비행을 반복하다가 결국 제대로 된 인생을 사는 것이 어려워질 가능성이 있으므로, 그렇게 되지 않도록 소년 본인의 이익을 위하여 국가가 개입한다는 것이다. 이른바 보호원리(paternalism)에 근거하여 비행소년에 대한 국가의 개입을 정당화하는 견해이다.

성인범죄자와 구별하여 비행소년을 다루는 특별한 재판소가 최초로 창설된 것은, 1899년 미국 일리노이(Illinois)주 쿡(Cook)군에 세워진 소년재판소로 알려져 있는데, 당시 그 이론적 기초를 이룬 것이 이른바 국친(parens patriae)사상이었다.[1) 그곳에서 비행소년에 대한 절차는 국가가 부모를 대신하여 소년을 보호·교육하는 것으로 여겨졌다. 즉, 비행소년의 경우 가정의 감호교육이 제대로 기능하지 못하므로, 국가가 부모를 대신하여 친권을 행사하고 소년을 위하여 본래 부모가 담당하여야 할 조치를 취한다는 것이다. 이러한 사고방식의 당연한 귀결로서, 소년재판소의 취급대상에는 범죄를 저지른 소년뿐만 아니라, 심야배회나 음주 등의 불량행위를 하는 소년, 나아가 부모로부터 유기나 학대를 받은 소년도 포함되었다. 이와 같은 소년들은 모두 국가의 보호를 필요로 한다는 점에서 동일하기 때문이다.

이러한 국친사상은 상기 보호원리의 전형적 표현이라고 할 수 있다. 당시 미국에서 우세를 보였던 국친사상에 입각한 연합국 총사령부의 의향이 현행 소년법의 제정에 강한 영향을 끼쳤던 것으로 알려져 있는데,[2) 현행 소년법상의 조치를 보호원리에 따라 설명하려는 견해는 그와 같은 역사적 경위도 근거로

1) 平場 4면. 다만, 그 후 국친(parens patriae)사상은 강한 비판에 직면하였고, 1960년대의 연방최고재판소의 판례를 계기로 미국의 소년사법제도는 그 절차와 처분 양면에서 형사사법화의 면모를 강화하였다(佐伯仁志, "アメリカにおける少年司法制度の動向", ジュリ 1087호, 1996, 76면 이하, 守山=後藤 278면 이하 [山口直也]). 하지만 2000년대에 들어와서 엄벌화 정책의 효과가 낮고 그 폐해가 인식되기 시작하면서, 미국 각주에서는 소년재판소의 관할을 확대하고 성인재판소로의 이송을 제한하는 등 정책의 전환이 이루어지고 있다(藤田尚, "アメリカ少年司法制度における改革", 罪と罰 51권 3호, 2014, 110면 이하, 山口直也, "米国少年司法の新動向", 生田古稀 713면 이하).

2) 현행 소년법의 제정과정에 관하여는, 松尾浩也, "少年法", ジュリ 600호, 1975, 267면 이하, 森田明, "少年法の歴史的展開", 展開 1면 이하 참조.

하여 주장되고 있는 것이다.

보호원리에 따른 견해를 취하게 되면, 보호처분은 어디까지나 소년의 이익을 위하여 부과되는 것이고 소년이 저지른 과거의 행위를 비난하는 것이 아니므로, 제재로서의 의미를 갖는 것이 아니다. 따라서 보호처분과 형벌은 전혀 이질적인 처분이 된다. 그리고 소년법은 아동복지법과 마찬가지로 소년의 복지를 도모하기 위한 법률로서 위치하게 될 것이다.[3)]

이에 반하여, 두 번째 견해는 국가개입의 근거를 소년이 비행을 저질러 타인의 이익을 침해하였다는 점에서 구하고(침해원리), 소년의 개선교육과 재비행의 방지를 형벌의 목적인 특별예방과 동일하게 보면서, 소년법의 목적은 소년의 재범방지를 통한 사회안전의 확보에 있다고 한다. 이에 의하면 소년법은 형사사법제도의 일부로서의 명확한 위치를 부여받게 된다. 이는 대부분의 대륙법계 국가에서 통용되고 있는 견해로서, 예를 들어 독일에서 소년사건을 규율하는 소년재판소법은 '교육사상'을 기본이념으로 하면서도, 범죄소년만을 대상으로 하는 형법, 형사소송법, 행형법의 특별법으로 보고 있으며, 이를 다루는 법분야를 가리켜 '소년형법'이라 부르고 있다.[4)]

침해원리 하에서 보호처분은 소년이 저지른 과거의 비행사실에 대한 비난을 전제로, 이에 대한 제재로서 부과되는 것이다. 그러한 의미에서 형벌과 동질적이라 할 수 있는데, 다만 소년의 책임능력의 정도가 질적인 측면에서 성인보다 상대적으로 낮다는 점이나 가소성이 풍부하다는 점을 고려한 이른바 특별한 형벌로서의 위치를 부여받게 되는 것이다.[5)]

---

3) 所一彦, 刑事政策の基礎理論, 大成出版社, 1994, 129면 이하.

4) 독일의 소년재판소법에 관하여는, 守山＝後藤 307면 이하 [武内謙治] 참조.

5) 침해원리는 행위자가 과거 타인의 이익을 침해하였다는 점이 아니라, 장래 타인의 이익을 침해할 위험이 있음에 착안하여 국가가 이를 예방하기 위하여 개입하는 것을 정당화하는 근거로도 원용할 수 있다. 소위 보안처분은 이러한 생각에 기초하고 있다. 학설 중에는 보안처분을 사회방위 내지 본인의 치료·개선·교육 등의 목적을 위하여 부과되는 처분이라고 정의하면서, 보호처분을 보안처분의 일종으로 보는 견해도 있지만(福田平＝大塚仁編, 刑法総論Ⅱ, 有斐閣, 1982, 268면), 문제는 그러한 경우에 범죄예방의 목적과 근거를 과연 무엇으로 볼 것인지에 있다. 만약 이 견해가 보안처분을 위와 같은 의미에서의 침해원리에 터 잡은 사회방위를 목적으로 하는 처분으로 이해한 다음, 보호처분을 그러한 의미에서 보안처분의 일종이라고 주장하는 것이라면, 일본에서는 성인에 대한 보안처분은 존재하지 않으므로, 동일한 처분을 보호처분이란 명칭으로 소년에게만 인정한다는 것은 제도적 정합성을 결여하고 있다는 비판을 면치 못할 것이다.

Ⅱ. 현행 소년법의 법적 성격

전술한 것처럼, 그 제정경과를 살펴보면, 현행 소년법이 미국의 소년재판소가 당시 이념으로 삼았던 국친사상의 영향을 받았던 점은 분명해 보인다. 그 내용을 보더라도, 소년의 건전육성을 목적으로 검찰관을 심판에서 배제하고 전문인력을 갖춘 가정재판소가 소년의 요보호성에 대응한 보호처분을 부과한다는 제도적 체계는 국친사상과 친밀성을 갖는다.

그러나 다른 한편으로, 현행 소년법은 그 대상을 범죄소년, 촉법소년, 우범소년으로 한정하여, 당시 미국의 소년재판소와 달리 요보호소년 일반을 대상으로 하고 있지 않다. 또한 국친사상은 소년에 대한 보호처분과 형벌은 전혀 이질적인 것으로 양립할 수 없음을 논의의 출발점으로 삼고 있지만, 현행 소년법에는 역송 후의 형사절차 및 형벌에 관한 규정도 포함되어 있고, 그 형사적 부분에도 소년법 1조가 내세우는 건전육성의 이념이 그대로 적용된다고 볼 수 있다.[6] 즉, 현행 소년법은 형사사법제도라는 큰 틀 안에서 보호처분과 형벌이 병존하는 형태이고, 그러한 점에서 순수한 의미의 국친사상에 기초한 제도와는 구별된다고 할 수 있다.[7] 이는 소년법과는 별개로 1947년에 아동복지법이 제정되어, 비행을 저지른 소년에 대한 처우가 법률상 이분화되었던 사실에서도 확인할 수 있다.

이와 같이 소년법이 순수한 의미에서의 복지법이 아니고 범죄와의 관련성을 가진 형사입법인 이상, 소년법에 의한 개입을 보호원리만으로 설명하기에는 무리가 있고, 침해원리가 그 근거가 되고 있다는 사실을 부정하기 어렵다고 생각한다. 그리고 최근에는 이를 넘어서 침해원리로 일원화를 시도하는 견해도 등장하고 있다.[8] 이 견해는 보호원리가 타당성을 가지는 것은, 정신장애자에 대한 조치입원처럼 그 대상자에게 판단능력이 없는 경우에 한정된다고 한다. 그렇다고 한다면, 보호처분을 보호원리에 의해 근거지우기 위해서는 비행소년이 조치입원의 대상인 정신장애자와 마찬가지로 판단능력이 없는 사람이라는 점이 그

6) 平場 422면.

7) 森田, 앞의 각주2) 15면.

8) 佐伯仁志, “少年法の理念－保護処分と責任”, 展開 35면 이하.

전제가 되어야 한다. 그러나 소년은 14세 이상이라면 형법상 책임능력이 인정되고, 14세 미만의 촉법소년이라 하더라도 실제 아동복지기관으로부터 가정재판소에 송치되어 심판을 받게 되는 경우에는 어느 정도의 시비변별능력과 행동제어능력을 구비하고 있으므로, 그와 같은 전제는 성립될 수 없는 것이다. 따라서 보호원리에 의해서는 비행소년의 의사에 반한 국가의 개입이나 소년에 대한 권리제약을 인정될 수 없게 된다. 따라서 보호처분은 침해원리로밖에 설명할 수 없다는 것이다.

그러나 이러한 사고방식은 보호원리 일원론과 마찬가지로 그 논리적 일관성으로 인하여 현행 소년법의 내용과 부합되지 않는 부분이 발생하게 된다. 무엇보다, 이 견해 하에서는 소년법이 우범소년도 대상으로 한다는 점을 설명할 수 없다.[9] 또한 침해원리에 의하면, 보호처분에도 형벌에 있어서의 죄형균형과 마찬가지로 비행사실과 처분 간에 균형이 요구되므로, 사안에 따라서는 소년의 요보호성에 맞는 처분을 선택할 수 없고, 소년의 개선교육에 있어 효과적이지 못한 보호처분을 결정해야 하는 경우가 생긴다. 그러나 이는 소년의 개선교육을 통한 재비행의 방지라는 소년법의 본래 목적에 반하는 것이다. 따라서 입법론이라면 모르겠으나, 현행 소년법상 조치를 침해원리만으로 근거지우기는 곤란하고, 또한 타당하지도 않다고 생각한다.[10]

그러므로 현행 소년법에서는 침해원리와 보호원리가 공히 국가에 의한 개입의 근거가 된다고 보아야 한다.[11] 양자는 서로 배척관계에 있는 것이 아니고, 모두 소년의 개선교육을 통하여 재비행을 방지하기 위한 조치를 정당화하고 있

9) 佐伯 교수도 이 점을 인정하면서, 입법론으로는 우범에 대한 부분은 원조적 처분으로 하여, 범죄소년·촉법소년에 대한 보호처분과 구별함이 바람직하다고 하고 있다(佐伯, 앞의 각주8) 53면).

10) 廣瀨健二, "少年責任の研究についての覚書", 小林＝佐藤古稀(上) 617면, 河原俊也, "少年の健全な育成", 植村退官 414면.

11) 보호처분이란 강제수단의 사용은 침해원리로 정당화되지만, 그 집행의 내용으로서 소년에게 가해지는 개개의 강제를 정당화하는 것은 보호원리라고 주장하는 견해도 있다(澤登 26면). 그러나 강제적 개입 자체와 개입의 내용이 전혀 별개의 원리에 의해 정당화된다고 보는 것은 자연스럽지 못하다. 또한 이 견해는 보호처분의 선택에 있어서 사회방위적 고려를 부정하고, 보호처분에 의한 처우의 내용으로부터 제재적 요소를 제거하려는 의도에서 주장되는 것인데, 침해원리에 의하더라도 보호처분의 목적을 특별예방에 순화시킴으로써, 응보나 일반예방적 고려를 배제하고 요보호성에 맞는 처분을 선택할 수 있다는 결론을 도출할 수 있으므로, 실질적으로도 2개의 국면에서 정당화근거를 구분하여 고찰할 필요는 없다고 생각한다.

는 것이다.[12] 그리고 침해원리가 작동하는 범위에 있어서는 형벌과 보호처분은 공통성을 갖게 되지만, 응보나 일반예방까지도 목적으로 하는 형벌과는 달리, 보호처분은 어디까지나 특별예방을 목적으로 한다는 점에서 양자의 차이가 인정되는 것이다.

소년법은 형사법적 측면과 복지법·교육법적 측면을 함께 가지고 있다고 한다.[13] 그것은 소년의 건전육성, 즉 소년의 개선교육과 이를 통한 재비행의 방지라는 소년법의 목적 내지 기본이념이 중층적 의미를 가지고 있다는 사실에서 비롯된 것이다. 이러한 2가지 측면이 때론 모순되는 결과에 이르게 하는 내용을 가지고 있는 만큼, 그것을 어떻게 조화시켜 개개의 문제를 해결해 나갈 것인가 하는 점에, 형법이나 형사소송법과는 다른 소년법 고유의 문제가 있다.

---

12) 보호원리를 기초로 하는 경우에 소년의 '건전육성'이란, 소년이 장래 범죄·비행을 반복하지 않도록 하는 것뿐만 아니라, 소년이 안고 있는 문제를 해결하여 평균인 내지 통상인의 상태에 이르게 하는 것도 포함한다고 보는 유력한 견해가 있다(.澤登 38면, 武内, 講義, 85면, 上野友靖, "『少年矯正における法的統制』再論", 理念 269면). 그러나 재비행의 우려를 포함하는 요보호성의 인정을 강제적 개입을 위한 요건으로 하면서, 그것이 일단 인정되고 나면, 재비행의 방지를 넘어서는 목적을 달성하기 위한 개입도 가능하다고 보는 것은 모순이라고 생각되며, 소년이 평균적 사회생활을 영위할 수 있도록 강제적 조치를 취한다는 것은, 소년법이 범죄와의 관련성을 가진 형사입법이라는 한계를 벗어나는 것이다. 때문에 소년이 평균적 사회생활을 영위할 수 있는 상태에 이르게 한다는 것은, 그와 같은 상태가 된다면, 범죄·비행을 더 이상 반복하지 않게 될 것이라는 의미에서 재비행의 방지를 달성하기 위한 과정에 불과하고, 그것 자체가 '건전육성'의 내용이 되는 것은 아니라고 보아야 한다. 보호원리를 기초로 하는 경우라 하더라도, 강제적 개입은 어디까지나 재비행의 방지라는 목적의 범위 내에 그쳐야 한다.

13) 田宮＝廣瀬 5면.

제 2 장

비행소년의 발견과정

제 1 절 성인사건과의 차이

발견과정이란 비행소년의 존재가 인지되어 그 사건이 가정재판소에 보내지기까지의 단계를 말한다. 성인의 형사사건의 경우, 사건이 재판소에 보내지기까지의 과정은 수사기관에 의한 범죄인지와 그에 이어지는 수사, 그리고 검찰관의 공소제기가 되는데, 이것과 비교할 때 소년사건의 발견과정에는 다음과 같은 특색이 있다.

첫 번째는 비행소년의 사건을 가정재판소에 계속되게 만드는 주체가 검찰관에 한정되지 않는다. 성인의 형사사건에서의 수사와 공소제기에 해당하는 것으로서, 사법경찰원 및 검찰관에 의한 수사와 가정재판소에의 송치(少 41조 · 42조)가 있는데, 소년법은 이에 더하여, 가정재판소 조사관이 그 직무수행과 관련하여 비행소년을 발견한 경우에 이를 가정재판소에 보고할 의무를 부과하고 있다(少 7조 1항). 예를 들어, 어떤 소년에 대한 조사과정에서 별개의 비행소년을 발견한 것과 같은 경우가 이에 해당한다.

그 외에 촉법소년 및 14세 미만의 우범소년에 관하여는, 도도부현 지사 또는 아동상담소장으로부터 송치를 받은 경우에 한하여 가정재판소가 심판에 부할 수 있도록 하고 있으므로(少 3조 2항), 수사기관이 촉법사건을 인지한 경우에도 직접 가정재판소에 사건을 송치하는 것이 아니라, 위 기관을 경유한 다음에 사건이 송치되도록 하여야 한다. 또한 보호관찰처분 중의 소년에게 우범사유가 인정되는 경우에는 보호관찰소장이 가정재판소에 이를 통고할 수 있다는 규정을 두고 있는데(更生 68조 1항), 이 경우에는 보호관찰소장이 비행소년의 존재를 가정재판소에 알리는 주체가 된다.

이상이 비행소년에 관계된 공적 기관이 관여하는 경우인데, 소년법은 이에 그치지 않고 널리 일반국민에게도 비행소년을 발견한 경우 가정재판소에 통고할 의무를 부과하고 있다(少 6조 1항). 이와 같이 소년법이 일반국민에까지 통고의무를 부과하고 있는 것은, 소년의 건전육성이 사회의 연대책임이라는 생각에 기초하여, 비행소년을 방치하지 않고 가정재판소가 적절한 조치를 취하는 구조를 최대한 정비하고자 하는 배려에 따른 것이다.[1]

성인의 형사사건과 두 번째로 다른 점은, 위와 같이 가정재판소에 비행소년의 존재를 알리는 주체가 다양하고 가정재판소에 제공되는 정보의 내용에도 차이가 있으므로, 가정재판소의 사건수리가 반드시 강제되는 것은 아니라는 점이다. 다시 말해, 수사기관 및 아동복지기관의 송치, 보호관찰소장의 통고의 경우에는 형식적 요건을 갖추고 있는 이상 당연히 사건이 수리되고 가정재판소에 계속됨에 비하여, 조사관의 보고와 일반인의 통고의 경우에는 가정재판소가 당해 소년을 심판에 부할 소년이라고 사료하는 때에 한하여 사건이 수리되도록 하고 있다(少 8조 1항).

이와 같이 소년법은 다양한 경로를 통하여 비행소년의 존재가 가정재판소에 알려지도록 하는 체계를 갖추고 있다. 실제 운용을 보면, 그 중 검찰관의 송치가 대부분을 차지하고 있는데, 2013년에는 가정재판소 신규 수리인원 중 일반보호사건[2]의 89.1%, 도로교통사건의 79.5%로 나타나고 있다.[3] 또한 소년법은

1) 田宮＝廣瀨 88면, 団藤＝森田 67면.

2) 통계상 소년사건의 분류에는 2가지 방법이 있다. 하나는 소년사건을 일반사건과 교통관계사건으로 구분하는 것이다. 교통관계사건이란 도로교통법위반사건, 자동차의 보관장소의 확보 등에 관한 법률위반사건 외에 업무상과실치사상·중과실치사상·자동차운전과실치사상사건 및 위험운전치사상사건을 말한다. 교통관계사건 이외의 사건이 일반사건이 된다. 다른 하나는 소년사건을 일반보호사건과 도로교통사건으로 구분하는 것이다. 일반보호사건은 일반사건에 상기 업무상(중·자동차운전)과실치사상사건 및 위험운전치사상사건을 포함시킨 것이고, 그것 이외의 사건이 도로교통사건이다.

3) 最高裁判所事務総局家庭局, "家庭裁判所事件の概況(2·完) −少年事件−", 曹時 67권 1호,

성인의 형사사건과 달리, 벌금 이하의 형에 해당하는 범죄의 혐의밖에 없는 사건에 관하여는, 검찰관을 거치지 않고 사법경찰원이 가정재판소에 직접 사건을 송치할 수 있도록 하고 있다(少 41조). 이는 가정재판소가 역송할 수 있는 사건은 법정형으로 금고 이상의 형이 규정되어 있는 것에 한정되어(少 20조 1항), 벌금형 이하의 죄에 해당하는 사건에 관하여는 이후 검찰관이 형사사건으로 취급할 가능성이 전혀 없기 때문에, 검찰관의 수사 관여 자체를 생략한 것이다.[4] 사법경찰원의 송치는 일반보호사건의 4.8%, 도로교통사건의 13.6%로서, 위 검찰관의 송치와 합하면 가정재판소 신규 수리인원의 90% 이상을 차지한다. 그러한 의미에서 발견과정에서 가장 중요한 역할을 담당하는 것은 범죄소년에 대한 수사기관의 수사와 송치이다.

제 2 절 수사기관에 의한 수사와 송치

Ⅰ. 범죄소년에 대한 수사

1. 기본원칙

범죄소년에 관계된 사건은 기본적으로 형사소송법에 따라 수사가 진행된다(少 40조). 구속에 관하여 약간의 특칙이 있지만(少 43조·48조), 이를 제외하면 성인의 경우와 거의 다를 바 없다.

다만, 국가공안위원회규칙인 범죄수사규범은 소년사건에 적용되는 특칙을 두고 있다. 동 규범에서는 소년사건의 수사가 가정재판소의 심판 그 밖의 사건처리에 이바지하는 것임을 염두에 두고, 소년의 건전육성을 기한다는 목적 하에서 이루어져야 한다는 기본원칙을 명시한 외에(捜査規範 203조), 소년의 특성을 배려하여 신문하여야 한다는 것(204조), 소년의 출석요구 및 신문에 있어서는 원칙적으로 보호자 또는 그를 대신할 수 있는 사람에게 연락하여야 한다는 것(207조),[5] 신병구속을 가급적 피해야 한다는 것(208조), 수사에 임하여 범죄의

2015, 44면. 이하 본서에 나오는 통계수치는 특별한 언급이 없는 한 여기서 인용한 것이다.

4) 田宮＝廣瀨 416면.

5) 이에 더하여 통달에서는, 소년피의자를 신문하는 경우에는 부득이한 경우를 제외하고, 소년과

원인·동기뿐만 아니라 소년의 성격, 행상, 환경, 가정상황, 교우관계 등 요보호성에 관한 사항을 상세하게 조사하여야 한다는 것(205조), 가정재판소나 학교 등 관계기관과 긴밀한 연락을 취해야 한다는 것(206조) 등의 규정을 두고 있다.

그러나 이러한 규정들은 내용이 추상적일 뿐만 아니라, 범죄수사규범 자체가 국가공안위원회규칙으로서 법적 구속력을 가지지 못한다. 그 때문에 실제로는 규정대로 운용되고 있지 않다는 변호사회의 지적이 있기도 하다.[6)]

2. 체포·구속에 관한 특칙

형사소송법이 적용되는 이상, 범죄소년에 대하여도 체포·구속할 수 있다. 그러나 신병구속은 심신이 미성숙한 소년의 정서를 해칠 위험성이 높기 때문에 가능한 피하는 것이 바람직하다. 그러한 관점에서 구속에 관하여는 아래와 같이 소년법에 이를 제한하는 규정을 두고 있다. 이에 비하여, 체포에 관하여는 소년법에 명문규정은 없으나, 범죄수사규범에서 가급적 체포를 피하고, 부득이하게 체포하는 경우에는 그 시기 및 방법에 관하여 특히 신중한 주의를 기울여야 한다는 취지가 정해져 있다(208조).

구속에 관한 특칙으로서, 첫째, 검찰관은 구속의 요건이 구비되어 있는 경우에 재판관에 대하여 구속에 대신하는 관호조치를 청구할 수 있다(少 43조 1항). 관호조치에는 신병을 구속하지 않는 조사관에 의한 관호와 소년감별소에의 수용을 수반하는 것이 있는데(少 17조 1항), 구속에 대신하는 관호조치는 통상 후자를 의미한다. 이 경우에는 구속과 달리, 형사시설인 구치소 혹은 이를 대용하는 경찰의 유치시설이 아니라 소년의 신병취급에 정통한 소년감별소에 신병을 수용하게 된다. 나아가 그 기간은 10일간이고(少 44조 3항) 구속과 달리 연장은 인정되지 않는다.[7)]

동행한 보호자 그 밖의 적절한 사람을 입회시키도록 유의하여야 한다고 하고 있다('少年警察活動推進上の留意事項について(依命通達)', 2007. 10. 31, 警察庁乙生発第7号, 警察庁次長通達. 이하 '유의사항통달'이라 한다).

6) 日本弁護士連合会, '少年司法改革に関する意見書', 1998. 7, 日本弁護士連合会子どもの権利委員会編, 少年警察活動と子どもの人権[新版], 日本評論社, 1998, 23면 이하.

7) 田宮＝廣瀬 432면, 岡崎忠之＝親家和仁＝飯島泰, "少年事件における捜査と送致", 重判50選 36면.

또한 구속청구는 '부득이한 경우'에만 할 수 있고(少 43조 3항), 이에 대응하여 재판관도 '부득이한 경우'에만 구속할 수 있으므로(少 48조 1항), 규정상으로는 관호조치가 원칙으로 되어 있다. 여기서 말하는 '부득이한 경우'에는 ① 구속청구를 받은 재판소의 소재지에 소년감별소가 없는 경우이거나 있더라도 수용능력의 한계로 수용할 수 없는 경우 등 물리적으로 소년감별소에의 수용이 곤란한 경우뿐만 아니라, ② 사건의 성질상 관호조치의 기간 내에 수사를 종료할 수 없는 경우나 피의소년에 대하여 접견교통권을 제한할 필요가 있는 경우, 소년감별소가 원격지에 있어 그곳에 수용하여서는 수사에 지장이 있는 경우 등 구속하지 않으면 수사의 수행에 중대한 지장을 초래하는 경우도 포함된다.[8)]

둘째, 소년을 구속하는 경우에도, 재판소는 소년을 소년감별소에 구금하는 것이 가능하다(少 48조 2항). 이 경우는 구금장소가 소년감별소로 될 뿐이므로, 그 외의 부분에 있어서는 구속에 관한 규정이 적용된다. 구속장소를 소년감별소로 할 것인지, 아니면 형사시설로 할 것인지에 관한 원칙은 없고, 구속장소가 소년에게 미치는 영향, 피의자 및 변호인의 방어권의 행사 및 구속 후의 수사의 필요성 사이에 조화를 고려한 다음, 개별 사안에 따라 재판소의 합리적 재량에 의거하여 결정하게 된다.[9)]

물론, 이는 '부득이한 경우'에 해당하여 구속 자체는 인정된 후에 이루어지는 판단이다. 따라서 물리적으로 소년감별소에 소년을 수용할 수 없다는 이유로 구속이 인정되는 경우이거나, 소년감별소를 수용장소로 하면 수사상의 지장이 초래될 것임을 이유로 구속하는 경우에는 소년의 구속장소는 당연히 형사시설이 될 것이다. 때문에 실제로 구속장소의 선택이 문제되는 것은, 시설상의 이유와는 무관한 수사상의 지장 때문에 구속이 인정되는 경우이다.

Ⅱ. 가정재판소에의 송치

1. 송치의 방식

범죄소년에 대한 수사가 진행되고 나면, 가정재판소에 사건을 송치하게 된

8) 田宮＝廣瀨 430면, 岡崎 외, 앞의 각주7) 38면. 横浜地決 昭和36·7·12, 下刑集 3권 7＝8호 800면.

9) 田宮＝廣瀨 458면, 岡崎 외, 앞의 각주7) 40면. 福岡地決 平成2·2·16, 家月 42권 5호 122면.

다. 송치는 송치서에 의하는데, 송치서에는 ① 소년 및 보호자의 성명, 연령, 직업 및 주거와 소년의 본적, ② 심판에 부하는 사유, ③ 그 밖에 참고가 되는 사항을 기재하여야 한다(少審規 8조 1항). 그리고 형사사건에서의 공소제기의 경우와 달리, 송치시에 서류, 증거물 등의 자료가 함께 송부된다(동 2항).

또한 수사기관은 송치서에 소년의 처우에 관한 의견을 제시할 수 있다(동 3항). 전술한 것처럼, 수사에 있어서는 요보호성에 관계되는 사정도 조사하여야 하므로, 처우의견을 붙이는 것이 통상적이다.

2. 전건송치주의

사법경찰원 및 검찰관은 수사의 결과, 범죄의 혐의가 인정되는 이상,[10] 가정재판소에 사건을 송치하여야 한다(少 41조·42조 1항). 즉, 수사기관은 범죄의 혐의가 있는 경우에 의무적으로 가정재판소에 사건을 송치하여야 하고,[11] 성인의 형사사건에서의 미죄처분이나 기소유예처럼 수사기관의 판단으로 절차를 중단하는 것은 인정되지 않는다. 이른바 전건송치주의에 관한 규정으로서, 그 유일한 예외는 교통반칙통고제도의 대상이 되는 경미한 도로교통법위반 사건이다(道交 130조). 교통반칙통고제도는 대량의 교통사건을 간이·신속하게 처리하기 위한 수단으로서 1967년에 도입된 것인데, 당초에는 전건송치주의의 원칙에 따라 소년에 의한 위반에는 적용되지 않았다. 그러나 그 후 1970년부터는 소년에 의한 위반에도 적용대상이 확대되어 현재에 이르고 있다.

전건송치주의는 사건의 객관적 측면만 본다면 비록 경미하다 하더라도, 그것이 소년의 심각한 범죄성의 징후일 수도 있으므로, 이를 과학적으로 조사한 후에 소년에게 가장 적절한 조치를 강구할 필요가 있다는 점, 그리고 그러한 조

---

10) 송치에 필요한 범죄혐의의 정도는, 가정재판소 송치에 의한 소년의 권리침해의 정도가 공소제기의 경우와 비교하여 볼 때 낮다는 점에 더하여, 소년의 조기처우의 관점에서 형사사건 정도로 수사를 완료하지 못한 상황에서 송치할 필요성이 인정되는 경우도 있으므로, 공소제기의 경우보다 약한 정도로도 무방하다고 보고 있다(岡崎 외, 앞의 각주7) 44면. 大阪地判 平成6·9·30, 判時 1526호 112면).

11) 수사의 결과, 범죄의 혐의는 인정되지 않지만 그 소년에게 우범사유가 인정되는 경우와 같이, 범죄혐의는 없으나 가정재판소의 심판에 부할 사유가 있는 경우에도, 마찬가지로 가정재판소에 사건을 송치하여야 한다(少 41조·42조 1항).

사와 판단을 행하기에 가장 적합한 기관은 수사기관이 아니라 이를 위한 전문 인력을 갖춘 가정재판소라는 점에 근거하고 있다.[12] 구 소년법이 검찰관으로 하여금 소년사건을 형사사건으로 처리할 것인지, 아니면 보호사건으로 하여 소년심판소에 송치할 것인지에 관한 결정권을 인정하고 있었던 것(검찰관선의)과 대비하면, 전건송치주의는 현행 소년법의 특색 중 하나로 볼 수 있다.

3. 간이송치

이와 같이 소년사건은 일정한 죄를 제외하고, 범죄의 혐의가 있는 한, 전건송치주의에 따라 가정재판소에 송치된다. 하지만 실무상으로는 최고재판소, 최고검찰청, 경찰청의 3자 약정에 기초하여 일정한 경미사건은 간이송치라 불리는 특별한 송치방식에 따라 처리되고 있다(捜査規範 214조).

간이송치의 대상은 범죄사실이 경미하고, 범죄의 원인·동기, 소년의 성격, 행상, 가정상황 및 환경 등에 비추어 재범의 우려가 없으며, 형사처분 또는 보호처분을 과할 필요가 없다고 명백히 인정되는 것[13]으로서, 아래의 요건을 충족하여야 한다.[14]

첫째, 죄종은 ① 절도, 사기, 횡령 및 도품 등에 관한 죄, 또는 ② 장기 3년 이하의 징역 혹은 금고, 벌금, 구류 또는 과료에 해당하는 죄의 사건이어야 한다.[15] 둘째, 피해의 정도는 피해액 또는 도품 등의 가치 총액이 대략 1만엔 이하의 것, 그 밖에 법익침해의 정도가 극히 경미한 것이어야 한다. 어느 것이나

12) 澤登 76면, 総研 26면. 이러한 점과 함께, 요보호성의 조사는 소년의 프라이버시에 깊게 파고들게 되므로, 수사기관보다 사법기관인 가정재판소에 맡기는 것이 타당하다는 점을 근거로 드는 견해도 있다(郡司宏, "『簡易送致』について", 青年法律家協会裁判官部会編, 刑事実務の研究, 日本評論社, 1971, 225면).

13) 여기서 말하는 보호처분에는 보호적 조치도 포함되는 것으로 보고 있다(守屋＝斉藤 511면). 따라서 최종적으로는 보호처분이 내려질 가능성이 없더라도, 가정재판소에서 어떠한 보호적 조치를 취할 필요가 있는 사건에 대하여는 간이송치의 방식에 의할 수 없다.

14) '簡易送致事件の処理について', 平成17·7·13, 最高裁家二第000730号, 家庭局長通達, 家月 57권 10호 155면. 실제의 운용기준은 통달에서 제시된 기준을 참고로 하여, 각 가정재판소가 관할 지방검찰청 및 도도부현 경찰본부와 협의하여 정하고 있다.

15) 이전에는 공갈과 상해도 대상사건에 포함되어 있었으나, 2005년의 新통달(앞의 각주14))에 의하여, 2개 죄종은 대상에서 제외되었다. 반면, 재산범에 있어서 피해액 또는 도품 등의 가치의 한도가 대략 5,000엔 미만에서 대략 1만엔 이하로 인상되었다.

범죄사실의 경미성이라는 관점에서 요구되는 것이다. 셋째, 범행에 흉기를 사용하거나 피의사실이 복수인 경우, 이전에 비행을 범하여 과거 2년 이내에 가정재판소에 송치 또는 통고된 전력이 있는 경우, 피의사실을 부인하고 있는 경우, 고소 또는 고발과 관련된 경우, 피의자를 체포하거나 권리자에게 반환할 수 없는 증거물이 있는 경우는 대상사건에서 제외된다. 여기에 해당하는 사건은 범죄사실의 중대성 또는 소년의 요보호성의 관점에서 간이한 처리에 적합하지 않기 때문이다.

상기의 요건을 충족하는 사건에 해당하면, 경찰은 소년별로 소년사건간이송치서 및 수사보고서를 작성하고, 소년의 신상조사표 외에 수사상황에 따라 소년의 진술조서 등 수사관계서류를 첨부하여, 검찰관 또는 가정재판소에 월별로 일괄하여 사건을 송치한다(搜査規範 214조 1항). 그리고 사건처리에 있어서는 미죄처분에 준하여, 경찰관이 소년을 훈계하거나 보호자를 불러 소년의 감독에 관한 주의를 주는 등의 조치를 취하도록 되어 있다(동 2항).

간이송치방식에 의하여 사건이 송치된 경우, 가정재판소는 송부된 기록에 기초하여 간이송치의 형식적 기준에 적합한 사건인지 여부 및 형사처분 또는 보호처분을 부과할 필요가 없음이 명백한 사건인지 여부를 판단하여, 그렇다고 판단되면 조사명령 없이 심판불개시결정을 내린다.[16] 다만, 필요에 따라 검찰관 또는 사법경찰원에게 관계서류의 추송이나 보완수사를 요구할 수 있고, 재판관이 통상의 사건과 마찬가지로 조사 또는 심판할 필요가 있다고 인정하는 사건은 조사명령을 발하고 심판개시결정을 내릴 수도 있다.

이와 같이 간이송치의 경우에도 형식적으로는 가정재판소에 사건이 송치되고 이후 조사나 심판의 여지가 남겨져 있다고는 하지만, 실제 조사·심판이 이루어지는 사례는 극히 드물고 실질적으로는 경찰이 절차를 마무리하고 있는 것으로 볼 수도 있다. 통계를 보면, 2013년의 경우 일반사건의 종국 총인원수에서 차지하는 간이송치자의 비율은 30.0%로서, 실무상 상당히 중요한 기능을 수행하고 있다고 말할 수 있다.

---

16) 심판불개시결정은 상당하다고 인정되는 방법으로 소년에게 고지되는데(少審規 3조 4항), 그 방법 중 하나로서 사건을 송치한 사법경찰원에게 처분결과통지서를 송부하는 때에(少審規 5조 1항), 사법경찰원이 소년에게 결정의 취지를 전달하도록 의뢰하는 형태를 취하는 경우도 있다. 이러한 경우에는 재판소로부터 소년에 대한 직접적인 통지는 이루어지지 않게 된다.

간이송치의 근거는 사안이 경미하고 요보호성이 낮으며 재범의 우려가 없는 소년에 대하여는, 가정재판소가 조사 등을 하지 않고 일정한 조치를 취한 후 조기에 절차로부터 해방시키는 편이 오히려 소년의 개선갱생에 도움이 된다는 점에 있다. 또한 극히 경미한 사건을 포함한 모든 사건에 대하여 가정재판소가 조사하는 것은 그 처리능력에 비추어 현실적으로 무리라는 점 역시 이 제도가 실시된 배경이라고 할 수 있다.[17)]

그러나 간이송치에 대하여는 보호처분이 필요한지 여부의 판단을 실질적으로 경찰에게 맡겨버린 것으로서, 제도 자체가 전건송치주의의 취지에 반한다는 비판[18)]이 있을 뿐만 아니라, 실제의 운용을 보더라도 가정재판소의 심사가 형식적이어서 사실상 불송치에 가까운 처리방식이란 지적도 있다.[19)] 이 점과 관련하여, 이전까지는 간이송치의 대상사건은 송치서만을 가정재판소에 보내고 있었으나, 전술한 것처럼 2005년에 소년의 신상조사표나 수사관계서류가 첨부되도록 변경되었다. 이는 가정재판소가 간이송치사건을 처리함에 있어서 보다 많은 정보를 취득하여 소년의 요보호성을 판단할 수 있도록 한다는 의미에서, 가정재판소의 관여를 강화하는 방향으로의 개정이며 위와 같은 비판에 대응하고자 하는 측면도 있다.

Ⅲ. 경찰에 의한 처우의 당부

1. 전건송치주의의 제약

전건송치주의를 규정한 소년법 41조, 42조의 문언만을 본다면, 이는 수사단계에서 절차를 중단할 수 없다는 것을 규정하고 있음에 불과하고, 그 이상의 의미는 갖지 않은 것으로 보인다. 그러나 전건송치주의 취지를 생각하면 보다 넓은 의미를 갖고 있는 것으로 이해할 수 있다. 다시 말해, 전건송치주의는 사건의 객관적 측면만 본다면 비록 경미한 것이라 하더라도 그것이 소년의 심각한 범죄성의 징후일 가능성이 있으므로, 이를 과학적으로 조사한 다음에 소년에게 가장 적절한 조치를 취할 필요가 있다는 것, 그리고 그러한 조사와 판단을

17) 澤登 77면, 平場 154면.
18) 郡司, 전게 각주12) 223면.
19) 服部 87면.

함에 있어 가장 적합한 기관은 수사기관이 아닌 이를 위한 전문인력을 갖추고 있는 가정재판소라는 생각에 기초하고 있다. 즉, 이는 가정재판소가 소년의 요보호성을 조사하여 그에 따른 처분의 요부와 내용을 결정하는 제1차적 주체임을 전제로 하는 것이다. 이러한 전제로부터 수사기관은 가정재판소의 그와 같은 활동을 저해하는 활동을 할 수 없다는 것, 나아가 결과적으로 가정재판소의 활동을 저해하였는지 여부와 관계없이, 본래 가정재판소가 하여야 할 조사나 조치를 앞서 가로채는 것과 같은 활동을 하여서는 아니 된다는 사실이 도출된다. 또한 비행 있는 소년에 대하여는 가급적 조기에 적절한 조치를 취하는 것이 그 개선갱생에 효과적이라 여겨지므로, 수사기관은 수사 내지 조사가 끝나는 대로 가급적 신속히 처분의 결정주체인 가정재판소에 사건을 송치하여야 한다.

2. 현행법 하에서의 경찰에 의한 처우

(1) 처우의 필요성

이처럼 전건송치주의 하에서는 경찰이 실시하는 소년의 처우에 대하여 부정적인 결론이 도출되기 쉽다. 그러나 한편으로, 사건이 가정재판소에 계속되고 실제 조사나 심판의 대상이 되기까지는, 사건의 발생으로부터 어느 정도의 시간이 걸리게 된다. 그러한 점에서 소년의 개선갱생을 위해서는 가급적 조기에 적절한 조치를 취하는 것이 유효하다는 측면에서 보면, 비행소년과 최초로 접촉하는 경찰이 일정한 처우를 실시하는 것을 인정할 필요가 있음도 사실이다. 실제로 간이송치의 경우 경찰훈계 등의 조치가 이루어지고 있어, 그러한 의미에서는 현행법 하에서도 경찰의 처우가 일률적으로 부정되고 있는 것은 아니다. 다만, 간이송치는 그 대상이 형사처분 또는 보호처분을 할 필요가 없음이 명백히 인정되는 소년에 한정되므로, 경찰이 가정재판소에 의한 처우를 앞서 가로채는 일은 없어야 한다는 점이 담보되어 있다.

(2) 규칙 13조 1항에 근거한 조치

소년경찰활동규칙(국가공안위원회규칙)에서는 형사사건의 수사, 형사사건 이외의 사안에서 소년법 또는 아동복지법에 따른 조치를 취함에 필요한 조사 외에, 비행소년의 적절한 처우에 이바지하기 위하여 필요한 범위 내에서 적시에 본인 또는 보호자에 대한 조언, 학교 그 밖의 관계기관과의 연락 등 필요한 조치를 취해야 한다고 하고 있다(13조 1항). 간이송치의 경우와 달리, 여기서는 소년의 적절한 처우에 이바지하는 조치를 취할 수 있는 사건이 한정되어 있지 않다. '유의사항통달'에 의하면, 이 조치는 '관계기관에 송치되거나 통고된 비행소년은 당해 기관의 조치에 맡겨야 한다는 점을 전제로, 다만 개별 사안에 따라서는 타기관의 조치에 맡길 때까지 얼마 동안 시간적 간격이 생기는 경우가 있고, 그 사이에 당해 소년에게 아무런 조치도 취하지 않는다면 소년이 극히 불안정한 지위에 처하게 되는 등 소년의 적절한 처우를 방해할 우려도 있기 때문에' 당해 소년의 적절한 처우에 이바지하기 위하여 행하는 것이라고 한다.

더욱이, '유의사항통달'에 있어서는, 위 조치로 인하여 전건송치주의를 몰각시키지 않도록 유의할 필요가 있다면서, 규칙 13조 1항에 의한 조치에는 전건송치주의에 따른 제약이 있다는 점이 명시되어 있다. 이는 구체적으로 다음과 같은 점에서 나타나고 있다.

첫째, 전건송치주의의 취지에 비추어 경찰의 조치는 가정재판소에 사건이 송치되기 전에 실시되어야 한다. 왜냐하면, 가정재판소에 송치된 후에는 보호적 조치 등 소년에 대한 처우는 가정재판소에 의하여 이루어져야 하고, 경찰이 이와 병행하여 소년에게 조치를 취하는 것은 가정재판소에 의한 처우의 효과를 저해할 가능성이 있기 때문이다. 전술한 것처럼, '유의사항통달'에 의하면, 소년경찰활동규칙 13조 1항의 조치는 타기관의 조치에 맡겨질 때까지 그 사이에 이루어져야 한다는 것, 즉 가정재판소와의 관계에서는 송치 전에 실시한다는 전제가 깔려 있다.

둘째, 사건을 가급적 신속히 가정재판소에 송치하여야 한다는 전제에서, 경찰은 수사 내지 조사가 종료되면 지체 없이 사건을 검찰관 또는 가정재판소에 송치하여야 하고, 경찰에서의 조치를 실시한다는 이유로 송치를 늦출 수는 없다. 이 점에 관하여, '유의사항통달'에서도 '수사·조사가 종료한 후 신속히 관계기관에 송치 또는 통고하여야 한다.'고 규정하고 있어, 규칙 13조 1항의 조치를 실시하기 위해 송치를 지연시킬 수 없다는 것이 그 전제가 되고 있다.

셋째, 본래 가정재판소가 하여야 할 처우를 경찰이 미리 선취할 수 없다는 제약이 있다. 규칙 13조 1항에 따른 조치는 주로 타기관의 조치에 맡겨지기까지의 사이에, 당해 소년에게 아무런 조치도 취해지지 않음으로 인하여 소년의 상태가 악화되는 것을 막기 위한 것일 뿐, 소년의 요보호성을 해소하기 위한 적극적 처우를 하려는 것이 아니라는 사실이 이를 말해준다. 즉, 규칙 13조 1항에 따라 가정재판소 송치 전의 단계에서 이루어지는 경찰의 조치가 이후 가정재판소의 처분결정에 적극적 영향을 미친다는 것은 애당초 상정되고 있지 않다.[20)]

3. 앞으로의 과제

이상과 같이, 현재의 실무 운용은 전건송치주의의 취지에 반하지 않는 한도에서 경찰이 소년에 대하여 일정한 처우를 실시하는 것을 인정하는 방식을 취하고 있다. 물론, 지금까지 이러한 방식 자체를 바꾸려는 움직임이 없었던 것은 아니다. 1970년 무렵의 소년법 개정논의에서 법무성은 전건송치주의 자체를 재검토하여 수사기관에 의한 불송치처분을 인정하는 내용의 개정요강을 제시하였다. 개정요강에서는 사법경찰원이 소년피의사건 중 최고재판소규칙으로 정하는 벌금 이하의 형에 해당하는 사건 또는 검찰관이 형사소송법 246조 단서에 의하여 지정한 금고 이상의 형에 해당하는 사건을 가정재판소 또는 검찰관에게 송치하지 않을 수 있도록 함과 동시에, 검찰관은 형사처분 및 보호처분이 필요하지 않다고 명백히 인정되는 소년피의사건을 가정재판소에 송치하지 않을 수

---

20) 경찰은 2005년 및 2006년에 시범사업으로, 경찰직원이 사회자가 되어 비행소년, 보호자, 피해자 간에 대화의 기회를 제공하는 '회복적 컨퍼런스(소년대화회)'를 실시하였다(小林寿一, "警察と修復的司法", 細井洋子ほか編, 修復的正義の今日・明日, 成文堂, 2010, 130면 이하). 대화회는 비행소년의 재기 지원과 피해자 지원 양쪽 모두를 목적으로 하고, 보호처분이나 형사처분을 요하지 않는 것으로 인정되는 범죄소년사건을 대상으로 하여, 소년, 보호자, 피해자 전부의 동의를 조건으로, 검찰관 또는 가정재판소에 사건을 송치하기 전에 실시하는 것이다.

소년대화회는 규칙 13조 1항의 '필요한 조치'의 하나로서 실시되는 것으로 자리매김되었으나, 이는 '유의사항통달'에서 예정하고 있는 것과 같이 타기관에 송치될 때까지 아무런 조치가 취해지지 않음으로 인한 소년 상태의 악화방지라는 소극적인 것이 아니라, 소년을 피해자와 대화하게 함으로써 보다 적극적으로 소년의 개선갱생을 도모한다는 목적을 가진 것이다. 그러나 그렇다고 한다면, 본래 가정재판소가 하여야 할 처우를 경찰이 미리 선취하여 실시하고 소년의 요보호성에 영향을 미치게 되는 것이 아닌지 하는 의문이 생긴다. 대화회의 실시요령에서, 그 대상사건을 보호처분이나 형사처분을 요하지 않는 것으로 인정되는 범죄소년사건에 한정하고 있는 것은 이 점을 고려하였기 때문이다.

시범사업 종료 후, 경찰청에서는 비행소년의 재기 지원방책의 하나로서 소년대화회의 검토를 촉구하는 통달을 하달하였으나('少年対話会による立直り支援について', 平成19・11・21, 警察庁丁少発第229号, 警察庁生活安全局少年課長通達), 현재는 거의 실시되고 있지 않은 것으로 보인다.

있도록 하고 있었다. 이러한 제도의 도입이 제안되었던 이유로는, 소년사건 중에는 수사기관이 판단할 때 형사처분은 물론 보호처분도 필요 없음이 명백하게 인정되는 것이 있는데, 그러한 사건까지 모두 가정재판소에 송치하는 것은 소송경제의 관점에서 낭비일 뿐만 아니라 장기간에 걸쳐 소년을 불안정한 상태에 놓이게 하는 것이 되어 타당하지 않다는 점, 불송치처분이 이루어지더라도 필요하다면 수사기관이 소년에게 훈계 등 사실상의 보호적 조치를 취함으로써 비행소년의 조기발견과 조기치료의 목적에 이바지할 수 있다는 점이 거론되었다.[21]

그러나 이에 대하여는 재판소를 중심으로 아래와 같은 비판이 가해졌다. 개정요강의 구상은, 가정재판소에서의 조사·심판의 필요성에 관한 제1차적 판단 권한과 가정재판소에 송치하지 않는 소년에 대한 직접적 비행방지조치를 취할 권한을 수사기관에게 광범위하게 부여하는 것이다. 그러나 이는 가정재판소의 역할을 축소시키고 처우의 과학주의·교육주의를 후퇴시킬 뿐만 아니라, 수사기관이 비행방지를 위한 조사 및 일정한 조치를 행하는 것은 소년의 권리를 침해할 우려가 높다는 것이다.[22]

이러한 비판을 고려하여, 그 후 법제심의회의 중간답신(1977. 6)에서는, 수사기관에 의한 불송치처분을 인정하면서도 이를 최고재판소규칙으로 정하는 사건에 한정하고, 나아가 불송치사건은 가정재판소에 사후적으로 통보하도록 하여 가정재판소가 필요하다고 인정한 경우에는 자료의 송부 또는 사건의 송치를 요구할 수 있도록 하였다. 이는 사건이 가정재판소에 송치되지 않는다는 점에서 다르긴 하지만, 실질적으로는 간이송치를 명문화한 것에 가까운 내용이다.

그러나 결국 이 중간답신안도 실현되지 못하였다. 그리고 오늘날 간이송치제도의 정착에 따라 전건송치주의 자체를 재검토해야 한다는 주장이 표면화되는 일은 거의 없어졌다.[23] 다만, 현행 소년법이 제정되어 65년 남짓한 세월이 경과한 지금도, 경찰은 비행소년을 처우함에 적합한 기관이 아니라는 전건

21) 法務省刑事局, '少年法改正要綱説明', 1970. 7, 小野島嗣男, "少年のための少年法論議を－少年補導活動からみた全件送致制度の問題点", ひろば 23권 9호, 1970, 39면 이하, 亀山継夫, "少年事件の司法前処理(上)(下)", 警論 24권 7호, 1971, 31면, 8호, 1971, 117면 이하.

22) 栗原平八郎, "少年法改正要綱の二, 三の問題点について(2·完)", 警研 41권 12호, 1970, 21면 이하, 守屋克彦, "軽微な少年非行と処遇機関の問題", 法時 42권 13호, 1970, 70면 이하.

23) 선택지의 하나로서 이를 제안하는 최근의 논고로, 太田達也, "全件送致主義の危機－簡易送致の行方", 刑政 119권 1호, 2008, 82면이 있다.

송치주의의 전제를 이루는 생각이 여전히 타당한 것인지에 관하여는 신중히 재고할 필요가 있다고 생각한다. 왜냐하면, 경찰에는 형사경찰과는 조직적 성격을 달리하는 소년경찰이란 부서가 있고, 그 일익을 담당하는 소년서포트센터에도 비행소년을 처우하기 위한 전문적 지식과 기술을 가진 소년보도직원이 배치되어 있을 뿐만 아니라, 경찰이 비행소년의 전단계에 해당하는 불량행위소년에 대하여 민간의 자원봉사자와 협력 하에 보도활동이라는 형태로 거의 전면적 대응을 담당하고 있기 때문이다. 적어도, 경찰은 수사를 담당하는 조직이므로 소년의 건전육성보다 처벌에 치우칠 것이라는 고정관념을 전제로 제도의 모습을 구상하는 것은 타당하지 않다.[24] 오히려, 소년비행의 방지에 있어서 경찰이 수행하는 역할과 기능을 정면에서 인정한 다음, 이를 소년법이 주재하는 제도 속에 편입하는 것이 바람직할 것이다. 이를 위한 구체적 제도설계의 하나로, 예를 들어 요보호성에 관한 가정재판소의 최종적 심사기회를 담보하기 위하여 전건송치주의를 유지하면서도, 가정재판소에 송치하기 전의 조기단계에서 경찰이 소년에게 일정한 처우를 적극적으로 실시하고, 이를 가정재판소에서의 소년에 대한 처분결정에 고려할 수 있도록 인정하는 제도의 도입을 생각해 볼 수 있다.

제 3 절 촉법소년의 취급

Ⅰ. 종래의 절차와 그 문제점

1. 종래의 절차의 흐름

14세 미만의 소년은 형법상 일률적으로 책임능력이 인정되지 않으므로(刑 41조), 형벌법령에 저촉되는 행위를 저질렀다 하더라도 범죄가 되지 않는다. 형사소송법에서는 수사기관이 '범죄'가 있다고 사료하는 때에 수사하는 것으로 정하고 있기 때문에(刑訴 189조 2항 · 191조), 경찰이 촉법소년을 발견한 경우에 사건의 사실규명을 위하여 실시하는 증거수집 등 조사활동에 관하여는 형사소송법상 수사

24) 荒木伸怡, "全件送致主義と少年補導", 法時 50권 8호, 1978, 68면.

에 관한 규정은 적용되지 않는 것으로 해석되고 있다.[25] 그리고 소년법에도 촉법소년의 조사에 관한 특별한 규정은 존재하고 있지 않았다. 그 때문에 지금까지 경찰은 경찰의 책무를 정한 경찰법 2조의 규정을 근거로, 범죄를 예방하고 공공의 안전과 질서를 유지하기 위한 활동으로서 촉법사건을 조사하여 왔다.[26]

한편, 촉법소년에 관하여는 도도부현 지사 또는 아동상담소장으로부터 송치를 받은 때에 한하여 가정재판소가 조사 및 심판할 수 있다는 이른바 아동복지기관선의의 원칙이 규정되어 있다(少 3조 2항). 이는 저연령 소년에 대하여는 강제적 요소가 약하고 아동의 복지를 꾀함을 목적으로 하는 아동복지법상의 조치를 강구할 것을 우선적으로 고려하여야 한다는 것, 그리고 가사 소년법상의 조치가 필요한 경우라 하더라도 그 판단은 아동복지에 관한 전문기관이 이를 담당하는 것이 바람직하다는 생각에 기초한 것이다.

이러한 이유에서 지금까지는 경찰이 촉법소년을 발견한 경우에 곧바로 가정재판소에 송치하는 것이 아니라, 조사한 결과 그 소년이 요보호아동에 해당한다고 인정되는 경우에 아동복지법 25조에 근거하여 일반인과 같은 입장에서 아동상담소 등에 통고하는 방식으로 운용되어 왔다.[27]

통고가 이루어진 경우, 아동상담소는 추가적인 조사를 행한 후 필요하다고 인정하는 경우에는 아동복지법상의 조치를 취하고(兒福 26조 1항 · 27조 1항 1호~3호), 가정재판소의 심판에 부하는 것이 적당하다고 판단하는 경우에는 아동을 가정재판소에 송치하게 된다(兒福 27조 1항 4호 · 32조 1항).

또한 그 과정에서 소년의 신병을 확보할 필요가 있는 경우에는 아동복지법상의 조치로서 일시보호가 이루어진다(兒福 33조 1항).[28] 일시보호는 적당한 자

---

25) 酒巻匡, "『捜査』の定義について", 研修 674호, 2004, 3면 이하. 피의자가 14세 미만의 소년이라는 것이 판명되지 않은 단계나 그렇지 않다 하더라도 14세 이상의 자와 공범사건인 경우에는 형사소송법에 따른 수사가 가능한 것으로 보고 있다('유의사항통달' 20면).

26) 滝澤幹滋, "少年法改正と警察", 警論 61권 3호, 2008, 14면.

27) 2007년 개정 전의 범죄수사규범 215조에서는, 촉법소년에게 보호자가 없거나 보호자에게 감독시키는 것이 부적당하다고 인정되는 때에, 요보호아동으로서 아동상담소 또는 복지사무소에 통고해야 한다고 정하고 있었다. 그 때문에 촉법소년이라 하더라도 이러한 요건을 충족하지 않는 경우에는 요보호아동에 해당하지 않아 통고되는 일이 없었다. 2006년의 통계에 의하면, 교통관계 업무상과실사건을 제외한 형법범을 저지른 촉법소년 중 아동상담소 등에 통고된 것은 32%에 그치고 있다(警察庁, 平成18年の犯罪, 487면)

28) 일시보호는 학대를 받고 있는 아동이나 비행을 저지른 아동을 아동복지시설 내의 일정한 장

에게 이를 위탁할 수 있는데(동항), 실무상 일시보호가 필요한 아동을 경찰이 발견하거나 시민으로부터 인도받은 경우에, 야간 등의 사정으로 아동상담소가 즉시 인수할 수 없는 때에는 경찰서에 일시보호의 위탁이 이루어지고 있다.[29] 다만, 통달에 의하면, 이는 원칙적으로 24시간을 초과할 수 없도록 되어 있어, 그 기한이 지나면 소년의 신병은 아동상담소에 인도된다.

2. 종래의 절차의 문제점

이러한 종래의 절차는 비행사실의 해명과 사건처리의 투명성이라는 관점에서 아래와 같은 문제가 있었다.[30] 우선, 조직규범인 경찰법 2조를 근거로 삼는 이상, 조사에 있어 임의적 조치만이 가능하고 범죄수사에 활용되는 형소법상의 강제처분에 상응하는 조치를 일체 사용할 수 없다. 그러한 이유로 예를 들어, 강도나 절도사건에서 흉기나 피해품을 압수할 수 없는 사안이 생기거나, 상해치사의 사건에서 사인해명을 위한 부검을 실시할 수 없는 사안이 있었다. 또한 소년에게 도망이나 증거인멸의 우려가 있더라도, 체포·구속에 의하여 그 신병을 확보한 상태에서 조사할 수도 없었다. 나아가 임의적 조치에 관하여도 명문의 근거규정은 없었기 때문에, 예를 들어, 공무소 등에 조회하여도 상대방의 협력을 얻기 어려워 조사에 곤란을 초래하는 경우가 있었다고 한다.

그리고 전술한 것처럼, 경찰이 통고한 후에는 아동상담소의 조사가 이루어지는데, 그 조사의 대상은 아동의 심신상황이나 가정환경 등이 중심일 뿐, 아동이 저지른 비행 자체의 해명에 주안점을 두고 있지 않다. 게다가 아동상담소의 직원은 경찰관과 같은 범죄사실의 조사능력을 보유하고 있지 못하다. 그런 까닭으로 통고 후 아동상담소의 조사에 있어서 비행사실의 해명을 기대하는 것도 곤란하다. 이러한 점에 더하여, 과거 중대한 촉법사건이 가정재판소에 송치되지 않고 비행사실 및 아동에게 취해진 조치내용이 불분명한 상태로, 아동상담소 단

소에 보호하는 조치로서, 그 기간 동안 아동의 행동의 자유를 일정한 한도로 제한하는 것이 인정된다(児童福祉法規研究会編, 最新 児童福祉法·母子及び寡婦福祉法·母子保健法の解説, 時事通信社, 1999, 246면).

29) 児童福祉法規研究会編, 앞의 각주28) 247면.

30) 滝澤, 앞의 각주26) 15면 이하, 久木元ほか 30면 이하.

계에서 절차가 종료되어 버린 사례도 있었다.

반대로, 최근에 있었던 중대한 촉법사건에서는, 아동상담소가 가진 조사능력에 한계가 있고 중대한 사건을 일으킨 소년을 학대 등을 받은 소년과 함께 일시보호소에 두는 것도 문제라 하여, 경찰의 통고를 받은 아동상담소가 독자적인 조사를 거의 실시하지 않은 상태에서 발생일 내지 그 다음날에 가정재판소에 사건을 송치하는 사례도 발견되었다. 이러한 경우에는 가정재판소가 사법절차에 의하여 비행사실을 해명하고 처분을 결정하게 되므로, 그러한 점에서는 아동상담소 단계에서 절차가 종료되는 경우보다 사건처리의 투명성은 높아진다고 할 수 있다. 그러나 한편으로, 이러한 사안에서는 가정재판소가 사건을 수리하는 시점에서 비행사실에 관한 증거가 충분히 수집되어 있지 않다는 사태가 생긴다. 물론, 가정재판소가 사건을 수리한 다음 스스로 증거를 조사할 수도 있지만, 사건의 발생 직후에 경찰이 실시하는 것과 같은 증거수집활동을 가정재판소에 기대하는 것은 무리일 뿐만 아니라, 관호조치기간도 제한되어 있는 관계로 충분한 증거를 수집할 수 없어 심리에 곤란을 초래하는 결과로 이어진다는 지적도 있었다.

이러한 문제점에 대처하기 위하여 2007년 개정 소년법은 촉법사건의 조사에 관한 일련의 규정을 두기에 이르렀다.

Ⅱ. 개정법의 내용

1. 경찰의 조사에 관한 규정의 정비

우선, 촉법사건에서 경찰관의 조사권한에 관한 일반적 근거규정으로서, 경찰관이 객관적 사정을 합리적으로 판단하여 촉법소년이라고 의심할 만한 상당한 이유가 있는 자를 발견한 경우에 사건에 관하여 조사할 수 있다는 규정을 두었다(少 6조의2 1항).[31] 이는 임의조사에 관한 규정으로서, 범죄수사에 비유하자면 형소법 197조 1항 본문에 해당하는 것이다. 나아가 임의조사의 하나인 소년 등의 출석요구와 질문에 관하여 특별한 규정이 마련되어 있다(少 6조의4 1항).

31) 조사의 대상은 비행사실이 중심이 되지만, 범죄소년에 대한 수사의 경우와 마찬가지로, 요보호성에 관한 사실도 조사대상에 포함된다(久木元ほか 33면).

이것도 형소법 198조 1항 본문의 피의자에 대한 출석요구와 신문에 대응하는 것이다. 이러한 활동들은 지금까지 경찰법 2조에 의거하여 이루어져 왔지만, 신규정은 이에 대하여 명문의 근거를 부여하였다는 의미를 갖는다.

다만, 수사와는 달리 임의조사의 경우, 경찰관의 지시명령에 따라 소년의 심리 기타 특성에 관한 전문적 지식을 가진 경찰직원이 이를 실시할 수 있다(少 6조의2 3항). 구체적으로는 경찰본부장이 소년보도직원(소년경찰활동규칙 2조 11호) 중에서 14세 미만의 저연령 소년에 대한 질문 그 밖의 직무에 필요한 사항에 관한 전문적 지식을 가진 자로 지정한 자가 이에 해당한다(소년법 제6조의2 제3항의 규정에 의한 경찰직원의 직무 등에 관한 규칙 1조). 그 이전부터 소년보도직원은 촉법사건의 조사에 전문적 지식과 기술을 살려 소년으로부터 사정을 청취하는 등 지금까지 중요한 역할을 수행하여 왔는데, 상기의 규정은 이를 명문으로 승인한 것이다.[32)]

나아가 경찰관에게는 압수, 수색, 검증, 감정위탁의 권한이 인정됨으로써(少 6조의5 1항), 촉법사건의 조사에서도 강제처분이 가능하게 되었다. 그 절차에 관하여는 형사소송법의 규정이 준용된다(동조 2항).

위의 규정들은 모두 촉법사건에 대한 경찰의 조사에 있어서 비행사실의 해명이란 관점에서 과거 문제점으로 지적되어 왔던 것을 해결한 것이다. 이와 더불어 지금까지는 촉법사건의 조사에 있어서 그 성질에 반하지 않는 한 범죄수사규범의 예에 의한다는 일반규정이 있었을 뿐이었으나, 소년경찰활동규칙이 개정됨으로써 촉법사건의 조사에 관한 독립의 절이 마련되고 상세한 규정도 생겼다(15조 이하).[33)]

한편, 조사단계에서 촉법소년의 신병구속제도의 신설과 관련해서는, 본 개정에 있어서도 특별한 조치가 취해지지 않아, 기존의 일시보호를 개선하여 운용함으로써 전술한 문제에 대처하게 되었다. 구체적으로는 소년의 도망이나 증거인멸을 방지하기 위한 아동상담소의 태세를 정비함과 동시에, 경찰의 조사결과를 아동상담소의 조사에 활용한다는 관점에서, 경찰조사의 진척상황 등을 고려하여 일시보호의 기간을 정하기로 하는 운용이 상정되고 있다. 그러나 일시보호

32) 久木元ほか 35면.

33) 상세한 규정개정에 관하여는, 丸山直紀, “少年警察活動規則の改正等について”, 警論 61권 3호, 2008, 46면 이하 참조.

는 어디까지나 아동복지법상의 조치이므로 경찰 조사시간의 확보를 직접적인 목적으로 하여 그 기간을 연장할 수는 없다. 그 때문에 실무의 운용을 개선하는 것만으로 전술한 문제점을 완전히 해결할 수 있을지에 대하여 의문이 있고,[34] 이 점은 향후의 과제로 남겨지게 되었다.

2. 소년의 권리·이익의 보호

14세 미만의 소년은 연령이 어리기 때문에, 경찰의 조사에 있어서 그 연령에 맞는 배려가 필요하다. 이 점을 명확히 하기 위하여 경찰이 촉법소년을 조사할 때 소년의 정서보호에 배려하여야 한다는 취지의 규정이 마련되었다(少 6조의2 2항). 또한 범죄소년 사건의 경우 수사단계에서 형사소송법이 적용되므로 소년은 변호인선임권을 가지는데, 촉법소년에게는 그 적용이 없다. 따라서 이러한 문제점에 대응하기 위하여 조사에 있어서 변호사를 보조인으로 선임할 수 있다는 취지의 규정도 신설되었다(少 6조의3).

3. 아동복지기관선의의 원칙의 수정

조사규정의 정비와 호응하는 형태로, ① 고의의 범죄행위에 의하여 피해자를 사망시킨 죄 및 사형 또는 무기 혹은 단기 2년 이상의 징역 또는 금고에 해당하는 죄와 관련된 형벌법령에 저촉되는 사건, 그리고 ② 가정재판소의 심판에 부하는 것이 적당하다고 사료되는 사건에 관하여는, 아동복지법상의 통고(兒福 25조)와는 별개로, 경찰관이 아동상담소장에게 사건을 송치하는 새로운 절차가 마련되었다(少 6조의6). 통고와 송치의 차이는 통고가 아동상담소장의 직권발동을 촉구하는 의미를 가지는 것에 그침에 비하여, 송치는 이에 의하여 아동상담소에 사건이 당연히 계속된다는 점에 있다.[35]

나아가 송치를 받은 아동상담소장은 상기 ①에 해당하는 사건을 가정재판소에 송치하여야 한다고 규정되어 있다(少 6조의7). 이를 통하여 일정한 중대사

34) 廣瀨 103면.

35) 久木元ほか 52면.

건에 관하여는 경찰로부터 아동상담소를 경유하여 가정재판소로 진행되는 사건 처리의 흐름을 따르게 함으로써, 그 과정에서 비행사실의 인정과 처분결정이 이루어지도록 하였다.

물론, ①에 해당하는 사건에 대하여도 아동상담소의 조사 결과, 그럴 필요가 없다고 인정되는 경우에는 가정재판소에 송치할 필요가 없다는 점에서, 그러한 범위에서는 아동복지기관선의의 원칙은 여전히 유지되고 있다. 그러나 본래 이러한 규정을 마련한 취지는, ①에 해당하는 사건은 그 중대성에 비추어 볼 때, 가정재판소에서 비행사실의 존부와 내용을 인정한 다음 처분을 결정함으로써 소년에게 적절한 보호를 행할 필요성이 특히 높다고 여겨질 뿐만 아니라, 피해자의 보호라는 관점에서도 가정재판소의 심판에 의해 적확한 사실인정이 이루어짐과 아울러 소년법상 인정되는 기록의 열람·등사, 의견청취, 심판결과의 통지제도를 활용할 수 있도록 하는 것이 바람직하다는 점에 있다.[36] 이러한 취지에서 본다면, 그 예외에 해당하는 사건이란 죄명은 중대하더라도 사건의 실제 내용이 경미한 것으로서, 사실인정에 문제가 없는 동시에 처분으로서도 아동복지법상의 조치가 타당한 사안에 국한될 것이다.[37] 그렇다고 한다면, 적어도 중대사건에 있어서는 이 규정에 의하여 아동복지기관선의의 원칙은 실질적으로 수정되었다고 할 수 있다.

이상과 같이, 2007년의 개정에 의하여, 소년법에 경찰조사에 관한 명문규정을 두고, 일정한 중요사건에 관하여 아동복지기관선의의 원칙을 실질적으로 수정하는 것과 연동하는 형태로, 아동상담소에의 통고와는 별개로 경찰관에 의한 송치라는 절차가 새로이 규정되기에 이르렀다. 그 때문에 위 개정에 의하여, 촉법사건에 있어 경찰조사의 비중이 높아지고 아동상담소의 역할이 상대적으로 저하되었다는 우려도 표명되고 있다.[38] 그러한 점에서 오히려 아동상담소에 의한 조사체제를 정비하는 방향에서 제도가 구상되어야 한다는 주장도 있으나, 본 개정의 배경에는 중대한 촉법사건의 사실해명에 대한 사회적 기대가 높아지는

---

36) 久木元ほか 58면.

37) 입법당국은 그 예로서, 유년자(10세 미만 정도)에 의한 경미한 방화사건으로서 사실관계가 명확한 경우를 들고 있다(久木元ほか 60면).

38) 斉藤豊治, “少年法の第2次改正”, 課題と展望(2) 295면 이하, 岡田行雄, “警察による『調査』と調査”, 検証と展望 209면 이하.

한편, 아동상담소가 급증하는 아동학대사건에의 대응에 쫓긴 나머지 비행소년에 대한 대응에까지 철저를 기할 수 없다는 현실이 있다. 소년보호의 영역에 아동복지기관이 보다 적극적으로 관여하여야 한다는 주장은 그 자체로서는 정당한 것이라 하더라도, 현실적 문제로서 실현이 곤란한 측면이 있었기에, 본 개정은 적어도 중대한 촉법사건에 있어서 복지적 처리로부터 사법적 처리로 방향을 바꾸는 형태로 문제해결을 도모한 것이라고 말할 수 있다.[39] 그러한 의미에서는, 본 개정에 의해 14세 미만의 소년에 대하여 아동복지법에 따른 복지적 조치를 우선하여 왔던 종래의 법제로부터 하나의 전환점이 마련된 것으로 평가할 수 있을 것이다.

제 4 절 우범소년의 취급

Ⅰ. 우범사건의 조사

우범사건의 조사에 관하여도 명문규정이 없었던 관계로, 경찰은 경찰법 2조를 근거로 조사를 하여 왔다.[40] 그런 이유에서 개정법안에서는 이에 명확한 법적 근거를 부여하기 위하여 우범사건에서도 그 혐의가 있는 소년을 발견한 경우 경찰이 임의조사를 할 수 있다는 규정을 두려고 하였다. 그러나 이에 대하여는, 우범자체가 소년이 장래 범죄를 저지를 우려를 요건으로 하는 것인데, 그 혐의의 단계에서 조사할 수 있다고 한다면 조사권한이 미치는 범위가 불명확하고 그 대상이 지나치게 광범위해진다는 반대의견이 있어, 국회의 심의과정에서 우범사건의 조사에 관한 규정은 삭제되었다. 그 때문에 2007년 개정 후에도 우범사건에서의 경찰의 조사에 관하여는 법률상 명문규정은 존재하지 않은 채로 남게 되었다.

물론, 동 개정에 있어서 우범조사에 관한 규정이 마련되지 않았다 하여 지금까지 경찰법 2조에 근거하여 이루어져 왔던 경찰의 우범사건에 대한 조사를

39) 若穂井透, “2007年少年法改正で非行法制はどのように再編されたか”, 季刊刑事弁護 51호, 2007, 99면.

40) 滝澤, 앞의 각주26) 27면.

부정하는 취지는 아니다.[41] 소년경찰활동규칙에는 우범소년으로 인정되는 자를 발견한 경우에 이를 조사할 수 있다는 명문규정이 마련되어 있으며, 우범소년의 조사에 있어서 배려할 사항이 함께 규정되어 있다(27조 이하).

Ⅱ. 조사 후의 조치

14세 미만의 우범소년인 경우에는 아동복지기관선의의 원칙이 적용된다(少 3조 2항). 또한 14세 이상이라 하여도 직접 가정재판소에 송치하는 것보다 아동복지법에 의한 조치에 맡기는 것이 적당하다고 인정되는 경우에는, 경찰관은 아동상담소에 통고할 수 있다(少 6조 2항). 아동복지법이 적용되는 대상연령은 18세 미만이므로(兒福 4조 1항), 14세 이상 18세 미만의 우범소년이 그 대상이 된다. 아동상담소에 통고하는 것이 상당한 경우란 대상소년의 성격·환경에 비추어 죄를 범할 위험성이 낮고 행동의 자유를 제한할 필요가 없으며 보호자도 협력적 태도를 보이는 등 복지적 조치를 우선해야 하는 경우 또는 소년법의 조치가 필요하지 않은 경우를 말한다.[42] 이에 반하여, 18세 이상의 우범소년은 통상의 경우와 같이 가정재판소에 송치하게 된다.

제 5 절 소년사건의 수사와 조사의 법적 성격

2007년의 개정을 거쳐 현행법 하에서, 범죄소년에 관계되는 사건의 수사는 형사소송법에 따라 실시함에 비하여, 촉법사건의 조사는 소년법의 규정에 따라 실시하도록 하는 형태를 취하고 있다. 우범사건의 조사에 관하여는 전술한 경위대로 명확한 법적 근거가 없는 상태이지만, 기본적으로는 소년법상의 조사로서 자리매김하고 있는 것으로 볼 수 있다. 이처럼 범죄소년에 관계되는 사건에 관

---

41) 久木元ほか 31면.

42) 田宮＝廣瀬 90면, 団藤＝森田 70면.

하여 형사소송법을 적용하고자 하는 현행법의 입장은 범죄가 성립한 이상, 그 사실규명을 제1차적 목적으로 하는 수사절차의 본질은 범죄주체가 성인이든 소년이든 달라질 것이 없다는 생각에 기초하고 있는 것으로 보인다.

하지만 소년의 피의사건은 전건송치주의 하에서 원칙적으로 사건 전부가 가정재판소에 송치된 다음, 소년법에 따라 형사절차와는 별개의 목적을 갖는 소년보호절차에 의하여 처리될 뿐만 아니라, 소년의 건전육성을 도모한다는 소년법의 목적은 수사단계에도 적용된다고 해석되고 있다. 이러한 의미에서 범죄소년에 관계되는 사건의 수사절차는 촉법사건이나 우범사건의 조사절차와 공통의 목적을 가지는 것이다. 이 점을 근거로 하면 앞에서의 생각과는 달리, 소년법이 소년의 형사사건에 관하여 특별한 규정이 없는 한 일반의 예에 따른다(40조)는 규정을 두고 있는 것은, 소년사건의 수사는 성인사건의 수사와 그 목적 및 성격을 달리하므로 본래 소년법 내에 독립한 규정을 두어야 하지만, 내용적으로 중복되는 부분이 많기 때문에 형사소송법의 규정을 이른바 차용하고 있음에 불과하다는 해석도 가능하다.

또한 그러한 해석까지는 곤란하다 하더라도, 입법론으로서 범죄소년에 관계되는 사건의 수사절차를 촉법사건이나 우범사건의 조사절차와 합친 다음, 성인사건의 수사절차와 구별하여 이를 소년법 내에 규정하는 입법방식도 충분히 생각할 수 있는 것이다.[43] 그 경우, 현재 범죄수사규범에 두고 있는 소년사건의 수사에 관한 규정을 소년법으로 끌어올림과 동시에, 형사소송법의 수사에 관한 규정을 그 성질에 반하지 않는 한도에서 소년사건의 수사에도 준용하는 취지의 규정을 두는 형태가 될 것이다.

나아가 가사 이것과는 달리, 소년사건에서도 수사로서의 본질적 성격은 달라지지 않는다는 현재의 사고방식을 유지한다 하더라도, 규칙에 해당하는 범죄수사규범이 아닌 소년법 내에 특별한 규정을 두어, 소년사건의 수사가 일반적인 수사와는 다른 면이 있다는 것을 법률상 명시하는 것이 바람직하다고 생각한다.[44]

---

43) 이에 비하여, 절차의 목적보다도 소년의 인권보장이라는 점에 착안하여 수사활동이 소년에게 미치는 악영향이나 소년의 낮은 방어능력을 근거로, 소년의 범죄사건에 대한 수사활동 전반을 규율하는 특별법을 두어야 한다는 의견도 있다(澤登 84면).

44) 이러한 입법태도는 외국에서 찾아볼 수 있다. 예를 들어, 미국의 캘리포니아 주에는 소년사건을 처리하는 특별한 재판소로서 소년재판소가 존재하는데, 이곳에서는 형사재판소와는 다른 목적 하에 범죄소년과 이른바 지위비행(status offense)을 저지른 소년에 관한 사건이 처리되

제 6 절 소년경찰활동의 의의와 법적 규율

Ⅰ. 의의와 현황

소년법의 대상인 비행소년에 관계되는 경찰활동에 관한 현재의 법적 규율은 전술한 바와 같은데, 소년비행의 방지를 목적으로 하는 활동 전반으로 시야를 넓힌다면, 경찰활동의 대상은 소년법상 비행소년에 한정되지 않고 보다 광범위한 영역을 포함하고 있다. 그리고 그것에 관한 규율은 소년경찰활동규칙에서 정하고 있다. 이 규칙에서는 소년경찰활동을 소년의 비행방지 및 보호를 통한 소년의 건전한 육성을 도모하기 위한 경찰활동으로 정의하면서(1조), 그 대상으로서 소년법상 비행소년에 더하여 불량행위소년,[45] 피해소년,[46] 요보호소년[47]을 들고 있다. 이에 따라 이 규칙에서 정하는 소년의 비행방지 및 보호를 위한 구체적 활동은 소년법의 범위 내에서 뿐만 아니라 그 외의 것에도 미치고 있다.

그 중 전자에 해당하는 것이 비행소년에 대한 수사 내지 조사이고, 후자에 해당하는 것으로서 가두보도(7조)와 소년상담(8조)이 있다. 나아가 소년상담을 받은 소년 및 불량행위소년에 관하여, 그 비행방지를 도모하기 위하여 특히 필요하다고 인정되는 경우에는, 보호자의 동의를 받아 가정, 학교, 교우 그 밖의 환경에 있어서 상당한 개선이 인정될 때까지 소년에 대한 조언, 지도, 카운슬링 등의 보도가 계속적으로 실시된다(8조 2항 · 14조 2항). 이 계속보도는 전문적 지식을 요하기 때문에, 원칙적으로 각지에 소재하는 소년서포트센터(2조 12호)에 소속된 소년보도직원 등이 담당하는 것으로 되어 있다(8조 3항).

소년상담이나 계속보도는 소년법에 따른 절차와 저촉되지 않는 한, 비행소

고 있다. 그 절차를 규율하는 법률이 복지 및 시설법(Welfare & Institutions Code)인데, 동법에는 소년재판소에 사건을 송치하기 이전 경찰에서의 수사 및 조사절차가 규정되어 있다. 또한, 소년사건에 대한 절차를 특별한 형사절차로 자리매김하고 있는 독일에서도, 그 처리를 정하고 있는 소년재판소법에서 수사절차에 있어서 소년의 성격이나 가정환경 등에 관하여 광범위한 수사를 하여야 한다는 등 특별한 규정을 두고 있다.

45) 비행소년에는 해당하지 않지만 음주, 흡연, 심야배회 기타 자기 또는 타인의 덕성을 해하는 행위(불량행위)를 하고 있는 소년을 말한다(2조 6호).

46) 범죄 기타 소년의 건전한 육성을 저해하는 행위에 의하여 피해를 입은 소년을 말한다(2조 7호).

47) 아동학대를 받은 아동, 보호자가 없는 소년 기타 아동복지법에 의한 복지를 위한 조치 또는 이와 유사한 보호를 위한 조치가 필요하다고 인정되는 소년을 말한다(2조 8호).

년을 대상으로 할 수도 있다. 예를 들어, 가정재판소에서 불처분결정을 받은 소년에 대하여 이후 소년서포트센터가 재기지원활동으로서 계속보도를 하는 경우가 있다.[48]

소년경찰활동을 전체적으로 파악할 경우, 소년법의 영역 외에서 이루어지는 활동도 중요한 위치를 차지하고 있다. 예를 들어, 2013년에 도로교통법위반을 제외하고 비행소년을 검거·보도한 인원수는 98,143명이었음에 비하여, 불량행위소년을 보도한 인원수는 809,652명이었다.[49] 또한 같은 해에 경찰이 수리한 소년상담의 건수는 65,125건이었는데, 그 중 소년 본인의 상담이 13,552건, 보호자의 상담이 31,514건, 기타 상담이 20,059건이었다. 어느 것이나 비행문제, 학교문제, 가정문제, 교우문제 등이 상위를 차지하고 있다.[50]

Ⅱ. 법제화의 당부

이러한 소년경찰활동은 소년법이나 형사소송법 등에 개별적으로 규정된 것을 제외하고, 특별한 법률상 근거규정이 없이 경찰법 2조에 근거하여 실시되고 있다. 이에 대하여, 명문의 법률상 근거규정을 두어야 한다는 제언도 있지

48) 그 외 소년경찰활동규칙에서는 경찰이 소년비행방지를 위하여 수행할 조치로서 소년의 규범의식향상을 위한 활동이 명기되어 있다(9조). 구체적으로는 소년을 참가시켜 사회봉사체험 활동이나 스포츠 활동 등이 실시되고 있다. 이러한 활동에 의하여 소년의 규범의식을 고양하고 지역사회 일원으로서의 자각을 심어주는 것을 목적으로 하고 있으며, 그와 동시에 소년에게 신체적·정신적으로 의지할 만한 곳을 제공하는 것도 지향하고 있다.

나아가 2010년 12월에는 '非行少年を生まない社会づくりの推進について(비행소년을 낳지 않는 사회만들기의 추진에 관하여)', '少年に手を差し伸べる立ち直り支援活動の推進について(소년에게 손을 내미는 재기지원활동의 추진에 관하여)'라는 2개의 통달이 시행됨으로써 이른바 재기지원활동을 추진하게 되었다. 재기지원활동은 과거에 비행소년으로서 경찰이 취급했던 사건의 소년 및 그 보호자에 대하여 경찰에서 적극적으로 연락을 취하고, 연락한 결과 당해 소년이 문제가 있고 비행을 저지르기 쉬운 상태에 있는 경우, 보호자의 동의를 얻어 계속적으로 지도·조언을 수행하는 외에, 개개의 소년이 처한 상황에 맞추어 취학·취로의 지원이나 사회봉사체험 활동 등 각종 체험 활동에 의한 지원을 하는 것으로서, 새로운 유형의 소년경찰활동으로서 자리매김한 것이다(渡邊一郎, "少年警察活動としての継続補導及び社会奉仕体験活動等の実施－その変遷と新たな立ち直り支援への展開", 犯罪と非行 177호, 2014, 32면 이하).

49) 警察庁生活安全局少年課, '平成25年中における少年の補導及び保護の概況' 1면.

50) 앞의 각주49) 74면.

만[51] 아직까지 실현되고 있지 않다.[52] 보도로서 수행되는 행위가 어디까지나 소년이나 보호자의 동의에 근거한 임의적 조치라 하더라도, 특히 불량행위소년에 대한 가두보도 등은 경찰직원이 소년과 직접 접촉하여 그 행동에 사실상의 영향을 미치는 것이다. 그것이 동의에 기초하고 있다고는 하나, 소년의 권리를 제한하는 성격을 갖는 것이므로, 명확한 법률상의 근거를 부여한 다음, 그 요건과 범위를 규정하는 것이 바람직하다.[53] 또한 불량행위는 비행과 경계선상에 있는 것이므로 그 법적 위치를 분명히 하여, 소년에 의한 비행방지를 목적으로 한 경찰활동이라는 관점에서 일관된 법적 규율을 정할 필요성도 있다고 생각한다.

이러한 견해에 대하여는, 불량행위소년에 대한 보도절차에 법률상 근거를 부여하면, 실질적으로 비행개념을 확대하여 소년법에 의한 전문적 보호기능을 잠탈하는 형태로 경찰에 의한 보호·교육기능을 인정하는 결과를 초래한다는 비판도 있다.[54] 그러나 소년법이 비행개념을 한정하고 있는 것은, 소년법에 근거한 조치가 경우에 따라서는 소년의 의사에 반하여 그 자유를 제약하는 측면이 있음에 기인하는 것이다. 그러므로 비행소년에는 해당하지 않는 불량행위소년에 대하여 경찰이 임의적 조치로서 무엇을 할 수 있을 것인지는 본래 소년법의 범위를 벗어나는 문제이며, 그것 자체로서 당부가 검토되어야 할 것이다. 그리고 그 경우에 문제의 핵심은, 위의 견해가 적절히 지적하는 것처럼, 경찰이 소년에 대한 보호·교육기능을 담당하는 것의 당부를 어떻게 생각할 것인가에 있다. 전술한 대로, 이를 적극적으로 평가하여야 한다면, 그러한 점을 정면에서 인정한 다음 법적 규율을 가함이 마땅하다.

---

51) 少年非行防止法制に関する研究会, '少年非行防止法制の在り方について(提言)', 2004. 12.

52) 도도부현 수준에서 보도활동에 관한 조례를 정하고 있는 곳도 있다(奈良県少年補導に関する条例[2006. 3. 28. 공포]). 동 조례에서는 불량행위에 해당하는 행위, 불량행위소년에 대한 보도로서 경찰직원이 할 수 있는 조치(질문, 주의·조언·지도, 물건의 일시보관, 소년의 일시보호, 일정한 장소에의 출입 등)를 규정함과 아울러, 소년보도원의 활동내용과 위촉·해촉의 절차, 경찰에서 학교로의 보도사실의 연락, 계속보도의 요건 등이 명기되어 있다.

53) 澤登 84면.

54) 守山=後藤 141면 [山口直也].

제 3 장

사건의 수리와 조사

제 1 절 사건의 수리

비행소년의 존재는 다양한 경로를 통하여 가정재판소에 알려지게 된다. 가정재판소가 이를 받아들여 사건을 수리하면 그 효과로서 가정재판소에 사건이 계속된다.

구 소년법에서는 준사법적 기능을 가지는 행정기관인 소년심판소가 소년심판을 담당했었는데, 타기관으로부터의 사건의 송치 및 통고에 따른 경우 외에 소년심판소가 그 직무를 수행하는 과정에서 심판에 부할 소년의 존재를 인지함과 동시에 그것을 수리하는 이른바 자청인지의 제도가 사건의 수리형태로서 인정되고 있었다.[1] 이에 반하여, 현행법은 가정재판소에 대한 통고, 보고 혹은 송치가 되었음을 전제로 가정재판소가 조사를 개시하도록 하고(少 8조 1항) 자청인지의 근거규정을 두지 않았다. 이에 의하여 소년보호사건에서도 불고불리의 원칙이 채용되기에 이른 것이다. 이는 소년심판의 주체가 행정기관이 아니라, 수동성을 중요한 표지로 하는 사법기관인 가정재판소로 변경됨에 따른 하나의

1) 森山武市郎, 少年法, 日本評論社, 1938, 51면. 구 소년법에서는 소년심판소가 심판에 부할 소년이 있다고 사료하는 때에는 사건의 관계, 소년의 성행 등에 관하여 조사하여야 한다는 규정을 두고 있었는데(31조 1항), 이 규정이 자청인지의 근거가 되고 있었다.

귀결이었다고 할 수 있다.[2)]

이와 같이 소년보호사건에서도 불고불리의 원칙이 적용되는 결과, 가정재판소에 의한 조사나 심판의 과정에서 당초 수리한 사건과는 다른 사건의 존재가 판명되었다 하더라도, 가정재판소가 스스로 이를 인지하여 사건을 계속시킬 수는 없다. 문제는 여기서 말하는 '사건'이 어떠한 단위로 구분되는가에 있다.

이 점에 관하여는 사건이 소년이라는 사람에 의해 구별된다는 것에 이론이 없다. 따라서 소년 A에 의한 비행사실을 수리한 가정재판소가 그 조사·심판의 과정에서 소년 B가 공범자로서 관여하였던 사실을 알게 되었다 하더라도, B에 의한 비행사실을 스스로 문제 삼아 사건을 계속시킬 수는 없다.

그렇다면 이와 달리, 소년 A 자신에 대한 조사·심판의 과정에서 당초의 비행사실과 다른 별개의 비행사실의 존재가 판명된 경우에는 어떠할까? 이것이 형사재판이라면 기소된 사실과 그 이외의 사실 간에 공소사실의 동일성을 결하는 경우에는, 후자에 관하여 추가기소가 없는 한 재판소의 심판대상이 되지 않는다는 점은 분명하다. 이에 반하여, 소년보호사건의 경우 그 목적이 소년의 개선교육에 가장 적합한 처분을 결정함에 있고, 이를 위해서는 당초 소년이 행한 모든 비행사실을 고려하는 것이 적절하다는 입장에서 보면, 사건을 구분하는 단위는 소년이라는 사람일 뿐 개개의 비행사실이 아니라는 생각도 있을 수 있다. 이 견해에 의하면, 어떤 소년에 관하여 가정재판소에 보호사건이 계속된 이상, 그 조사·심판의 과정에서 송치 등이 있었던 사건 이외의 다른 비행사실이 발견된 경우, 가정재판소는 소년법이 정하는 수리절차를 밟을 것도 없이 그 사실에 관하여 심판하는 것이 가능해진다. 소년법 제정 초기에는 이러한 견해가 재판관 사이에서 유력하게 주장되었고,[3)] 실제로 이러한 입장을 취한 판례도 있었다(札幌高決 昭和29·7·23 家月 6권 8호 79면).

이는 폭행 및 공갈의 사실로 송치된 소년에 대하여, 가정재판소가 조사·심판의 과정에서 밝혀진 우범사실까지 비행사실로 인정한 후 소년에게 중등소년원송치를 결정한 사안이었다. 보조인은 조사관에 의한 보고가 없었음에도 우범사실을 심판의 대상으로 삼았던 점에서, 동 결정에는 위법이 있음을 이유로 항

2) 平場 148면.

3) 内藤文質, "少年保護事件の概念について", 警論 6권 5호, 1953, 9면, 今中道信, "少年保護事件における不告不理", 家月 4권 2호, 1952, 73면.

고를 제기하였다. 이에 대하여, 삿포로고등재판소는 소년보호사건의 목적이 소년의 건전한 육성을 기함에 있다는 점을 지적한 다음, 이미 소년에 관하여 보호사건이 계속되어 있는 경우에, 그 조사 또는 심판의 결과 다른 범죄사실 또는 우범사실이 있다는 것이 판명되고 그것에 대하여 보호처분을 과할 필요성이 인정되는 때에는, 그 사실에 관하여 새로이 입건절차를 밟을 것까지도 없이, 이미 계속되어 있는 보호사건과 함께 심판할 수 있다고 하면서, 보조인의 항고를 기각하였다.

그러나 현재는 불고불리의 원칙이 비행사실과의 관계에서도 적용된다고 봄이 통설이고,[4] 실무의 태도이기도 하다. 이 점을 보여준 최근의 판례로서 후쿠오카고등재판소 결정(福岡高決 平成18·3·22 家月 58권 9호 64면)이 있다.

이는 절도①(화장품의 절취) 및 소년이 보호자의 정당한 감독에 복종하지 않는 성벽이 있고 정당한 이유 없이 가정에서 벗어나며 자기의 덕성을 해할 행위를 하는 성벽이 있어 장래 '독물및극물단속법'위반의 죄를 범할 우려가 있다는 우범으로 송치된 소년에 대하여, 가정재판소가 위 사실에 더하여 소년법 7조에 의한 새로운 입건절차를 밟음이 없이, 상기 절도①과는 다른 날에 범한 절도②(화장품의 절취)를 비행사실로 인정한 후 소년을 초등소년원에 송치한 사안이었다. 상기 우범과 관련하여 사법경찰원이 작성한 송치서의 우범사실 중에 '자전거를 훔치거나 상품절도를 하거나'라는 기재는 있었으나, 절도②를 특정할 만한 기재는 없었고 단지 송부된 자료로부터 그 사실을 인정할 수 있음에 불과하였다. 본 결정은, 원심재판소와 같은 사건처리는 불고불리의 원칙 내지 그 근저를 이루는 재판기관의 수동성, 중립성, 나아가 재판소의 공정한 판단을 객관적으로 담보하려는 의의를 상실시키는 것으로서 위법하다고 판시하였다.

실무가 이러한 견해를 취하게 된 배경에는, 소년심판의 대상은 요보호성뿐만 아니라 비행사실도 포함하는 것이므로, 소년심판에서의 사건은 소년과 비행사실에 의하여 특정된다는 생각(비행사실중시설)이 주류가 되었다는 사실이 있다.[5] 불고불리의 원칙은 소년이라는 사람에 대하여만 적용된다고 보는 전술한 견해는, 소년심판의 대상은 요보호성뿐이란 전제에 서 있기 때문에, 소년보호사

---

4) 田宮＝廣瀬 416면, 澤登 76면, 猪瀬慎一郎, "少年保護事件と不告不理", 少年法判例百選 44면, 梶村太市, "少年保護事件と不告不理", 判タ少年法 111면.

5) 猪瀬, 앞의 각주4) 44면.

건은 소년이라는 사람만으로 특정된다는 사고를 취하고 있었다.[6] 그러한 전제에 선다면, 불고불리의 원칙은 비행사실에는 적용되지 않는다는 결론이 자연스럽게 도출된다.[7] 이에 반하여, 소년보호사건에서의 사건은 소년과 비행사실에 의하여 특정된다는 입장을 취하는 경우에는, 수리절차를 경유하지 않은 비행사실을 심판의 대상으로 삼는 것은 가정재판소가 스스로 사건을 문제 삼고 나서는 것이 되므로, 구법과 달리 자청인지를 인정하지 않는 현행법의 취지에 반한다는 견해로 이어지기 쉽다.

물론, 비행사실중시설을 전제로 하면서도, 소년보호절차가 비행에 대한 책임추궁이 아니라 비행성 있는 소년의 개선교육에 목적을 두고 있다는 점이나 여기서 유래하는 소년심판의 직권주의 구조를 근거로, 소년보호절차에서는 사건의 범위와 불고불리의 범위가 일치하여야 할 필연성이 없고, 불고불리의 원칙은 비행사실에는 적용되지 않는다는 보는 견해도 있다.[8]

그러나 비행사실을 심판의 대상으로 보는 견해는, 보호처분 등에 의해 소년의 자유를 강제로 제한하기 위한 정당화근거는 비행사실의 존재에 있다는 사고에 기초하고 있다.[9] 그러한 의미에서 보호처분은 비행사실에 대한 제재라는 측면을 가지고 있고, 그 점에서 형벌과 공통되는 것이다. 그렇다고 한다면, 불고불리의 원칙의 근거인 재판소의 수동성이라는 관점은 비행사실에 관하여도 작동한다고 보는 것이 일관된 설명일 것이다. 또한 이 견해에는 비행사실마다 수리절차를 거침으로써 그것이 절차상 분명하게 되어 소년의 방어대상이 명확해진다는 이점도 있다.

이와 같이 불고불리의 원칙이 비행사실에도 적용된다고 보는 견해를 취할 경우, 조사와 심판의 과정에서 당초 수리되었던 것과 다른 별개의 비행사실이 판명된 때에는, 이를 가정재판소의 조사·심판의 대상으로 삼기 위하여 다시금 수리절차를 밟을 필요가 있게 된다. 그러한 경우 실무상으로는, 범죄사실에 관하

6) 内藤, 앞의 각주3) 8면, 今中, 앞의 각주3) 73면.

7) 심판대상의 문제와 사건의 특정기준을 분리하여, 심판의 대상은 요보호성이고 비행사실은 심판조건에 그친다고 하면서, 사건은 소년과 비행사실에 의해 특정된다고 보는 견해도 있다(入江正信, "少年保護事件における若干の法律問題", 家月 5권 7호, 1953, 20면).

8) 平場 148면, 団藤=森田 33면, 加茂紀久男, "少年審判と不告不理", 司法研修所報 30호, 1963, 28면.

9) 佐伯仁志, "少年法の理念－保護処分と責任", 展開 42면.

여는 수사를 통하여 비행사실을 인정하기 위한 증거수집이 필요한 경우가 많으므로, 수사기관에 통보한 후에 다시 송치하게 하는 절차를 취하는 것이 일반적이다. 그리고 우범사실에 관하여는 통상 조사관에 의한 보고라는 형식을 취한다.

촉법사건에 있어서는 그 수리방법과 관련하여, 새로이 판명된 촉법사실에 대하여도 아동복지기관선의의 원칙에 따라 아동복지기관으로부터 송치를 받을 필요가 있는지의 문제가 있다. 이 점에 관하여는, 당초의 송치사실에 의하여 이미 소년을 가정재판소의 심판에 부하는 것이 상당하다는 아동복지기관의 판단이 내려진 이상, 여기에 별개의 사실이 덧붙여진 경우에 그와 반대되는 판단이 내려지리라고는 생각하기 어려우므로, 재차의 판단을 요구할 필요는 없다고 본다.[10] 따라서 아동복지기관의 송치 이외의 방법에 의하여 사건을 수리하는 것도 가능해진다.

한편, 조사·심판의 과정에서 판명된 별개의 비행사실을 당해 소년에 대한 처분의 결정에 고려하는 방법으로는, 여기서 문제로 다룬 것처럼, 그것에 대하여 수리절차를 밟고 정식으로 심판의 대상으로 삼은 다음 당초의 비행사실과 병합하여 심리하는 방법 외에, 그것을 정식의 심판대상으로 삼지 않고 소년의 요보호성에 관한 판단자료로 활용하는 방법도 있을 수 있다.[11] 구조적으로는 형사재판에서 여죄를 양형에서 고려하는 것과 동일하고, 실무상 그러한 형태로 고려가 이루어지는 경우도 적지 않다. 그리고 소년에 대한 처분은 요보호성에 대응하여 결정되는 것이므로, 그러한 고려에 의하여 이후에 판명된 별개의 비행사실을 정식의 심판대상으로 삼는 방법과 거의 동일한 효과가 얻어진다. 그러나 불고불리의 원칙이 비행사실에도 적용됨을 전제로 하는 이상, 그러한 고려에는 한계가 있는 것이고(본서 192면 이하 참조), 그 한계를 넘어서는 경우에는 별개의 비행사실을 정식의 심판대상으로 삼을 필요가 있다.

10) 田宮＝廣瀨 65면.

11) 정식으로 심판의 대상으로 삼는 경우에는 그것이 결정서의 비행사실(죄가 되는 사실)의 난에 기재되고(少審規 36조), 또한 그 사실에 관하여 소년법 46조가 적용됨에 비하여, 요보호성의 판단자료로 되는 것에 불과한 경우에는 그렇지 아니하다는 차이가 생긴다.

제 2 절 사건수리 후의 절차

가정재판소에 사건이 계속되고 나서 사건에 대한 조사·심판이 이루어지는데, 사건수리 후 조사관에 의한 조사 개시 전에, 가정재판소 내부의 사건분배 등 몇 가지 절차를 밟게 된다. 그 중에서 소년사건에 특유한 것으로서 사건의 수리선별(intake)과 관호조치가 있다.

사건의 수리선별이란 조사관이 정식으로 사회조사를 실시하기 전의 단계에서, 사건의 내용에 따라 처리방법을 구분하는 절차이다. 소년사건에는 전건송치주의가 채용되어 있는 관계로, 가정재판소가 온갖 종류의 사건을 수리하게 된다. 그 중에는 일과성(一過性)의 경미한 것부터 소년의 자질이나 환경에 큰 문제가 있는 복잡·곤란한 것까지 다종·다양한 사건이 포함되어 있다. 그리고 일과성의 경미한 사건이라면 어느 정도 조사를 간략화하고 조기에 조치를 취하는 것이 적당한 반면, 소년의 문제성이 심각한 복잡·곤란한 사건이라면 보다 면밀히 조사할 필요가 있다. 또한 이와 같이 사건에 따라 조사방법을 바꾸는 것은 가정재판소의 제한된 자원을 효율적으로 사건처리에 투입한다는 관점에서도 필요하다. 이러한 이유로 실무에서는, 조사관이 취할 조사방법에 따라 사건을 유형화함으로써 사건을 미리 선별해 두는 운용이 이루어지고 있다.[12] 간이송치의 형식을 취한 사건은 원칙적으로 조사 자체를 하지 않는데, 그것에 해당하지 않아 조사를 실시하는 경우에도 조사방법에 대응한 선별을 실시하는 것이다.[13] 그 구체적인 운용기준은 가정재판소별로 작성하는 사건처리요령에 규정되어 있는데,[14] 대략 다음과 같은 내용으로 되어 있다.

선별은 조사관 중 특히 경험이 풍부한 주임조사관 이상의 조사관이 실시한다.[15] 주임조사관 등은 송치기관 등에서 송부된 사건기록 등을 참고하여, 사건을 ① 소년 및 보호자에 대한 서면조회를 실시하는 서면조회사건, ② 서면조회

12) 田宮=廣瀨 123면, 澤登 99면.

13) 그 외 교통사건의 경우, 사건으로서의 특수성과 대량성을 고려하여 일반사건과 구별된 형태의 선별(intake) 기준이 마련되어 있다(田宮=廣瀨 124면).

14) 각 가정재판소의 사건처리요령은 최고재판소의 '소년사건처리요령 모델시안골자'(1985년)를 참고로 하여 작성되어 있는데, 비공개로 하고 있어 그 구체적 내용은 분명하지 않다.

15) 조사관은 수석조사관, 차석조사관, 총괄주임조사관, 주임조사관, 일반조사관으로 구분된다(田宮=廣瀨 119면).

외에 중점적으로 단시간의 면접을 실시하는 간이면접사건, ③ 통상의 조사를 실시하는 사건으로 선별한다. 선별 시에는 비행사실의 중대성의 정도, 소년의 전력, 송치기관의 처우의견 등이 고려되지만, 선별의 기준은 어디까지나 소년의 성격, 환경 등으로 보아 요보호성에 문제가 적고 통상의 조사를 실시할 정도의 필요성이 없는지 여부라고 할 수 있다.

이와 같은 선별은 사건의 담당재판관에 의한 조사명령권의 발동을 보좌하는 의미에서 주임조사관 등이 실시하며, 최종적으로는 이를 기초로 재판관이 조사방법을 결정하고 조사를 명령한다. 따라서 주임조사관 등의 선별과는 다른 방법으로 조사가 명해지는 경우도 있을 수 있다. 나아가 서면조회사건, 간이면접사건으로 조사할 것을 명령받은 담당조사관이 그 방법에 따라 조사한 결과, 소년의 문제성을 발견하여 더욱 상세하게 조사할 필요가 있다고 판단한 경우, 조사방법이 변경되는 경우도 있다.

제 3 절 관호조치

Ⅰ. 종 류

관호조치는 가정재판소의 조사·심판을 위하여 소년의 신병을 보전하는 처분이다. 조사관의 관호에 부하는 조치(少 17조 1항 1호)와 소년감별소에 송치하는 조치(동 2호)가 있다. 전자는 소년의 신병구속을 수반하지 않는 것(재택관호)임에 비하여, 후자는 소년을 소년감별소에 수용하여 신병을 구속하는 것(수용관호)이다. 수용관호의 조치가 취해진 경우에는 대부분의 사건에서 소년에 대한 감별이 실시된다.[16] 감별은 소년과의 면접, 각종 심리테스트, 소년의 행동관찰 등을 통하여 소년의 자질과 환경상의 문제점을 밝히고 그 처우에 도움이 되는

16) 종래 소년감별소에 관하여는, 소년원법 내에 소수의 조문을 두고 동법의 소년원에 관한 몇 가지 규정을 준용하도록 하면서, 소년감별소처우규칙이나 통달에 의하여 이를 보완하는 형태를 취하고 있었다. 2014년의 개정에 의하여, 소년원법으로부터 독립한 소년감별소법이 제정됨으로써 감별에 관한 사항 외에 권리의무관계를 포함한 재소자의 처우에 관하여 상세한 규정을 두게 되었다.

적절한 지침을 제공하는 것을 목적으로 한다.

이에 대하여, 재택관호는 조사관이 수시로 소년과 접촉하면서 인격적 영향력에 의해 소년에게 일종의 심리적 구속을 가함으로써 관호의 목적을 달성하고자 하는 것인데, 소년의 신병보전에 실효성이 부족하여 실무상 거의 이용되고 있지 않다.[17] 그 때문에 관호조치라고 하면 통상 수용관호를 지칭한다. 이하에서도 수용관호에 한하여 관호조치라는 용어를 사용하기로 한다.

Ⅱ. 목적과 운용현황

앞서 언급한 대로, 관호조치의 목적은 가정재판소에서의 조사·심판을 위하여 소년의 신병을 보전하는 것에 있는데, 여기에는 크게 3가지의 서로 다른 내용이 포함되어 있다. 첫 번째는 가정재판소에 의한 조사와 심판이라는 절차의 진행을 담보하는 것으로서, 구체적으로는 소년의 도망을 방지하여 조사와 심판에의 출석을 확보함과 동시에 소년에 의한 증거인멸을 방지함을 의미한다. 두 번째는 소년을 긴급히 보호하기 위하여 신병을 구속하는 것으로, 예를 들어 소년이 자살할 우려가 있는 경우이거나 그 처해진 상황으로 보아 재비행을 저지를 우려가 높은 경우 등이 이에 해당한다. 이 경우의 관호조치는 종국결정에 따른 보호 이전에 실시되는 잠정적 조치로서의 성질을 가진다. 소년보호절차는 그 절차 자체가 소년의 개선교육의 장으로서의 의미를 가지는데, 관호조치도 그러한 의미에서 종국결정 전에 소년의 보호를 도모하는 기능을 수행하는 것이 된다.[18] 세 번째는 소년의 신병을 구속한 상태에서 감별을 실시하는 것이다. 이상의 목적 중 첫 번째는 형사절차에서의 기소 후의 구속과 기능적으로 동일한 것이고, 이와 다른 두 번째, 세 번째가 신병보전의 목적이 되고 있다는 점에서 소년보호사건의 특색이 드러나고 있다.

그 운용상황을 보면, 2013년에 관호조치가 취해진 인원의 총수는 11,108명으로, 가정재판소 신규 수리인원에서 차지하는 비율은 일반보호사건에서 10.5%,

---

17) 田宮＝廣瀨 164면, 総研 126면.

18) 平場 184면.

도로교통사건에서 3.7%로 나타나고 있다. 이 비율은 최근 10년 동안 거의 비슷한 수준이다. 또한 죄종별로 보면, 중대한 사건이나 소년의 문제성이 큰 사건일수록 그 비율이 높은데, 살인에서 100%, 강도에서 89.8%, 강간에서 85.1%, 각성제단속법위반에서 90.0% 등으로 나타나고 있다.

Ⅲ. 실체적 요건

상기한 바와 같이 관호조치는 복수의 목적을 가지고 있는데, 어느 목적에 따른 경우라 하더라도 소년의 의사에 반하여 신체의 자유를 제한하는 것이므로, 관호조치를 행하려면 이를 정당화할 이유가 필요하다. 소년법상 관호조치의 실체적 요건은 '심판을 행하기 위하여 필요한 때'(少 17조 1항)라고 규정되어 있을 뿐인데, 실무상 아래와 같은 요건이 필요하다고 여겨지고 있다.[19]

첫 번째는 심판조건이 구비되어 있어야 한다. 관호조치가 사건의 조사와 심판을 위하여 소년의 신병을 보전하는 것인 이상, 보호사건의 실체심리, 다시 말해 비행사실과 요보호성의 존부에 관하여 조사·심판할 수 있음이 당연한 전제가 되기 때문이다. 다만, 토지관할이 없는 경우에는 이송이 인정되고 있으므로(少 5조 3항), 예외적으로 토지관할이 없는 경우에는 관호조치를 취한 후 사건을 관할재판소에 이송할 수 있다고 해석되고 있다.[20]

두 번째는 소년이 비행사실을 저질렀다는 혐의가 존재해야 한다. 필요한 혐의의 정도에 관하여는 다툼이 있는데, 관호조치가 형사사건에서의 기소 후의 구속과 동일한 기능을 수행한다는 점에 비추어, 그것과 마찬가지로 소년이 비행사실을 저질렀다고 충분히 의심할 만한 상당한 이유가 있어야 할 것이다. 물론, 관호조치는 긴급하게 소년을 보호하기 위해 실시되는 경우도 있고 이는 소년의 이익을 위한 처분이므로, 구속과 동일한 정도의 혐의까지는 필요하지 않다고 보는 견해도 있을 수 있다. 다만, 그러한 경우라 하더라도 관호조치가 소년의 의사에 반하여 신병을 구속하고 자유를 제한하는 조치라는 점에서 다를 바 없고,

19) 田宮＝廣瀬 166면 이하, 総研 127면 이하, 川口宰護, "観護措置をめぐる諸問題", 判タ家裁実務 336면 이하.

20) 田宮＝廣瀬 166면, 川口, 앞의 각주19) 336면.

바로 그 점에 소년이 비행사실을 저질렀다는 혐의를 요구하는 근거가 있다는 전제에 선다고 한다면, 그 목적을 불문하고 일률적으로 구속과 동일한 정도의 혐의가 필요하다고 보아야 할 것이다.[21)]

세 번째는 심판을 할 개연성이 존재하여야 한다. 관호조치가 '심판을 행하기 위하여 필요한 때'를 요건으로 하는 것의 당연한 귀결이다. 위 두 번째 요건으로서 비행사실에 관하여 일정한 혐의가 있을 것이 전제되어 있으므로, 여기서는 심판개시결정이 내려질 개연성을 인정할 수 있을 정도의 요보호성의 존재가 요구된다. 따라서 그것이 인정되지 않은 경우임에도 조사만을 위하여 관호조치를 하는 것은 허용되지 않는다. 물론, 문언상 '심판'에 조사를 포함하여 해석하는 것이 불가능하지 않으므로, 그 실질적 근거는 심판개시결정이 내려질 개연성이 없을 정도로 요보호성이 낮은 사건에서 신병을 구속하는 처분을 하는 것은 상당성을 결한다는 점에 있을 것이다.

네 번째는 관호조치를 행할 필요성의 존재이다. 구체적으로 말하면, 이는 전술한 관호조치의 3가지 목적에 대응하여, ① 조사, 심판 및 결정의 집행을 확실히 담보하지 못할 우려가 있거나, ② 소년이 긴급보호를 요하는 상태에 있거나, ③ 소년감별소에 수용하여 감별을 실시할 필요가 있는 것 중 어느 하나의 사유가 존재하는 것을 의미한다.

그 중 ①은 구속사유로서 (a) 주거부정, (b) 죄증인멸의 우려, (c) 도망의 우려(刑訴 60조)에 대체로 대응하는 것인데, (a)나 (c)는 조사와 심판에 소년의 출석을 확보하는 것이 유형적으로 곤란한 경우를 가리키는 것이므로, 가사 형식적으로 이에 해당하지 않는 경우라 하더라도, 소년이 조사나 심판에 출석하지 않을 우려가 높고 동행영장(少 11조 2항)으로는 목적을 달성하기 어려운 경우에는 관호조치를 취하는 것이 인정된다고 할 것이다.[22)] 다음으로, ②의 구체적 예로서는 (a) 소년이 자살이나 자상행위를 할 우려가 있는 경우, (b) 불량집단의 영향 등에 의해 심판까지 소년의 비행성이 급속히 악화될 가능성이 있는 경우, (c) 가정환경이 열악하고 소년이 가정에서 학대를 받을 우려가 있는 경우 등이 있다.[23)] 마지막으로, ③은 소년에 대하여 계속적인 행동관찰을 실시하는 등 상

---

21) 川口, 앞의 각주19) 336면.

22) 田宮=廣瀨 167면, 川口, 앞의 각주19) 336면.

23) 総研 128면.

세히 감별할 필요가 있는 경우 또는 외부와 차단된 환경에서 심신의 안정을 도모하면서 감별할 필요가 있는 경우 등 재택관호로는 충분히 대응할 수 없는 경우를 의미한다.[24]

Ⅳ. 관호조치의 결정절차

관호조치를 결정하는 절차에 관하여 소년법은 아무런 규정을 두고 있지 않다. 이는 소년법 제정 당시에는 관호조치가 소년을 보호하기 위한 처분으로 형사절차상의 구속과는 다르다는 생각이 있었음을 보여주는 것이다.

이에 대하여는, 관호조치도 헌법 34조에서 말하는 '구금'에 해당하므로, 동조에 따라 그 이유의 고지 등이 필요하다고 보는 견해[25]도 있다. 또한 설사 관호조치가 '구금'에 해당하지 않는다 하더라도, 그것이 소년의 의사에 반하여 신병을 구속하고 자유를 제한하는 처분인 이상, 헌법 31조의 적정절차의 보장이라는 관점에서 '구금'에 준하여 일정한 절차보장이 요구된다고 할 것이다.[26] 이러한 점에서 종래부터 실무에서는 구속질문(刑訴 61조)에 준하는 절차를 거쳐 관호조치를 결정하고 있었는데, 구체적으로는 인정신문, 묵비권·보조인선임권의 고지, 비행사실의 고지, 소년의 변명청취 등을 거쳐 결정을 고지하는 절차를 밟고 있었다.[27] 이를 반영하는 형태로 2001년 소년심판규칙을 개정하여, 관호조치를 결정할 때에 재판장이 소년에게 (a) 진술을 강요당하지 않는다는 것과 보조인을 선임할 수 있다는 것을 알기 쉽게 설명함과 동시에, (b) 비행사실의 요지를 고지하고 이에 관하여 진술할 기회를 부여하여야 한다는 명문규정을 두게 되었다(少審規 19조의3).[28]

---

24) 川口, 앞의 각주19) 337면, 柴田雅司, "観護措置に関する実務上の諸問題(上)", 家月 55권 6호, 2003, 28면, 감별의 범위를 초과하여 단기의 교정교육 내지 치료의 장으로서 소년감별소를 이용할 목적으로 관호조치를 취하는 것은 허용되지 않는다(平場 188면, 田宮＝廣瀬 169면).

25) 平場 185면, 団藤＝森田 138면.

26) 猪瀬慎一郎, "少年審判における『法の適正な手続』", 諸問題 92면.

27) 田宮＝廣瀬 171면.

28) 구속에 대신하는 관호조치(少 43조)가 취해진 사건이 가정재판소에 송치된 경우는 그 조치가 소년법 17조 1항 2호의 관호조치로 간주되기 때문에(少 17조 7항), 다시금 관호조치결정을 할

한편, 가정재판소별로 사정은 다르지만, 재판관이 주재하는 정식의 결정절차에 앞서, 조사관이 소년을 단시간 면접하여 관호조치의 요부를 조사한 다음 재판관에게 그 점에 관하여 의견을 진술하거나, 조사관을 관호조치결정절차에 입회시켜 관계기관 등과의 연락조정을 맡기는 등의 운용도 이루어지고 있다.[29)]

V. 관호조치의 기간

1. 2000년 개정의 배경과 내용

종래 관호조치의 기간은 원칙적으로 2주이고, 특별히 계속할 필요가 있는 때에는 결정으로써 1회를 한도로 갱신이 가능하였다. 따라서 그 기간은 최장 4주간 가능하였다. 형사사건에서 기소 후의 구속기간은 원칙적으로 2개월로서, 1개월 단위로 갱신할 수 있고 일정한 요건이 충족되면 갱신횟수에는 제한이 없으므로(刑訴 60조 2항), 그것과 비교하면 관호조치의 기간은 상당히 짧다.

이와 같이 관호조치기간이 한정되어 있는 것은 신병구속이 소년의 심신에 미치는 영향을 고려하였기 때문이다. 그러나 이에 대하여는, 특히 현장의 재판관들로부터 비행사실이 치열하게 다투어지고 다수의 증인을 조사하여야 하는 사건의 경우에는, 가정재판소가 아무리 효율적이고 집중적인 증거조사를 실시하려 노력하여도 사회조사나 감별을 포함하여 4주 이내에 심리를 마치는 것은 곤란하다는 취지의 지적이 있어 왔다.[30)] 그와 같은 경우에는 재택관호로 전환하면 그만이라는 의견도 있었지만, 소년에게 도망이나 증거인멸의 우려가 있는 때에는 그것도 곤란해진다. 이에 이러한 요청을 반영하여, 2000년 개정에서는 일정한 요건을 충족하면 관호조치기간의 갱신을 3회까지 가능하게 함으로써(특별갱신), 결과적으로 관호조치의 최장기간은 8주간이 되었다(少 17조 3항·4항).

다만, 장기간에 걸쳐 소년의 신병을 구속하는 것은 그 심신에 미치는 영향이라는 관점에서 문제가 많다는 것이 분명하다. 이에 개정법에서는 예외적으로 2회 이상의 갱신이 가능한 경우를 ① 범죄소년에 관계되는, ② 사형, 징역 또는 금고에 해당하는 죄의 보호사건으로서, ③ 그 비행사실의 인정과 관련하여 증인

필요는 없다. 이에 비하여, 체포·구속 중인 소년이 송치되는 경우에는 결정절차가 실시된다.

29) 総研 132면, 柴田, 앞의 각주24) 52면.

30) 浜井ほか 343면 이하, 八木正一, "少年法改正への提言", 判タ 884호, 1995, 38면.

신문, 감정 혹은 검증을 실시하기로 결정한 사건 또는 이를 행한 사건으로 한정한 다음, 나아가 실질적 요건으로서 소년을 수용하지 않으면 심리에 현저한 지장이 생길 우려가 있다고 인정할 만한 상당한 이유가 존재할 것을 요구하고 있다(少 17조 4항). ③의 요건에, 비행사실의 인정을 위하여 다수의 증거조사를 해야 하는 사건에서 충분한 심리기간을 확보하기 위하여 관호조치기간을 연장한다는 위 개정의 취지가 드러나 있다. 또한 증인신문 등을 실시하기로 결정한 사건뿐만 아니라 '이를 행한 사건'도 포함되어 있는 것은 비행사실을 인정하기 위한 증거조사는 마쳤지만, 여전히 신병수용을 계속하여 감별이나 사회조사를 행하지 않는다면 적정한 처분을 결정할 수 없는 경우를 상정한 것이다.[31]

한편, 비행사실에 다툼은 없으나 요보호성을 인정하기 위한 장기간의 관호조치가 필요한 경우는 위 요건을 충족하지 못하므로, 관호조치기간은 종래와 마찬가지로 최장 4주간이 된다. 따라서 비행사실을 인정하기 위한 증거조사는 종료하였지만 여전히 신병수용을 계속하여 감별이나 사회조사를 행할 필요성이 있다는 이유로 특별갱신이 인정된 경우라 하더라도, 감별이나 사회조사를 포함하여 요보호성의 심리만으로 4주간을 초과하는 정도로 관호조치기간을 이용하는 것은 특별갱신이 인정된 취지에 반하므로 허용되지 않는다.[32]

2. 운용상황

특별갱신의 요건이 충족되지 않는 일반사건에서, 관호조치의 기간은 원칙적으로 2주간이고, 특별히 계속할 필요가 있는 때에는 1회에 한하여 갱신할 수 있다(少 17조 3항·4항). 그러나 소년감별소의 감별에 통상 3주간 정도가 소요되고, 그 감별결과를 토대로 조사관의 사회조사가 이루어지는 경우도 있으므로, 2주간의 관호조치기간 내에 그 결과를 반영하여 심판을 행하는 것은 불가능하다. 이에 통상의 사건에서는 1회의 갱신을 하여 대략 관호조치결정으로부터 3주 후에 심판을 하는 취급이 일반적이다. 그 때문에 실무의 운용은 오히려 갱신이 원칙이라고 할 수 있다.[33]

31) 田宮=廣瀨 173면.

32) 柴田, 앞의 각주24) 73면.

33) 総研 139면, 柴田, 앞의 각주24) 66면.

한편, 특별갱신에 관하여 2000년 개정법 시행 후 5년간의 운용 상황을 보면,[34] 4주간을 초과하여 관호조치기간의 갱신이 있었던 인원은 총 249명으로 기간은 평균 약 43일이었다. 같은 기간 동안 매년 2만 명 전후의 소년에 대하여 관호조치가 취해졌으므로 특별갱신이 이루어진 사건은 극히 예외적이며, 특별갱신이 되었다 하더라도 그 기간을 가능한 짧게 단축하려는 실무의 운용을 엿볼 수 있다. 또한 관호조치기간이 7주간을 초과하는 인원은 61명으로, 그 중 관호조치를 취소하고 재택 상태에서 심판을 계속한 자가 3명이었다고 한다. 결국 이들은 8주간의 관호조치기간으로도 부족했던 사안이라고 할 수 있다. 형사절차에서 기소 후의 구속은 최장기간의 제한이 없다는 사실에서 알 수 있듯이, 신병을 구속하여 심리할 수 있는 기간에 제한을 두려고 하는 것 자체가 애당초 무리이고, 소년의 심신에 미치는 영향을 고려하여 정책적으로 제한을 둔다 하더라도 과연 8주간이라는 제한이 합리적인 것인지 의문이 남는다.[35] 이 문제는 앞으로의 운용 상황을 지켜보면서 계속 검토할 필요가 있다고 생각된다.[36]

3. 재차의 관호조치

관호조치는 결정으로써 이를 취소할 수 있고(少 17조 8항), 그 후 동일사건에 관하여 다시 관호조치를 취할 수도 있다. 다만, 그 수용기간은 앞의 관호조치의 기간과 통산하여, 일반적인 경우는 4주간, 특별갱신의 요건이 충족되는 사건은 8주간을 초과할 수 없다(동 9항). 문제는 이전에 가정재판소에 계속되었던 사건이 어떠한 이유로 다시 계속되기에 이른 경우에도 이러한 제한이 동일하게 적용될 것인가에 있다. 이것이 문제되는 장면으로는 ① 역송(少 20조)한 사건이 검찰관으로부터 재송치(少 45조 5호 단서·42조)된 경우, ② 항고심·재항고심으

34) 最高裁判所事務総局家庭局, '平成12年改正少年法の運用の概況(平成13年4月1日～平成18年3月31日)', 2006. 6.

35) 관호조치기간의 연장을 포함하여 소년법의 개정에 관한 자문 제43호(1998년)를 심의한 법제심의회 소년법부회에서, 관호조치의 최장기간을 12주간으로 하는 요강(골자)이 채택되었던 사실이 있었다. 이는 비행사실의 존부가 다투어지고 증거조사가 실시됨과 아울러, 검찰관 및 국선보조인이 붙은 사건에 있어서의 절차진행 시뮬레이션에 입각한 재판소 측으로부터의 제안에 따른 것이었다(金光旭, "観護措置期間の延長について－少年法部会の審議を中心に", ジュリ 1152호, 1999, 78면 이하 참조).

36) 田宮＝廣瀬 175면, 柴田雅司, "観護措置", 重判50選 68면.

로부터 사건이 환송·이송된 경우(少 33조 2항), ③ 형사재판소로부터 사건이 이송된 경우(少 55조), ④ 조사관보고(少 7조)에 의한 재기사건(본서 75면 각주21) 참조)의 경우가 있다.

그 중 ①에 관하여는 관호조치를 갱신할 수 없다는 명문규정을 두고 있는데(少 17조 5항), 그 전제는 재차의 관호조치를 취하는 것 자체는 가능하다는 것이다. 그리고 이 규정은 앞의 관호조치에 따른 수용기간이 법정의 상한에 도달한 경우에도 적용되는 이상, 재차의 관호조치의 기간은 앞의 관호조치기간의 장단에 관계없이 2주간이 된다. 문제는 명문규정이 없는 ②부터 ④까지의 경우에 관하여 이것과 동일하게 처리할 수 있는지 여부이다. 그 중 ②에 해당하는 사례에 관하여는 최고재판소의 결정(最決 平成5·11·24 刑集 47권 9호 217면)이 있었다.

사안은 2개의 강제추행미수의 사실에 의하여 각각 20일간과 18일간의 관호조치가 취해진 후 중등소년원송치결정을 받은 소년에 대하여, 항고심이 원결정을 취소하고 환송하자 환송심에서 재차의 관호조치(14일간)를 취한 다음 새로이 중등소년원송치결정을 하였다는 것이다. 최고재판소는, 관호조치는 심판을 행하기 위한 것이므로, 항고재판소로부터 환송을 받은 사건에 관하여 이전에 관호조치가 취해진 적이 있다 하더라도, 동 사건을 계속 심판하여야 하는 이상, 그 심판을 행하기 위하여 필요한 때에는 관호조치를 다시금 취할 수 있고, 그 경우의 수용기간은 이전에 취해진 관호조치의 잔여 수용기간에 한정되는 것이 아니라고 판시하였다.

본 결정에 대하여는, 상기 ①부터 ④까지의 경위로 재계속된 사건은 어느 것이나 당초 계속되어 있던 사건과 동일성을 가진다는 이해를 전제로, 소년법 17조 5항은 ①의 경우에 재차의 관호조치를 예외적으로 인정하는 규정이므로, 그것에 대응하는 규정이 없는 ②의 경우에 재차의 관호조치를 인정하는 것은 허용될 수 없다는 비판도 있다.[37] 확실히, 대상이 되는 사건의 내용은 동일하다고 볼 수 있지만, 여기서의 문제는 이를 넘어 새로운 관호조치를 근거지우는 차이가 당초의 계속사건과 재계속사건 사이에 존재하는지 여부이다. 그리고 관호조치의 목적이 소년의 신병을 보전한 다음 조사와 심판을 행하는 것에 있다고 한다면, 그것은 재계속된 사건에 있어서 새로운 조사와 심판이 행해질 것인지

37) 武内, 講義 229면, 船山泰範, "差戻し後の再度の観護措置", 少年法判例百選 69면.

여부에 달려있는 것이다. 이러한 관점에서 본다면, 항고심으로부터 사건을 환송받은 가정재판소는 그 판단내용을 전제로 하여 당해 사건에 관하여 새로이 조사·심판을 마친 후에 종국결정을 내려야 하는 이상, 재계속된 사건은 관호조치와의 관계에서는 새로운 사건이라고 평가하여야 할 것이다. 따라서 재계속된 사건에 관하여 다시 관호조치가 인정되고, 또한 그것은 전회의 관호조치와는 별개의 새로운 것이므로, 본 결정이 설시하듯, 그 수용기간은 앞서 취해진 관호조치의 잔여 수용기간에 한정되는 것이 아니다. 그리고 이러한 사실은 본건뿐만이 아니라 사건이 재계속된 경우에 일반적으로 타당한 것이라고 생각된다.[38] 이러한 견해에 의한다면, 소년법 17조 5항은 재차의 관호조치를 예외적으로 인정하는 규정이 아니라, 그것이 당연히 인정됨을 전제로, 갱신이 제한된다는 것을 밝히고 있는 규정이 된다.

여기에서 다음으로 문제되는 것은 본 결정이 다룬 유형을 포함하여, 사건이 재계속된 경우에 일반적으로 재차의 관호조치가 인정되더라도, 소년법 17조 5항에 준하여 그 갱신이 제한될 것인가이다. 본건은 갱신이 되었던 사안은 아니므로, 본 결정은 그 점에 관하여 직접적으로 판시하고 있지 않다.

검찰관으로부터 재송치를 받은 경우에 갱신이 제한되는 것은, 이전에 관호조치가 취해졌던 것에 의하여 관호조치의 필요성이 유형적으로 감소되었기 때문이라고 해석되고 있다.[39] 그렇다고 한다면, 재계속에 이른 사정이나 전회의 관호조치로부터 시간의 경과 등에 의하여 관호조치의 필요성에 관한 사정도 다를 것이므로, 일률적으로 갱신이 인정되지 않는다고 볼 이유는 없을 것이다.[40] 다만, 그 경우에도 법 17조 5항의 취지 자체는 타당한 것이므로, 신병구속의 장기화를 막는다는 관점에서도 갱신은 실로 부득이한 경우에 한정된다고 보아야 할 것이다.[41]

38) 柴田, 앞의 각주36) 77면.

39) 田宮＝廣瀨 176면.

40) 柴田, 앞의 각주36) 77면.

41) 田宮＝廣瀨 176면, 柴田, 앞의 각주36) 77면, 平場 196면.

Ⅵ. 관호조치의 단위

관호조치의 요건 및 기간은 위와 같은데, 그 외에 무엇을 기준으로 관호조치의 단위를 생각할 것인가 하는 문제가 있다. 이는 실제로는 기간제한이 걸리는 단위가 무엇인가 하는 문제로 나타난다. 이 점이 다투어졌던 사안 중의 하나가 나고야고등재판소 결정(名古屋高決 昭和32·1·22 家月 8권 12호 95면)이다.

사안은 소년의 강간미수(제1사실)와 폭행(제2사실)의 2개의 비행사실이 전후 시기를 달리하여 가정재판소에 송치되었고, 가정재판소는 우선 제1사실로 관호조치를 취하였다가 그것을 취소한 후, 다시 제2사실로 관호조치를 취하였다. 결과적으로 전체의 관호조치기간은 6주간 이상이 되었고, 당시 최대한도였던 4주간을 초과하게 되었기에 이것이 적법한지 여부가 문제로 되었다.

형사소송법상의 체포·구속에 있어서도 그 단위가 피의사실인지, 아니면 피의자·피고인이라는 사람인지에 관하여 사건단위설과 인단위설의 다툼이 있는데,[42] 관호조치의 단위가 무엇인가라는 문제도 이것과 공통되는 면을 가진다. 그러나 한편으로, 체포·구속과 달리 관호조치는 소년의 감별을 위해 행하여진다는 측면을 가지고 있다. 감별에서는 비행의 상황 외에 소년의 성격, 심신의 상황 및 발달의 정도, 재소 중의 생활 및 행동의 상황 등을 조사하여야 하는데(少鑑 16조 2항), 그것들은 본래 비행사실별로 분리할 수 있는 것이 아니다. 그리고 이러한 사실은 감별뿐만 아니라 소년의 요보호성에 관한 조사에서도 일반적으로 타당한 것으로서, 실제로도 관호조치가 취해진 때에 가정재판소에 계속되어 있는 모든 비행사실을 대상으로 조사가 이루어지고 있다. 이에 더하여, 소년보호절차에서는 1명의 소년에 관하여 복수의 비행사실이 인정되는 경우에는 이를 하나의 절차에서 처리하여야 한다는 일반적 요청이 있는데다가(少審規 25조의2), 소년의 심신에의 영향을 고려하면 신병구속은 가능한 짧은 편이 바람직하다는 것도 틀림없는 사실이다. 이러한 이유에서 관호조치는 체포·구속 이상으로 소년이라는 사람을 단위로 하여 생각하여야 한다는 의견이 나올 수 있다.[43]

---

42) 田宮 92면.

43) 内藤, 앞의 각주3) 10면.

현재의 실무에서는 소년보호사건이 소년과 비행사실에 의하여 특정된다는 점, 관호조치의 요건으로서 소년이 비행사실을 저질렀다는 것을 의심할 만한 상당한 이유가 있을 것이 필요하다고 되어 있는 점, 관호조치결정절차에 있어서 비행사실이 고지되고 그것에 대한 변명을 청취하도록 하고 있는 점 등을 이유로, 기본적으로는 비행사실을 관호조치의 단위로 하는 견해가 채용되고 있다.[44] 그러나 복수의 비행사실에 관계된 사건이 동시에 송치되어 그 중 하나에 관해서만 관호조치가 취해진 경우처럼, 어떤 비행사실에 관하여 관호조치가 취해진 시점에서 다른 비행사실도 가정재판소에 계속되어 있는 경우에는, 상기의 점에 입각하여, 그 관호조치가 종료한 후 다른 비행사실에 관하여 다시 관호조치를 취할 수는 없다고 보는 견해가 지배적이다.[45]

문제는 이와 달리, 전술한 나고야고등재판소의 결정(名古屋高決)이 있었던 사안처럼 어떤 비행사실에 관하여 관호조치가 취해진 후 뒤늦게 별개의 비행사실이 추가송치되어 온 경우의 취급에 있다. 관호조치의 단위를 소년으로 하는 견해에 의하면, 그와 같은 경우에 다시 관호조치를 취할 수는 없다. 그러나 비행사실이 바뀌면 감별이나 조사의 중점이 변화할 가능성이 있고, 또한 관호조치는 비행사실의 조사·심판의 진행을 확보하기 위하여 소년의 신병을 구속한다는 측면도 가지고 있으므로, 이와 같은 사안에서 재차의 관호조치를 전면적으로 부정함은 상당하지 않다. 예를 들어, 관호조치기간의 종료 직전에 소년의 여죄가 추가적으로 송치된 사례나, 관호조치가 취해진 사건에서 소년을 재택시험관찰에 부친 기간 중에 소년이 새로운 비행을 저지른 것과 같은 사례를 상정하는 경우, 이와 같은 점은 한층 타당성을 갖게 된다. 나고야고등재판소도 이러한 이유를 들어 결론적으로 새로운 관호조치를 적법하다고 하고 있다.

하지만 추가로 송치된 비행사실에 관하여 새로운 관호조치를 인정한다 하

44) 柴田, 앞의 각주36) 73면.

45) 平場 196면, 田宮＝廣瀬 180면, 団藤＝森田 156면, 川口, 앞의 각주19) 341면, 小林一好, "追送致と再度の観護措置", 判タ少年法 6호, 122면 등. 물론, 이는 본래 비행사실별로 관호조치를 취할 수 있음을 전제로, 요보호성의 심리에 중복이 있다는 사실을 감안하여, 소년의 신병구속기간을 가능한 짧게 하려는 관점에서 정책적으로 관호조치를 1회에 한정하는 것이다. 따라서 예를 들어, 동시에 계속된 복수의 사건 중에 심리에 시간을 요하는 부인사건이 포함되어 있어, 1회의 관호조치의 기간 안에 복수의 비행사실에 관하여 심리를 마치기 곤란한 경우에는, 예외적으로 비행사실별로 관호조치를 취하는 것도 인정될 것이다.

더라도, 전술한 요보호성의 심리중복이나 동시처리의 요청이라는 점은 이 경우에도 마찬가지로 타당하므로, 새로운 관호조치에서 당연히 법정기간의 전부를 이용할 수 있다고 보아야 하는지는 문제이다. 무엇보다 복수의 비행사실이 동시에 계속된 경우에는 1회의 관호조치만 할 수 있는데, 계속시기가 조금이라도 달라지면 새로운 관호조치를 취할 수 있는데다가 법정기간의 전부를 이용할 수 있다는 것은 불균형한 측면이 있다. 이러한 점에서, 재차의 관호조치의 기간을 결정함에 있어 일정한 한도를 가하려는 견해가 주장되고 있다.

그 중 하나는 선행하는 관호조치기간을 추가송치사건의 조사·심판에 이용한 경우 그 이용기간을 새로운 관호조치를 계속할 필요성을 판단함에 있어서 개별적으로 고려하여야 한다는 견해(전건이용공제설[前件利用控除設])[46]이고, 다른 하나는 추가송치사건의 관호조치기간은 그 수리시로부터 기산하여 법정된 4주간 내지 8주간이라고 하는 견해(수리시기산설[受理時起算設])[47]이다. 두 견해 모두 어떤 비행사실에 의한 관호조치가 다른 비행사실의 조사·심판에 이용된 경우에는, 이를 다른 비행사실에 의한 관호조치기간의 결정에 고려한다는 생각에 기초하고 있다. 형사절차에서도 어떤 피의사실에 의한 체포·구속이 별개 피의사실에 대한 수사나 공판심리에 이용됨으로써, 실질적으로 보아 그 피의사실에 관하여 체포·구속되었던 것과 동일한 효과가 얻어진 경우에는, 사건단위의 원칙에 사후적 수정을 가하는 것이 인정되고 있는데,[48] 위의 생각은 이것과 공통된 문제의식에 기인하고 있다.

두 견해의 차이는, 수리시기산설이 추가송치사건의 수리 후에는 그 시점에서의 관호조치가 추가송치사건의 조사·심판에도 당연히 이용된 것으로 간주함에 비하여, 전건이용공제설은 그것을 개별적·구체적으로 판단한다는 점에 있다. 수리시기산설에 대하여는 모든 경우에 그러한 의제가 성립되는지 의문이 드는 외에, 이 견해에 의하면 추가송치사건을 함께 시험관찰에 부친 경우에는, 그 후 소년에게 아무리 긴급한 보호를 요하는 사태가 생기더라도 그 시점에서는 이미 수리일로부터 4주간 내지 8주간을 경과하였음이 일반적이므로, 다시 관호조치를 취할 수 없게 되어 버린다는 불합리한 사태가 발생한다는 문

46) 平場 197면, 川口, 앞의 각주19) 340면.
47) 高山晨, "観護の措置", 家月 14권 11호, 1962, 90면.
48) 田宮 93면, 松尾(上) 110면.

제점이 있다.[49] 그러므로 개별적으로 이용관계를 고려하여 추가적으로 송치된 비행사실에 의한 관호조치의 요부 및 그 계속의 당부를 판단하는 전자의 견해가 타당하다.

Ⅶ. 불복신청

2000년 개정 전까지 관호조치결정에 대한 불복신청은 인정되지 않았다.[50] 관호조치가 형소법상의 구속과 달리, 소년의 복지를 위하여 행해지는 보호적인 조치라는 이해에 기인하는 것이었다. 그러나 관호조치가 최장 4주간에 걸쳐서 소년의 의사에 반하여 신병을 구속하는 처분이라는 점도 분명하므로 불복신청을 인정하여야 한다는 의견이 입법론상 유력하였다.[51]

이러한 상황 하에서, 2000년 개정에 따른 관호조치기간의 연장에 대응하고 소년의 신병수용에 대한 판단을 보다 적정화하기 위하여,[52] 소년, 법정대리인 또는 보조인이 관호조치결정 및 그 갱신결정에 대하여 보호사건이 계속 중인 가정재판소에 이의를 신청하는 형태로의 불복제기가 인정되기에 이르렀다(少 17조의2). 이는 기능적으로 구속에 대한 항고에 대응하는 것인데 항고가 아닌 이의신청으로 되었던 것은, 항고로 하면 고등재판소가 그 심리를 담당하게 되고 이를 위해 기록의 이동으로 시간이 지체되어 소년보호사건의 조기처리·조기보호의 요청에 반하는 결과가 된다는 점, 신병구속의 요부에 관하여도 전문기관인 가정재판소의 판단에 맡기는 것이 적당하다는 점을 이유로 하는 것이다.[53]

---

49) 総研 145면, 川口, 앞의 각주19) 340면.

50) 관호조치결정에 대한 항고가 허용되지 않는다는 판례로 大阪高決 昭和44·10·30 家月 22권 10호 114면이 있다.

51) 佐藤博史, "観護措置決定に対する抗告の可否", 少年法判例百選 67면.

52) 甲斐ほか 84면.

53) 甲斐ほか 84면. 이의신청에 대한 이의심(異議審)의 결정에 대하여는 헌법위반 등을 이유로 최고재판소에 특별항고를 제기할 수 있다(少 17조의3·35조 1항).

제4절 조 사

Ⅰ. 조사의 종류와 내용

가정재판소에 사건이 수리되면, 심판을 행하기 전에 반드시 사건에 관한 조사가 이루어진다(少 8조 1항). 이를 조사전치주의라 부른다. 1회의 심판으로 종료되는 사건은 그 때까지의 조사결과를 고려하여 그대로 종국결정이 내려지지만, 심판이 수회에 이르는 경우에는 그 사이에도 병행하여 조사가 이루어짐이 통상적이다.

이러한 조사는 종국결정이 비행사실과 요보호성을 대상으로 하는 것에 대응하여, 심판조건이나 비행사실의 존부에 관한 조사(법적 조사)와 요보호성에 관한 조사(사회조사)로 구분된다. 그 중 법적 조사는 재판관에 의하여, 사회조사는 재판관의 명령을 받은 조사관에 의하여 실시된다(少 8조 2항). 사회조사는 소년, 보호자 또는 관계인의 행상, 경력, 소질, 환경 등에 관하여 이루어지는데(少 9조),[54] 그 성질상 인격조사 혹은 과학조사라고도 불린다.[55] 법문상으로는 사회조사를 명할 수 있다고 되어 있지만, 소년의 요보호성을 토대로 그 개선갱생을 위한 최적의 조치를 결정하려는 소년보호절차의 목적상, 모든 사건에서 사회조사를 행하는 것이 실무의 원칙으로 되어 있다.[56]

사회조사는 모두 임의로 실시된다. 구체적인 조사방법으로는 소년·보호자와의 면접조사, 학교·직장 등에의 조회조사, 가정·학교에의 방문 등에 의한 환

54) 소년심판규칙에서는 '가정 및 보호자의 관계, 처지, 경력, 교육의 정도 및 상황, 불량화의 경과, 성행, 사건의 관계, 심신의 상황 등 심판 및 처우상 필요한 사항에 관한 조사를 하여야 한다.'고 규정하고(11조 1항), 나아가 '가족 및 관계인의 경력, 교육의 정도, 성행 및 유전관계 등에 관하여도 가능한 한 조사를 하여야 한다.'고 규정하고 있다(동 2항).

55) 사회조사에서도 요보호성의 판단자료로 삼기 위하여 비행사실에 관한 조사가 이루어진다. 소년이 안고 있는 문제를 알기 위해서는 소년이 저지른 비행사실의 내용, 비행발생의 메커니즘을 파악하는 것이 불가결하기 때문이다. 그러나 그것은 어디까지나 요보호성의 유무 및 정도에 관한 조사라는 목적을 위해 이루어지는 것이고, 비행사실 자체의 존부나 내용을 분명히 함을 목적으로 하는 것이 아니라는 점에서 법적 조사와 다르다(原口幹雄, "少年事件と家庭裁判所調査官の役割－事件の調査について", 展開 216면).

56) 田宮＝廣瀬 117면. 예외적으로, 소년의 성격 및 환경으로 보아 요보호성에 문제가 없는 경우에는 조사명령을 발하지 않고 재판관이 직접 처리하는 것으로 운용되고 있다(総研 145면, 守屋＝斉藤 157면).

경조사, 심리테스트 등의 각종 검사 등이 있는데, 그 중에서도 면접조사가 중심이 된다.[57] 조사는 가급적 의학, 심리학, 교육학, 사회학 그 밖의 전문적 지식을 활용하도록 노력하여야 한다고 법률에 명시되어 있는 것처럼(少 9조), 조사를 실시하기 위해서는 심리학, 교육학, 사회학 등의 전문지식이 필요하므로 법률가인 재판관이라 하여 잘 할 수 있는 것이 아니다. 때문에 재판관이 아니라 오로지 조사관이 조사의 주체가 된다. 사회의 관심을 집중시킨 중대사건이나 소년의 성격이나 환경에 복잡한 문제가 숨어있는 사건 등에서는, 1개의 사건에 복수의 조사관이 공동으로 조사사무를 행하는 공동조사의 방식이 취해지기도 한다.[58]

나아가 사회조사에서 문자 그대로 조사만이 행하여지는 것은 아니다. 예를 들어, 면접조사에서는 조사관이 소년에게 여러 가지 긍정적 개입을 시도하고 그 과정에서 소년의 자기인식과 반성을 심화시키며 그것이 개선교육의 효과를 거두게 한다는 의미에서 일종의 처우가 이루어지고 있다.

Ⅱ. 조사의 흐름

실무상 우선 재판관이 수사기관으로부터 송부된 자료 등(법률기록)을 검토함과 아울러, 필요하다면 다른 방법에 의하여 법적 조사를 실시한다. 그리고 심판조건이 구비되어 있고, 비행사실이 존재한다는 개연적 심증을 얻은 후에, 조사관에 대하여 조사명령을 발하는 순서를 따른다.[59] 이는 사회조사에서 소년이나 가족의 프라이버시에 깊게 관계되는 사항도 그 대상으로 하기에, 비행사실이 증명되지 않은 단계에서 사회조사를 행하는 것은 개인의 권리를 부당히 침해할 우려가 있다는 고려에 따른 것이다.[60] 이러한 사고를 철저히 가져가면, 비행사실을 정식으로 인정한 다음 사회조사에 들어가야 하겠지만, 그와 같이 절차를 엄격히 구분한다면 사회조사의 개시, 나아가 심판에 의한 처분의 결정까지는 아무래도 시간이 걸린다. 관호조치가 취해진 경우에는 기간에 제약이 있으며, 그

57) 守屋＝斉藤 157면, 原口, 앞의 각주55) 221면.
58) 田宮＝廣瀬 124면, 守屋＝斉藤 161면.
59) 田宮＝廣瀬 117면, 守屋＝斉藤 156면.
60) 守屋＝斉藤 157면, 平場 213면, 澤登 123면.

렇지 않다 하더라도 소년보호라는 관점에서 조기에 조치를 취하는 것이 중요하다. 이에 이른바 양자의 요청을 절충하여 위와 같이 운용되고 있는 것이다.

재판관이 비행사실이 존재한다는 개연적 심증을 얻어 조사명령을 발하였으나, 조사관에 의한 조사에서 소년이 비행사실을 부인하는 경우도 있다. 이러한 경우에도 비행사실에 관한 개연적 심증에 영향이 없다면 그대로 사회조사를 속행하지만, 소년이 부인하는 내용 여하에 따라서는 그 심증이 흔들릴 수도 있다. 그러한 경우에는 일단 조사를 중단하고 비행사실의 인정절차를 선행시켜, 비행사실에 관하여 합리적인 의심을 넘는 정도의 심증이 얻어진 경우에 사회조사를 재개하여야 한다.[61] 실무의 일반적인 운용도 그러하다.[62]

조사관은 조사를 마친 후에 재판관에게 처우의견을 붙인 보고서를 제출한다(少審規 13조 1항·2항). 이 보고서가 실무상 '소년조사표'라고 불리는 것으로서, 여기에 소년의 처우에 관한 의견서 그 밖에 소년의 처우상 참고가 되는 서류를 편철하여, '소년조사기록'(사회기록)이 작성된다.[63] 이것이 심판에서 소년의 요보호성을 판단하는 기초자료로 된다.

III. 감 별

1. 내 용

사회조사에서는 특히 소년감별소의 감별결과를 활용하여야 한다고 규정되어 있다(少 9조). 감별은 가정재판소에 의하여 관호조치(少 17조 1항 2호)가 취해져 소년을 소년감별소에 수용하여 행하는 것(수용감별)이 대부분이지만, 신병을 수용하지 않고 가정재판소의 청구에 의하여 실시하는 것(재택감별)도 있다. 재택감별은 재택사건으로서 소년을 소년감별소에 다니게 하거나, 소년감별소의 감별기관(技官)이 가정재판소에 출장하거나 하는 등의 형태로 실시된다.

새롭게 제정된 소년감별소법(2014년 법률 59호)에는, 감별은 의학, 심리학, 교육학, 사회학 그 밖의 전문적 지식 및 기술에 의거하여, 대상자의 비행에 영

61) 平場 214면.

62) 田宮=廣瀨 123면.

63) 이에 비하여, 수사기관 등으로부터의 소년사건송치서 및 그 첨부서류 등으로 편성되는 기록은 '소년보호사건기록'(법률기록)이라 불리며, 소년조사기록과는 분리되어 있다.

향을 미친 자질상 및 환경상의 문제가 되는 사정을 밝힌 다음, 그 사정의 개선에 기여하기 위하여 대상자의 처우에 도움이 되는 적절한 지침을 제시하여야 한다고 되어 있다(少鑑 16조 1항). 구 소년원법(2014년 법률 60호에 따라 폐지되기 전의 것)에서 소년감별소는 자질의 감별을 행하는 것으로 되어 있었으나(16조), 자질상의 문제와 환경상의 문제는 밀접하게 관련되어 있고, 실무 운용에서도 감별을 실시할 때 자질상의 문제뿐만 아니라 환경상의 문제에 관하여도 밝히는 것으로 하고 있었기에, 신법에서는 이 점을 확인하여 감별이 자질상 및 환경상의 문제를 모두 대상으로 한다는 것을 명시하고 있다.[64)]

감별을 실시할 때에는 대상자의 성격, 경력, 심신의 상황 및 발달의 정도, 비행의 상황, 가정환경 및 교우관계, 재소 중의 생활 및 행동의 상황, 그 밖의 감별을 위하여 필요한 사항에 관한 조사를 하여야 한다(少鑑 16조 2항). 이에 근거하여 소년감별소에서는 감별기관에 의한 지능테스트, 성격테스트 등의 각종 심리테스트, 면접 결과 외에, 수용감별의 경우에는 관호담당교관에 의한 소년의 행동관찰결과 등을 종합적으로 검토·분석하여 소년의 심신에 대한 감별이 이루어진다.[65)] 그리고 소년의 문제점, 유효한 처우방법, 장래의 전망 등의 분석 및 처우의견(판정)이 기재된 '감별결과통지서'가 가정재판소에 서면으로 통지된다.[66)]

2. 조사관에 의한 사회조사와의 관계

이와 같이 소년감별소의 감별은 주로 소년의 심신상황의 검사에 초점을 둔 것인데, 소년의 심신상황의 조사라는 것은 조사관의 사회조사 중에도 많든 적든 이루어지는 것이어서, 양자의 관계가 문제될 수 있다. 이 점에 관하여, 사회조사는 소년의 성격교정뿐만 아니라 환경조정도 포함하는 폭넓은 것이므로, 양자의

64) 小山定明＝古橋徹也, "新少年院法·少年鑑別所法における今後の処遇", ひろば 67권 8호, 2014, 26면.

65) 상세한 내용에 관하여는, 國古真弥, "少年鑑別所における収容鑑別及び観護処遇の実際", 家月 62권 10호, 2010, 1면 이하 참조.

66) 田宮＝廣瀬 127면. 감별결과통지서는 판정·판정이유, 정신상황(지능, 성격 등, 정신장애), 행동관찰, 신체상황(일반적 건강상태, 질병 또는 장애, 기타 특기사항), 종합분석(문제점과 분석, 처우지침, 사회적 예후)의 각 항목으로 구성되어 있다.

역할분담이란 관점에서, 소년의 심신상황의 조사는 주로 감별소가 행하는 것으로 하고, 조사관은 자신의 사회조사 결과와 소년감별소에 의한 감별결과를 함께 고려한 후 처우의견을 적어 재판관에게 보고하는 형태가 취해지고 있다.[67]

67) 田宮＝廣瀬 128면. 이 문제에 관하여는, 原口幹雄, “社会調査と資質鑑別”, 家月 30권 8호, 1978, 1면 이하 참조.

제 4 장

심 판

제 1 절 심판의 개시와 불개시

Ⅰ. 심판개시를 위한 요건

1. 의의와 종류

심판은 형사절차로 치면 공판에 해당하는데, 형사절차와 달리 소년보호절차에서는 사건이 가정재판소에 수리되었다 하여 당연히 심판이 이루어지는 것은 아니다. 이를 위해서는 가정재판소의 심판개시결정이 필요하다. 심판개시결정은 가정재판소가 조사한 결과, 심판을 개시하는 것이 상당하다고 인정할 때 내려지며(少 21조), 그렇지 않은 경우에는 심판을 개시하지 않는 결정(심판불개시결정)을 하게 된다. 심판불개시결정은 '심판에 부할 수가 없거나 심판에 부하는 것이 상당하지 않다고 인정할 때'에 내려지므로(少 19조 1항), 심판불개시의 사유에는 크게 2가지 유형이 존재하고,[1] 반대로 심판을 개시하기 위한 요건에도 2가지 유형이 있게 된다.

이 중, 그것이 없으면 '심판에 부할 수 없다'는 의미에서의 심판개시요건에

1) 전자를 절차적 심판불개시, 후자를 실체적 심판불개시라고 부른다(田宮＝廣瀬 198면).

는 (1) 심판조건이 존재할 것, (2) 비행사실이 존재할 개연성이 인정될 것, (3) 심판이 사실상 불가능하지 않을 것이란 3가지가 있다.

2. 절차적 심판개시요건

(1) 심판조건의 존재

(a) 의 의

심판조건이란 가정재판소가 소년보호사건을 조사, 심판하고 종국결정을 하기 위해 필요한 조건으로서, 형사절차에서의 소송조건에 대응하는 것이다. 다만, 형사소송법에서는 관할위반의 선고, 공소기각사유 및 면소사유가 조문상 명시되어 있어(刑訴 329조·337조~339조), 소송조건의 내용이 상당히 명확함에 비하여, 소년법에는 이에 대응하는 조문이 없다. 또한 소년보호절차에는 형사절차와는 상이한 목적이 있기 때문에, 형사소송법상 소송조건이 당연히 심판조건으로 되는 것은 아니다. 그 때문에 무엇이 심판조건이 되는지는 소년보호절차의 취지에 비추어 개별적으로 검토할 필요가 있다.

심판조건이란 점에 이론이 없는 것으로서, ① 일본에 재판권이 있을 것, ② 당해 가정재판소가 관할권을 가질 것, ③ 소년이 생존하고 있을 것, ④ 대상자가 20세 미만일 것, ⑤ 유효한 송치, 통고 또는 보고가 존재할 것, ⑥ 당해 사건에 관하여 소년법 46조가 규정하는 일사부재리효가 미치지 아니할 것을 들 수 있다. ①은 형소법 338조 1호, ③은 동 339조 1항 4호, ⑤는 동 338조 4호, ⑥은 동 337조 1호에 대응하는 것이다. ②는 형소법 329조에 대응하는데, 형사절차에서는 관할위반의 경우 원칙적으로 공소기각에 따라 절차가 중단됨에 비하여, 소년보호사건에서는 형식적인 하자를 이유로 절차를 종료시키는 것은 소년보호의 관점에서 바람직하지 않으므로 관할 가정재판소에 사건을 이송하여야 한다(少 5조 3항). 또한 ④에 관하여도 범죄사건은 검찰관에게 송치되므로(少 19조 2항), 이는 심판조건이긴 하지만 그것의 부존재가 곧바로 심판불개시결정을 이끌어내는 것은 아니다.

(b) 이중계속

이에 대하여, 사건의 이중계속의 부존재를 심판조건으로 볼 것인지에 관하여는 다툼이 있다. 형사절차에서는 이중기소의 경우 나중에 제기된 공소가 기각되는데(刑訴 338조 3호·339조 1항 5호), 소년법에는 이에 대응하는 명문규정이 없다는 점에서, 사건의 이중계속의 부존재는 심판조건이 아니라는 견해도 있다.[2] 이에 따르면, 가정재판소는 뒤에 계속된 사건에 관하여 심판불개시결정을 할 필요는 없고, 양 사건을 병행하여 조사, 심판할 수 있게 된다.

그러나 형사절차에서 이중기소가 금지되는 실질적인 근거는, 이를 인정하면 피고인에게 무용한 응소의 부담을 과하게 될 뿐만 아니라, 이중처벌이나 모순된 판단이 발생할 우려가 있다는 점에 있고,[3] 이는 소년보호절차에서도 정도의 차는 있지만 마찬가지로 타당하다. 이 점에서 명문규정이 없더라도 이중계속의 부존재를 심판조건으로 보는 견해가 주장되고 있다.[4] 이러한 입장을 취한 판례로서 오카야마가정재판소 결정(岡山家決 昭和48·4·24 家月 25권 12호 119면)이 있다.

동 사안에서 경찰은 한국국적을 가진 소년이 외국인등록법(당시)상 확인신청을 하지 아니하고, 14세에 도달하는 날인 1969년 11월 22일부터 1973년 3월 12일까지 일본에 체재하였음을 이유로 당해 소년을 외국인등록법위반으로 가정재판소에 송치하였다. 그런데 이에 앞서, 동일한 소년에 대해서 체재기간의 종기가 1973년 1월 26일이란 점 외에는 완전히 동일한 내용의 사건이, 마찬가지로 경찰로부터 가정재판소에 송치·계속되어, 당해 소년은 별건인 절도사건과 함께 이미 시험관찰에 부쳐진 상태였다. 오카야마가정재판소는 양 송치사실은 동일하고, 사건이 이중으로 계속되어 있지 않을 것이 심판조건의 하나이므로, 본건은 심판조건을 갖추고 있지 못하다 하여, 뒤에 송치된 사건에 대해 심판불개시결정을 내렸다.

이 사안은 경찰로부터 거의 동일한 내용의 사건이 이중으로 송치된 것이었는데, 소년사건에서는 수리의 형태가 다양하므로, 동일한 사건에 관하여 상이한 주체에 의해 다른 경로로 가정재판소에 사건이 알려져, 각각을 가정재판소가 수리함으로써 결과적으로 이중계속의 문제가 발생하는 경우가 있다. 또한 동일사건의 이중계속이라 하더라도, 위 사안과 같이 거의 동일한 내용의 사건이 송치

---

2) 団藤＝森田 174면, 平場 169면, 土本武司, "少年事件の二重送致", 警論 26권 3호, 1973, 46면, 奥山興悅, "同一事件の二重係属と審判条件", 判タ少年法 193면.

3) 松尾(上) 159면.

4) 田宮＝廣瀬 199면, 早川義郎, "保護事件の審判条件について", 諸問題 220면.

되는 것이 아니라, 동일소년에 대하여 범죄사건과 우범사건이 송치·계속되어, 이를 심리한 결과, 이들 간에 동일성이 있다고 인정되어 이중계속의 상태로 되는 사례도 적지 않다. 이러한 경우에도 형사사건의 이중기소와 마찬가지로 취급하게 되면, 뒤에 계속된 사건에 대해 기계적으로 심판불개시결정을 하게 될 것인데, 예를 들어 최초의 수리가 일반인의 통고에 기초한 것이고, 뒤의 수리가 경찰의 송치에 기초한 것인 경우, 그것에 부수하여 보내져 오는 증거자료의 취급 등을 감안할 때, 뒤에 수리한 사건을 불개시로 끝내는 것은 불합리하다. 이에 이중계속이 없을 것을 심판조건으로 하는 견해도 이러한 불합리를 해결하기 위해, 이중계속의 경우 어느 절차를 심판불개시로 끝낼 것인지는 가정재판소의 재량이므로, 그 중 하나를 없애 이중계속을 해소하면 된다고 한다.[5]

다만, 그러한 재량을 인정하더라도, 예를 들어 실체법상 일죄를 구성하지만 그 사실관계, 증거관계가 매우 다른 복수의 사실이 각각 따로 송치된 경우, 심판불개시로 결정한 송치사실에 첨부된 증거를 그러한 상태로는 다른 송치사실의 증거로 이용할 수 없게 된다는 문제가 있다.[6] 또한 소년의 개선갱생을 위해서 가장 적절한 처분을 선택한다는 관점에서는 소년이 저지른 비행사실을 가능한 한 판단의 대상으로 삼는 것이 바람직하다고 할 수 있다. 그렇다면, 위와 같은 경우에 심판개시결정을 한 송치사실과 심판불개시결정을 하려는 송치사실과의 사이에 사건의 동일성이 인정되는 이상은 단순히 심판불개시결정을 할 것이 아니라, 그 송치사실을 추가하는 형태로 변경하여 인정해야 한다는 결론에 이르게 된다.[7] 그러나 그렇다고 한다면, 애당초 그 송치사실에 대해 심판불개시결정으로 절차를 중단할 실질적 의미는 없다고 생각된다. 이상의 점에 비추어, 오히려 사건의 이중계속의 부존재를 심판조건으로 보지 않는 견해를 취한 다음, 이중처분이나 모순된 판단이 발생하는 것을 방지하기 위해 사건을 병합하여 심판함으로써 단일한 결정을 하도록 함이 타당할 것이다.[8]

---

5) 田宮＝廣瀬 199면, 早川, 앞의 각주4) 220면.

6) 最高裁判所事務総局家庭局, “家庭裁判所事件の概況－少年事件”, 家月 43권 2호, 1991, 96면.

7) 소년심판에는 형사재판의 소인변경절차에 대응하는 제도는 존재하지 않으나, 가정재판소가 소년의 방어권을 보장하기 위한 조치를 취한 다음 비행사실의 동일성의 범위 내에서 송치사실과는 다른 사실을 인정하는 것은 가능하다(본서 196면 이하 참조). 이 경우 비행사실의 동일성은 형사절차에서의 공소사실의 동일성과 동일하게 이해되고 있다.

8) 団藤＝森田 174면, 平場 169면, 奥山, 앞의 각주2) 193면. 실무에서는 이러한 사고에 따라

(c) 그 밖의 심판조건

형사절차에서 인정되는 그 밖의 소송조건이 심판조건이 되는지에 관하여도 기본적으로는 이를 소송조건으로 하는 취지와, 형사절차와 소년보호절차 및 형벌과 보호처분의 차이라는 양 측면을 고려하여 개별적으로 이를 결정할 필요가 있다. 후자의 요소에 대해서는, 보호처분은 그 역시 제재라는 의미에서 형벌과 공통되는 측면을 갖고 있으면서도, 소년의 이익을 위한 처분이라는 의미에서 형벌과 다른 측면을 함께 가지고 있음을 전제로 형벌과 다른 측면이 어느 정도의 의미를 갖는다고 볼 것인가에 따라 결론이 달라진다. 이하, 몇 가지 사유를 살펴 검토하기로 한다.

첫 번째는 친고죄에서의 고소의 존재이다. 일괄하여 친고죄라 하더라도 그 취지는 동일하지 않은데, 성범죄의 경우 그 취지는 피해자의 명예 보호의 관점에서 그 의사를 범인의 처벌이라고 하는 공익보다 우선하는 점에 있다. 그렇다면, 소년심판은 형사절차와 달리 비공개로서 비밀성이 보장될 뿐만 아니라, 절차를 탄력적으로 진행할 수 있어 피해자의 이익을 지키면서 절차를 진행시키는 것이 용이하고,[9] 또한 보호처분에는 소년에 대한 제재라는 형벌과 공통된 측면뿐만 아니라, 소년의 이익을 위하여 보호를 도모한다는 측면도 있다는 의미에서, 절차를 진행할 필요성이 형사절차에 비하여 크다고 할 수 있다. 이러한 점들을 고려하면, 친고죄인 성범죄에 관하여 고소의 존재는 심판조건이 아니라고 할 것이므로, 고소가 없더라도 가정재판소가 조사, 심판할 수 있다고 하는 것이 타당할 것이다. 판례 역시 이와 동일하게 판단하였다.[10]

두 번째는 공소시효가 완성된 경우이다.[11] 공소시효제도의 취지에 관하여는 다양한 견해가 있는데, 이는 실체법 및 소송법적 이유에서 범죄 후 일정기간

사건을 취급하는 경우가 비교적 많다고 한다(総研 66면).

9) 内園ほか 18면, 亀山継夫, "少年保護事件と親告罪", 判タ少年法 83면.

10) 東京高決 昭和29·6·30 高刑集 7권 7호 1087면, 大阪高決 昭和40·9·30 家月 18권 7호 85면, 福岡高決 昭和42·10·18 家月 20권 6호 76면, 東京家決 平成12·6·20 家月 52권 12호 78면 등.

11) 공소시효가 완성되지 않을 것을 심판조건으로 한다는 견해로는 亀山, 앞의 각주9) 85면, 青野洋士, "公訴時効の完成と保護処分", 家月 40권 3호, 1988, 145면 등이, 심판조건이 아니라는 견해로는 平場 172면, 大熊一之, "大赦と少年事件", 家月 42권 3호, 1990, 149면 등이 있다.

이 경과한 경우에는 기존의 사실상태를 존중하여 국가가 당해 사건에 더 이상 개입하지 않는다는 것이다. 이 점은 소년보호사건에서도 타당하므로, 공소시효가 완성된 경우에는 비행사실을 계기로 어떠한 절차도 진행하여서는 안 된다고 할 것이다. 또한 소년에게 보호처분을 부과할 필요성이란 관점에서도 공소시효가 완성된 경우에는 비행사실이 행해진 시점에서 상당시간이 경과하여, 그동안 소년의 요보호성은 변용되었을 것이고, 그 시점에서 소년에게 여전히 요보호성이 인정된다고 한다면, 이는 통상 새로운 비행사실에 의한 것으로 볼 수 있을 것이다. 따라서 최초의 비행사실을 이유로 보호처분을 부과할 필요성은 인정하기 어려울 것으로 생각된다.

세 번째는 사면이 있는 경우로서 이 점에 관해서도 의견이 나뉘고 있다.[12] 사면이 있으면 심판불개시결정을 해야 한다는 견해는, 사면은 과거의 범죄사실을 적어도 형사절차상 없었던 것으로 취급하는 제도라는 점을 전제로, 형벌과 보호처분이 불이익처분으로서 가지는 공통성을 근거로 소년보호절차와의 관계에서도 이 점은 마찬가지로 타당하다고 한다. 그러나 보호처분은 형벌과 동일하게 제재라는 측면을 가짐과 동시에 소년의 이익을 위한 처분이란 측면도 가지고 있는데, 이러한 측면에서 보면 범죄사실을 이유로 불이익처분을 과하지 않는다는 사면의 취지는 들어맞지 않게 되므로, 사면이 있다 하더라도 심판조건을 결하는 것은 아니라는 해석도 성립할 수 있다. 게다가 사면이 있다는 것을 형사절차의 경우와 동일하게 고려한다면, 이미 보호처분이 내려진 경우에도 이를 장래를 향하여 실효시켜야 하는데, 소년의 개선갱생을 도모한다는 관점에서는 보호처분의 집행이 외재적인 이유로 중단됨을 인정하는 것은 타당하지 않다.[13] 따라서 사면이 있더라도 심판조건을 결하는 것은 아니라고 해야 할 것이다.

(2) 비행사실이 존재할 개연성

여기서 말하는 개연성이란 반증에 의해 뒤집힐 가능성은 있지만, 현재의 자료만을 기초로 한다면 증명이 있다는 정도의 심증을 의미한다고 여겨지고 있

12) 사면이 있는 경우에 심판조건이 없어진다는 견해로는 亀山, 앞의 각주9) 85면, 青野, 앞의 각주11) 148면 등이, 그렇지 않다는 견해로는 平場 172면, 大熊, 앞의 각주11) 146면 등이 있다.

13) 大熊, 앞의 각주11) 146면.

다.[14] 이것이 인정되지 않는 경우에는 비행 없음을 이유로 심판불개시결정을 하게 된다.

(3) 심판이 사실상 불가능하지 않을 것

먼저, 소년에게 심판능력이 있을 것이 필요하다. 심판능력은 형사절차상의 소송능력에 대응하는 것이다. 소년법상 보조인의 선임(少 10조 1항), 항고의 제기(少 32조)와 같이 소년이 일정한 행위를 할 것이 예정되어 있다는 점에 더하여, 심판의 결과로서 소년에게 불이익한 처분이 과해질 가능성이 있다는 점, 또한 소년이 절차의 의미를 이해하고 심판에 임하지 않으면 심판의 교육적 효과도 발휘되지 않는다는 점에서, 명문규정은 없지만 소년에게 심판능력이 필요하다고 해석되고 있다.[15]

다만, 형사절차상 소송능력은 피고인으로서 중요한 이해를 변별하고 그에 따라 상당한 정도의 방어를 할 수 있는 능력을 의미한다고 이해되고 있는데,[16] 소년심판은 본래 저연령의 소년도 대상으로 예정하고 있을 뿐만 아니라, 재판소가 후견적 입장에서 절차를 진행할 것이 요구된다는 점에서, 심판능력으로서 필요한 능력의 정도는 소송능력보다는 낮다고 할 수 있으므로, 소년이 자기에 대하여 이루어지는 절차의 의미를 이해할 수 있는 상태에 있는 정도로 족하다고 할 것이다.[17]

이에 더하여, 형사절차라면 피고인에게 소송능력이 없는 경우에는 공판이 정지되는데(刑訴 314조 1항), 소년법에는 그에 대응하는 규정이 없으므로, 소년에게 심판능력이 없고 그것이 장기간에 걸친 경우에는 사실상 심판할 수 없는 것으로서 심판불개시결정을 하게 된다.[18]

그 밖에 소년이 장기간 소재불명인 경우나,[19] 장기질병, 해외거주 등으로

---

14) 田宮＝廣瀬 199면, 平場 281면.

15) 大阪家決 昭和47·1·31 家月 24권 8호 105면, 長崎家決 昭和63·3·30 家月 40권 9호 144면. 田宮＝廣瀬 200면, 西岡清一郎, "少年保護事件における審判能力", 判タ少年法 128면, 飯野海彦, "少年保護事件における審判能力について", 熊勢追悼 511면.

16) 最決 平成7·2·28 刑集 49권 2호 481면.

17) 田宮＝廣瀬 200면.

18) 西岡, 앞의 각주15) 129면, 飯野, 앞의 각주15) 523면. 심판개시 후에 심판능력이 없는 상태가 발생한 때에는 심판개시결정을 취소하고 심판불개시결정을 하게 된다.

19) 실무상 3개월 내지 6개월 정도가 기준이 된다(総研 211면).

사실상 심판을 열 수 없는 경우에도 장기간에 걸쳐 사건을 계속시킨 채로 방치하는 것은 타당하지 않다는 점에서 심판불개시결정을 해야 하는 것으로 보고 있다.[20] 그 후에 소년의 소재가 판명된 경우에는 실무상 조사관의 보고에 기초하여 재차 사건을 수리하는 형태로 심판을 진행한다.[21]

3. 심판에 부하는 것이 상당하지 않은 경우

또 하나의 유형인 '심판에 부하는 것이 상당하지 않은' 경우란, 전술한 의미에서의 심판개시요건은 충족시키지만, ① 소년에게 보호처분을 부과할 개연성이 없고, 동시에 ② 심판에서 재판관에 의한 직접심리를 요하지 않는 경우를 말한다. ②는 실무상 소년에게 보호처분을 부과할 개연성은 없고, 그 때문에 종국처분으로 불처분결정이 예상되지만, 재판관이 직접 심리함으로써 소년 및 보호자에게 감명을 주고 소년에게 책임을 자각시키는 등 심판을 교육의 장으로 이용함을 목적으로 심판이 열리는 경우가 적지 않다는 사실[22]에 대응하는 것이다.

이에 대하여 ①은 심판개시 전의 단계에서 소년에게 요보호성이 존재할 개연성이 인정되지 않는 경우를 의미하는데, 이에는 크게 세 가지 유형이 포함된다. 첫 번째는 간이송치 대상사건과 같이 사안이 매우 경미하여 특별한 조치를 할 필요도 없이 요보호성이 인정되지 않는 유형, 두 번째는 조사단계에서 조사관에 의한 각종의 보호적 조치에 따라 요보호성이 해소된 유형, 그리고 세 번째는 당해 소년에 대하여 별건에 따른 보호처분이나 형사처분 등의 보호적 조치가 계속적으로 이루어지고 있어, 중복하여 보호처분을 할 필요가 인정되지 않는 유형(실무상 '별건보호중'이라 부른다)이다.

이 중, 두 번째 유형의 보호적 조치란 소년의 재비행을 방지하기 위하여 조사관이 조사, 심판과정에서 행하는 사실상의 교육적·복지적 조치를 말한다. 이는 소년, 보호자의 동의에 기초한 비강제적인 단기간의 처우로서,[23] 대상이 되

20) 田宮＝廣瀬 200면.

21) 総研 102면. 이를 '재기사건'으로 부른다. 소년의 심판능력 결여를 이유로 심판불개시가 된 사건에 관하여 그 후에 소년의 능력이 회복된 경우에도 마찬가지의 절차가 취해진다.

22) 田宮＝廣瀬 218면, 総研 172면.

23) 이 때문에 시험관찰(본서 209면 이하)은 여기서 말하는 보호적 조치와는 별개의 유형의 조치

는 소년 및 보호자가 갖고 있는 문제에 맞춰 다양한 방법이 사용되고 있다. 예를 들어, 소년과의 면접 시에 조언이나 훈계, 보호자에 대한 조언을 비롯하여, 반성문의 제출, 서약서의 징수, 준수사항의 설정과 점검, 취학·진로지도, 피해자에 대한 사죄·변상의 지도뿐만 아니라, 교통사건이나 약물사범 등에서는 집단지도도 실시하고 있다.[24] 구 소년법에서는 이들 조치의 일부가 보호처분의 하나였는데,[25] 현행법에서는 보호처분이 보호관찰, 아동복지시설에의 송치, 소년원송치의 3가지로 한정됨에 따라, 이들 조치를 보호처분이 아닌 사실상의 조치로서 조사, 심판과정에서 실시하게 되었다.

Ⅱ. 운용현황

2013년 일반사건의 종국처리인원[26]을 보면, 심판불개시가 전체의 62.5%로 가장 높은 비율을 차지한다. 그 이유를 살펴보면, 사안경미가 약 57%, 보호적 조치가 약 37%, 별건보호중이 약 5%이고, 비행 없음은 소수에 불과하다. 따라서 심판불개시는 간이송치사건이 그 대부분을 차지하는 사안경미의 경우 외에는, 조사과정에서 전술한 바와 같이 실질적으로 처우에 해당하는 조치가 이루어져 소년의 요보호성이 해소됨으로써 심판에 부할 필요까지는 없다고 판단된 경우라고 할 수 있다.

이에 비하여, 업무상(중)과실치사상 등 사건에서는 심판불개시의 비율은 35.1%로서 불처분의 46.0%를 하회하고 있다. 또한 도로교통사건에서도 심판불개시는 34.9%로 불처분의 14.6%를 상회하고 있긴 하지만, 일반사건과 비교하면

로 취급되는데, 광의로는 이를 포함하여 심판과정에서 취해지는 모든 보호를 위한 조치를 가리켜 보호적 조치라고 할 때도 있다(田宮＝廣瀬 201면).

24) 柳沢恒夫, "家庭裁判所における保護的措置の歩みと新しい試み", 判タ家裁実務 289면, 竹内友二ほか, "少年事件における保護的措置について", 家月 58권 10호, 2006, 115면, 大垣守弘ほか, "保護的措置の実際について", ケース研究 293호, 2007, 61면 등.

25) 구 소년법에는 ① 훈계, ② 학교장 훈계, ③ 서면에 의한 서약, ④ 조건부 보호자 인도, ⑤ 사원, 협회, 보호단체 등에의 위탁, ⑥ 소년보호사에 의한 관찰, ⑦ 감화원송치, ⑧ 교정원송치, ⑨ 병원에의 송치 또는 위탁 등 9종류의 보호처분이 규정되어 있었다(4조 1항).

26) 처리 총인원에서 이송·회부된 사건 및 종된 사건(병합심리되어 처리사건으로 집계되지 않는 것)에 관련된 인원을 제외한 것이다.

그 차이가 작다. 이러한 괴리는 교통관계사건에서는 심판을 개시하고 집단강습 등을 실시하여 요보호성이 해소되었다고 인정되는 경우에는 불처분결정을 내리는 경우가 상당히 많다는 점에 기인하는 것이다.[27]

제 2 절 심판에 부할 소년

심판의 대상이 되는 사람은 소년법 3조 1항에 규정된 3종류의 비행소년이다. 조문의 표제상으로는 '심판에 부할 소년'으로 되어 있는데, 이는 가정재판소가 심판권을 가지는 소년이라는 의미이고, 따라서 그 전제가 되는 조사를 포함하여 넓게는 보호절차의 대상이 되는 소년의 유형을 정한 것이라 할 수 있다.

Ⅰ. 소년의 연령

1. 연령의 기준시

소년이란 20세 미만의 자를 말한다(少 2조 1항).[28] 이 연령의 기준시는 처분 내지 재판을 하는 시점(이하 '처분시'라 한다)이고 행위시점이 아니다.[29] 소년사건에 관하여 그 절차 및 처분의 점에서 성인과 달리 취급하는 근거가 소년이 성인과 비교하여 미성숙하고 가소성이 높다는 데에 있고, 또한 그에 대한 처분은 소년의 요보호성에 따라 결정된다고 한다면, 처분 및 재판의 시점에서 소년임을 요구하는 것이 논리적이기 때문이다. 따라서 대상자는 조사, 심판을 통하여 20세 미만이어야 하며, 조사 내지 심판의 도중에 20세에 달한 경우 가정재판

---

27) 도로교통사건에서는 일반사건 및 업무상(중)과실치사상 등 사건과 비교할 때, 종국처리인원 중 심판불개시와 불처분의 비율이 상당히 낮다. 이는 본래 교통반칙통고제도가 적용됨으로써 경미한 사건은 처음부터 송치되지 않는 점에 더하여, 교통단기보호관찰제도가 존재함으로 인하여 보호관찰에 부하는 비율이 높고(33.4%), 벌금형을 예상하여 역송하는 사건이 상당히 많다는 점(15.9%)에 기인한다.

28) 미성년자가 혼인하여 민법상 성인으로 간주되는 경우(民 753조)에도, 소년법상으로는 소년으로 취급된다(田宮=廣瀨 33면).

29) 田宮=廣瀨 34면.

소는 사건의 관할권을 잃는다. 이 경우에는 사건을 검찰관에게 송치하게 된다(少 19조 2항·23조 3항).

이에 비하여, 예를 들어 독일 소년재판소법과 같이, 여러 외국에서는 적용연령의 기준시를 행위시로 하는 경우도 있다.[30] 소년재판소법에서 소년을 특별히 취급하는 근거는 책임능력이 유형적으로 낮은 데에 있다고 해석되고 있으며, 그러한 이상 행위시를 기준으로 하는 것이 논리적 귀결이라 할 것이다. 이러한 제도 하에서는 예를 들어, 범인이 도망하는 등의 이유로 범행시로부터 장기간이 경과한 후에 절차가 개시된 경우에는 성인에게 소년법이 적용되는 사태도 발생할 수 있다.

일본과 같이 처분시를 기준으로 하는 제도 하에서 그러한 사태는 발생하지 않지만, 한편으로는 소년이 조사, 심판의 도중에 성인연령에 달한 경우 그때까지의 절차가 무용지물이 되는 문제가 발생한다. 또한 구체적인 사안의 처리라는 관점에서 보더라도, 소년 개인의 요보호성의 유무와 정도는 20세가 된다고 하여 갑자기 바뀌는 것은 아니기 때문에, 연령에 따른 이러한 일률적 처리가 타당한지에 대해서는 의문이 생길 수도 있다.

물론, 소년법도 적용연령의 기준시를 처분시로 함에 대하여 전혀 예외를 인정하지 않는 것은 아니다. 그러나 그 예외규정은 보호관찰소장으로부터의 통고사건(更生 68조)의 경우를 제외하면,[31] 오로지 형벌의 적용이나 집행(少 51조·60조) 혹은 보호처분의 집행(少院 137~139조, 更生 66조·68조·72조)과 관계된 것이다. 이 때문에 일정한 경우에는 소년이 20세에 달한 뒤에도 가정재판소의 심판권을 유보하는 규정을 신설해야 한다는 제안이 있기도 하였으나,[32] 현재까지 실현되지 않고 있다.[33]

---

30) 독일 소년재판소법은 '소년(Jugendlicher)'을 범죄행위의 시점에서 14세 이상 18세 미만인 자로 정의하고 있다(1조 2항).

31) 보호관찰소장에 의한 우범통고가 이루어진 경우에는 예외적으로 통고의 대상자가 20세 이상이더라도 가정재판소가 심판할 수 있다(更生 68조 2항).

32) 1977년 법제심의회의 중간답신에는 '송치시 20세 미만의 소년에 대하여는 20세에 달한 뒤에도 일정기간 내에는 가정재판소에서 심판할 수 있도록 한다.'는 항목이 포함되어 있었다.

33) 항고심의 적용연령의 기준시는 항고심의 성격이 사후심이기 때문에 항고심에서의 결정시점이 아니라 원결정의 시점이 된다(田宮=廣瀨 34면, 平場 364면). 따라서 예를 들어, 보호처분을 고지한 원결정시에 있어서 소년이었다면, 항고심의 단계에서 성인이 되더라도 항고심이 보호처분을 유지할 수 있다(最決 昭和32·6·12 刑集 11권 6호 1657면).

2. 연령불명의 경우의 처리

이와 같이 가정재판소가 조사, 심판을 하기 위해서는 그 시점에 대상자가 20세 미만이어야 한다. 그런데 가정재판소에 소년으로 송치된 자의 연령이 불명인 관계로 20세 미만인지 여부를 확정할 수 없는 경우, 가정재판소가 그 자를 소년으로 취급하여 소년법에 따라 사건을 처리하여야 하는지, 아니면 소년으로 인정할 수 없는 이상 성인으로 취급하여 사건을 검찰관에게 송치하여야 하는지가 문제된다. 이와 동일한 문제는 검찰관이 그 자를 성인으로 보아 사건을 지방재판소 또는 간이재판소에 직접 기소한 경우에도 발생한다. 왜냐하면, 소년법이 전건송치주의를 취하고 있고, 가정재판소가 사건을 검찰관에게 송치한 경우(少 20조)에 한하여 공소제기를 인정하고 있는 이상, 역송결정을 거치지 않은 소년의 기소는 공소제기의 절차위반으로 공소기각의 사유가 되기 때문이다(刑訴 338조 4호).

소년의 연령 확인은 통상 호적등본 또는 본적조회회답서를 통해 이루어지는데,[34] 출생일이 언제인지는 사실문제로서 호적의 기재는 그 증거자료의 하나에 지나지 않기 때문에, 연령이 명확하지 않은 상황은 소년이 일본인인 때에도 발생할 수 있다. 그러나 실무상 대부분은 일본에 정주하지 않는 외국 국적의 소년인 경우가 문제된다. 이는 외국인의 경우 출생일시를 알 수 있는 단서인 여권이 위조된 경우가 있을 수 있고, 위조되지 않은 경우라 하더라도 소년의 출신국이 일본의 호적제도와 같이 신용할 수 있는 제도를 갖추고 있지 않아, 여권 기재의 정확성에 의문이 있는 사례도 적지 않기 때문이다. 또한 출신국에 생년월일을 조회하더라도 통상 국제사법공조의 절차에는 시간이 걸리기 때문에, 가정재판소에서 절차가 종료될 때까지 회답이 오지 않는 경우도 있다. 최근 재일 외국인의 증가가 외국인 소년에 의한 비행의 증가로 이어지고 있어, 이러한 문제를 발생시키고 있는 것이다.

이와 같은 경우를 처리하는 방법에는 두 가지 방식이 있다. 그 중 하나는 소년법은 대상자가 소년인 경우에 있어서 형사소송법의 특별법이므로, 소년임이 증명되지 않는 이상 원칙으로 돌아와 일반법인 형사소송법을 적용해야 한다

34) 総研 30면.

는 견해이다.[35] 동 견해에 따르면, 가정재판소에 사건이 송치된 경우 소년인지 여부가 불명이라면, 가정재판소는 그 자를 성인으로 취급하여 검찰관에게 송치하여야 하고, 반대로 지방재판소 또는 간이재판소에 사건이 직접 기소된 경우에는 그대로 심리를 진행하게 된다.

이에 대하여, 또 다른 견해는 소년법에 기초한 절차나 처분은 형사절차나 형벌보다 일반적으로 대상자에게 유리하므로, 소년인지 여부가 불명확한 때에는 '의심스러울 때는 본인의 이익으로'라는 원칙에 따라 소년으로 취급해야 한다는 것이다.[36] 따라서 동 견해에 따르면, 가정재판소에 사건이 송치된 경우에는 그대로 조사, 심판을 진행해도 되지만, 반대로 지방재판소 또는 간이재판소에 사건이 직접 기소된 경우에는 소년을 가정재판소의 역송결정을 거치지 않고 기소한 것이 되어 공소를 기각하여야 한다고 보게 된다.

형사절차에 있어서는 소송조건인 사실에 관하여 검찰관이 거증책임을 진다.[37] 따라서 여기서도 사건이 형사재판소에 직접 기소된 경우에는 그 원칙을 적용하여 검찰관에게 피고인이 성인이라는 점을 증명하도록 요구할 수 있을 것이지만, 사건이 가정재판소에 송치된 경우에는 본래 원고라고 할 수 있는 검찰관이 존재하지 않기 때문에,[38] 이와 같은 구조로 문제를 해결할 수는 없다. 그 때문에 이 문제는 소년보호절차가 마련된 본래의 취지로 돌아가 검토할 필요가 있다.

소년보호절차는 소년이 유형적으로 미성숙하고 가소성이 높다는 점을 근거로 특별히 마련된 것으로서, 그러한 이유에서 형사절차에 우선하는 것이다. 그리고 이러한 의미에서의 미성숙성 및 높은 가소성은 본래 특정 연령을 기준으로 확연히 구분될 수 있는 것이 아니고, 일정 연령까지의 성인에 대해서도 실질적으로 타당한 것이라고 할 수 있다. 그렇다면, 대상자의 연령이 불명인 경우 그 자가 실제로는 성인에 도달하였다 하더라도 그러한 경우까지 포함하여 소년

---

35) 亀山継夫＝赤木孝志, 増補少年法及び少年警察, 令文社, 1984, 35면.

36) 本田守弘, "外国人少年による犯罪と年齢の認定", 研修 519호, 1991, 52면, 朝日貴浩, "少年の年齢認定について", 家月 45권 6호, 1993, 146면. 이러한 입장을 취한 판례로는 宇都宮家決 平成3·8·14 家月 44권 1호 164면이 있다.

37) 田宮 302면.

38) 검찰관관여가 이루어진 사건에 있어서도 검찰관은 심판의 협력자로서 관여함에 불과하고, 소추관·원고관이 되는 것은 아니다(본서 108~109면).

보호절차의 대상으로 하는 것이, 실제로는 소년인 자를 처음부터 소년보호절차의 대상에서 제외하고 형사절차로 처리하는 것보다 소년법의 취지에 합치한다고 할 수 있을 것이다. 따라서 대상자의 연령이 불명인 경우에는 소년으로 취급해야 한다고 생각한다.[39)]

이상은 3가지 종류의 비행소년에게 공통되는 문제이다. 이하에서는 비행소년의 유형별로 문제되는 점을 개별적으로 검토하기로 한다.

Ⅱ. 범죄소년

조문상 '죄를 범한 소년'(少 3조 1항 1호)으로 되어 있는데, 소년의 행위가 모든 범죄성립요건을 충족하여, 문자 그대로 범죄가 성립할 것이 필요한지가 문제된다. 다만, 구성요건해당성 및 위법성이 구비되어야 한다는 점에는 이론이 없고, 다툼이 있는 것은 유책성, 특히 책임능력의 구비 여부이다.

1. 책임능력의 요부

책임능력이 필요하다는 견해[40)]도 그 근거가 동일한 것은 아니다. 이에는 ① '죄를 범한'이란 조문의 문언뿐만 아니라, ② 보호처분이 소년에게 불이익성을 가지는 이상은 그 전제로서 비난가능성이 요구되어야 한다는 점, ③ 책임능력이 없는 상태에서 행한 행위는 소년의 인격을 충분히 나타낸 것으로 볼 수 없다는 점, ④ 유책성이 없는 행위에 관하여 소년에게 반성을 요구하기에는 무리가 있고, 그러한 상태에서 보호처분에 처하더라도 소년의 납득을 얻을 수 없으

39) 우범이 문제된 경우에는 성인이라면 본래 어떠한 절차도 취해지지 않기 때문에, 소년보호절차의 우선적 적용이라는 전제가 성립하지 않는다. 따라서 그 경우에는 소년인 것이 증명되지 않는 한, 조사, 심판할 수 없다고 해야 할 것이다(朝日, 앞의 각주36) 147면).

40) 内園ほか 11면, 船山泰範, "犯罪少年と責任要件", 判タ少年法 78면, 松田昇, "少年法第3条第1項第1号の『犯罪少年』及び同条第1項第3号の『ぐ犯少年』と責任能力の関係", 警論 35권 3호, 1982, 149면, 東海林保, "少年保護事件における責任能力をめぐる諸問題", 家月 48권 5호, 1996, 1면, 佐伯仁志, "少年法の理念", 展開 43면, 斉藤豊治, "少年法における要保護性と責任", 理念 62면 등.

므로 보호처분이 효과를 발휘할 수 없다는 점, ⑤ 정신장애로 책임능력이 없다고 판단된 소년에게는 의학적 치료가 필요하므로, 보호처분으로는 대처가 곤란하다는 점 등이 그 이유로 거론되고 있다. 이 견해에 따르면, 책임능력이 없는 경우에는 심판사유가 인정되지 않으므로 심판불개시 내지 불처분결정을 하게 된다.

이에 대하여, 책임능력이 필요하지 않다는 견해[41]는 ① 보호처분은 소년의 개선교육을 위한 처분으로서 과거의 비행에 대한 비난, 제재가 아니라는 점, ② 촉법소년 및 14세 미만의 우범소년에게 보호처분을 인정하는 이상, 범죄소년에게만 보호처분의 불이익성을 근거로 비난가능성을 요구하는 것은 모순이라는 점, ③ 의료소년원(2014년 신 소년원법의 제3종 소년원)은 '심신에 현저한 장애가 있는' 자를 수용하는 것으로 되어 있어(少院 4조 1항 3호), 책임능력이 없는 소년이 보호처분에 처해지는 것을 상정하고 있다는 점을 근거로 하고 있다. 공개·간행된 판례를 보면, 실무상 필요설이 주류이지만,[42] 불요설에 입각한 판례[43]도 일부 찾아볼 수 있다.

양 견해가 제시하는 근거 중 '죄를 범한 소년'이라는 문언의 경우, 구 소년법이 '형벌법령에 저촉되는 행위를 하거나, 또는 형벌법령에 저촉되는 행위를 할 우려가 있는 소년'을 대상으로 규정하였던 것(4조 1항)을, 현행 소년법이 14세 미만의 소년에게 아동복지기관선의의 원칙을 취하여, 범죄소년과 촉법소년을 나누어 기술하면서 생겨난 것이다. 즉, 그 문언 때문에 범죄소년에게 책임능력까지 필요하다는 결론이 도출되는 것은 아니다. 따라서 실질적인 이유, 특히

41) 田宮＝廣瀬 63면, 澤登 90면, 阿部純二, "少年法3条1項1号の犯罪少年及び同項3号のぐ犯少年と責任能力の関係", 家月 35권 1호, 1983, 168면, 多田周弘, "非行と責任能力", 判タ家裁実務 324면, 高内寿夫, "現行少年法における『責任』概念について", 法政理論 35권 4호, 2003, 97면, 三宅考之, "少年審判における責任能力", 同法 56권 6호, 2005, 600면, 岩井宜子, "犯罪少年と責任能力", 田宮追悼(下) 671면, 廣瀬健二, "非行少年(1) 犯罪少年", 判タ 1200호, 2006, 89면, 丸山雅夫, "少年法における保護処分と責任要件", 精神科医療と法 85면, 小西暁和, "『非行少年』と責任能力(2)", 早法 85권 4호, 2010, 1 면, 柴田雅司, "犯罪少年と責任能力の要否についての一考察", 植村退官(1) 431면 등.

42) 필요설을 취하면서 책임무능력을 이유로 심판불개시 내지 불처분결정을 한 최근 판례로는 大阪家決 平成10·12·14 家月 52권 10호 102면, 金沢家決 平成12·10·18 家月 53권 3호 100면 등이 있다. 그 외에 구체적인 사안에서 소년이 책임무능력이 아니라고 판단한 다음, 보호처분결정을 내린 판례가 다수 있어, 이들은 필요설을 전제로 한 것으로 해석할 수 있다.

43) 東京家決 昭和60·1·11 家月 37권 6호 96면, 大阪家決 平成7·2·10 家月 47권 7호 206면 등.

보호처분의 법적 성격을 어떻게 파악할 것인지가 문제해결의 열쇠가 된다.

보호처분이 비행에 대한 비난을 전제로 한 제재라는 성격을 대체로 가지지 않는다고 본다면, 책임능력은 필요하지 않다고 하는 것이 자연스러울 것이다. 보호처분이 소년의 의사에 반하는 자유의 제한을 동반한다는 의미에서 불이익 처분이라 하더라도 결론은 달라지지 않는다. 그러나 보호처분은 제재로서의 성격을 갖고 있고, 그 점에서 형벌과 공통된다고 할 수 있다. 그러한 이상, 이를 부과하기 위해서는 비난가능성, 그 전제로서의 책임능력의 존재가 요구된다고 보게 될 것이다.[44)]

반면, 형벌을 과할 수 없는 촉법소년에 대해서도 현재 보호처분을 부과하고 있는 이상, 보호처분을 위해 요구되는 책임능력이 형벌의 경우와 동일하지 않은 것도 확실하고, 범죄소년의 경우에만 그와 동일한 책임능력이 필요하다고 볼 이유는 없다. 따라서 보호처분을 위해 필요한 책임능력이란 촉법소년에게도 공통되는 실질적인 사물변별능력과 행동제어능력이 될 것이다.[45)] 본래 형사책임연령의 규정은 그에 이르지 않은 자의 행위는 심신상실 상태에서의 행위에 해당한다는 이유에서 마련된 규정이 아니라, 미성숙한 연소자에게 형벌을 과함에 따른 폐해와 연소자의 교육적 조치에 따른 개선가능성이란 형사정책적 관점을 고려하여 규정된 것이라는 견해가 유력한데,[46)] 그렇다면 범죄소년과 촉법소년에게 공통되는 실질적 책임능력은 충분히 관념지울 수 있다.

이상과 같이 보호처분이 제재라는 측면에 착안할 경우에는 위와 같은 내용의 실질적 책임능력이 요구될 것이다. 그러나 보호처분은 제재로서의 성격과 동시에 소년의 이익을 위한 처분이라는 성격도 함께 가지고 있고, 그러한 측면에서 보호처분은 비난이란 요소를 포함하지 않으므로, 그 전제로서의 책임능력은 불필요하다. 따라서 행위시에 책임능력이 없던 소년이라 하더라도 조사, 심판의 대상이 되고, 보호처분을 부과할 수 있다고 결론내릴 수 있다.

이에 대해서는, 비난의 전제로서의 책임능력은 필요 없다고 해석하더라도, 책임무능력자에게 보호처분을 부과한다 하여 적절한 교정교육을 할 수 있을지

---

44) 佐伯, 앞의 각주40) 43면.

45) 佐伯, 앞의 각주40) 44면.

46) 内藤謙, 刑法講義総論(下) I, 有斐閣, 1991, 843면, 山口厚, 刑法総論(第2版), 有斐閣, 2007, 254면 등.

의문이라는 점에서, 소년의 보호처분적응성이란 관점에서 책임능력이 필요하다고 지적하는 견해도 있다.47) 분명 보호처분은 소년에 대한 다양한 조치를 수반하는 것이므로, 소년에게는 이를 받아들여 대응할 수 있을 정도의 의사소통능력과 정신능력이 필요하게 된다.48) 그러나 이러한 의미에서의 보호처분적응성은 보호처분을 행하는 시점에서 요구되는 것이므로, 행위시의 책임능력의 유무와 반드시 결부되는 것은 아니다. 처분결정시의 소년의 정신능력은 요보호성의 내용인 교정가능성의 판단요소 중 하나로 고려되어야 하며, 그러한 의미에서 처우선택의 상당성의 문제로 해소된다고 할 수 있다.49)

그리고 그렇다고 한다면, 역으로 소년의 요보호성을 해소하기 위한 수단으로 보호처분보다 유효한 조치가 존재한다면, 보호처분을 부과할 필요성은 없어지게 된다. 이와 관련하여, 행위시의 정신장애로 인하여 책임무능력이었던 소년도 그 요건이 충족된다면 정신보건복지법상 조치입원(精神 29조)에 따라 정신과병원에 강제입원시키는 것이 가능한데, 재판소가 책임능력필요설의 입장을 취한 다음, 구체적 사안에서 심판불개시 내지 불처분한 사건의 대부분은, 이미 소년이 정신과병원에 입원 중이거나 조치입원이 예정되어 있던 사안이었다는 지적도 제기되고 있다.50)

그러나 소년이 심판시점에서 조치입원의 요건을 충족하지 못하는 경우도 있으며, 가령 그 요건이 충족된 경우에도 대상자의 범죄적 위험성을 제거하여 재범을 방지한다는 관점에서 조치입원제도의 유효성에는 많은 문제가 있다는

47) 松田, 앞의 각주40) 157면.

48) 町野朔, "保護処分と精神医療", 展開 88면, 古田浩, "家庭裁判所における事件処理", 展開 246면.

49) 廣瀬健二, "非行少年(2) 訴訟条件等, 触法少年(1)", 判タ 1207호, 2006, 64면. 이는 심판능력과 책임능력의 관계에서도 타당하다. 심판능력은 소년이 절차의 의미를 이해한 다음 심판에 임하지 않으면, 심판이 가지는 교육적 기능이 발휘되지 않는데다가 보호처분이 비록 소년의 이익을 도모하는 것을 목적으로 하는 것이라고 하더라도 소년의 의사에 반하여 자유를 제약하는 측면을 가지는 이상, 이를 결정하는 절차를 소년이 이해하고 관여하는 것이 필요하다는 이유에서 조사, 심판의 시점에서 요구되는 것이다. 이는 비행에 대한 비난의 전제로서 행위시에 요구되는 책임능력과는 그 취지 및 내용에서 상이하다. 책임능력필요설은 불요설에 대하여 심판능력을 필요로 하면서도 책임능력이 필요없다고 하는 것은 모순이라는 지적을 제기하고 있는데(東海林, 앞의 각주40) 28면, 佐伯仁志, "少年法における責任能力", 精神科医療と法 80면), 반드시 그러하지는 않을 것이다.

50) 田宮=廣瀬 62면.

지적이 제기되고 있다.[51] 이러한 의미에서 조치입원제도가 보호처분의 하나인 의료소년원(제3종 소년원)송치를 완전히 대체할 수 없다는 점이 불요설이 주장된 배경에 있었다.

다만, 조치입원제도의 문제점에 대한 대책으로서, 2003년 '심신상실 등의 상태에서 중대한 타해행위를 저지른 자의 의료 및 관찰 등에 관한 법률'(의료관찰법)이 제정되어 새로운 입원제도 등이 정해졌지만, 동법은 가정재판소에서 심판불개시 내지 불처분된 소년을 대상으로 하고 있지는 않다(心神喪失處遇 2조 2항).[52] 따라서 현재 시점에서 상황변화는 없지만,[53] 가령 앞으로 그러한 소년도 대상으로 하는 개정이 이루어진다면, 불요설 하에서도 동법의 조치가 선택됨을 예상하여 소년을 보호처분에 부하지 않는 사례가 발생할 가능성이 있을 것이다.

2. 그 밖의 책임요소의 요부

책임능력 이외의 책임요소의 경우, 그것을 결여한 상태에서의 행위를 근거로 소년에게 보호처분을 부과하여 개선갱생을 도모할 필요성이 유형적으로 인정되는지 여부라는 관점에서, 그것이 요구되는지를 개별적으로 판단하여야 한다. 예를 들어, 소년의 행위가 기대가능성이 없는 상태에서 이루어진 경우, 당해 소년에게 보호처분을 통하여 개선해야 하는 인격적 위험성이 인정되기 어려우므로, 범죄소년으로서 조사, 심판의 대상으로 삼기 위해서는 기대가능성의 존재

---

51) 町野, 앞의 각주48) 90면.

52) 그 이유로는 ① 소년은 가정재판소에서 건전육성의 관점에서 적절한 보호처분을 판단하도록 되어 있어, 그러한 가운데 의료적 처우의 필요성도 고려된다는 점, ② 성인과 달리 일반적으로 부모 등의 친족이 적절한 보호를 할 수 있으며, 또한 정신장애도 아직 초기단계여서 확정적이 아닌 경우도 적지 않을 것이므로, 부모 등의 보호자로부터 분리하여 지정의료기관 입원을 포함한 의료관찰법상의 처우의 대상으로 할 필요까지는 없다는 점, ③ 의료의 필요성이 인정되는 경우에도 의료소년원(제3종 소년원) 송치 외에 정신보건복지법에 기초한 조치입원이나 의료보호입원 등에 따라 처우하는 것이 적당하다는 점이 거론되고 있다(白木功ほか, 「心神喪失等の状態で重大な他害行為を行った者の医療及び観察等に関する法律」及び「心神喪失等の状態で重大な他害行為を行った者の医療及び観察等に関する法律による審判の手続等に関する規則」の解説, 法曹会, 2013, 29면). 소년이 동법의 대상이 되는 경우는 역송 후의 형사재판에서 심신상실 또는 심신미약을 이유로 무죄 등의 판결이 확정된 경우로 한정된다.

53) 의료관찰법이 원칙상 소년을 대상에서 제외함으로써, 책임능력불요설의 근거가 더욱 강화되었다고 하는 의견도 있다(柴田, 앞의 각주41) 441면).

가 필요하다고 볼 수 있다.

Ⅲ. 촉법소년

1. 촉법소년의 요건

촉법소년의 경우 실질적인 책임능력이 필요한지에 관하여 범죄소년의 경우와 동일한 논의가 있다. 다만, 그 문제와는 별도로, 촉법행위로 평가되기 위해서는 구성요건적 고의·과실이 필요하며, 심판능력과의 관계에서 법률상 연령의 하한은 없지만, 실무상 소년법의 절차의 대상이 되는 촉법소년은 10세 전후가 그 한계로 여겨지고 있다.[54]

2. 아동복지기관선의의 원칙

촉법소년의 경우 도도부현 지사 또는 아동상담소장의 송치를 받은 때에 한하여 가정재판소가 심판에 부할 수 있다는 아동복지기관선의의 원칙을 채용하고 있다(少 3조 2항). 이는 14세 미만의 소년은 저연령이어서 유형적으로 심신이 미성숙하므로, 소년법에 따른 조치보다 오로지 아동의 복지를 도모하는 것을 목적으로 하는 아동복지법상의 조치(兒福 26조·27조)를 우선해야 한다는 생각에 기초한 것이다.

사법경찰원이나 검찰관이 촉법소년을 직접 가정재판소에 송치한 경우는 적법한 송치절차가 아니라고 할 것인데, 이 경우에도 심판불개시결정을 하는 것이 아니라, 연령초과의 경우 검찰관송치를 하는 것과 마찬가지로, 실무에서는 가정재판소가 아동상담소장 등에게 사건을 송치하고 있다(少 18조 1항).[55]

아동복지기관선의의 원칙에 관해서는 그것이 적용되는 연령의 기준시가 행위시인지, 아니면 수리시인지가 문제되고 있다. 이는 행위시에는 14세 미만이었던 소년이 그 후 14세에 달한 경우에도 아동상담소장 등으로부터 송치를 받아야 하는지의 문제이다. 14세 미만의 소년의 경우 특별한 송치절차가 마련되어

54) 田宮=廣瀨 64면.

55) 田宮=廣瀨 64면. 東京家決 昭和44·6·26 家月 22권 2호 97면, 大阪家決 昭和46·1·20 家月 23권 8호 100면 등.

있는 것은 책임능력의 한계를 가미한 것으로서 이러한 경우에도 송치가 필요하다는 견해도 있다.[56] 그러나 아동복지기관선의의 원칙의 취지는 14세 미만의 소년이 유형적으로 미성숙하기 때문에, 아동복지법상의 조치를 우선한다는 점에 있다. 그렇다면, 14세에 달한 경우 이는 타당하지 않게 되므로, 아동상담소장 등의 송치는 불필요하다고 해야 할 것이다. 따라서 연령의 기준시는 수리시로 하는 것이 타당하다.[57] 판례의 입장은 일정하지 않은데, 최근에는 수리시를 기준으로 하는 것이 많다.[58]

Ⅳ. 우범소년

1. 우범제도의 가부

아직 범죄를 저지르지 않았지만, 장래 범죄로 연결될 수 있는 문제행동을 보이는 소년을 어떻게 취급할 것인지에 관해서는 국가에 따라 대응이 다르다. 그러한 소년을 범죄소년과 마찬가지로 소년사법제도의 틀 내에서 처리하는 곳도 있고, 요부조소년의 하나로 보고 유기된 소년이나 학대받은 소년 등과 함께 아동복지제도 내에서 처리하는 곳도 있다. 일본의 소년법은 우범소년이라는 유형을 마련하여 아직 범죄행위에 이르지 않은 소년을 비행소년으로 취급함으로써 소년사법제도 내에 포섭하는 입장을 취하고 있다.

이와 같은 소년법의 구조에 대해, 보호처분의 정당화근거를 침해원리로 일원화하고 보호처분을 형벌과 동질의 제재로 파악하는 입장에서는 우범에는 타인의 이익침해라는 요소가 없으므로, 이를 비행의 하나로서 소년법의 대상으로 하는 것은 타당하지 않다는 비판이 제기되고 있다.[59] 또한 이러한 전제에 서지 않더라도 장래의 행동을 정확히 예측하는 것은 곤란할 뿐만 아니라, 소년법이

56) 宮崎昇, "国家の司法作用としての少年審判", 家月 5권 9호, 1953, 48면.

57) 田宮＝廣瀬 64면, 平場 293면, 団藤＝森田 59면, 法常格, "14歳に達した触法少年の取扱い", 家月 36권 7호, 1984, 142면.

58) 札幌家室蘭支決 昭和58·6·20 家月 35권 12호 109면, 鹿児島家決 昭和60·3·18 家月 37권 9호 143면 등.

59) 佐伯, 앞의 각주40) 53면. 보호처분에는 비난의 요소가 포함되어 있다는 입장에서 마찬가지의 결론을 취하는 견해로는 前野育三, "司法福祉論と少年法", 加藤幸雄ほか編著, 司法福祉の焦点, ミネルヴァ書房, 1994, 37면이 있다.

규정하는 우범사유가 애매하여, 이러한 요건 하에서 우범을 소년법의 대상으로 하는 것은 소년에 대한 부당한 인권침해를 초래할 우려가 있다는 지적도 제기되고 있다.[60)]

반면, 우범소년이란 유형을 마련하고 있는 것을 적극적으로 평가하는 견해도 만만치 않다.[61)] 무엇보다 아직 범죄 내지 촉법행위를 하지 않았거나 이를 적극적으로 입증할 수는 없지만, 그 성격, 환경, 행동으로 보아 장래에 범죄를 저지를 확률이 높다고 예상되는 소년이 현실적으로 존재하고, 강제적인 조치를 취해서라도 소년을 그러한 상황으로부터 벗어나게 해야 할 필요가 있기 때문이다. 그리고 그러한 경우에 소년을 보호하기 위하여 특별한 조치를 취할 수 있도록 하는 것이 일반적인 형사절차와 구별하여 소년보호절차를 마련한 목적에 부합한다는 것이다.

실제 문제로서, 현실로 범죄를 저지르지 않는 한 개입할 수 없다고 한다면, 소년 본인에게도 돌이킬 수 없는 상태를 초래할 가능성을 부인할 수 없기 때문에, 우범제도의 필요성과 합리성 자체는 부정할 수 없다고 생각된다. 그리고 우범의 경우에 강제적 개입을 할 수 없다는 입장을 취한다면 모르겠으나, 우범을 아동복지법의 영역으로 이관한 후 일정한 강제조치를 인정하는 입장이라면, 실질적으로 소년에게 불이익하다는 점에 아무런 차이가 없다. 따라서 중요한 것은 우범에 대하여 지적되는 부당한 인권침해의 위험성에 어떻게 대처할 것인가이다. 이는 구체적으로 우범의 요건을 어떻게 해석해야 하는지의 문제로 나타난다.

2. 우범의 요건

우범의 요건은 소년법 3조 1항 3호에 규정된 (가)~(라)목의 사유(우범사유) 중 하나 이상에 해당하고, 그 성격 또는 환경에 비추어, 장래에 범죄 또는 촉법행위를 할 우려가 있는 것이다. 후자의 요건을 일반적으로 우범성이라 부르고 있다.

이 중 우범사유는 우범성 판단에 객관성을 부여한다는 관점에서 현행법에

60) 団藤重光, "適正手続の理念について", 刑法雑誌 18권 3=4호, 1972, 235면, 平場安治, "ゴールト判決以後の少年審判問題", 家月 41권 10호, 1989, 1면.

61) 田宮=廣瀬 65면, 澤登 93면.

처음으로 규정된 것이다.[62] 즉, 범죄나 촉법행위에 이를 위험성이 있는 정형적인 불량행위를 추출함으로써 우범성을 유형화하여 한정하려는 의도인 이상, 이를 한정적 열거로 해석해야 할 것이다.[63]

개별적인 우범사유의 내용은 아래와 같이 해석되고 있다.[64] 먼저, (가)목('보호자의 정당한 감독에 복종하지 않는 성벽이 있는 것')은 소년이 보호자의 감독을 필요로 하는 상황에 있음에도 불구하고, 보호자의 법률상, 사회통념상 정당한 감독에 복종하지 않는 성벽이 있는 것을 의미한다. 다음으로, (나)목('정당한 사유 없이 가정에서 이탈하는 것')은 소년의 성격, 연령, 가정상황 등을 종합하여 소년이 가정으로 돌아오지 않는 것에 정당한 이유가 없는 경우를 말한다. (다)목('범죄성이 있는 자 또는 부도덕한 자와 교제하거나 저속한 장소에 출입하는 것')은 반사회적 집단에 가입 또는 불량한 친구와 사귀거나, 불량한 자들이 모이는 장소 또는 불건전한 유희시설에 출입하는 것이 이에 해당한다. 마지막으로, (라)목('자기 또는 타인의 덕성을 해하는 행위를 하는 성벽이 있는 것')은 유사 범죄행위나 불건전한 성적 행위 등 사회적, 윤리적 통념에서 벗어난 행위를 스스로 하거나 타인에게 하도록 하는 행동경향·습벽이 있는 것을 의미한다.[65] 내용적으로는 (가)·(나)목이 보호의 결여, (다)목이 환경적 위험성, (라)목이 성격적 문제성이 되는데, 실제로는 이들에 중첩적으로 해당하는 경우가 대부분이다.[66]

한편, 우범성은 장래 범죄나 촉법행위를 할 가능성을 의미하는데, 실무에서는 이를 단순한 추측이 아닌 경험칙에 기반한 고도의 개연성을 의미하는 것으로 보고 있다.[67] 이에 대하여, 우범소년에 대한 보호절차는 어디까지나 소년의 이익을 도모하기 위한 것이란 점에서 본다면, 이를 넓게 해석하려는 생각도 있을 수 있다. 그러나 보호처분은 물론, 그 전제로서 소년을 보호절차의 대상으

62) 구 소년법에서는 단지 '형벌법령에 저촉되는 행위를 할 우려가 있는 소년'으로 규정하고 있었다(4조 1항).

63) 田宮=廣瀬 67면, 澤登 93면.

64) 田宮=廣瀬 67면, 総研 34면.

65) 최고재판소는 우범사유 중 '보호자의 정당한 감독에 복종하지 않는 성벽이 있는 것' 및 '자기 또는 타인의 덕성을 해하는 행위를 하는 성벽이 있는 것'에 관하여 그것이 과도하게 광범위하거나 불명확한 것은 아니라고 판시하였다(最決 平成20·9·18 家月 61권 2호 309면).

66) 田宮=廣瀬 67면.

67) 田宮=廣瀬 68면.

로 하는 것 자체가 소년의 의사에 반하여 자유를 제약하는 측면을 가진다는 점도 분명하므로, 불필요한 권리제약을 피한다는 관점에서 실무와 마찬가지로, 장래에 범죄나 촉법행위를 저지를 고도의 개연성을 우범성의 내용으로 파악하는 것이 타당할 것이다.

우범성의 인정에 관한 또 하나의 문제는 발생할 고도의 개연성이 요구되는 범죄 내지 촉법행위의 내용을 어떻게 볼 것인지에 관한 것이다. 이 점에 관해서는 다툼이 있는데, 일반적인 범죄를 저지를 개연성으로 족하다는 견해,[68] 절도나 상해라는 구체적인 범죄를 행할 개연성이 필요하다는 견해,[69] 그리고 절충적 견해로 재산범, 폭력범과 같은 형사학적 범죄유형으로 족하다는 견해[70]가 있다.

우범성을 인정하기 위해서는 범죄를 저지를 고도의 개연성이 필요하다고 보는 경우, 범죄를 전혀 특정하지 아니한 채 무엇인지 알 수 없지만 소년이 범죄를 저지를 것이라는 점을 고도의 개연성을 가지고 예측하는 것은 불가능할 것이다. 따라서 고도의 개연성을 요구한다면 적어도 형사학적 범죄유형 정도의 특정이 필요하다고 생각한다. 판례에서는 특정한 범죄에 관한 개연성을 요구하는 것이 주류인데,[71] 다만 그 경우에도 예상되는 복수의 죄명을 거론하거나, 예를 들어 '절도 등'과 같이 하나의 죄명 뒤에 '등'을 붙이는 형태를 취하는 경우가 많다.[72] 형사학적 범죄유형을 내용으로 보는 견해도 몇 개의 범죄를 상정하고 이들을 포함한 범죄유형을 고려할 수밖에 없기 때문에, 양자의 견해에는 실질적인 차이가 거의 없다고 본다. 실제 문제로서도, 특정한 하나의 범죄에 한정하는 형태로 예측하는 것은 곤란할 것이다.

이상이 우범사유와 우범성의 내용인데, 양자가 비행사실인 우범사실로서

---

68) 平場 104면, 澤登 94면, 阿部純二, "虞犯における『罪を犯すおそれ』の意義", 判タ少年法 94면 등.

69) 内園ほか 21면, 大島哲雄, "ぐ犯と犯罪との関係", 家月 35권 3호, 1983, 137면 등.

70) 田宮=廣瀬 68면, 豊田健, "虞犯をめぐる二, 三の問題", 家月 29권 7호, 1977, 10면 등.

71) 최근의 판례로 東京家決 平成12·10·3 家月 53권 3호 106면, 松山家西条支決 平成14·5·14 家月 54권 10호 72면이 있다.

72) 大塚正之, "ぐ犯保護事件の法律上の諸問題", 家庭裁判所調査官研修所編, ぐ犯保護事件の調査方法について, 法曹会, 1989, 260면, 小西暁和, "『虞犯少年』概念の構造(3)", 早法 80권 4호, 2005, 200면.

우범의 구성요건이 된다. 이 때문에 우범의 비행사실이 인정되기 위해서는 양자가 존재해야 하는데, 우범사유는 범죄나 촉법행위에 이를 위험성이 있는 정형적인 불량행위를 추출한 것이므로, 우범사유가 있으면 우범성도 인정되는 경우가 많을 것이다.73) 다만, 그렇다고 하더라도 양자는 별개의 요소이기 때문에 우범사유가 인정되더라도 우범성이 부정되는 경우가 있을 수 있어, 실무에서는 우범사유를 중심으로 하면서도 다른 관련된 사실을 종합적으로 고려하여 우범성 유무를 판단하고 있다.74)

이에 대하여, 소년법 제정 초기에는, 우범의 비행사실을 구성하는 것은 우범사유뿐이며, 우범성은 요보호성으로 해소된다는 견해도 있었다.75) 분명, 요보호성은 그 내용으로 당해 소년이 장래 범죄를 저지를 위험성이 있다는 것을 포함하고 있으므로, 그 점에서 우범성과 내용이 중복된다. 그러나 우범성은 보호처분의 근거가 되기 이전에, 우범소년을 범죄소년, 촉법소년과 같이 비행소년으로 취급하여 소년법의 대상으로 하기 위한 요건이라고 할 수 있다. 그러한 점에서 우범성은 요보호성과는 별개의 기능을 갖는다. 그 때문에 양자는 판단의 기준시가 우범성은 우범사유의 존재시, 즉, 사건이 가정재판소에 송치되기 전의 시점임에 비하여, 요보호성은 처분결정시라는 점에서 서로 구별된다.

3. 책임능력의 요부

우범소년의 경우에도 구성요건인 우범사유와 우범성에 관하여 소년에게 책임능력이 필요한지 여부가 문제된다. 우범성에 관해서는 소년이 장래 범죄 내지 촉법행위를 할 것으로 예상되는 시점에서 실질적 책임능력을 구비하고 있을

73) 우범사유를 형식, 우범성을 실질이라 하여, 개개의 우범사유에 해당하는지 여부의 판단에 있어서는 우범성을 고려하여 해석해야 한다는 견해도 있다(平場 103면). 이 견해에 따르면 양자는 일체적인 것이며, 사안에 따라 우범성이 인정되지 않는다는 점에서, 소급하여 우범사유가 부정되는 경우도 발생할 수 있다. 확실히, 우범사유는 우범성이 인정되기 쉬운 정형적 불량행위를 규정한 것이란 점에서 양자에는 중첩되는 부분이 있고, 추상적인 내용을 포함한 우범사유의 일반적인 해석에 있어서 우범성의 관점이 고려되는 경우도 있을 것으로 생각된다. 그러나 양자는 우범사실을 구성하는 별개의 요건인 이상, 개개의 사안에 있어서 우범사유에 해당하는지에 대한 판단은 우범성과 분리하여 이루어져야 할 것이다.

74) 田宮＝廣瀬 68면, 総研 36면.

75) 裾分一立, "要保護性試論", 家月 5권 4호, 1953, 22면.

필요가 있을지 여부가 문제된다. 이 점에 관한 판단을 제시한 판례로서 고베가정재판소 결정(神戸家決 昭和56·10·15 家月 34권 7호 101면)이 있다. 고베가정재판소는 우범사유에 관하여는 우범소년은 어디까지나 장래의 위험성에 착안하여 보호처분의 대상으로 하는 것이란 이유에서 책임능력이 불필요하다고 하면서도, 우범성에 관하여는 범죄소년에게 행위시에 책임능력이 있어야 한다는 전제에 입각하여, 장래에 행할 것이 예상되는 죄에 관하여 유책성을 갖춘 것임이 필요하다고 판시하였다.

범죄소년과 촉법소년의 경우 실질적 책임능력이 요구되지 않는다는 입장에서는 우범소년의 경우에도 그것이 필요하지 않게 된다. 문제는 전자에 관하여 필요설을 취한 경우인데, 학설은 위 결정과 마찬가지의 입장을 취하는 견해[76]와 이와 달리 우범사유와 우범성 모두에 관하여 실질적 책임능력이 필요하다는 견해[77]가 대립하고 있다.

범죄나 촉법행위와는 달리, 우범은 우범사유가 존재한다는 것을 제재의 대상으로 하는 것이 아니다. 또한 우범소년에 대하여 소년법에 따른 절차를 취하는 근거를 소년의 이익의 도모에서 찾는 입장이든, 사회방위에서 찾는 입장이든, 방지해야 할 장래의 범죄 내지 촉법행위의 범위를, 그것을 저지른 점에 관하여 소년을 비난할 수 있는 경우로 한정할 이유는 없다 할 것이다. 그렇다면, 범죄소년과 촉법소년의 경우 보호처분의 제재로서의 성격을 근거로 실질적 책임능력을 요구한다 하더라도, 우범소년의 경우에는 우범사유와 우범성 모두에 비난의 요소가 포함되어 있지 않으므로 실질적 책임능력은 필요하지 않다는 결론이 되어야 한다. 이러한 점에서, 위 고베가정재판소 결정이 우범소년은 어디까지나 장래의 위험성에 착안하여 보호처분의 대상으로 한 것이라고 하면서도, 우범사유와 우범성에 있어서 결론을 달리한 것은, 그 전제가 되었던 우범에 대한 이해와 합치하지 않는 것이라고 생각한다.

---

76) 前野育三, “虞犯少年と責任能力”, 少年法判例百選 16면.

77) 内園ほか 14면, 松田, 앞의 각주40) 158면, 木村裕三, “虞犯少年と責任要件”, 名城法学 32권 1호, 1983, 158면 등.

4. 우범의 현황

가정재판소가 신규 접수한 인원을 보면, 우범인원은 1971년까지 7,000명~1만 명이었으나, 1972년에 4,988명, 1973년에 3,361명으로 급속히 감소하였다. 이는 1972년 8월에 독물및극물단속법이 개정되어 신나·접착제의 섭취, 흡입 등이 범죄화되면서 그 때까지 우범소년으로 취급되던 신나 남용소년이 우범소년에서 제외되었던 영향 때문인 것으로 생각된다.[78] 그 후 신규 접수인원은 소년비행의 제3의 정점에 대응하는 형태로 증가하여, 1983년에는 4,967명에 달하였으나, 그 후 일관되게 감소하여 2013년에는 557명으로 약 9분의 1로 감소하였다. 그 동안 일반보호사건 전체로 보면, 신규 접수인원은 1983년 302,856명에서 2013년 97,355명으로 감소하였는데, 우범소년의 감소비율은 일반보호사건 전체의 감소비율을 크게 상회하고 있다. 그 동안 우범소년의 수만 급격하게 감소하였다고 보기는 어려우므로, 이는 우범소년의 실제 수가 감소하였을 뿐만 아니라, 경찰이 우범사건으로 입건하여 가정재판소에 송치하는 인원이 감소하였음을 의미하는 것으로 볼 수 있다.

한편, 가정재판소의 우범보호사건의 종국처분을 살펴보면, 2013년 종국처리인원 343명 중, 보호처분이 부과된 자가 258명으로 70%를 넘고 있다. 또한 그 중 소년원송치가 94명으로 전체의 27.4%에 이르고 있다. 일반보호사건 전체에서는 보호처분이 부과된 자의 비율이 27.6%, 소년원송치의 비율이 4.9%이므로, 이와 비교할 때, 우범소년의 비율은 상당히 높다. 게다가 우범사건으로 관호조치가 취해지는 비율도 80.5%에 달하고 있어, 일반보호사건 전체에서 관호조치가 취해지는 비율(10% 정도)을 크게 상회하고 있다. 이러한 점에서 우범소년 중에는 일정 인원 이상 소년원송치를 포함한 보호처분이 필요한 자가 존재하고, 경찰이 엄격하게 우범사유·우범성을 인정하는 가운데, 요보호성이 높은 소년을 선별하여 가정재판소에 송치하고 있음을 알 수 있다.[79]

---

78) 小西, 앞의 각주72) 186면, 最高裁判所事務総局家庭局, “家庭裁判所事件の概況－少年事件”, 家月 27권 1호, 1975, 15면.

79) 廣瀬健二, “審判に付すべき少年(2)”, 重判50選 116면.

제 3 절 심판의 대상

Ⅰ. 비행사실과 요보호성

소년심판의 대상이 무엇인지의 문제는 소년심판에서 결정되는 보호처분의 실체적 요건이 무엇인지의 문제가 절차면에 반영된 것이라고 이해되어 왔다. 이는 형사재판에서 피고인이 기소된 범죄사실(공소사실)을 저질렀는지 여부가 심리의 대상이고, 범죄사실이 인정되는 경우 그에 대한 법적 효과로서 형벌이 선고되는 것과 대응하는 문제이다.

소년법 하에서는 소년이 비행사실을 저지른 것이 인정된다 하더라도, 그 소년이 장래 범죄(비행)를 저지를 위험이 있고 그것을 보호처분으로 방지할 가능성이 인정되지 않는다면 보호처분을 부과할 수 없다. 이는 소년이 장래 재차 범죄를 저지르지 않도록 개선교육하려는 소년법의 목적에 따른 귀결이며, 조문상으로도 가정재판소가 '심판에 부할 것이 상당하지 않다고 인정할 때'에 심판불개시결정을, '보호처분에 부할 필요가 없다고 인정할 때'에 불처분결정을 한다고 규정되어 있는 점(少 19조 1항·23조 2항)에서 이를 알 수 있다. 그 때문에 재범의 위험성과 보호처분에 의한 방지의 가능성이 보호처분을 부과하기 위한 요건이 된다는 점에 다툼이 없다. 이들을 합쳐 요보호성이라 부른다. 따라서 요보호성은 보호처분의 실체적 요건이고, 그것이 절차면에 반영되어 소년심판의 대상이 된다.

한편, 소년법의 대상이 되는 것은 소년법 3조에 규정된 비행소년에 한정되므로, 어떠한 소년에게 위와 같은 의미에서 요보호성이 인정된다 하더라도, 그 소년이 소년법이 정한 비행사실을 저지르지 않으면, 소년을 심판에 부할 수 없고, 따라서 보호처분을 부과할 수도 없다. 문제는 이러한 기능을 가진 비행사실에 어떠한 법적 위치를 부여할 것인가에 있다.

소년법의 제정 초기에는 소년심판의 대상은 요보호성뿐이고, 비행사실은 가정재판소가 당해 소년에 대하여 심판권을 취득하기 위한 조건에 지나지 않는다는 견해가 유력하였다.[80] 이를 실체면에서 보면, 보호처분의 요건은 요보호성

80) 内藤文質, "少年保護事件の概念について", 警論 6권 5호, 1953, 7면, 今中道信, "少年保護事件における不告不理", 家月 4권 2호, 1952, 72면, 入江正信, "少年保護事件における若干の法律問題", 家月 5권 7호, 1953, 1면 이하.

뿐이고, 비행사실은 요보호성을 판단하기 위한 하나의 자료에 그치게 된다. 이는 소년보호절차가 소년이 비행사실을 저지른 것에 대한 제재를 과하는 것을 목적으로 하는 것이 아니라, 소년의 성격과 환경상의 문제점을 명확히 한 다음, 그 재범·재비행을 방지하기 위하여 가장 적절한 조치를 취하는 것을 목적으로 하는 것이란 점을 중시하는 견해로서, 일반적으로 인격중시설이라 불린다.

그러나 그 후 요보호성과 함께 비행사실도 심판의 대상으로 보는 비행사실중시설이 통설적 지위를 차지하게 되었다.[81] 그 주된 논거는 다음의 두 가지 점에 있다.[82] 첫 번째, 보호처분은 소년이 재차 범죄를 저지를 위험성이 있다는 것을 근거로 과하는 것인데, 장래의 범죄예측은 현재의 과학수준으로는 결코 확실한 것이 아니므로, 소년이 비행사실을 실제 저지름으로써 범죄적 위험성이 현실화된 경우에, 이를 하나의 자료로 삼아 장래의 범죄적 위험성을 인정하는 것이 가장 확실한 방법이고, 그것이 소년의 인권보장의 관점에서도 타당하다고 한다. 이러한 점에서 비행사실은 범죄적 위험성의 배타적 추정근거가 된다. 두 번째, 보호처분이라 하더라도 소년의 의사에 반하여 그 자유를 제약하는 불이익처분으로서의 성격을 가지는 이상, 이를 과하기 위해서는 소년에게 이를 감수할 만한 귀책사유가 있어야 하고, 그에 해당하는 것이 반사회적 행위인 비행사실이라는 것이다.

이 중, 첫 번째 논거의 경우 인격중시설도 비행사실이 요보호성을 판단하기 위한 유력한 자료가 된다는 점을 인정하고 있고, 또한 비행사실이 인정되지 않으면 소년을 보호처분에 부할 수 없다는 점에서 양 견해의 차이는 없다. 그 때문에, 비행사실을 심판의 대상으로 볼 것인지, 아니면 심판조건에 불과하다고 볼 것인지는 절차의 형식상 비행사실을 어느 정도로 중시할 것인지에 관한 차이에 그친다고도 할 수 있다. 그러한 의미에서 이 문제에 대한 결론을 이끌어내는 진정한 분기점은 두 번째 논거를 어떻게 볼 것인지에 달려있다. 보호처분은 비행에 대한 제재라는 측면을 가지고 있고, 그러한 이상, 비행사실의 존재가 보호처분의 요건이고, 따라서 심판의 대상이 된다는 것이 당연한 귀결이라 할 것이다.

---

81) 종전의 논의를 정리한 다음, 비행사실중시설의 기초를 세운 선구적인 논문으로는, 早川義郎, "少年審判における非行事実と要保護性の意義について", 家月 19권 4호, 1967, 1면 이하가 있다.

82) 早川, 앞의 각주81) 11면 이하, 田宮＝廣瀬 43면 이하.

이와 같이 소년심판의 대상이 비행사실과 요보호성 양자 모두라는 생각은 현재 거의 이론 없이 받아들여지고 있다. 그리고 비행사실도 심판의 대상이라는 점이 심판절차나 처분결정의 장면에서 개별 문제의 해결에 원용되는 경우가 적지 않다. 예를 들어, 소년보호절차에서 불고불리의 원칙이 적용되는 단위가 소년이라는 사람만인지, 아니면 소년과 비행사실 모두인지에 관한 논의가 그 일례이다(본서 43면 이하 참조). 다만, 비행사실중시설을 취한 견해 사이에도 결론이 나뉘고 있는 것처럼, 비행사실과 요보호성 모두가 심판의 대상이 된다는 것은 전제에 불과한 것이지, 거기로부터 반드시 개개의 문제에 대한 결론을 연역적으로 도출할 수 있는 것은 아니라는 점에 주의할 필요가 있다.

Ⅱ. 요보호성의 개념

비행사실과 함께 보호처분의 요건이자 심판의 대상인 요보호성은, 일반적으로 다음의 3가지 요소로 구성된다고 여겨지고 있다.[83)]

첫 번째는 범죄적 위험성(누비행성)으로, 이는 소년이 그 성격, 환경에 비추어 장래 재차 범죄(비행)를 저지를 가능성이 있음을 의미한다. 두 번째는 보호처분을 통한 교정교육을 실시함으로써 소년의 범죄적 위험성을 제거할 수 있는 가능성이 존재하는 것이다. 이를 교정가능성이라 한다. 세 번째는 보호상당성으로, 이는 소년의 처우에 있어 보호처분이 가장 유효하고 적절한 수단이란 것을 말한다. 따라서 범죄적 위험성이 있는 소년에게 보호처분에 의한 교정가능성이 인정된다 하더라도 예를 들어, 아동복지법상의 조치나 형사처분 등 다른 수단을 취하는 것이 보다 적절한 경우에는 요보호성이 없어 보호처분을 부과할 수 없게 된다. 이러한 3가지를 요보호성의 요소로 포섭함으로써, 심판의 대상인 비행사실과 요보호성이 존재하는 경우에 한하여, 그 법률효과로서 보호처분을 부과할 수 있다는 결론이 도출되는 것이다.

그러나 이 중, 세 번째인 보호상당성의 경우, 요보호성을 보호처분의 요건으로 하면서 그 내용으로 보호상당성을 언급하는 것은 일종의 동어반복적 측면

---

83) 総研 39면 이하.

이 있음을 부정하기 어렵다. 실제로도 이는 보호처분보다 보호처분 이외의 처분이 적당한 경우에는 보호처분은 상당하지 않다는 것을 의미함에 지나지 않아, 실질적인 내용을 갖고 있지 않다. 또한 비행사실이 중대하여, 사회의 법감정이나 피해감정을 고려할 때 형사처분이 상당한 경우도 보호처분상당성이 없다고 하는데,[84] 이와 같이 요보호성의 판단요소 속에 비행사실의 경중이나 사회적 영향이라는 소년보호와 이질적인 요소까지 포함시키는 것은 요보호성이란 개념에 적합하지 않다는 비판도 있다.[85]

이러한 문제점은 소년보호절차에 따른 실체법상의 효과를 보호처분으로 보고, 이에 대응시키는 형태로 그 요건을 구성한 데에서 비롯된 것이다. 이에 그 전제 자체를 바꾸어, 실체법상의 효과에 보호처분뿐만 아니라 종국결정 일반을 포함시킨 다음, 요보호성을 인격적 성향인 비행성(누비행성)과 환경적 요인인 보호결여성으로 구성하고, 이와는 다른 처우결정상의 개념으로 보호처분상당성, 형사처분상당성, 복지처분상당성, 불처분상당성이라는 각각의 종국결정에 대응한 개념을 세우는 견해도 있다.[86] 소년법의 실체법적 측면을 설명할 수 있는 견해의 하나라고 할 것인데, 이러한 입장에서는 실체법상의 효과가 다양하기 때문에, 각각을 결정하기 위한 요건에도 차이가 발생하게 된다. 따라서 실체법상 요건으로서 비행사실과 요보호성이 구비된 경우에 일정한 법률효과가 발생한다는 전술한 견해와 같은 대응관계가 언제나 인정되는 것은 아니다.

제 4 절 절차의 관여자

Ⅰ. 총 론

심판에서는 재판관과 소년 외에 소년의 보호자(少審規 25조 2항), 재판소 서기관(少審規 28조 1항), 가정재판소 조사관이 출석한다.[87] 또한 보조인이 선임된

84) 総研 40면.
85) 澤登 145면.
86) 平場 64면 이하.
87) 조사관은 재판장의 허가를 얻은 경우에는 심판에 출석하지 않을 수 있다(少審規 28조 2항).

경우에는 보조인에게도 심판출석의 권리가 있다(동 4항). 더욱이, 가정재판소가 허가한 경우에 한하여 검찰관도 심판에 출석할 수 있다(少 22조의2 1항).

소년이 불출석한 경우에는 심판할 수 없다(少審規 28조 3항). 소년의 권리보호의 관점에서 소년의 변명을 직접 들을 필요가 있고, 심판자체가 개선교육의 장인 이상, 소년의 출석이 반드시 필요하기 때문이다. 필요하면, 가정재판소는 강제력을 사용하여 소년을 출석시킬 수도 있다(少 11조 2항).

이에 대하여, 보호자나 보조인에게 소환이나 기일통지가 이루어진 경우에는 이들이 불출석하더라도 심판을 열 수 있다.[88] 다만, 소년의 권리보호라는 관점 외에, 보호자의 경우 요보호성을 판단하기 위한 자료를 제공할 수 있는 입장에 있고, 보호자나 보조인 모두 소년의 개선교육에 있어서 중요한 역할을 담당한다는 점 등에서 가능한 출석을 확보하는 것이 바람직하다.[89]

그 외에 가정재판소는 소년의 친족, 교원 그 밖의 상당하다고 인정되는 자에게 재석을 허가할 수 있다(少審規 29조). '상당하다고 인정되는 자'란, 소년의 권리보호, 심판의 교육적 기능, 처우의 실효성 확보에 도움이 되는 자로서,[90] 예를 들어 소년의 고용주, 보호사 등이 이에 해당한다.

Ⅱ. 재판관

1. 재판부의 구성

(1) 단독제와 합의제

2000년 개정 전 소년심판은 아무리 복잡한 사건이라도 1명의 재판관이 심판하게 되어 있었다. 그 이유는 가정재판소가 취급하는 사건은 그다지 복잡하지 않은 경우가 적지 않고, 재판관은 케이스워커(caseworker)인 조사관의 보조를 받

실무에서는 조사관이 모든 사건의 심판에 입회하는 것이 사실상 곤란하고, 입회 의의가 크지 않은 사건도 있으므로, 관호조치가 취해진 사건, 시험관찰 상당의 의견이 부해진 사건, 시험관찰 중인 사건, 재판관이 조사관을 입회시킴으로써 심판이 원활히 진행되거나 소년에 대한 교육적 효과가 기대된다고 판단한 사건 등에 조사관의 입회를 한정하고 있다(総研 182면).

88) 平場 251면, 田宮＝廣瀨 228면.

89) 田宮＝廣瀨 228면.

90) 田宮＝廣瀨 228면.

을 수 있으므로, 합의제를 채용할 필요성이 적었기 때문이다.[91]

분명, 소년이 비행사실을 인정하고 오로지 요보호성이 문제되는 사건이라면, 재판관은 조사관의 협력을 구할 수 있고, 또한 심판이 가지는 케이스워크(casework) 기능을 고려할 때, 재판관과 소년이 일대일로 마주하는 단독제가 적합하다고 할 수 있다. 그러나 소년심판에서도 사안이 중대하고 비행사실의 존부에 다툼이 있는 사건 등 사실인정이 복잡, 곤란한 사건이 있다는 것도 부정할 수 없다. 그 때문에 오래전부터 소년사건을 담당하는 재판관들은 일정한 사건에서 복수의 재판관의 지식, 경험을 활용하여 다각적인 시점을 확보할 수 있는 합의제를 취할 수 있도록 법을 개정해야 한다고 요구해 왔다.[92] 또한 변호사 측에서도 보조인으로서의 경험을 바탕으로, 이러한 제도의 도입을 요구하는 주장이 있었다.[93] 이러한 의견을 받아들여, 2000년 개정은 재정합의제를 도입하였다. 이에 따라 단독제를 원칙으로 하면서도 재판소가 필요하다고 인정한 때에는 3인의 재판관으로 구성된 합의제를 취하는 것이 가능하게 되었다(裁 31조의4).

형사절차의 경우 재정합의제와 함께 일정한 중대사건에서는 법정합의제를 취하고 있는데(裁 26조 2항), 소년보호사건의 경우 보호처분은 비행사실의 중요성만으로 결정되는 것이 아니라, 법정합의사건의 유형화가 곤란하다는 이유에서 재정합의제만을 두고 있다.[94]

이와 같이 개정법이 합의제를 도입하게 된 원래 출발점은 비행사실이 심하게 다투어지는 사건에서 합의제를 도입함으로써 다각적인 시점을 확보할 수 있다는 점에 있었는데, 결과적으로 도입된 합의제는 사실인정단계에 한정하여 적용되는 것은 아니다. 처우결정단계의 경우 재판관과 소년이 일대일로 마주하며 이루어지는 케이스워크 기능을 중시하여야 하므로, 합의제의 도입은 사실인정단계에 한정되어야 한다는 의견도 있었다.[95] 그러나 개정법은 예를 들어 중대한

91) 最高裁判所事務総局総務局編, 裁判所法逐条解説(上), 法曹会, 1967, 262면.

92) 浜井ほか 307면, 八木正一, "少年法改正への提言", 判タ 884호, 1995, 38면, 廣瀬健二, "少年審判における非行事実認定手続", 荒木編 218면, 守屋克彦, 現代の非行と少年審判, 勁草書房, 1998, 307면 등.

93) 若穂井透, "少年司法の改革をめざして", 季刊刑事弁護 7호, 1996, 78면, 多田元, "少年審判と非行事実審理", 荒木編 66면 등.

94) 甲斐ほか 239면.

95) 荒木伸怡, "捜査と審理の充実を求めて", 荒木編 327면.

사건이고, 그에 관한 사회적 관심이 높으며, 비행의 배경사정이 복잡하여 재판관이 처우결정에 곤란을 겪을 수 있는 사안 등과 같이 처우결정단계에서도 합의를 통한 심리가 타당한 경우가 있으므로 이를 굳이 배제할 필요는 없고, 또한 사실인정단계에서 합의제를 취하면서 처우결정단계에서 다시 단독제로 돌아오는 것은 자연스럽지 않다는 이유에서 처우결정단계에서도 합의제를 인정하였다.[96]

다만, 합의제를 취하는 경우에는 심판정의 분위기가 위압적이지 않도록 배려하거나, 재판관마다 역할을 정하여 가능한 소년과의 일대일의 관계를 유지하는 등 단독제의 경우와는 또 다른 배려가 필요한 것도 사실이다.[97] 실무에서는 그러한 점을 배려하여 합의제를 운용하고 있다.

최고재판소가 공표한 통계자료에 따르면,[98] 2000년 개정법 시행 후 5년간 재정합의결정에 따라 종국결정이 내려진 보호사건의 인원은 170명이며,[99] 죄명별로 살펴보면, [표 4-1]과 같다. 여기에서 알 수 있듯이, 그 대상이 반드시 중한 죄에 한정되지는 않는다.

표 4-1 재정합의결정이 내려진 보호사건의 죄명별 인원

죄명	인원	죄명	인원	죄명	인원
상해치사	53	현주건주물등방화	4	강제추행	1
살인	28	도로교통법위반	4	강제추행치상	1
강도치사	18	업무상과실치사	3	위험운전치사	1
살인미수	11	공갈	3	중과실치사	1
상해	8	업무상과실치상	2	체포감금	1
강간치상	6	강도살인미수	2	감금치사	1
강도	5	폭발물단속벌칙위반	2	추행목적유괴	1
절도	5	비현주건조물등방화	1	폐해방지조례위반	1
강도치상	5	건주물등이외방화	1	우범	1

96) 甲斐ほか 239면.

97) 青沼潔, "裁定合議制", 課題と展望(1) 43면.

98) 最高裁判所事務総局家庭局, '平成12年改正少年法の運用の概況(平成13年4月1日~平成18年3月31日)', 2006. 6. 이하, 2000년 개정법 시행상황에 대해서는 본 자료에 의한다.

99) 그 외에 보호처분의 취소사건 1건과 수용계속 신청사건 1건에서 재정합의결정이 내려졌다.

(2) 재판관의 자격

재판부의 구성과 관련하여 형사절차와 대비되는 또 하나의 특색은 소년심판은 역송결정 이외에는 판사보(역주－재판관으로 임관되어 10년 미만인 자로서, 검사 및 변호사 경력도 이에 포함된다.) 1명으로 심판할 수 있다는 데에 있다(少 4조). 형사사건의 경우 특례판사보(역주－실무경력 5년 이상인 판사보 중에서 최고재판소의 지명을 받은 자로서, 판사와 동등한 권한을 가진다.)제도에 따라 판사보로 5년간 근무하면 혼자서 재판할 수 있도록 되어 있는데, 소년심판에서는 이러한 특례판사보일 필요도 없는 것이다. 이러한 규정은 본래, 현행 소년법의 제정 당시, 가정재판소의 판사 정원을 충족시키기가 어려웠던 배경에 따라 마련된 것인데,[100] 소년보호사건은 인생경험이 풍부한 재판관이 담당해야 한다고 보는 입장에서는 현재도 여전히 이러한 규정이 유지되고 있다는 사실을 비판하기도 한다.

2. 재판소의 공평성의 확보

소년심판에서도 재판소가 공평한 입장에서 심리에 임해야 한다는 것은 당연하다. 이러한 관점에서 소년심판규칙에는 '재판관은 심판의 공평에 관하여 의심을 초래할 만한 사유가 있다고 사료되는 때에는 직무의 집행을 회피하여야 한다'는 재판관의 회피규정이 마련되어 있다(少審規 32조). 한편, 형사소송법에 있는 재판관의 제척과 기피에 관한 규정은 소년법 및 소년심판규칙에 존재하지 않는다. 회피는 어디까지나 재판관 스스로의 판단으로 심판에서 제외되는 것이므로, 재판관이 회피하지 않는 경우에 소년이 이를 요구할 수 있을지가 문제된다. 이 점이 문제된 판례 중 하나가 도쿄고등재판소 결정(東京高決 平成元·7·18 家月 41권 10호 166면)이다.

이는 강도살인 등 보호사건에서 가정재판소에 송치된 소년 3명이 비행사실을 다툰 사건인데, 보조인은 담당 재판관이 심판 전에 실시한 증거물의 취급, 조사관과 보조인과의 면회를 금지한 조치 및 그 후의 심판운영에서의 일련의 조치가 부당, 불공정하다고 하여 기피신청을 하였다. 이에 대하여, 원재판소는 소년법에 기피규정이 없다는 점에서 신청을 규칙 32조의 회피의 권고로 해석한

100) 柏木 65면, 団藤＝森田 61면.

다음, 직권을 발동하지 않았기 때문에, 보조인은 이를 형소법 24조 1항에 따른 간이각하결정에 해당한다고 보아, 동법 25조에 근거하여 즉시항고하였다.

즉시항고를 받은 도쿄고등재판소는 보호처분이 갖는 불이익성을 근거로 소년의 인권보장의 관점에서 헌법 37조 1항의 공평한 재판을 받을 권리의 보장은 소년보호사건에도 당연히 미쳐야 한다고 한 다음, 심판의 공평에 의심을 초래할 만한 사유가 없는 재판관이 사건을 처리하는 것이 심판의 공정을 위해 필수적인 전제라는 점은 형사소송절차와 아무런 차이가 없으므로, 제척, 기피를 규정한 명문규정이 없다 하여 재판관이 당해 직무집행을 회피할지 여부가 재판관의 직권에 의한 판단에 전면적으로 위임되어 있다고 해석함은 상당하지 않다고 하였다. 그리고 여기서 규칙 32조의 규정은 제척, 기피, 회피 모두를 포함하는 규정으로 해석해야 하며, 소년 측은 재판관에게 심판의 공평에 관하여 의심을 초래할 만한 사유가 있을 때에는 제척, 기피를 포함하는 의미에서 회피의 조치를 요구할 수 있다고 하였다.

다음으로, 직권을 발동하지 않은 재판소의 조치에 불복할 수 있는지에 관해서는, 원칙적으로 그러한 신청은 보호처분결정에 대한 항고에서 심판의 공평에 관하여 의심이 초래할 만한 사유가 있는 재판관이 관여한 하자있는 결정이라는 의미에서 결정에 영향을 미친 법령위반이 있다는 형태로 주장하여야 할 것이지, 보호처분결정이 내려지지 않은 단계에서의 불복신청은 부적법하다고 할 것이나, 그렇게 해서는 충분한 구제가 이루어지기 힘든 예외적인 사안에서는 재판관이 직무집행을 회피하지 않은 것 자체에 대하여 직접 불복신청을 하는 것도 가능하다고 하였다. 다만, 본건은 그러한 사안에는 해당하지 않는다고 하여, 결론적으로는 즉시항고를 인정하지 않았다.

본 결정은 소년보호절차에도 헌법 37조 1항의 공평한 재판을 받을 권리가 보장된다는 일반론을 제시함과 동시에, 회피조치의 신청이라는 형태로 소년에게 기피신청권을 인정하였다는 점에서 큰 의의를 갖는다. 이는 단순한 직권발동을 촉구하는 신청이 아닌 신청권이므로, 재판소에는 그에 응답할 법적 의무가 있기 때문이다. 본 결정 이후의 판례 중에는 명시적으로 소년에게 기피신청권이 인정된다고 한 다음, 이를 각하한 결정도 있다.[101)]

101) 東京家八王子支決 平成5·10·8 家月 45권 12호 116면.

그런데 보호교육주의의 관점에 따라 직권주의 절차구조를 취하고 있는 소년보호절차에서 기피신청권을 인정하는 것은 어울리지 않는다는 의견도 있다.[102] 이러한 사고에 따르면, 가령 소년이 회피신청을 하더라도, 이는 어디까지나 재판소의 직권발동을 촉구하는 것일 뿐이다.[103] 그러나 여기서는 소년 측이 이미 재판관의 공평성에 관하여 의심을 품고 있음이 전제되고 있기 때문에, 그 경우에 신청권을 인정하지 않는다고 하더라도 심판의 교육적 분위기가 유지되기는 어려울 것이다.

다만, 기피신청권을 인정할지 여부와 상관없이 규칙 32조의 규정에 따라, 심판의 공평에 관하여 의심을 초래할 사유가 있는 경우에는 재판관에게 회피의무가 있는 것이므로,[104] 그럼에도 불구하고 재판관이 회피하지 않은 경우에는 그 점을 문제 삼아 법령위반을 이유로 보호처분결정에 대하여 항고할 수 있다.[105] 그 때문에 실제적인 문제는, 기피신청권을 인정하는 경우 신청을 각하한 재판소의 결정, 또는 재판관이 직무의 집행을 회피하지 않은 것 자체에 대하여 불복신청이 허용될 수 있는지에 있다.

형소법상 기피신청을 간이각하한 경우, 이에 대한 즉시항고 또는 준항고가 인정된다.[106] 본건에서 보조인은 동 규정이 소년심판에도 준용된다는 전제에서 즉시항고를 제기한 것인데, 본 결정은 규칙 32조가 기피를 포함한 것이라는 전제에 입각하여, 그러한 의미에서 회피조치를 요구하는 신청권을 인정하면서도 회피하지 않은 경우의 불복신청은 소년법 및 소년심판규칙에 아무런 규정이 없으므로, 원칙적으로 신청을 받아들이지 않은 재판소의 조치에 대하여 직접 불복할 수는 없다는 입장을 취하였다.

이에 대하여, 본 결정 이후의 판례 중에는 본 결정과 마찬가지로 규칙 32조

---

102) 田宮＝廣瀬 234면, 浜井ほか 153면, 河原俊也, "審判の関与者", 重判50選 135면.

103) 이 점을 명시하여, 재판관이 회피조치를 취하지 않은 것에 대한 즉시항고를 부적법하다고 한 판례로는 東京高決 平成17·11·2 東京高裁(刑事) 判決時報 56권 1~12호 85면이 있다.

104) 平場 85면, 団藤＝森田 214면.

105) 田宮＝廣瀬 234면, 浜井ほか 155면, 河原, 앞의 각주102) 136면, 平良木登規男, "少年保護事件における裁判官の除斥, 忌避及び回避", 家月 42권 6호, 1990, 89면.

106) 합의부의 구성원에 대한 기피신청을 간이각하하는 경우 불복신청은 즉시항고의 절차(刑訴 25조)에 따라야 하고, 단독의 재판관이 간이각하한 경우의 불복신청은 준항고 절차에 따라야 한다는 것이 판례의 입장이다(最決 昭和29·5·4 刑集 8권 5호 631면, 最決 昭和31·6·5 刑集 10권 6호 805면).

가 제척이나 기피를 포함한 규정이라는 전제에 입각하여, 회피조치에 관한 직권을 발동하지 않은 재판관의 조치에 대한 준항고를 적법하다고 본 것도 있다.[107] 그러나 소년심판규칙의 틀 내에서 신청권을 인정하면서, 불복신청의 부분만 형소법의 규정을 준용함은 자연스럽지 않다는 점을 부정할 수 없다.[108] 본 결정의 기초에도 그러한 사고가 깔려 있을 것이다. 그렇다면, 본래 기피신청권을 인정할지 여부를 소년심판규칙 32조의 해석에 맡길 것이 아니라, 단적으로 형소법의 기피에 관한 규정을 준용할 수 없을 것인지가 문제의 본질이라고 할 수 있다.

소년법에 명문규정(少 14조 2항 · 15조 2항)이 있는 경우 이외에, 소년보호절차에 형소법의 규정이 준용되는지 여부에 관하여는 견해가 나뉘고 있고, 소년보호절차와 형사절차의 목적 및 기능, 심리구조의 차이를 근거로 준용을 부정하는 견해도 있다. 그러나 형소법의 규정이 일반적으로 준용되지는 않는다고 하더라도, 그 취지가 양 절차 모두에 공통적으로 타당한 규정도 있으므로, 형소법의 규정을 개별적으로 검토하여 소년보호사건의 성질에 반하지 않는 것은 준용을 허용함이 타당할 것이다.[109] 그렇다면, 본 결정에서 설시하고 있는 바와 같이, 재판소의 공평성 확보라는 요청은 형사절차이든 소년보호절차이든 공통적으로 타당한 것이므로, 기피에 관한 규정의 준용을 인정할 수 있을 것이다.[110]

이에 대해서는, 형소법 규정의 준용을 개별적으로 인정한다는 전제에 서더라도, 소년심판규칙이 회피규정만을 두고 있는 것은 기피에 관하여는 준용을 인정하지 않겠다는 취지라는 비판도 제기될 수 있다. 그러나 그렇다면, 처음부터 규칙 32조의 확장해석 자체가 부정되어야 하고, 확장해석을 인정하는 이상 기피에 관한 규정의 직접적인 준용을 인정하는 것도 충분히 생각할 수 있다.

---

107) 福岡家決 平成元 · 11 · 20 家月 42권 3호 116면.

108) 村井敏邦, "少年手続と除斥, 忌避", 刑法雑誌 32권 2호, 1992, 93면, 大段亨, "少年保護事件における裁判官の忌避について", 家月 46권 11호, 1994, 91면.

109) 野間洋之助, "少年保護事件と刑事訴訟法の準用", 判タ少年法 75면, 見目明夫, "少年事件への刑訴法の準用", 判タ家裁実務 321면.

110) 田中開, "少年保護事件における裁判官の忌避", 少年法判例百選 81면.

Ⅲ. 검찰관

1. 2000년 개정의 배경

2000년 개정 전에는 검찰관이 심판에 출석하는 것이 일체 허용되지 않았다. 개정 전의 소년법이 그러한 입장을 취하였던 이유는 검찰관이 심판에 출석하면, 심판이 대립구조가 되어 소년심판이 소년의 개선교육을 도모하는 장으로 기능하기 어렵다는 인식이 있었기 때문이다.

그러나 1990년대에 들어서면서, 특히 소년사건을 담당하는 재판관 사이에서 비행사실의 인정이 곤란한 사건의 경우 검찰관이 심판에 관여하도록 해야 한다는 의견이 주장되기 시작했다.[111] 당시 소년심판의 사실인정절차에서 소년이 비행사실을 심하게 다투는 사건의 경우, 다음과 같은 제도상의 문제가 있다는 점이 지적되었다.

첫째, 재판소 스스로 사실을 규명하는 절차구조 하에서는 재판관이 소년에게 불이익한 행위, 예를 들어 소년이나 그에 유리한 증언을 한 증인의 진술의 신용성을 확인하기 위하여 반대신문을 한다든지, 반대로 보조인의 반대신문으로 흔들린 증인에게 재신문을 해야 하는 경우가 있다. 즉, 재판관은 형사사건에서의 검찰관이 담당해야 할 역할도 해야 하는데, 이 경우 심판에서 재판관과 소년이 마치 대립하는듯한 상황을 초래할 수 있다. 그렇게 될 경우 심리를 거쳐 비행사실을 인정하고 보호처분을 결정하더라도, 재판관에 대한 불신감으로 인하여 소년이 납득하지 못한 채 보호처분을 받아야 하는 경우가 발생할 수 있다. 이러한 상황이 발생하는 이유는 보조인의 선임이 증가하여 형사사건의 변호인과 마찬가지로 비행사실을 철저히 다투는 사건이 증가하였고, 가정재판소가 소년에게 유리하든 불리하든 사실을 적극적으로 규명하는 방향으로 실무운용을 전환하였기 때문이다. 따라서 이러한 상황이 발생하는 것을 피할 수 없었다.

둘째, 소년이 심판단계에서 비행사실을 부인하고, 알리바이를 주장하는 경우에는 그 진위를 확인하기 위하여 증거를 수집하고, 이를 조사할 필요가 있다. 그러나 가정재판소는 증거를 수집하기 위한 기관을 갖추고 있지 않다. 그 때문

111) 浜井ほか 313면, 八木, 앞의 각주92) 37면, 廣瀬, 앞의 각주92) 217면, 守屋, 앞의 각주92) 325면 등.

에, 수사기관에 보충수사를 의뢰하게 되는데, 재판관은 수사관으로서의 지식이나 경험이 전무하여 의뢰에만 맡기는 것이 적절한지에 대한 의문이 있고, 본래 보충수사의 의뢰에는 재판소가 판단자라는 데에서 발생하는 한계가 있다. 결과적으로 증거수집 및 조사가 적확하게 이루어지지 못하는 경우가 있다.

이러한 문제점을 해소할 목적으로 2000년 소년법을 개정하여 일정한 요건하에서 검찰관이 심판절차에 관여할 수 있게 되었다(少 22조의2). 이러한 제도가 도입된 취지는 위의 문제점에 대응하여 ① 재판관과 소년과의 대치상황을 회피하고, ② 소년 측 이외의 공익적 관점에서 증거를 수집, 음미하여 사실인정을 가능하게 하며, ③ 그를 통해 사실인정절차를 더욱 적정화함으로써 피해자를 비롯한 국민이 소년심판에 대한 신뢰를 가지도록 하기 위함이라고 한다.[112)]

2. 검찰관관여의 요건

형사재판과는 달리, 검찰관이 무조건적으로 심판절차에 출석할 수 있는 것은 아니다. 첫째, 출석이 인정되는 사건이 한정되어 있다. 2000년 개정 시에는 소년법 3조 1항 1호의 소년(범죄소년)에 관한 사건으로 ① 고의의 범죄행위로 인하여 피해자를 사망시킨 죄, 또는 ② 그 외에 사형, 무기 또는 단기 2년 이상의 징역이나 금고에 해당하는 죄의 사건이 이에 해당하였다. 검찰관관여를 인정한 이유로 제시된 전술한 점들은 사건의 종류와 상관없이 타당하다고 할 것이므로, 그 대상사건을 한정할 필요는 없으나, 당시 검찰관이 관여함으로써 소년심판이 변용될 우려가 있다는 반대론이 강하게 제기되어, 특히 적정한 사실인정이 필요하다고 할 수 있는 중대사건만을 대상사건으로 한정하였다.[113)]

그러나 그러한 경위로 대상사건을 한정하였던 점에서 본다면, 위의 대상사건에 해당하지 않는 경우에도 재판소의 입장에서는 비행사실의 적정한 인정을 위하여 검찰관이 관여하기를 희망하는 경우가 발생할 수 있다는 점은 당연하다고 할 것이다. 재판소 측은 예를 들어, 다수인의 공갈사건이나 상해사건에서 관계자의 진술이 상반되는 경우 등을 검찰관관여의 필요성이 있는 사건으로 제시

112) 甲斐ほか 123면.
113) 甲斐ほか 128면.

하고 있었다.[114)]

이러한 요청을 받아들여, 2014년 개정에서는 검찰관관여의 대상사건을 '사형, 무기 또는 장기 3년을 초과하는 징역이나 금고에 해당하는 죄'로 확대하였다. 대상사건을 무제한이 아니라 이 범위로 제한한 이유로는 2가지 점이 제시되고 있다.[115)] 첫째, 이러한 죄에 관한 사건에는 사회적으로 중대한 사건이 포함되어 있으며, 그 중에는 관여자가 다수이고 관계자의 진술이 서로 다른 상해, 사기, 공갈사건처럼, 검찰관을 관여시켜 사실인정을 보다 적정화할 필요가 있는 사건이 존재한다는 점이다. 둘째, 2014년 개정에 따라 국선보조인제도의 대상사건의 범위가 '사형, 무기 또는 장기 3년을 초과하는 징역이나 금고에 해당하는 죄'에까지 확대되었으므로(少 22조의3), 검찰관이 관여할 수 있는 사건의 범위를 이에 일치시킬 필요가 있다는 점이다. 가령 검찰관관여제도의 대상사건이 아닌 경우에도 국선보조인의 선정을 인정한다면, 당해 사건에 관하여 비행사실이 다투어져 국비에 의한 보조인을 선정한 경우에도 검찰관이 관여할 수 없게 되는 문제가 발생한다. 이는 사실인정절차의 적정화를 도모하고자 검찰관관여제도를 도입한 취지에 맞지 않을 뿐 아니라, 피해자를 비롯한 국민의 이해나 납득을 얻기 어려울 것이기 때문이다.

이와 같이 대상사건이 한정되어 있는 외에, 검찰관의 관여는 당해 사건의 비행사실을 인정하기 위한 심판절차에 관여할 필요가 있다고 인정되는 경우로 한정되어 있다(少 22조의2 1항).[116)] 즉, 검찰관의 심판출석은 어디까지나 비행사실의 인정을 위하여 인정되는 것이므로, 검찰관은 처우결정단계에는 관여하지 않는다. 따라서 절차적으로는 재판소가 비행사실에 관한 인정판단을 표명하면, 검찰관은 퇴정하는 형태가 된다.[117)]

다만, 이 경우의 비행사실에는 이른바 구성요건해당사실뿐만 아니라, 예를 들어 범행의 동기나 공범자 간의 역할과 같이 당해 범죄와 밀접하게 관련된 중

114) 中村=檞 54면.

115) 中村=檞 53면.

116) 검찰관의 관여는 가정재판소의 제1심에 한정되지 않으며, 이들 요건이 구비되어 있으면, 항고심, 재항고심, 파기환송심에서도 가능하다(少 32조의6 · 35조 2항). 또한 가정재판소는 보호처분의 취소절차에서도 소정의 요건을 충족하면 검찰관을 관여시킬 수 있다(少 27조의2 6항).

117) 田宮=廣瀬 258면.

요한 사실도 포함된다(少 17조 4항). 이에 대하여는, 동기 등은 동시에 요보호성의 판단요소로서도 중요한 의미를 가지는 것이므로, 이것까지 비행사실에 포함시킨다면, 결국 처우결정의 단계에도 검찰관의 관여를 인정하는 것과 다름없다는 비판도 제기되고 있다.[118]

물론 그러한 사실은 요보호성판단의 요소라고도 할 수 있으나, 이 단계에서는 당해 사실이 존재하였는지에 관한 외형적 측면만을 문제 삼는 것이고, 그 배후에 있는 소년의 인격적 문제성까지 다루려는 것은 아니다. 따라서 검찰관이 실질적으로 요보호성의 인정에까지 관여하게 된다는 지적은 부적절하다고 생각한다.[119]

최고재판소의 공표자료에 따르면, 2000년 개정법 시행 이후 5년간 가정재판소의 검찰관관여결정이 있었던 보호사건의 인원은 97명으로, 그 죄명별 내역은 [표 4-2]와 같다.[120]

표 4-2 검찰관관여결정이 내려진 보호사건의 죄명별 인원

강간	30	강도치사	7	현주건조물등방화	1
상해치사	23	강간치상	4	감금치사	1
강도치상	12	살인미수	4	강도	1
살인	11	강제추행치상	2	강도살인미수	1

3. 검찰관의 지위

검찰관은 가정재판소의 결정이 있는 경우에만 심판에 출석할 수 있을 뿐, 법정의 요건을 충족시킨 사건에 관하여 심판에 출석할 권리가 있는 것이 아니다. 이는 2000년 개정법이 검찰관의 심판출석을 인정하였지만, 심판을 대심구조로 하여 당사자의 지위를 가진 검찰관을 관여시키려는 것이 아니라, 어디까지나

118) 澤登 174면.

119) 甲斐ほか 136면.

120) 97명 중 강간 1명과 강제추행치상 1명에 대해서는 항고재판소에서도 검찰관관여결정이 있었다. 또한 그 외에 보호처분 취소사건 1건에서 검찰관관여결정이 있었다.

현재의 직권주의에 기초한 심판구조를 유지하면서, 가정재판소의 사실인정에 필요한 범위에서 검찰관을 관여시킨다는 사고에 기초하고 있기 때문이다. 검찰관은 절차의 당사자는 물론 소년의 처분을 요구하는 소추관·원고관도 아니며, 어디까지나 공익의 대표자로서 사실인정이 적확하게 이루어질 수 있도록 심판에 협력한다는 의미에서 '심판의 협력자'라고 할 수 있다.[121)]

분명, 검찰관은 직권주의의 절차구조 하에서 재판소가 사실인정을 위하여 필요하다고 생각되는 경우, 재판소의 결정을 통해 심판에 관여하는 데 불과하므로, 심판절차의 당사자도 아니고, 소년의 처분을 요구하는 원고관도 아니라는 점은 당연하다. 그러나 문제는, 그렇다고 한다면 심판에 관여한 검찰관이 도대체 어떠한 활동을 할 것이 요구되고 있는지에 있다.

심판의 협력자라고 하더라도 이는 검찰관이 재판소의 손발이 되어, 재판소의 지시에 의해서만 활동하는 것을 의미하지 않는다. 오히려 독자적 판단에 따라 활동할 때에 비로소 재판소와는 별도로 검찰관이 관여하는 의미가 있다고 할 수 있다. 게다가, 재판소 측이 검찰관의 관여를 요구한 이유 중 하나는 소년과 재판관의 대치적 상황을 회피하는 데에 있었다. 그렇다면 심판에서 검찰관에게 기대되는 것은 소년 측의 주장이나 그들이 제출한 증거를 탄핵하고 비행사실을 인정하기 위하여 증거를 수집, 제출하는 것이 아닐까, 그렇다고 한다면 검찰관의 활동의 실체는 형사절차에서의 검찰관과 동일한 것이 되지 않을까 하는 의문도 있었다.

그러나 개정 후의 운용상황을 보면, 검찰관이 관여한 사건에서도 재판소가 주체가 되어 증거조사를 실시한다는 점에는 변함이 없고, 증인신문에 관해서도 사안에 따라 적절하게 신문순서를 정하고 있다.[122)] 또한 한정된 것이긴 하나, 재판관 및 보조인을 대상으로 한 조사에 따르면, 검찰관이 심판에서 소추관적인 활동을 한 사례는 별로 없다고 한다.[123)]

---

121) 甲斐ほか 124면.

122) 長岡ほか 247면.

123) 長岡ほか 262면, 中川孝博, "少年審判における『事実認定の適正化』", 検証と展開 80면. 검찰관이 심판에 출석하였지만, 심판정에서는 마지막에 의견서만을 제출하거나, 증인신문 등에서도 확인적인 질문을 하는 데에 그친 사례도 적지 않다고 한다(中川, 앞의 글 80면). 이는 '비행사실을 인정하기 위하여 필요한 때'라는 요건은 소년이 비행사실을 명시적으로 부인하는 경우뿐만 아니라, 심판에서 비행사실의 인정에 관하여 다툼이 발생할 가능성이 있는

나아가 검찰관을 심판에 관여시킬지 여부는 비행사실을 인정하기 위하여 필요한지라는 관점에서 가정재판소가 재량으로 결정하는데, 실제 검찰관이 관여를 신청하였음에도 재판소가 이를 인정하지 않은 사례나, 반대로 검찰관이 신청하지 않았음에도 불구하고 재판소가 관여를 요구한 사안도 상당수 있었다.[124] 이러한 점에서 직권주의 구조를 유지하면서, 심판의 협력자로서 검찰관을 관여시킨다는 개정법의 의도대로 제도가 운용되고 있다고 평가할 수 있을 것이다.

4. 검찰관의 권한

심판에 관여하는 검찰관에게는 비행사실의 인정에 도움을 주기 위해 필요한 한도 내에서 ① 심판절차 출석 및 증거조사절차 참여, ② 사건기록 및 증거물의 열람·등사, ③ 소년 및 증인, 그 밖의 관계인에 대한 질문, ④ 증거조사의 신청, ⑤ 의견진술의 권한이 인정된다(少 22조의2 3항, 少審規 30조의5~30조의10).

나아가 검찰관이 심판에 관여한 사건의 경우, 검찰관은 가정재판소의 보호처분에 부하지 않는 결정 또는 보호처분에 부하는 결정에 대하여 결정에 영향을 미친 법령위반 또는 중대한 사실오인을 이유로 고등재판소에 항고수리를 신청할 수 있다(少 32조의4). 검찰관의 심판출석이 비행사실의 인정단계에 한정되어 있듯이, 항고수리신청의 대상도 사실인정에 관한 부분으로 한정되어 있으며, 검찰관은 가정재판소가 결정한 처분이 부당하다는 것을 직접적 이유로 항고수리를 신청할 수는 없다. 다만, 중대한 사실오인이란 사실오인이 주문에 영향을 미친 경우로 해석되고 있으므로,[125] 그러한 한도에서 처분의 내용이 문제될 수 있다. 그러나 이는 사실인정의 잘못이 결국에는 처분의 잘못으로 연결된다는 것을 의미하는 것이지, 비행사실을 떠나 요보호성의 정도를 문제 삼는 것은 아니다.

어쨌든 검찰관에게 인정되는 것은 항고수리의 신청권이지 항고권이 아니므로, 그러한 신청으로 당연히 항고심의 심리가 열리는 것은 아니다. 항고수리

경우도 포함하고 있으므로, 재판소가 이를 예상하고 검찰관을 관여시켰으나, 당해 사안에서 비행사실을 둘러싼 다툼이 발생하지 않은 데에 따른 것으로 생각된다.

124) 長岡ほか 249면.

125) 田宮＝廣瀨 380면.

의 신청을 받은 고등재판소가 항고심으로 사건을 수리하는 것이 상당하다고 인정하여 수리결정을 함으로써 비로소 항고심이 열리게 된다.

이와 같은 제도를 취한 이유는 검찰관에게 항고권을 인정하면, ① 그에 따라 절차가 장기화되기 때문에, 소년의 건전육성이라는 관점에서 바람직하지 않고, ② 심판의 협력자에 불과한 검찰관이 가정재판소의 결정에 대하여 불복을 신청할 수 있도록 하는 것은 이론적으로 모순된다는 반대론이 유력하게 제기되었기 때문이다.

운용현황을 보면, 일반적으로 형사사건에서도 검찰관의 상소는 신중히 이루어지고 있는데, 소년보호사건에서도 이 점은 마찬가지이다. 2000년 개정법 시행 이후 5년간 검찰관이 항고수리를 신청한 5건 모두에 대해 항고수리결정이 내려졌으며, 그 중 4건에서 원결정의 사실오인이 인정되었다.

Ⅳ. 보조인

1. 보조인의 선임

소년 및 보호자는 보조인을 선임할 수 있다. 보조인이 변호사일 필요는 없고, 보호자도 보조인이 될 수 있다(少 10조 2항). 변호사 이외의 자를 보조인으로 선임할 때에는 가정재판소의 허가가 필요하다(동조 1항). 실무상 보조인의 대부분은 변호사 보조인이며, 2013년 그 비율은 98.7%에 이르고 있다.

2. 국선보조인·필요적 보조인

(1) 2000년 개정

2000년 개정으로 검찰관의 심판관여가 인정됨에 따라, 검찰관관여결정이 내려진 경우로서 소년에게 변호사인 보조인이 없는 때에는 가정재판소가 변호사인 보조인을 선정해야 하도록 되었다(少 22조의3 1항). 이는 검찰관이 심판절차에 관여하는 이상, 그와의 균형상 소년 측에게도 법률가인 변호사 보조인을 붙이는 것이 적당하다는 이유에 따른 것이다.[126] 그 전까지 소년법에는 형사사

126) 甲斐ほか 154면. 다만, 검찰관과는 달리, 보조인의 활동은 비행사실의 인정단계에 한정되지 않는다.

건에서의 필요적 변호제도나 국선변호제도에 대응하는 필요적 보조인제도나 국선보조인제도가 존재하지 않았는데, 일정한 한도 내에서 그러한 제도가 도입된 것이다.

(2) 보조부조제도

한편, 검찰관관여사건 외에도 소년에게 보조인의 원조가 필요하지만, 빈곤, 그 밖의 이유로 소년 내지 보호자가 스스로 보조인을 선임할 수 없는 경우가 존재한다. 이에 실무에서는 종전부터 일정한 사건의 경우, 가정재판소의 주도 하에 법률부조제도를 통하여 사실상 공적인 보조인의 선정에 근접하게 제도를 운용하여 왔다.[127] 예를 들어, 형사처분이나 보호처분이 예상되는 중대사건이나, 소년이 비행사실을 다투고 있는 사건 등 보조인이 필요하다고 생각되는 사안에서, 가정재판소가 소년의 의향을 참작하여 법률부조협회에 부조의뢰를 하면, 법률부조협회가 부조결정을 하고, 변호사회로부터 변호사를 추천받아 소년이 그 변호사를 보조인으로 선임하는 제도였다.

또한 각 변호사회가 자주적으로 실시하고 있는 제도인 당번보조인제도도 있는데, 이는 관호조치가 취해진 소년에 대하여 소년이 희망하면 변호사를 파견하여 면회를 실시하는 것으로 형사사건의 당번변호사제도에 해당한다. 2001년 2월 후쿠오카 변호사회에서 시작하여,[128] 그 후 도쿄를 포함한 다른 변호사회에서도 실시하고 있다.

이러한 운용의 결과, 보조인 선임률은 해마다 증가하고는 있으나, 2006년 시점에서 일반사건 전체의 7.1%에 머무르고 있다. 소년사건에서는 전건송치주의가 적용되는 관계로 성인이라면 기소유예처분이 상당한 사건도 가정재판소에 송치되기 때문에, 단순한 수치비교는 어렵지만, 중대사건을 보더라도 보조인 선임률은 살인 82.2%, 강도 44.9%, 강간 60.0%, 방화가 49.5%에 지나지 않았다. 형사사건에서는 장기 3년 이상의 징역·금고에 해당하는 사건이 필요적 변호사건이어서(刑訴 289조), 제도상 격차가 매우 크다는 점은 부정할 수 없었다. 또한 위 보조부조제도에 대해서는 공적 자금이 지급되지 않아, 일본변호사연합회가 회

127) 岩佐嘉彦, "付添人の活動と国選付添人制度の導入", 課題と展望(1) 71면.

128) 그 경위 및 운용에 관한 상세한 사항은 福岡県弁護士会子どもの権利委員会編, 少年審判制度が変わる－全件付添人制度の実証的研究, 商事法務, 2006 참조.

원에게서 징수한 특별회비로 마련된 기금에서 비용을 거출하고 있어서 재정상의 문제도 있었다. 그 때문에 종래부터 검찰관이 관여하는 경우 외에도 국선보조인제도나 필요적 보조인제도를 도입해야 한다는 의견이 일본변호사연합회를 중심으로 제기되어 왔다. 2007년 개정에서는 이를 받아들여 국선보조인제도를 도입하였다(少 22조의3 2항).

(3) 2007년 개정

본 개정에서 도입된 국선보조인제도는 대상사건의 범위 및 선정방식의 양면에서, 형사사건의 피고인에 대한 국선변호제도와 구별된다.

우선, 모든 사건에 관하여 인정되는 피고인의 국선변호와 달리, 대상사건이 한정되어 있다. 이는 두 가지 측면에서 그러한데, 먼저 첫 번째는 죄종이 검찰관관여가 인정되는 사건으로 한정된다. 검찰관관여사건은 중대사건이어서, 소년의 입장에서 영향이 큰 처분결정이 내려질 가능성이 높기 때문에, 공적 보조인의 선정이 특히 필요하다는 점이 그 취지이다. 이와 더불어 대상사건의 범위를 넓게 인정하면, 국선보조인이 선정되어 비행사실의 존재를 다투는 경우 검찰관이 관여할 수 없는 경우가 생기게 되는데, 이는 사실인정의 적정화를 도모한다는 검찰관관여제도의 취지와 맞지 않게 된다는 점도 그 이유로 제시되고 있다.[129)]

두 번째로 소년감별소에 수용하는 관호조치가 취해져 있을 것이 필요하다. 이는 관호조치가 취해진 사건에서는 소년의 입장에서 영향이 큰 처분결정이 내려질 가능성이 높고, 신병이 구속됨에 따라 가족 등 주위로부터 직접 원조를 받기 어렵게 되므로, 보조인의 원조를 받아야 할 필요성이 일반적으로 높기 때문이다.[130)]

이상이 대상사건이란 측면에서 국선보조인제도가 피고인의 국선변호제도와 다른 점이다. 나아가 선정방식에 있어서도, 피고인의 국선변호인의 선정이 원칙적으로 청구에 의한 것임에 대하여(刑訴 36조) 국선보조인의 선정은 가정재판소의 직권에 의한 것이라는 차이가 있다. 이는 소년심판이 직권주의구조를 취

129) 久木元ほか 69면. 다만, 국선보조인은 촉법소년의 보호사건에서도 인정되기 때문에, 후자의 점은 타당하지 않다고 할 수 있다.

130) 久木元ほか 70면.

하고 있기 때문에, 국선보조인도 사안의 내용이나 소년의 상황 등을 고려하여 가정재판소가 필요하다고 인정할 때에 직권으로 선정하는 것이 제도의 취지에 부합된다고 보았기 때문이다.[131)]

(4) 2014년 개정

그 후 2008년 소년법 개정을 통해 피해자 등의 심판방청을 인정하는 경우, 재판소는 미리 변호사인 보조인의 의견을 들어야 하고, 소년에게 변호사인 보조인이 없는 경우에는 이를 선정한다는 규정이 신설되었다(少 22조의5). 이에 따라 필요적 보조인·국선보조인제도를 확충하게 되었는데, 이는 피해자 등에 의한 심판방청이 이루어지는 특수한 경우로 한정된다.

한편, 2007년 개정의 출발점은 검찰관이 관여하지 않은 사건이더라도 보조인이 필요한 경우가 있다는 것이었는데, 그 대상사건을 검찰관이 관여할 수 있는 범위로 한정함으로써 본래의 출발점과의 간극이 발생하였다. 실제로도 2011년 일반보호사건에서 변호사 보조인이 선임된 소년 8,055명 중 국선보조인의 선정은 376명에 그친 반면, 보조원조[132)] 이용건수는 8,742건에 달하고 있다.[133)] 이러한 배경 하에 필요성이 인정된다면, 검찰관관여사건 이외의 사건에도 범위를 확대해야 한다는 주장이 제기되었다.[134)] 이에 따라 2014년 개정에서는 국선보조인의 대상사건의 범위를 확대하게 되었다.

개정논의의 과정에서 어느 범위까지 대상사건을 확대할 것인지가 문제되었다. 대상사건의 범위를 관호조치결정이 취해진 경우 이상으로 대상사건을 한정해서는 안 된다는 의견도 있었으나,[135)] 개정법은 국가의 예산을 투입하는 이상 국민이 납득할 수 있는 제도일 필요가 있다는 관점에서, 보조인의 필요성이 유형적으로 높은 경우로 대상을 한정하기로 하고, 그 범위를 '사형, 무기 또는

---

131) 久木元ほか 70면.

132) 종래, 법률부조협회를 통하여 이루어지던 보조부조는 종합법률지원법이 제정됨에 따라 2007년 10월부터는 일본변호사협회가 법테라스에 위탁하여(소년보호사건 보조원조사업) 실시되고 있다. 비용이 일본변호사협회의 기금에서 거출된다는 점에는 차이가 없다.

133) "少年保護事件弁護士付添人選任数 · 援助付添利用件数の推移", 法制審議会少年法部会第1回会議委員等提出資料. 다만, 보조부조건수는 도로교통사건도 포함하고 있기 때문에, 변호사 보조인의 총선임수와 모수인 사건이 반드시 일치하는 것은 아니다.

134) 日本弁護士連合会, "全面的国選付添人制度に関する当面の立法提言", 2009年 12月.

135) 武内, 講造 254면.

장기 3년을 초과하는 징역이나 금고에 해당하는 죄'로 하였다. 그러한 이유로는 2가지 점이 제시되었다.[136]

먼저, 첫 번째는 위의 죄와 관련된 사건은 사회적으로 중대한 사건을 포함하고 있기 때문이라는 것이다. 즉, 다수인이 관여하고 관계자의 진술이 상이한 상해, 사기, 공갈사안이나, 소년이 폭력단조직에 소속된 관계로 그것이 비행의 원인이 되고 있는 등의 사정이 있어, 소년의 개선갱생을 위하여 법률전문가인 변호사의 원조를 요하는 사안 등 소년심판절차에서의 사실인정이나 환경조정에 변호사인 보조인의 관여가 필요하다고 생각되는 사건이 존재한다는 것이다.

두 번째는 국선보조인제도의 대상사건의 범위를 피의자의 국선변호제도의 대상사건의 범위와 일치시킬 필요가 있다는 점이다. 즉, 피의자단계의 국선변호제도는 소년에게도 동일하게 적용되는데, 수사단계에서 소년에게 국선변호인이 선정된 경우, 소년이 가정재판소에 송치되면 변호인선정의 효력이 상실된다(少42조 2항). 그 때문에 당해 사건이 국선보조인제도의 대상이 아닌 경우에는, 소년이 재차 그 자를 보조인으로 선임하지 않는 한, 국선변호인으로 활동해 온 변호사는 보조인으로 활동할 수 없게 된다. 그리고 소년이나 보호자가 자력이 없었기 때문에 국선변호인이 선정되었다는 점에서 본다면, 소년 스스로 보조인을 선임할 수가 없을 것이므로, 결과적으로 위와 같은 사태가 발생할 가능성이 높다고 할 수 있다. 그러나 성인사건과 달리, 소년사건에서는 전건송치주의를 취하고 있기 때문에, 피의자단계에서 소년의 변호인이 된 변호사는 수사단계만 생각하고 변호활동을 하는 것이 아니라, 그 후의 가정재판소에서의 조사, 심판을 염두에 둔 변호활동을 한다. 그럼에도 불구하고, 국선변호인으로 선정된 변호사의 활동이 가정재판소에 사건이 송치됨으로써 중단된다면, 이는 소년이 계속적인 원조를 받을 수 없게 되는 결과를 초래하여 타당하지 않다. 그러한 이유로 국선보조인제도와 피의자단계의 국선변호제도의 대상사건을 일치시킴으로써 동일한 변호사가 수사절차와 가정재판소에서의 보호절차에서 소년을 계속적으로 원조할 수 있는 체제를 정비하고자 한 것이다.

위 첫 번째 이유로 제시된, 소년심판절차에서의 사실인정이나 환경조정에 변호사인 보조인의 관여가 필요하다고 생각되는 사건은 반드시 '사형, 무기 또

---

136) 中村＝檞 56면.

는 장기 3년을 초과하는 징역이나 금고에 해당하는 죄'와 관계되는 사건에 한정된다고 할 수는 없다. 따라서 두 번째의 점이 본 개정에서 그러한 범위로 대상사건을 한정한 주된 이유라고 할 수 있다.

본 개정에 따라 새롭게 절도, 공갈, 사기, 상해, 자동차운전과실치사상 등이 국선보조인제도의 대상사건으로 포함됨으로써, 그 대상이 되는 소년의 수도 대폭 증가하였다. 다만, 국선보조인이 재판소의 재량에 따라 선정되고, 선정요건에 변경이 없다는 점에서, 실제 어느 정도로 국선보조인의 선정이 증가할 것인지는 재판소의 운용 여하에 달려있다.

(5) 피해자의 심판방청시의 필요적 보조인제도

2008년 개정에 따라, 일정한 사건의 경우 피해자 등의 심판방청이 인정되었다(少 22조의6). 방청은 가정재판소의 허가를 요하는데, 가정재판소가 이를 판단하기 위해서는 미리 변호사인 보조인의 의견을 들어야 한다(少 22조의5 1항). 소년에게 변호사인 보조인이 없는 경우에는 소년 및 보호자가 보조인이 필요없다는 의사를 명시적으로 밝힌 경우를 제외하고, 가정재판소가 보조인을 선정하여야 한다(동 2항·3항). 이 경우의 선정은 의견을 청취하는 단계에 머무르는 것이 아니라, 방청이 이루어지는 경우에는 원칙적으로 그 심리에도 변호사인 보조인이 참여한다.[137]

3. 보조인의 권한

보조인에게는 심판출석권(少審規 28조 4항) 외에 기록 및 증거물의 열람권(少審規 7조 2항), 소년감별소에 수용 중인 소년과의 입회인 없는 면회권(少鑑 81조 1항), 증거조사절차 참여권 및 증인, 감정인에 대한 신문권(少 14조 2항·15조 2항), 심판에서의 의견진술권(少審規 30조), 증거조사신청권(少審規 29조의3), 보호처분결정에 대한 항고권(少 32조) 등 폭넓은 권리가 인정된다. 그 중 기록의 열람권의 대상에는 법률기록뿐만 아니라, 사회기록도 포함되는데,[138] 형사사건

137) 久木元ほか 103면.

138) 東京高決 昭和58·7·11 家月 36권 3호 177면, 大阪高決 平成元·12·26 家月 42권 10호 74면.

의 변호인과는 달리 기록의 등사권은 인정되지 않는다. 실무에서는 법률기록에 대해서는 일반적으로 등사를 허가하고, 사회기록의 등사는 서류의 내용과 비밀성의 정도, 등사의 필요성의 정도, 보조인이 변호사인지 여부 등을 고려하여 개별적으로 판단하고 있다.[139]

이러한 보조인의 권리가 침해되면 그것은 위법에 해당하나, 항고이유는 '결정에 영향을 미친 법령위반'(少 32조)이기 때문에, 그것이 곧바로 원결정을 파기하는 효과를 가져오지는 않는다. 그 때문에 사안별로 권리침해가 결정에 영향을 미치는 것인지 여부를 고려할 필요가 있다. 다만, 권리의 성질에 따라서는 그러한 침해가 통상 결정에 영향을 미치기 때문에, 원칙적으로 항고이유가 되는 경우도 있다. 예를 들어, 심판출석권을 침해당한 경우가 이에 해당할 것이다.[140]

4. 보조인의 지위·역할

소년심판에서 보조인의 지위·역할에 대하여는 종래 소년심판이 사법적 기능과 복지적 기능을 함께 가지고 있어, 보조인은 소년의 권리를 옹호하는 변호인적 성격과 가정재판소의 협력자적 성격을 함께 가진다고 이해되어 왔다.[141] 전자의 경우, 심판에서 적정한 절차 하에 비행사실과 요보호성의 기초가 되는 사실이 인정되어 처우결정이 이루어지는지를 감시함과 동시에 관호조치에 따른 신병구속의 적정성을 검증하기 위한 것으로, 형사사건의 변호인의 역할이라고 할 수 있다. 이에 대하여, 후자는 가정재판소가 소년의 개선교육을 위해 가장 적절하고 유효한 조치를 취하는 데에 협력하는 역할을 말하며, 이러한 역할로 인하여 보조인은 형사사건의 변호인과 상이한 성격을 갖는다. 그리고 그 중 후자의 역할이 원칙이라는 입장에서는 보조인이 소년의 개선교육에 있어서의 효과를 고려하지 않고, 오로지 경한 처분을 요구하는 것은 그러한 역할에 반할 뿐만 아니라,[142] 소년의 개선교육을 위해 소년원 송치가 상당하다고 생각되는 경

139) 실제로는 사회기록의 등사에 대해서는 소극적인 경우가 많다고 한다(田宮=廣瀬 55면).

140) 角田正紀, "審判期日(関係人の出席)をめぐる諸問題", 判タ家裁実務 348면.

141) 総研 47면, 団藤=森田 103면.

142) 司法研修所編, 三訂少年法概説, 法曹会, 1969, 42면.

우에는 비록 그것이 소년의 의사에 반하는 경우에도 보조인은 그러한 취지의 의견을 가정재판소에 진술할 수 있다고 한다.[143)]

그러나 이러한 사고에 따를 경우 보조인이 모순된 입장에 처할 수 있고, 또한 소년의 의사에 반하는 활동을 하면 소년과의 신뢰관계를 구축할 수 없을 것이다.[144)] 이에 보조인 역시 변호인적 역할을 우선해야 한다는 견해[145)]도 있다. 더욱이 최근에는 보조인의 역할에 대해, 소년이 고유의 성장발달권에 기초하여 적정절차에 따른 최선의 개별처우를 요구하고, 이를 위하여 실시되는 심판에서 권리를 행사하는 '소년의 파트너'로 기능해야 한다는 견해가 주장되고 있다.[146)] 동 견해는 보조인을 담당하는 변호사들로부터 많은 지지를 얻고 있다. '소년의 파트너'란, 보조인이 재판소뿐만 아니라, 보호자와의 관계에서도 소년의 입장에 서서 소년의 주체성을 존중하며 원조하는 자임을 의미하는데, 종전의 논의의 틀에 맞추어 보면 기본적으로 보조인은 변호인적 역할을 담당하는 것이 된다.

보조인의 역할은 어디까지나 소년의 이익을 도모하는 데에 있으며, 보조인의 활동 역시 소년을 위한 것이지, 가정재판소를 위한 것이 아니다. 이 점에서는 형사변호인의 역할과 차이가 없을 것이다. 문제는 여기서 말하는 소년의 이익이 무엇인가에 있다. 보호처분의 제재적 측면에만 착안한다면, 보조인의 활동은 그 내용에 있어서도 형사변호인과 아무런 차이가 없을 것이다. 그러나 보호처분에는 소년의 이익을 위한 처분이라는 측면도 있고, 그러한 점에서 보조인의 활동은 형사변호인과는 다르다고 할 수 있다. 즉, 보조인은 가정재판소의 조사, 심판과 병행하여, 요보호성 판단을 위한 자료를 수집하여 가정재판소에 제공할 뿐만 아니라, 소년의 개선교육을 위하여 소년에게 적극적으로 관여하는 등의 케이스워크적인 활동을 하기도 하며, 보조인이 최선이라고 생각하는 가정재판소의 일정한 조치를 받아들이도록 소년을 설득할 필요가 있는 경우도 생길 수 있다. 가정재판소의 협력자적 입장이란, 보조인의 활동의 이러한 측면을 고려한

143) 阿部純二, "少年事件と弁護人", 家月 29권 8호, 1977, 20면, 西岡清一郎, "少年警察に望むこと", 警論 45권 2호, 1992, 35면.

144) 城戸浩正, "少年事件と弁護士の役割", 宮川光治ほか編, 変革の中の弁護士(上), 有斐閣, 1992, 316면.

145) 高井吉夫, "附添人制度と適正手続について", 判タ 287호, 1973, 58면.

146) 多田元, "少年審判における附添人の役割", 加藤幸雄ほか編著, 司法福祉の焦点, ミネルヴァ書房, 1994, 84면 이하.

것으로 볼 수 있을 것이다.[147] 따라서 때로는 모순되기도 하는 이러한 두 가지 측면의 균형을 어떻게 잡을지가 중요한 문제가 되는데,[148] 후자의 관점에서의 보조인의 설득에 소년이 응하지 않은 경우 보조인은 소년의 의사에 따라 활동할 수밖에 없을 것이다. 그와 같이 한계상황에 초점을 맞춘다면 보조인의 변호인적 역할이 우선하게 된다.[149]

다만, 이에 대하여는 그처럼 단정하기 어려운 경우가 있다는 지적도 있다. 예를 들어, 소년이 부모로부터 학대를 받고 있다는 사실을 보조인이 파악하였으나, 재판소가 이를 파악하지 못하고 있고, 또한 소년이나 부모도 이를 숨기려는 의도가 있는 경우, 보조인이 그 사실을 재판소에 알릴 의무가 있는지가 문제된다.[150] 분명히, 이 경우 보조인은 가정재판소에 그러한 사실을 알려야 한다고 생각되는데, 이는 소년의 '객관적 이익'을 도모하는 것이 '주관적 이익'보다 우선하기 때문이라기보다는, 이러한 사안에서는 처음부터 소년의 의사표시가 유효한 것으로 볼 수 없어 '주관적 이익'을 상정할 수 없기 때문이다.

V. 보호자

그 밖의 관여자로는 보호자(少 2조 2항)가 중요한 지위를 차지하고 있다. 소년의 비행에는 가정문제가 얽힌 경우가 대부분이기 때문에, 소년의 개선교육을 위하여 최선의 처분을 하기 위해서는 보호자로부터 요보호성판단을 위한 자료를 확보하는 것이 필요하다. 또한 향후 소년의 개선교육을 위해서는 통상 보호자가 소년이 놓여진 상황을 인식하고 이에 협력하는 것이 필수적인데, 이를 위해서는 보호자에게 일정한 조치를 취할 필요가 있는 경우도 있다. 이에 소년법에서는 보호자를 심판의 출석자 중 하나로 보아, 심판에 소환하고, 소환에 응하지 않을 때에는 강제력을 행사하여 그를 동행할 수 있도록 하고 있다(少 11조).

---

147) 角田, 앞의 각주140) 347면, 城戸, 앞의 각주144) 323면.

148) 이러한 관점에서 절차의 각 단계에서 보조인의 바람직한 활동에 관하여 상세히 검토한 최근의 논고로는 三浦透, "付添人の役割について", 家月 59권 4호, 2007, 1면 이하가 있다.

149) 城戸, 앞의 각주144) 317면, 佐伯仁志, "少年保護手続における適正手続保障と弁護人の援助を受ける権利", 曹時 48권 12호, 1996, 25면.

150) 三浦, 앞의 각주148) 41면.

그와 동시에 보호자는 소년의 권리·이익의 옹호자로서의 입장을 갖고 있다. 따라서 보호자에게는 보조인선임권(少 10조 1항), 스스로 보조인이 될 권리(동 2항), 심판에서의 의견진술권(少審規 30조), 항고권(少 32조) 등의 권리가 부여되어 있다. 심판출석도 보호자의 의무인 동시에 권리이기도 하다.

2000년 개정에 따라, 가정재판소가 필요하다고 인정한 때에 보호자에게 소년의 감호에 관한 책임을 자각시키고, 그러한 비행을 방지하기 위하여 조사 또는 심판에서 훈계, 지도 그 밖의 적당한 조치를 취할 수 있다는 규정이 신설되었다(少 25조의 2). 이는 보호자에게 교육태도나 자녀와의 관계 등의 문제점을 지적하고, 이를 개선하도록 조언하거나 지도하는 등 가정재판소가 그때까지 해왔던 조치들을 가정재판소의 권한으로 명문화한 것이다.[151]

다만, 본조에 근거한 조치에는 강제력이 없고, 가령 보호자가 이에 따르지 않았다 하여 어떠한 법적 효과가 발생하는 것은 아니다. 외국에서는 비행을 저지른 소년의 부모에게 예를 들어, 자녀양육에 관한 상담프로그램을 수강할 의무를 부과하는 등 일정한 처분을 실시하는 제도를 마련하고 있는 곳도 있어,[152] 이를 일본에도 도입해야 한다는 의견도 있었으나, 개정법은 그 정도까지 가지는 않았다. 이러한 의미에서 동 개정에 따라 실질이 변한 것은 아니다. 다만, 명문규정을 둠으로써, 가정재판소가 보다 적극적으로 조치를 실시할 수 있는 상황이 조성되었다는 평가도 있고, 실제로도 실무상 명문규정의 취지를 고려하여 보다 적극적인 개입이 이루어지고 있다.[153]

Ⅵ. 피해자

1. 2000년 개정 전의 상황

(1) 피해자의 지위

2000년 개정 전의 소년법에서는 피해자(이하에서는 피해자의 친족 등을 포함

151) 甲斐ほか 158면.

152) 영국의 제도에 관해서는 吉田孝夫＝安藤成行, "英国における養育命令の制度について", 家月 57권 1호, 2005, 77면 이하 참조.

153) 最高裁判所事務総局, 家庭裁判所60年の概観, 2010, 192면, 高木健二ほか, "個別的面接過程における保護者に対する工夫や試みについて", 家月 55권 10호, 2003, 99면 이하.

하여 '피해자'라는 용어를 사용한다)라고 해서 특별한 법적 지위를 인정하지 않았다. 소년법의 목적은 소년의 건전육성을 도모하는 것에 있으므로, 거기에 피해자의 이익의 보호라는 관점을 직접적으로 포함시킨다는 발상은 형사절차 이상으로 받아들이기 어려운 측면이 있었다.[154] 다만, 종래에 피해자의 존재가 일본의 소년보호절차에서 해석 내지 운용상 전혀 고려되지 않았던 것은 아니다.

(2) 피해자에 대한 정보제공

(a) 기록의 열람·등사

피해자에 대한 배려가 문제되는 것 중 하나가 피해자에 대한 정보제공이다. 소년보호사건에서 피해자가 정보를 획득하는 수단으로는 먼저, 사건기록의 열람·등사가 있을 것이다. 그러나 재판확정 후에는 누구든지 소송기록의 열람이 가능한 형사사건(刑訴 53조)과 달리, 소년보호사건의 기록은 심판이 비공개되므로 원칙상 열람은 인정되지 않으며, 가정재판소가 허가한 경우에 예외적으로 열람·등사가 가능하다(少審規 7조 1항). 가정재판소의 허가 여부는 소년보호사건에서의 비밀성의 요청과 열람·등사의 필요성을 비교형량하여 결정되는데,[155] 당시 실무에서는 예를 들어 가해자인 소년이나 그 보호자에 대하여 손해배상청구권을 행사하기 위하여 필요하다는 이유로 피해자가 열람·등사를 신청한 경우, 법률기록 중 소년의 프라이버시에 관한 것을 제외한 부분에 대해서는 열람·등사를 인정하고 있었다.[156] 그러한 의미에서는 기존 법제도의 틀 내에서도 피해자가 사건에 관한 정보를 얻을 수 있는 방법은 있었다고 할 수 있다. 그러나 이는 피해자가 당해 사건을 계기로 하여 민사상의 권리를 갖는 데에 따른 것이지, 사건에 관한 정보를 얻고자 하는 피해자의 이익 그 자체를 배려한 것은 아니었다.

(b) 수사기관에 의한 정보제공

이에 따라 피해자에 대한 정보제공 자체를 목적으로 1990년대 후반부터 실

154) 소년법 본래의 성질로 인하여, 소년법과 범죄피해자의 법적 지위의 확립 또는 권리보장과의 사이에는 본질적으로 대립하는 점이 존재한다는 지적도 제기되고 있다(守山＝後藤 85면 [後藤弘子]).

155) 最高裁判所事務総局家庭局, "少年保護事件の記録の開示について", 家月 34권 5호, 1982, 195면.

156) 川口宰護, "少年法制における対策", 宮澤浩一＝国松孝次監修, 講座被害者支援(2)－犯罪被害者対策の現状, 東京法令出版, 2000, 363면.

시된 것이 수사기관에 의한 정보의 통지제도이다. 경찰은 1996년부터 '피해자연락제도'를,[157] 검찰청은 1999년부터 통일적으로 '피해자등통지제도'[158]를 실시하고 있다. 이들 제도는 형사사건 일반을 대상으로 하는 것으로 피의자가 소년인 경우도 포함하고 있다. 다만, 피해자에게 피의소년의 성명 등을 통지함으로써, 건전육성을 저해할 우려가 있다고 인정되는 때에는, 대신 보호자의 성명 등을 통지하도록 하고 있는데,[159] 이는 어디까지나 사건별로 판단한다. 종래 소년보호사건에서 비밀성의 유지를 근거로 직접적인 정보제공을 일률적으로 거부해 온 것과 비교할 때, 사건에 관한 정보취득이라는 소년법 본래의 목적과는 다른 피해자의 이익이라도, 소년의 건전육성에 구체적인 폐해를 가져오지 않는 한, 마찬가지로 보호되어야 한다는 것을 정면으로 인정했다는 점에서 소년보호절차에서의 피해자의 지위에 관한 발상의 전환이 시도되었다는 의미를 갖는다고 할 수 있다.

(3) 처분의 결정과 피해자

종래 소년보호절차에서 피해자가 등장하는 또 하나의 장면은 소년에 대한 처분을 결정하는 국면으로, 특히 그것이 단적으로 드러나는 것이 역송결정의 경우이다. 실무상 역송요건인 형사처분상당성에는 이른바 보호불능(保護不能)뿐만 아니라, 보호가 적당하지 않은 경우(保護不適)도 포함된다고 해석되고 있다(본서 219면 이하 참조). 그리고 보호부적이란 사안의 성질, 사회감정, 피해감정 등으로 보아 보호처분으로 대처하는 것이 상당하지 않은 경우로 이해되고 있으므로, 그

---

157) 살인, 상해, 강간 등 신체범 및 뺑소니, 교통사망사고 등의 중대교통사건의 피해자 및 그 유족을 대상으로 ① 피의자의 검거상황, ② 피의자의 성명, 연령 등, ③ 피의자의 처분상황(송치 검찰청, 기소·불기소 등의 처분결과, 기소된 재판소)이 통지된다("被害者連絡實施要領" [平成18年12月7日改正]).

158) 피해자, 그 친족 또는 이에 준하는 자 또는 변호사인 그 대리인에 대하여 ① 사건의 처리결과, ② 재판이 이루어지는 재판소 및 공판일시, ③ 형사재판의 결과, ④ 공소사실의 요지, 불기소재정의 주문, 불기소재정의 이유의 골자, 구속 및 보석 등 신병상황, 공판경과 등, ⑤ 유죄재판확정 후의 가해자에 관한 사항이 통지된다. 소년사건의 경우 ①의 내용으로 가정재판소에 송치한 사실이 통지되는데, ③에 대해서는 가정재판소에서 처분결과를 통지하기 때문에, 본 제도에서는 통지의 대상에서 제외된다("被害者等通知制度實施要領" [平成19年12月1日改正]).

159) 八澤健三郎, "被害者通知制度及び被害者支援員制度", 宮澤＝國松監修, 앞의 각주156) 223면, 警察庁犯罪被害者対策室監修·被害者対策研究会編著, 新版 警察の犯罪被害者対策[改訂版], 立花書房, 2004, 55면.

정도야 어쨌든 이러한 국면에서 소년에 대한 처분결정시에 피해자의 입장이 고려된다는 점에 대해서는 의심의 여지가 없다.

더욱이 이와는 별개로 실무에서는 가정재판소 조사관에 의한 사회조사의 일환으로 피해자에 대한 조사(피해자조사)가 이루어지는 경우가 있었다.[160] 이러한 조사는 가정재판소가 피해자로부터 얻은 정보에 기초하여 비행의 내용이나 소년의 요보호성에 관한 이해를 심화하고, 소년이나 보호자에게 피해자가 비행에 따라 입은 재산적, 육체적 손해나 정신적 충격 등의 상황을 충분히 인식시켜 반성할 수 있도록 하기 위하여 실시하고 있다.[161] 그 때문에 이는 어디까지나 소년의 개선교육에 있어서 최적의 처분결정을 위한 정보수집을 목적으로 하는 것이고, 처분결정에 있어서 피해자의 의견을 반영함을 직접적인 목적으로 하는 것이 아니다. 그러나 간접적으로나마 사실상 처분결정에 영향을 줄 수도 있으며, 보호절차 내에서 피해자에게 현재의 상황이나 피해감정을 진술할 기회를 부여한다는 의미에서 피해자의 절차참가적 기능도 가지고 있다고 할 수 있다.[162]

2. 2000년 개정

(1) 개정과 피해자보호와의 관계

이상과 같이 종전에도 소년법을 운용하면서 피해자의 입장을 고려하였지만, 그렇다고 하여 그러한 지위가 법률 내에 정식으로 부여된 것은 아니었다. 그러한 가운데, 1990년대 후반부터 범죄피해자에 대한 사회적 관심이 급속히 높아지기 시작하였다. 소년사건도 예외가 아니어서, 2000년 개정에서는 피해자에 대한 배려를 충실히 하기 위한 내용을 포함하게 되었다.

2000년 개정은 ① 소년사건의 처분을 재검토하고, ② 소년심판의 사실인정 절차를 더욱 적정화하며, ③ 피해자에 대한 배려를 충실히 하는 3가지 내용을 담고 있다. 피해자의 존재는 피해자의 이익보호를 직접적인 목적으로 하는 ③의 부분은 물론, 이른바 엄벌화를 내용으로 하는 ①의 부분, 나아가 ②의 부분에

---

160) 川口, 앞의 각주156) 367면, "<座談会>少年事件における被害者調査について", 家月 52권 12호, 2000, 1면 이하.

161) 川口宰護, "少年事件における犯罪被害者への配慮の充実", ひろば 54권 4호, 2001, 32면, 工藤眞仁, "家庭裁判所調査官による被害者調査", 課題と展望(1) 200면.

162) 川口, 앞의 각주156) 367면.

대해서도 개정을 촉진하는 역할을 하였다. 소년심판이 비공개임을 근거로 피해자에 대한 정보제공이 초래하는 구체적인 폐해에 대하여 엄밀히 검토하지 않고 이를 일률적으로 거부해 왔던 것이 피해자의 심판절차에 대한 불신을 낳아, 결국 검찰관을 심판에 관여시켜야 한다고 요구하기에 이르렀기 때문이다.[163] 이러한 의미에서 2000년 개정의 3가지 축은 모두 피해자와의 관련성을 갖는데, 이하에서는 직접적으로 피해자의 이익보호를 목적으로 한 ③의 부분에 대하여 설명하고자 한다.

(2) 피해자에 대한 배려의 충실

소년보호절차에서 피해자를 배려하기 위하여 개정법이 도입한 제도는 3가지이다. 첫째, 피해자에 대한 심판결과 등의 통지, 둘째, 피해자의 보호사건기록 열람·등사, 셋째, 피해자의 의견청취가 그것이다.

(a) 심판결과 등의 통지

종래에는 피해자가 가정재판소에 사건을 문의한 경우에도 심판이 비공개라는 취지를 감안하여, 피해자에 대한 정보제공을 신중히 처리하였다. 그러나 피해자의 입장에서 보면, 자기 내지 가족에게 피해를 입힌 소년이 누구인지, 그리고 사건이 가정재판소에서 어떻게 처리되고 있는지 알 수조차 없다는 사실은, 그것이 소년의 건전육성을 기하기 위함이라 하더라도 납득하기 어려운 것이다.[164] 그 때문에 오로지 사건의 진상을 알고 싶다는 생각에, 피해자가 소년이나 보호자를 상대로 민사상 손해배상소송을 제기하는 사태도 발생하였다. 전술한 바와 같이, 소년심판규칙은 가정재판소의 허가를 얻어, 사건의 기록이나 증거물을 열람·등사할 수 있다고 규정하고 있기 때문에, 피해자가 소년 측을 상대로 민사소송을 제기하기 위하여 기록의 열람·등사를 요구한 경우나, 당해 민사사건이 계속 중인 민사재판소가 기록의 개시를 청구한 경우에는, 가정재판소가 소년보호사건의 비밀성의 요청과 개시의 필요성을 비교형량하여 이를 인정할지 여부를 결정하였다. 그 경우, 법률기록에 대해서는 통상 열람·등사가 인

---

163) 守屋克彦, "少年法と被害者", 東京経済大学現代法学 1호, 2000, 55면. 실제로 검찰관관여의 취지 중 하나로, 사실인정절차를 적정화함으로써, 피해자를 비롯한 국민의 소년심판에 대한 신뢰를 확보할 수 있다는 점을 들고 있다(甲斐ほか 123면).

164) 사건을 정확히 아는 것이 피해자(유족)의 입장에서는 심리적 회복의 첫걸음을 내딛기 위한 중요한 과정이란 지적이 있다(小西聖子, "少年事件の被害者遺族", 展開 352면).

정되었기 때문에, 이를 통해 피해자는 사건의 내용을 알 수 있었던 것이다. 그러나 피해자가 그러한 수단을 취할 수밖에 없다는 사실은 아무래도 부자연스러웠고, 피해자의 지위에 대한 관심이 높아짐에 따라 이러한 사태를 더 이상 방치할 수는 없는 상황이었다.

이에 개정법에서는 범죄소년 및 촉법소년에 관한 보호사건에서 종국결정을 한 경우에, 당해 사건의 피해자 등[165]이 신청한 때에는 가정재판소가 ① 소년 및 그 법정대리인의 성명 및 주거, ② 당해 결정의 연월일, 주문 및 이유의 요지[166]를 통지하는 규정을 두었다(少 31조의2 1항). 다만, 통지함으로써 소년의 건전한 육성을 저해할 우려가 있어 상당하지 않다고 인정될 때에는[167] 예외적으로 이를 통지하지 않을 수 있다고 규정하고 있어, 피해자의 이익도 어디까지나 소년의 건전육성이라는 소년법의 목적 내에서 고려되어야 한다는 입장을 취하고 있다.

또한 본 제도는 사건에 관한 정보의 취득이라는 피해자의 이익을 배려하여, 심판의 비공개에 대한 예외를 인정한 것이므로, 통지를 받은 피해자 등에게는 정당한 이유 없이 지득한 소년의 성명이나 소년의 신상에 관한 사항을 누설하여서는 안 된다는 비밀엄수의무가 부과되어 있다(동 3항 · 5조의2 3항).

(b) 기록의 열람 · 등사

종래에는 피해자에 의한 보호사건기록의 열람·등사는 소년심판규칙 7조 1항에 규정된 일반적인 열람 · 등사제도의 틀 내에서 이루어져 왔다. 이에 대하여 개정법은 열람 · 등사의 주체로서 피해자를 특별히 인정하는 새로운 조문을 신설하였다(少 5조의2).

피해자에 의한 기록의 열람 · 등사요건은 먼저, 심판개시결정이 있은 후, 피해자 등 또는 피해자 등으로부터 위탁을 받은 변호사의 신청이 있어야 한다. 또

165) 피해자 또는 법정대리인, 피해자가 사망한 경우나 심신에 중대한 장애가 있는 경우에는 그 배우자, 직계친족 또는 형제자매를 말한다(少 5조의2 1항 괄호). 여기서 말하는 '피해자'란 소년의 범죄 또는 촉법행위로 직접 피해를 입은 자를 의미한다(甲斐ほか 181면).

166) 이유의 요지란, 가정재판소가 인정한 비행사실의 요지 및 처우선택 이유의 요지를 말한다(甲斐ほか 183면).

167) 예를 들어, 피해자가 소년에게 보복할 우려가 있는 경우 일정사항을 통지하지 않는다거나, 소년의 가정환경 등 고도의 프라이버시와 관련된 사항을 통지하지 않는 경우를 들 수 있다(甲斐ほか 185면).

한 실질적 요건으로 '손해배상청구권의 행사를 위해 필요하다고 인정되는 경우, 그 밖에 정당한 이유가 있을' 것에 더하여, 소년의 건전한 육성에 대한 영향, 사건의 성질, 조사 또는 심판의 상황 등을 고려하여 열람·등사가 상당하다고 인정될 것이 필요하다. 여기서 말하는 '정당한 이유'란, 조문상 명기된 '손해배상청구권의 행사를 위해 필요'한 경우에 준하는 것이어야 하며, 의견진술을 하기 위한 전제자료로 사용하는 경우는 이에 해당할 수 있지만, 단순히 사건의 내용을 알고 싶다는 경우는 이에 해당하지 않는다고 여겨져 왔다.[168)]

또한 열람·등사의 대상이 되는 기록은 당해 보호사건의 비행사실[169)]과 관련된 것으로 한정된다. 이는 보호사건의 기록, 특히 사회기록에는 소년의 성장환경 등 소년이나 관계자의 프라이버시와 깊게 관계되는 정보가 포함되어 있어, 이를 피해자에게 보여주는 것은 타당하지 않다는 점, 또한 본 제도의 주된 목적인 손해배상청구권의 행사를 위한 열람·등사의 경우, 비행사실과 관련된 기록을 대상으로 하면 충분하다는 것이 그 이유이다.[170)]

(c) 피해자로부터의 의견청취

자신의 행위가 피해자에게 끼친 손해 등을 소년에게 인식시키는 것은 소년의 개선갱생을 도모하는 데에 있어서 중요한 의미를 갖는다. 전술한 바와 같이, 종래에도 그러한 관점에서, 가정재판소 조사관이 피해자의 상황을 조사하는 경우가 적게나마 있었다. 다만, 이는 어디까지나 소년의 개선갱생을 도모하는 하나의 수단으로서, 가정재판소가 필요하다고 인정한 경우에 실시할 뿐이었다.

이에 대하여, 형사절차에서는 2000년 형사소송법의 개정에 따라 피해자에게 공판에서의 의견진술 기회가 부여되었다(刑訴 292조의2). 그러나 피해자가 범죄로 입은 피해에 관한 심정 등을 그 사건을 처리하는 절차의 장에서 표명하고 싶다는 생각을 가지는 것은, 그것이 성인사건이든 소년사건이든 다를 바 없다. 이에 개정법은 소년사건의 피해자에 대해서도 의견을 진술할 기회를 인정하였다(少 9조의2).

168) 甲斐ほか 50면.

169) 여기서 말하는 비행사실에는 구성요건해당사실뿐만 아니라, 범행의 동기, 태양 및 결과, 그 밖의 당해 범죄와 밀접하게 관련된 중요한 사실도 포함된다(甲斐ほか 48면).

170) 甲斐ほか 47면. 기록의 열람·등사의 허가를 받은 피해자 등에게는 통지를 받은 경우와 마찬가지로 비밀엄수의무가 부과된다(少 5조의2 3항).

즉, 피해자 등이 피해에 관한 심정, 그 밖의 사건에 관한 의견진술을 신청한 때에는 재판소가 스스로 이를 청취하거나 조사관에게 명하여 이를 청취하게 할 수 있다. 다만, 예외적으로 사건의 성질, 조사 또는 심판의 상황 등을 고려하여 상당하지 않다고 인정될 때[171]에는 의견을 청취하지 않는다. 의견청취를 한 경우 가정재판소는 그 결과를 처분결정을 위한 자료로 사용할 수 있다.[172]

동 제도가 형사절차에서의 피해자의 의견진술을 참고하였음은 분명하나, 소년법이 소년의 건전육성을 기본이념으로 한다는 점에서 형사절차와 몇 가지 차이가 있다. 가장 큰 차이는 피해자의 의견청취가 반드시 소년을 앞에 두고 이루어지는 것은 아니라는 점이다. 이는 피해자가 신청한 경우 예외 없이 심판정에서 의견을 청취한다면, 피해자가 격심한 분노를 표출하는 경우와 같이 심판 내지 당해 사건의 보호절차 전체의 교육적 기능을 저해할 위험이 있다는 점을 고려하였기 때문이다.[173] 이러한 경우 심판 이외의 장에서 피해자로부터 의견을 청취한 다음, 필요에 따라 그 내용을 소년에게 전달하는 형태를 취하게 된다.

이러한 의견청취제도는 소년에게 피해자 등의 심정이나 의견을 인식시킴으로써, 소년의 반성을 깊게 하고 그로 인해 개선갱생에 기여할 것을 상정한 것이나,[174] 일차적으로는 소년의 건전육성을 방해할 우려가 없는 큰 틀 내에서, 피해자의 이익 그 자체를 보호함을 목적으로 한 것이다. 따라서 그것이 소년의 건전육성에 적극적으로 기여할 필요는 없으며, 그 점에서 종전의 피해자조사와 구별된다고 할 것이다.

---

171) 예를 들어, 피해자가 다수인 사건에서 다수의 자가 의견진술을 희망하는 경우나 폭주족 간의 집단다툼 등이 이에 해당한다(甲斐ほか 61면).

172) 의견진술의 경우, 그 내용이 사건에 관한 사실과 관련되는 경우도 있을 수 있다. 이 경우 그러한 진술을 비행사실의 인정에 사용할 수 있을지에 대해서는, 형사절차상 의견진술의 경우(刑訴 292조의2 9항)와 달리, 명문의 규정이 없다. 이는 소년심판의 경우 전문법칙이 적용되지 않는 등 비행사실의 인정에 있어 형사절차와 구별되는 특징이 있다는 것을 고려한 데에 따른 것으로 생각된다. 그러나 의견청취에 관해서는 증인신문과는 달리, 그에 대한 소년 측의 반대신문이 예정되어 있지 않으므로(甲斐ほか 64면), 이를 비행사실의 인정에 이용해서는 안 된다고 해야 할 것이다(田宮＝廣瀬 133면).

173) 소년사건에서는 범행부터 심판까지의 시간이 짧기 때문에, 형사사건의 공판과 비교하여 피해자 측의 정서가 불안정한 경우가 많다는 점도 지적되고 있다(片岡博, "少年審判運営をめぐる諸問題", 判タ家裁実務 257면).

174) 甲斐ほか 59면.

(d) 새로운 제도의 특색

이상과 같이, 이들 제도는 그것이 소년의 건전육성에 도움이 될 것인지를 문제 삼지 않고, 피해자 자신의 이익을 도모하기 위한 제도로서 도입된 것이다. 동시에 이를 통해 피해자라는 존재가 소년법 내에 명시적으로 위치하게 됨으로써, 소년보호절차 내에서 특별한 법적 지위를 가진다는 것이 명확해졌다. 여하튼 이들 개정은 소년보호절차에서 피해자를 배려한다는 관점에서 획기적인 것이었다고 할 수 있다. 그러나 이들 제도 역시 소년의 건전육성을 방해하지 않는 범위 내에서 인정되는 것이다. 따라서 2000년 개정법은 소년의 건전육성에 도움이 될 것인지 여부를 문제 삼지 않았다는 의미에서, 종전과는 이질적인 제도를 소년법 내에 가져오면서도, 소년의 건전육성을 방해하지 않는다는 제약을 가함으로써, 피해자에 대한 배려를 위한 제도를 기존 소년법의 틀 내에 안착시켰다고 평가할 수 있다.

새로운 제도의 특색으로 지적할 수 있는 또 하나는, 심판결과 등의 통지, 기록의 열람·등사, 의견청취 중 어느 것도 그것이 피해자의 법적 권리로 구성되어 있지 않다는 점이다.[175] 다시 말해, 기록의 열람·등사의 경우 이를 인정함이 상당한지 여부를, 반대로 심판결과 등의 통지 및 의견청취의 경우 이를 인정함이 상당하지 않은지 여부를 재판소가 그 재량에 따라 판단하도록 하고 있다. 이와 관련하여, 어느 제도에 있어서나 피해자의 신청을 인정하지 않은 재판소의 조치에 대하여 피해자 등은 불복을 신청할 수 없다고 해석되고 있다.[176]

(e) 운용 상황

최고재판소가 공표한 2000년 개정법 시행 이후 5년간의 운용상황에 따르면, 심판결과의 통지, 사건기록의 열람·등사, 의견청취 모두 대부분 이를 인정하고 있다([표 4-3] 참조). 나아가 신청이 인정되지 않았던 사안도 법정 신청자격이 없는 자가 신청한 경우 등 형식적 이유에 의한 것이라고 한다. 따라서 실질적으로는 신청이 있으면 거의 모두 인정되고 있다고 해도 좋을 것이다.

다만, 심판결과의 통지나 사건기록의 열람·등사는 부적당하다고 생각되는 부분이 있으면, 통지의 내용, 열람·등사의 대상을 그 일부로 한정할 수 있으므

175) 甲斐ほか 44면·59면.

176) 甲斐ほか 52면·62면.

표 4-3 신청 인부건수

	열람·등사	의견청취	결과통지
신청인수	2,880	825	3,180
인	2,836	791	3,153
부	44	34	27

로, 위의 결과도 피해자 등의 신청이 그대로 인정된 것이 아니라, 여기에는 가정재판소가 피해자의 이익을 배려하면서 소년의 건전육성이란 관점에서 한정된 형태로 인정한 것이 포함되어 있다고 볼 수도 있다.[177] 의견청취의 경우도 마찬가지라고 할 수 있다.

위의 공표자료에 의하면, 의견청취의 형태는 재판소가 심판기일 외에 청취한 것이 전체의 46%, 조사관이 청취한 것이 43%이고, 재판소가 심판기일에 청취한 것은 11%에 지나지 않는다. 그러나 법무성 주최로 2006년 10월부터 12월까지 실시된 개정소년법에 관한 의견교환회에서 최고재판소가 설명한 바에 따르면, 최근에는 기본적으로 피해자의 희망을 반영한 형태로 의견청취가 이루어지고 있어, 피해자가 심판기일에 의견을 진술하고 싶다고 희망하면, 아주 문제가 있는 케이스가 아닌 한 이를 인정하고 있다고 한다.[178]

3. 2000년 개정법 시행 후의 전개

(1) 범죄피해자등기본법의 성립

2000년 개정법에는 시행 이후 5년을 경과한 시점에서 개정규정의 시행상황을 검토하여, 필요한 경우 법정비 등을 강구한다는 취지의 이른바 5년 후 재검토 규정이 마련되어 있었다. 그런데 주요 개정내용 중 하나였던 피해자에 대한 배려의 충실에 대해서는, 그 내용이 여전히 불충분하다 하여 재개정을 요구하는 피해자 측의 의견이 제기되어,[179] 그것이 5년 후 재검토 당시 중요한 검토항목 중 하나가 되었다. 또한 범죄피해자와 관계된 법정비에 관해서는 이와는 별도로

177) 高麗ほか 8면.
178) 法務省, "平成12年改正少年法に関する意見交換会", 第1回議事録.
179) 全国犯罪被害者の会, "2000年改正少年法5年後見直しの意見書", 2006年 2月.

소년보호절차를 포함한 큰 움직임이 있었다.

먼저, 2004년에 범죄피해자등기본법(이하 '기본법'이라 한다)이 제정되었다. 그리고 동법 18조에서는 범죄피해자가 형사 관련 절차에 적절히 관여할 수 있도록 하는 시책을 실시한다고 규정하고, 그 구체적인 내용으로 첫째, 형사 관련 절차의 진행상황 등에 관한 정보의 제공, 둘째, 형사 관련 절차에 대한 참여기회를 확충하기 위한 제도의 정비를 명시하였다. 여기서 말하는 '형사 관련 절차'에는 소년보호절차도 포함되어 있다.

(2) 범죄피해자등 기본계획의 책정

이듬해인 2005년에는 기본법 8조에 근거하여, 범죄피해자 등을 위한 시책을 종합적이고 계획적으로 추진하기 위해 '범죄피해자등 기본계획'(이하 '기본계획'이라 한다)을 내각에서 결정하였다. 여기에는 기본법 18조에 대응하는 시책의 하나로, 법무성은 2000년 개정법의 5년 후 재검토를 실행함에 있어서, '소년심판의 방청의 가부 등 범죄피해자 등의 의견·요망을 고려한 검토를 진행하여, 그 결론에 따른 시책을 실시한다.'라는 내용이 담겨 있었다. 여기에 나타나 있듯이, 피해자의 소년심판 방청의 경우 그 가부를 포함하여 검토하도록 하고 있어, 동 제도의 도입이 전제되어 있던 것은 아니었다. 이는 기본계획이, 기본법 18조가 소년보호절차를 대상으로 하고 있음을 전제로 하면서도, 소년보호절차의 경우에는 피해자의 절차참가가 소년법의 기본이념인 소년의 건전육성과 충돌할 가능성이 있다는 점을 인식하고 있었음을 보여주는 것이다.

4. 2008년 개정

(1) 5년 후 재검토에 관한 논의 상황

2000년 개정법의 5년 후 재검토에 관해서는 피해자 측으로부터 다양한 의견이 제시되었는데, 기본계획이 결정된 후의 논의의 초점은 피해자의 소년심판의 방청을 인정할 것인지 여부에 관한 것이었다. 피해자 측에서는 형사재판에 대한 참가제도를 요구하는 것과 병행하는 형태로 심판의 방청을 인정해 달라는 요청이 있었다.[180] 이는 심판에서 무슨 일이 일어나고, 소년이 심판에서 무엇을

180) 全国犯罪被害者の会, 앞의 각주179), 少年犯罪被害当事者の会, "犯罪者等による少年審判の傍聴等に関する意見書", 2007年 12月.

말하는지를 자신의 눈으로 확인하고 싶다는 피해자의 강한 희망에 따른 것이었다. 그러나 동시에 심판에서 무슨 일이 벌어지고 있는지를 검증할 수 없는 상태에서, 사실이 인정되고 처분이 결정된다는 것에 대한 불신감이 있었다는 점도 부정할 수 없다.

반면, 피해자의 방청을 반대하거나 이에 소극적인 의견도 강하게 제기되었다. 그 이유로는 아래의 점들이 제시되었다.[181]

첫째, 피해자가 심판을 방청하면, 소년이 위축되어 자신의 심정을 솔직히 표현하기 힘들고, 심판에서 프라이버시와 깊게 관계되는 사항을 다룰 수 없어, 그 결과 적절한 처우선택이 곤란해져서 소년심판의 기능이 저해된다.

둘째, 피해자가 방청하면, 재판관은 이를 의식하고 심판운영을 할 수밖에 없으므로, 지금까지와 같이 소년의 심정을 배려한 발언이나 언동을 할 수 없어, 심판이 갖는 카운슬링적 기능을 잃게 된다. 그 때문에 첫 번째 이유와는 다른 의미에서 심판의 기능이 저해된다.

셋째, 방청은 피해자 자신의 이익에도 도움이 되지 않는다. 즉, 심판은 범죄의 발생시점에서 얼마 지나지 않아 이루어지기 때문에, 소년 자신의 반성이 아직 깊은 상태가 아니어서, 소년의 발언이나 태도로 피해자가 오히려 상처를 입는 2차 피해가 발생할 수 있다.

또한 찬성론과 반대론의 중간에 위치하는 것으로, 요보호성에 관한 사실의 충분한 조사와 심리를 위하여 비행사실의 인정단계에서만 피해자의 방청을 인정하자는 견해도 있었다.[182] 그러나 이에 대해서는 일부의 사건을 제외하면, 심판에서 비행사실의 심리와 요보호성의 심리는 상호 관련되어 진행되기 때문에, 양자를 엄격히 구분할 수는 없다는 반대론이 재판소 측에서 제기되었다.[183]

그와 같은 상황 하에서, 2007년 11월 법무대신은 법제심의회에 '소년심판에서의 범죄피해자 등의 권리이익을 더욱 보호하기 위한 법정비에 관한 자문 제

---

181) 片岡, 앞의 각주173) 257면, 児玉勇二＝杉浦ひとみ, "少年法改正と被害者への配慮", 課題と展望(1) 195면, 日本弁護士連合会, "犯罪被害者等の少年審判への関与に関する意見書", 2007年 11月, 少年法研究者有志, "被害者等による少年審判の傍聴についての意見", 2008年 1月.

182) 葛野尋之, "少年司法における少年のプライバシー保護", 法時 78권 4호, 2006, 70면.

183) 法務省, "平成12年改正少年法に関する意見交換会", 第4回議事録.

83호'를 제출하였다. 자문의 명칭 중 범죄피해자에 대한 배려라는 용어가 아닌 범죄피해자의 권리이익의 보호라는 용어가 사용되었다는 점에서, 기본법 제정 후에 높아진 범죄피해자의 위상이 상징적으로 나타나 있다.

자문에는 ① 피해자 등에게 소년심판의 방청을 허가할 수 있는 제도의 마련, ② 피해자 등에 의한 사건기록의 열람 및 등사의 범위 확대, ③ 피해자 등의 신청에 따른 의견청취의 대상자의 확대, ④ 성인의 형사사건에 관한 가정재판소의 특별관할의 폐지가 담겨 있었다. 앞의 3가지가 피해자의 권리이익의 보호에 관한 내용으로 그 중 핵심이 피해자의 소년심판의 방청이다.

(2) 개정의 구체적 내용

국회의 심의과정에서 법안에 수정이 가해진 결과, 개정법의 내용은 법무대신의 자문에 담겨 있던 내용과 몇 가지 점에서 차이가 있다.

(a) 피해자의 소년심판의 방청

피해자 등이 신청한 경우 가정재판소가 심판의 방청을 허가할 수 있도록 하였다. 심판의 방청은 사건의 내용과 그 처리에 관하여 피해자가 정보를 얻을 이익을 실현하기 위한 하나의 도달점이라고도 할 수 있는데, 본 개정으로 그것이 실현되었다.

다만, 방청을 허가하기 위해서는 소년의 연령 및 심신의 상태, 사건의 성질, 심판의 상황, 그 밖의 사정을 고려하여 소년의 건전한 성장을 방해할 우려가 없고 상당하다고 인정되어야 한다(少 22조의4 1항). 그 때문에, 예를 들어 피해자가 방청함으로써 소년이 위축되어 심정을 솔직히 진술할 수 없다거나 프라이버시에 관한 사항을 다루기 어려워 충분한 정보를 얻을 수 없다는 등의 이유로 재판소가 적정한 처우선택을 할 수 없는 경우, 소년의 반성이 심화되지 않을 우려가 있는 경우에는 상당성을 결하여 방청을 허가할 수 없다.[184] 그러한 경우에는 소년의 건전육성을 도모한다는 소년심판의 기능이 저해될 우려가 있기 때문이다. 이러한 상당성의 판단은 심판의 상황에 따라 구체적으로 이루어지는 것으로서, 예를 들어, 심판기일 중에 소년의 프라이버시에 깊게 관계되는 사항을 심리하는 부분에 대해서만 피해자에게 퇴정을 요구하는 형태로 심판의 일부에 대해 방청을 불허하는 것도 가능하다.

---

184) 久木元ほか 91면.

개정논의의 과정에서, 범죄피해자등기본법이 제정되었고 그것이 소년보호 절차도 대상으로 하고 있다는 점에서, 소년의 건전육성과 피해자의 권리이익의 보호를 대등한 것으로 보고, 피해자의 소년심판의 방청에 대해서도 소년의 건전육성이라는 점과 피해자의 방청이라는 이익을 대등하게 저울질하여 제도설계를 해야 한다는 의견도 제기되었다. 그러나 개정법은 그와 달리, 피해자의 방청을 인정하는 경우에도 그것은 어디까지나 소년의 건전육성이라는 소년법의 목적을 저해하지 않는 범위 내에서 인정된다는 생각에 기초하고 있다.

한편, 피해자가 재정하고 있는 상태에서 심판을 진행함으로써, 소년의 반성이 심화되고 개선교육에 효과적인 경우도 있을 수 있겠으나, 방청제도는 이를 직접적인 목적으로 하는 제도가 아니라,[185] 어디까지나 피해자의 권리이익의 보호를 목적으로 하는 제도이다.[186] 이 점에 있어서 본 개정은 2000년 개정의 구조를 계수하고 있으며, 그것을 전제로 피해자의 권리이익의 보호라는 관점에서 피해자를 위한 메뉴를 늘린 것이라고 평가할 수 있다.

피해자 등의 방청이 인정되는 사건은 ① 고의의 범죄행위로 피해자를 사상시킨 죄, ② 형법 211조(업무상과실치사상등), ③ '자동차의 운전으로 인하여 사람을 사상시킨 행위 등의 처벌에 관한 법률' 4조, 5조 또는 6조 3항·4항의 죄로 한정되고, 나아가 이들 중 피해자를 상해한 경우는 그 상해로 인하여 생명에 중대한 위험이 발생한 때[187]로 한정된다. 이와 같이 방청의 대상을 일정한 중대범죄로 한정한 것은 방청의 근거가 되는 기본법 3조 1항의 피해자 개인의 존엄의 확보라는 관점에서 볼 때, 개인의 존엄의 근간이 되는 사람의 생명을 빼앗긴 경우나 그에 준하는

185) 椎橋隆幸, "少年事件における犯罪被害者の権利利益の保障(下)", 曹時 62권 12호, 2010, 22면.

186) 피해자의 방청에 대해서는 굳이 명문규정을 두지 않더라도 소년심판규칙 29조를 적용함으로써 심판 재정을 인정할 수 있다는 견해도 있었다(日本弁護士連合会, 앞의 각주181)). 그러나 동조에서 재정이 인정되는 것은 소년의 권리보호나 심판의 교육적 기능에 도움을 줄 수 있는 자로 해석되고 있다(田宮＝廣瀬 228면). 이번 개정에 따른 방청은 어디까지나 피해자 자신의 이익을 보호하기 위한 것이므로, 이를 규칙 29조를 근거로 인정하는 것은 동조의 취지에 맞지 않을 뿐만 아니라, 그러한 취지에 적합한 형태로 피해자의 방청을 인정한다면, 그 범위가 지나치게 좁아지게 된다. 따라서 위의 견해를 채용하지 않고, 새로운 규정을 두게 되었다.

187) 생명에 중대한 위험이 있는 경우란 피해자가 사망에 이를 개연성이 매우 높은 경우를 의미하며, 예를 들어 위독한 상태에 빠진 경우와 같이 의료적 조치를 하더라도 피해자가 사망에 이를 경우가 이에 해당한다(久木元ほか 85면).

경우에 방청을 인정하는 것이 본래의 취지에 합치된다는 점, 또한 심판의 방청은 비공개원칙의 예외에 해당하는 것이므로, 그 대상사건은 무엇과도 바꿀 수 없는 가족의 생명이 빼앗긴 경우 등 사실을 알고 싶다는 피해자 측의 심판방청의 이익이 특히 큰 경우로 제한하는 것이 적당하다는 이유에서이다.[188)]

나아가 12세 미만의 소년과 관계되는 사건은 심판의 방청에서 일률적으로 제외하고 있다. 저연령소년에 관계되는 사건의 방청을 인정할지 여부에 대해서는 법제심의회 소년법부회의 심의단계부터 논쟁이 있었는데, 촉법사건의 심판에서는 방청을 인정해서는 안 된다는 의견도 있었다. 물론, 촉법소년은 저연령이어서, 피해자의 방청으로 소년이 위축될 가능성이 유형적으로 높기 때문에, 재판소가 방청을 인정할지 여부를 판단할 때에 그 점을 고려하여야 한다는 것은 틀림없는 사실이다. 그러나 그렇다고는 하지만 촉법사건에도 다양한 소년이 존재하고, 유형적으로 미성숙하다 하여 일률적으로 방청을 불허하는 것은, 개별 사안별로 방청의 상당성을 판단한다는 개정법의 기본적인 사고와 부합하지 않는 측면이 있어, 국회에 제출된 개정법안에는 연령에 따른 제한규정이 없었다.

이에 대하여, 국회의 심의과정에서 수정이 가해져, 촉법사건에 대한 방청의 가부를 판단할 때 촉법소년은 일반적으로 그리고 특히 정신적으로 미성숙하다는 점을 고려하여야 한다는 규정을 두었다(少 22조의4 2항). 또한 12세 미만의 소년에 관한 사건은 방청의 대상에서 제외하였다. 이는 12세 미만의 소년의 경우 피해자의 방청으로 인한 영향이 크다는 이유에서였다.[189)]

또한 방청을 인정할지를 신중히 판단한다는 관점에서, 가정재판소가 방청을 허가하는 판단을 하기 위해서는 미리 변호사인 보조인의 의견을 들어야 한다(少 22조의5 1항). 소년에게 변호사인 보조인이 없는 경우에는 소년 및 보호자가 변호사 보조인이 필요 없다는 의사를 명시적으로 표시한 경우를 제외하고, 가정재판소가 이를 선정하여야 한다(동 2항·3항). 이 경우 보조인의 선정은 의견을 청취하는 단계에 머무르는 것이 아니라, 방청이 이루어지는 경우에는 원칙적으로 그 심리에도 변호사인 보조인이 붙게 된다.[190)]

---

188) 久木元ほか 81면.
189) 久木元ほか 80면.
190) 久木元ほか 103면.

(b) 가정재판소의 심판상황의 설명

심판방청과는 별도로 피해자 등이 신청한 경우, 가정재판소가 심판기일에서의 심판상황을 설명하는 제도를 마련하였다(少 22조의6). 종래의 통지제도 하에서는 심판결과 등이 통지될 뿐이어서, 피해자가 방청 이외의 형태로 심판의 상황을 알기 위해서는 사건기록을 열람하는 방법밖에 없었다. 심판조서가 작성된 사건이라면, 이를 보면 어느 정도의 심판상황을 알 수 있지만, 기록의 열람은 시간과 비용이 걸릴 뿐만 아니라, 심판조서가 작성되지 않는 사건도 있으므로, 기록의 열람으로는 심판의 상황을 알 수 없는 경우도 발생할 수 있다. 그 때문에 피해자가 재판소에서의 사건처리에 관한 정보를 취득한다는 관점에서는 재판소에 의한 심판상황의 설명이란 또 하나의 선택지를 마련한 것은 의미가 있다고 할 수 있다.

더욱이, 이 제도는 심판의 방청과 달리, 대상사건을 한정하기 않기 때문에 방청의 대상사건 이외의 사건에도 적용될 수 있다. 또한 가령 방청의 대상사건이더라도 정신적인 이유 등으로 사실상 방청이 곤란한 피해자도 이용할 수 있다. 이러한 점에서도 피해자에게 큰 의미를 가진다고 할 수 있다. 다만, 이 제도 역시 본 개정의 기본적인 사고에 대응하여, 소년의 건전육성을 저해할 우려가 없는 경우에 인정된다는 제약을 갖고 있다.

설명의 대상인 '심판의 상황'에는 심판출석자, 절차의 진행경과라는 객관적·외형적 사항뿐만 아니라, 소년의 진술상황 등 심판의 내용에 관계되는 사항도 포함된다.[191] 현재 실무에서 심판조서에 기재되고 있는 사항(少審規 33조 2항)을 상정하고 있다고 보아도 좋을 것이다. 또한 설명의 주체와 관련하여, 소년심판규칙은 가정재판소가 재판소 서기관 및 가정재판소 조사관으로 하여금 설명하게 할 수 있다고 규정하고 있다(少審規 30조의14). 가령 재판관 자신이 피해자에게 설명한다면, 심판운영이나 결정의 내용 등에 관하여도 사실상 설명을 요구받을 수 있을 것인데, 이는 바람직하지 않을 것이다. 그 때문에 설명의 대상사항을 고려할 때, 실제로는 심판조서를 작성하는 입장에 있는 서기관이 설명하는 경우가 대부분일 것으로 생각된다.

191) 久木元ほか 110면.

(c) 기록의 열람·등사의 확대

기록의 열람·등사는 종래 ① 손해배상청구권의 행사를 위해 필요하다고 인정되는 경우 그 밖에 정당한 이유가 있는 경우로서, ② 소년의 건전한 육성에 대한 영향, 사건의 성질, 조사 또는 심판의 상황, 그 밖의 사정을 고려하여 상당하다고 인정되는 때라는 요건을 충족시킨 경우에 한하여 인정되었다. 이에 비하여, 개정법은 원칙적으로 기록의 열람·등사를 인정하고, 예외적으로 열람·등사를 요구하는 이유가 정당하지 않다고 인정되는 경우와 소년의 건전한 육성에 대한 영향, 사건의 성질, 조사 또는 심판의 상황, 그 밖의 사정을 고려하여 열람 또는 등사하게 하는 것이 상당하지 않다고 인정되는 경우에 한하여, 이를 부정하는 형태로 열람·등사의 요건을 완화하였다(少 5조의2 1항). 이에 따라 사건의 내용을 알고 싶다는 이유로도 기록의 열람·등사를 인정할 수 있게 되었다.[192]

더욱이 열람·등사의 대상이 되는 기록의 범위에 관해서도 비행사실에 관계되는 부분이란 한정을 없애, 예를 들어 법률기록 중 소년의 신상에 관한 진술조서나 심판조서, 소년의 생활환경에 관한 보호자의 진술조서 등에 대해서도 열람·등사가 가능해졌다.[193] 다만, '가정재판소가 오로지 당해 소년의 보호의 필요성을 판단하기 위하여 수집한 것, 그리고 가정재판소 조사관이 당해 소년의 보호의 필요성에 관한 판단에 도움을 주기 위해 작성하거나 수집한 것'은 제외된다. 이에 따라 조사관의 소년조사표나 소년감별소의 감별결과통지서와 같은 이른바 사회기록은 열람·등사의 대상에서 제외된다. 피해자 측에서는 사회기록을 통하여 소년 자신을 보다 잘 알 수 있고, 또한 그것이 소년에 대한 처분을 결정할 때 중요한 판단자료가 되는 이상, 열람·등사의 대상으로 해야 한다고 요구하기도 하였다.[194] 그러나 이러한 기록은 그 내용이 소년이나 가족의 프라이버시와 깊게 관계될 뿐만 아니라, 제3자에게 공개하지 않음을 전제로 작성된 것이어서, 이 점이 담보되지 않는다면, 가정재판소가 충분한 정보를 얻을 수 없게 되고, 결국 적정한 처우선택을 저해할 수 있다는 이유에서 열람·등사의 대상에서 제외되었다.

---

192) 久木元ほか 26면.

193) 久木元ほか 25면.

194) 全国犯罪被害者の会, 앞의 각주179).

(d) 의견진술 주체의 확대

개정 전에는 '피해자 또는 그 법정대리인, 피해자가 사망한 경우에는 그 배우자, 직계친족이나 형제자매'가 의견진술의 주체였다. 그러나 피해자가 사망하지 않더라도, 예를 들어, 중대한 장애를 입어 스스로 의견을 진술하기 곤란한 경우도 있을 수 있으므로, 피해자가 사망한 경우뿐만 아니라, 그 심신에 중대한 장애가 있는 경우에 피해자의 배우자, 직계친족이나 형제자매도 의견청취의 대상자로 하였다(少 9조의2).

(3) 운용 상황

(a) 심판의 방청

최고재판소가 공표한 2008년 개정법의 시행 이후 3년간의 운용상황에 따르면, 방청의 대상사건의 약 절반에서 신청이 이루어졌으며, 신청하였다가 취하되지 않은 246건 중 219건에서 방청이 허가되었다([표 4-4]). 신청이 불허된 27건의 내역은 심판이 개시되지 않고 사건이 종결된 것이 13건, 상해사건에서 피해자의 생명에 중대한 위험이 발생하지 않았다고 판단된 것이 9건, 방청이 상당하지 않다고 판단된 것 등이 5건이었다.[195]

표 4-4 방청의 실시상황

	방청 대상 사건수	신청이 있었던 사건수 (인수)	방청을 허가한 사건수 (인수)	방청을 인정하지 않은 사건수 (인수)	취하사건수 (인수)
2009년	227	100 (205)	86 (176)	11 (24)	3 (5)
2010년	156	76 (175)	66 (141)	10 (27)	0 (7)
2011년	165	74 (127)	67 (120)	6 (6)	1 (1)
계	548	250 (507)	219 (437)	27 (57)	4 (13)

주: 2009년의 수치는 2008년 개정법 시행일인 2008년 12월 15일부터 동월 31일까지의 수치를 포함한다.

195) 最高裁判所事務総局家庭局, "平成20年改正少年法の運用の概況(平成20年12月15日~平成23年12月31日)".

심판방청에 관한 사법연구에서는 싸움이 발단이 된 불량소년끼리의 살인미수사건으로 피해자 본인과 그 모친이 방청을 신청한 사안에서, 소년이 전면부인한 가운데 피해자의 증인신문이 실시되었다는 심판상황, 방청에 대한 불안이나 동요를 표출하는 소년의 심신상태를 고려하여, 방청이 상당하지 않다고 하였던 사례를 소개하고 있다. 또한 소년의 정신상태에 문제가 있었던 살인미수사건에서 복수의 심판기일 중 감정인의 증인신문기일에 대해서만 소년의 프라이버시에 관계된다 하여 방청을 불허한 사례도 있다.[196] 나아가 소년의 피학대경험이나 성장이력 등 소년이나 보호자의 프라이버시에 깊게 파고드는 질문을 하는 장면에서 피해자를 일시 퇴정시킨 사례나, 소년이 피해자 등의 면전에서 진술을 거부하였기 때문에, 동일한 조치를 취한 사례도 보고되고 있다. 이러한 사례는 그 수는 적지만, 결과적으로 방청이 인정된 사례에서도 재판소가 소년의 연령, 심신상태, 사건의 성질, 심판의 상황 등에 비추어, 상황에 따라 일시 퇴정조치를 취하는 등의 조치를 하면서 방청을 허가하고 있어, 그 운용에 있어서 원칙적으로 방청을 인정하고 있다고 단언하기는 어려울 것이다.

한편, 동 연구에서는 재판관을 대상으로 설문조사를 실시하였는데, 이에 따르면, 심판의 교육적 기능을 발휘하는 동시에 피해자 등을 배려하여 심판을 운영하는 것은 어렵다는 회답이 적지 않았다고 한다.[197] 피해자 등이 방청하고 있는 자리에서 통상의 심판과 마찬가지로 교육적 개입을 실시하는 것은 곤란하리라는 점은 개정 전부터 예상되었던 사태인데, 재판소가 사전에 소년이나 보호자에게 자신의 감정을 솔직히 말하도록 지도함과 동시에 일시퇴정 등의 방법을 활용함으로써, 방청이 심판의 교육적 기능에 미치는 부정적 영향을 되도록 최소화하는 것이 필요할 것이다.

(b) 심판상황의 설명

같은 공표자료에 따르면, 심판상황의 설명의 경우 취하를 제외한 1,448건의 신청 중 1,426건이 인정되었다. 신청이 인정되지 않은 22건도 심판이 개시되지 않고 사건이 종결되었거나 신청자격이 없는 자가 신청한 것이었다. 심판방청과 달리, 그 상황을 설명하는 것 자체가 소년의 건전육성을 저해하는 사태는 생

196) 高麗ほか 157면 이하.

197) 高麗ほか 345면 이하.

각하기 어려우므로, 실질적으로는 거의 모든 사건에서 신청이 인정되고 있다고 할 수 있다.

5. 그 밖의 피해자보호를 위한 조치

범죄피해자의 보호와 관련하여 당해 사건의 절차에서 피해자가 입을 수 있는 2차 피해를 어떻게 방지할 것인지가 문제된다. 형사절차의 경우, 2000년 형사소송법이 개정되어 증인신문시 증인에 대한 동석(刑訴 157조의2), 증인의 차폐(刑訴 157조의3), 비디오 등 영상장치에 의한 증인신문(刑訴 157조의4)과 같이 주로 피해자를 염두에 둔 증인보호제도가 도입되었다. 이들 규정은 소년보호절차에도 준용되므로(少 14조 2항),[198] 소년심판에서의 피해자의 증인신문에도 이러한 수단을 이용할 수 있다.

또한 피해자의 심판방청의 경우, 가정재판소가 방청하는 자의 연령, 심신상태, 그 밖의 사정을 고려하여 그 자가 현저히 불안 또는 긴장을 느낄 우려가 있다고 인정되는 때에는, 그 불안 또는 긴장을 완화하기에 적당하다고 인정되는 자를 방청하는 피해자 등에게 동석시킬 수 있다(少 22조의4 3항). 전술한 공표자료에 따르면, 방청이 인정된 219건 중 97건에서 동석의 신청이 있었으며, 94건에서 이를 인정하였다. 방청에 동석한 자는 대부분 변호사였으며, 그 외는 친족, 피해자지원단체의 지원인 등이었다.

제 5 절 심판의 진행

Ⅰ. 절차의 흐름

심판기일에서의 절차는 통상 ① 소년·보호자 등의 인정신문, ② 진술을 강요당하지 않는다는 사실의 고지, ③ 비행사실의 고지와 소년의 변명청취, ④ 비

198) 田宮＝廣瀬 152면.

행사실의 심리, ⑤ 요보호성에 관한 사실의 심리, ⑥ 조사관·보조인의 처우의견의 청취, ⑦ 종국결정의 고지의 순서로 진행된다.[199] 다만, 소년이 비행사실을 다투지 않고 비행사실을 인정하기에 충분한 증거가 있는 사안에서는 ④ 비행사실의 심리와 ⑤ 요보호성에 관한 사실의 심리를 명확히 구별하지 않고 진행하며, 실제로는 그러한 사건이 대부분을 차지한다.[200]

Ⅱ. 심판의 준비

심판개시결정 후 제1회 심판기일까지, 그리고 각 심판기일 사이에는 형사절차의 공판준비에 상당하는 절차가 실시되어, 심판기일의 지정이나 관계자의 소환 등이 이루어진다.

소년보호사건에서는 비행사실을 저지르지 않은 소년을 절차로부터 조기에 해방할 필요가 있다. 또한 비행사실을 저지른 소년에 대해서도 그 개선갱생에 보다 효과적인 처우를 위해서는, 실기함이 없이 당해 소년의 요보호성의 정도에 맞는 보호처분 등의 조치를 실시하여야 한다. 이상의 의미에서 소년보호사건의 경우 일반적으로 신속한 처리가 요구된다. 나아가 관호조치기간이 최장 8주간으로 한정되어 있으므로, 특히 비행사실이 다투어지고 다수의 증거조사가 예상되는 사건에서는 사전준비절차에서 쟁점을 정리하여 심리를 계획적으로 진행할 필요가 있다.[201] 이러한 필요는 특히 검찰관관여사건에서 높다고 볼 수 있는데, 이에 가정재판소가 검찰관과 보조인이 출석한 가운데 비행사실의 인정을 위한 심판의 진행에 관한 사항을 사전에 협의할 수 있도록 하는 명문규정을 두고 있다(少審規 30조의4).

형사절차와 달리, 소년보호절차에서는 본래 공소장일본주의와 같은 규제가 없고 예단배제의 원칙에 따른 제한이 없다. 따라서 사전준비단계에서 재판소가 적극적으로 활동하는 것도 가능하고, 실제로 지금까지도 그렇게 운용되어 왔다. 그러한 의미에서 위 규칙 30조의4는 이른바 확인규정의 성격을 갖는 것으로, 그

199) 田宮＝廣瀬 235면.
200) 田宮＝廣瀬 235면.
201) 浜井ほか 194면, 加藤学, “否認事件の審判”, 課題と展望(1) 106면.

취지는 검찰관관여사건에 한정되는 것이 아니라 그럴 필요성이 있는 모든 사건에 타당하다고 할 것이다.[202]

Ⅲ. 심판절차의 기본원칙

1. 비공개의 원칙

소년심판은 비공개로 진행된다(少 22조 2항). 비공개로 하는 목적은 미성숙한 소년의 정서를 보호함과 동시에, 공개됨으로써 소년이 특정되어 사회복귀에 지장이 생기는 것을 방지하기 위해서이다. 더욱이 심판에서는 소년의 요보호성을 판단하기 위하여, 소년이나 가족의 프라이버시에 깊게 관계되는 사항도 다루어지기 때문에 이를 보호할 필요가 있다는 점, 또한 그와 관련하여 만약 심판이 공개되면, 조사 및 심판에서 소년이나 보호자가 그러한 사항을 밝히는 것을 주저하게 되고, 그 결과 충분한 정보에 기초한 적정한 심판진행이 곤란할 우려가 있다는 점도 심판을 비공개로 하는 이유로 거론되고 있다.[203]

심판의 비공개가 헌법 82조 1항에 규정된 재판의 공개원칙에 반하지 않는지 문제될 수 있다. 이 점에 대하여 소년심판은 대심이 아니고 소송사건에 속하지 않으므로, 이를 비공개로 하더라도 헌법에 반하지 않는다고 여겨지고 있다.[204] 또한 그러한 형식적인 이유에 그치지 아니하고, 본래 심판의 비공개는 소년보호절차의 본질적 요청에서 인정되는, 공개원칙의 예외라고 보아야 한다는 견해도 있다.[205]

비공개원칙에 대해서는 2008년 개정으로 일정한 중대사건의 피해자 등에 의한 심판방청제도가 도입됨으로써(少 22조의4), 그러한 범위에서 예외를 인정하게 되었다. 그러나 피해자 등에 의한 심판방청은 소년의 건전육성을 방해하지 않을 것이 그 요건일 뿐만 아니라(동 1항), 방청한 피해자 등에게는 비밀엄수의무가 부과되어 있어(동 5항·5조의2 3항), 비공개원칙의 취지가 실질적으로 훼손되지 않는 형태를 취하고 있다.

202) 田宮＝廣瀬 239면.
203) 田宮＝廣瀬 230면, 総研 169면.
204) 団藤＝森田 212면, 平場 77면. 高松高決 昭和29·8·5 家月 6권 8호 84면.
205) 田宮＝廣瀬 231면.

2. 직권주의

형사재판은 검찰관이 소인으로 설정한 사실의 존부에 관하여, 검찰관과 피고인·변호인이 대립당사자로서 각자 주장·입증을 하고, 이를 중립적 입장에 있는 재판소가 판단하는 당사자주의에 입각한 대심구조를 취하고 있다. 이에 대하여, 소년심판은 수사기관이 송치한 사건에 관하여 가정재판소 스스로 주체가 되어 증거조사를 거쳐 사실을 규명하고, 소년에 대한 처분을 결정하는 직권주의 구조를 취하고 있다. 소년심판에는 대립당사자가 없고, 검찰관이 관여하는 경우에도 그 지위는 심판의 협력자에 그친다.

소년심판이 이러한 심리구조를 취하는 이유는 소년심판이 소년의 책임추궁을 목적으로 하지 않기 때문이다. 즉, 소년 자신과 그를 둘러싼 환경상의 문제점을 명확히 하고 소년의 개선갱생을 위하여 최적의 처분을 결정하는 데에 그 목적이 있는 이상, 관계자가 서로 대립하는 절차가 아니라 가정재판소를 중심으로 관계자가 서로 협력하는 절차가 적당하고, 또한 심판 자체가 일종의 카운슬링 기능을 갖는 개선교육의 장이 되기 위해서는 재판관 자신이 소년에게 직접 말을 건네면서 절차를 진행하는 형태가 바람직하다는 생각에 따른 것이다.[206]

그리고 이와 같이 케이스워크적 절차에 기초하여 개개 소년의 문제상황에 맞춘 유연한 대응을 위해서는, 미리 엄격한 절차의 형식을 정하기보다 재판소의 재량으로 사안에 맞게 절차를 진행하는 것이 바람직하다. 소년법이 증거조사의 방식 등에 관하여 형사절차처럼 상세한 규정을 두지 않은 것은 바로 이 때문이다.

3. 개별심리의 원칙

소년이 안고 있는 문제는 소년마다 다르다. 소년심판이 소년의 개선갱생을 위하여 최적의 처분을 결정하는 것을 목적으로 하고, 그 자체가 소년의 개선교육의 장으로 취급되는 이상, 각 소년별로 개별적으로 대응할 필요가 있다. 또한 소년 및 관계자에 대한 비밀유지도 요구된다. 이를 위하여 명문규정은 없지만,

---

206) 総研 28면.

서로 다른 소년의 사건을 병합하는 것은 원칙상 허용되지 않는다고 해석된다.[207] 다만, 예외적으로 사실의 합일확정의 필요성, 심판경제, 신속처리의 측면에서 사건을 병합할 필요성, 합리성이 있고, 사건의 비밀에 대한 침해가 없거나 작은 경우에는 병합심리가 허용된다.[208] 예를 들어, 비행사실의 심리에 관하여 공범사건에서 공범소년에게 공통되는 증인을 신문하는 경우나 요보호성에 관한 사실의 심리에 관하여 형제인 소년을 병합하여 심판하는 경우 등을 들 수 있다.

또한 실무에서는 교통관계사건의 경우 집단심판이 이루어지기도 한다. 교통관계사건에서는 일반적으로 사건 자체의 비밀성이 높지 않고 요보호성의 심리도 정형적인 공통사항에 대한 심리로 충분하여, 관계자의 프라이버시에 관계되는 사항을 조사할 필요가 적은 사건을 선별할 수 있고, 처우내용이 유형적이며, 사건 수가 방대하여 대량으로 처리할 필요성이 높다는 등의 점에서, 병합심판의 필요성, 합리성이 큰 반면, 그에 따른 폐해가 적기 때문이다.[209]

4. 병합심리의 원칙

소년심판규칙 25조의2는 동일한 소년에 대하여 둘 이상의 사건이 계속 중인 경우 가능한 병합하여 심판하여야 한다고 규정하고 있다. 소년의 요보호성의 유무 및 정도를 정확하게 판단하고 적절한 처분을 결정하기 위해서는, 소년이 저지른 모든 비행사실을 파악, 고려할 필요가 있기 때문이다. 동시에 요보호성을 결정하는 요소인 소년의 성격이나 가정환경 등은 모든 비행사실에 공통된 사항이므로, 비행사실별로 이를 심리할 경우 중복심리로 인하여 심판경제에 반할 뿐만 아니라, 소년에게 불필요한 부담을 가하게 되기 때문이다.[210]

이러한 원칙에 따라, 동일한 소년이 저지른 복수의 사건은 동일한 가정재판소에 계속되어 있는 경우뿐만 아니라, 본청과 지부, 또는 상이한 재판소에 계속되어 있는 경우에도 회부나 이송을 통해 병합하여 심판하여야 한다. 다만,

---

207) 田宮＝廣瀬 232면, 平場 252면, 内園ほか 145면.

208) 田宮＝廣瀬 232면, 浜井ほか 230면, 平場 252면, 内園ほか 145면, 多田周弘, “少年保護事件におけるデュー·プロセスの実現のための覚書(下)”, 判タ 638호, 1987, 41면.

209) 田宮＝廣瀬 232면, 多田, 앞의 각주208) 41면.

210) 田宮＝廣瀬 231면, 総研 170면.

이는 절대적인 원칙이 아니므로, 사건의 성질, 내용, 비행시기 등을 고려하여 개별적으로 처리하는 것이 바람직한 때에는 병합하지 않는다. 예를 들어 강습의 실시 등 특수하게 처리되는 교통관계사건은 일반사건과 병합하지 않는 경우가 많다.[211)]

5. 보호·교육적 배려

심판은 친절하고 온화하게 하여야 한다(少 22조 1항). 이는 소년의 연령이나 성격 등에 맞게 심판에서 사용하는 언어, 어조 등에 주의하고, 이해하기 쉽게 절차를 진행하며, 소년이나 보호자가 납득하고 신뢰할 수 있는 분위기 하에서 심판하여야 한다는 취지이다.[212)] 단지 소년을 온정적인 태도로 대하라는 의미가 아니다.

이와 관련하여, 종전의 소년법 22조 1항은 '심판은 친절하고 온화하게 하여야 한다'라고만 규정하고 있었으나, 2000년 개정으로 '비행 있는 소년에게 자신의 비행에 대한 반성을 촉구한다'라는 문언이 추가되었다. 이는 종전의 문언에 의할 경우 마치 소년을 온정적인 태도로 대하는 듯한 인상을 줄 수 있었기 때문에, 소년에 대하여 진지한 반성을 촉구할 필요가 있는 경우 재판관이 의연한 태도로 심판에 임하여야 한다는 점을 명확히 하려는 취지라고 한다.[213)] 다만, 개정 전에도 이는 당연한 것으로 여겨지고 있었으므로, 그러한 의미에서 이 개정은 종전의 운용을 명문으로 확인한 것이라고 할 수 있다.[214)]

---

211) 田宮＝廣瀬 231면.
212) 田宮＝廣瀬 233면
213) 甲斐ほか 114면.
214) 田宮＝廣瀬 233면

제 6 절 증거조사·증거법칙

Ⅰ. 소년심판에서의 적정절차의 보장

소년법에는 형사소송법과 달리 증거조사절차에 관한 규정이 거의 없고, 증거법칙에 관해서도 아무런 규정을 두고 있지 않다. 그리고 형사재판과 소년심판의 목적 및 절차구조의 차이로 인하여, 형사소송법의 규정이 소년심판에 일반적으로 준용되지 않는다고 해석되고 있다.[215)]

다만, 증거조사에 관하여는 가정재판소가 증인신문, 감정, 통역, 번역(少 14조 1항) 및 압수, 수색, 검증(少 15조 1항)을 할 수 있다고 규정하고 있고, 그 요건, 절차 등에 관하여는 형사소송법 및 형사소송규칙의 규정이 준용되지만(少 14조 2항·15조 2항, 少審規 19조), 여기에도 '보호사건의 성질에 반하지 않는 한'이란 제한이 걸려 있다. 소년법이 이러한 입장을 취하고 있는 것은, 소년심판이 케이스워크적인 방법에 기초하여 소년이 안고 있는 문제를 발견하여 그에 적합한 처분을 과하는 것을 염두에 두고 있기 때문이다. 즉, 소년법은 개별 사건에 따라 유연히 대응할 수 있는 절차가 바람직하다는 사고에 기초하고 있으므로, 형사재판과 같이 엄격한 증거조사절차나 증거법칙을 적용하는 것과는 친하지 않다고 보고 있다. 이러한 점에서 어떠한 증거조사절차를 취할지, 그리고 어떠한 증거를 채용할지는 재판소의 자유재량에 맡겨져 있다는 생각도 성립할 수 있는데, 실제 소년법 시행 초기에는 그와 같은 견해가 유력하였다고 한다. 그러나 그 후 소년심판에서도 적정절차가 보장되어야 한다는 견해가 점차 유력해짐에 따라, 종래의 사고는 수정이 불가피해졌다.

이와 같이 소년보호절차에도 적정절차가 보장되어야 한다는 견해가 유력해진 요인 중 하나는, 현행 소년법의 성립에 큰 영향을 미친 미국의 소년재판소제도에 관하여, 연방대법원이 1960년대 후반부터 1970년대에 걸쳐 그 사실인정절차에도 적정절차(due process)가 보장되어야 한다는 일련의 판례를 쏟아낸 것이었다.[216)] 이는 일본에도 적극적으로 소개되었는데, 일본의 문제상황에 비추

215) 田宮=廣瀬 149면, 団藤=森田 30면, 野間, 앞의 각주109) 74면, 見目, 앞의 각주109) 320면.

216) 대표적인 판례와 판시사항에 관해서는 佐伯仁志, "アメリカの代表的判例", 少年判例百選 251면 이하, 波庄昌則, "アメリカ少年法制の歴史と現状(上)", 家月 49권 10호, 1997,

어 당해 판시내용이 가지는 의미에 관한 검토가 이루어졌다.217) 그리고 그러한 논의를 거쳐, 보호처분도 대상자의 입장에서 불이익성을 가진다는 인식이 침투하여, 소년심판에서도 적정절차를 보장하여야 한다는 견해의 이론적 근거가 되었다고 할 수 있다.

적정절차의 보장을 정한 헌법 31조의 규정이 형사절차 이외의 절차에도 적용되는지에 관하여 현재는 그것이 행정절차에도 적용된다고 하는 견해가 유력하며,218) 판례도 이를 인정하고 있다.219) 행정처분이라 하더라도 대상자의 권리나 자유를 침해하는 경우가 있고, 그러한 의미에서 행정처분도 형사처분과 동일하게 불이익처분이라는 점이 그 근거이다. 그렇다면, 소년보호절차는 형사절차와 다르다고 하더라도, 보호처분 역시 소년의 의사에 반하여 그 자유를 제약하는 것인 이상 이를 부과할지 여부를 결정하는 소년보호절차에도 적정절차가 보장되어야 할 것이다. 소년보호절차에 헌법 31조가 적용된다는 점을 명시한 판례는 아직 없지만, 이른바 나가레야마(流山)사건에 대한 최고재판소 결정220)에서 단도시게미츠(団藤重光) 재판관은 보충의견에서 다음과 같이 언급하고 있다.

"보호처분(법 24조)은 소년의 건전육성을 위한 처분이라 하더라도, 소년원송치는 물론, 교호원·양호시설송치나 보호관찰 역시 많든 적든 자유의 제한을 수반하는 것으로서, 인권의 제한에 이르는 점을 부정할 수 없다. 따라서 헌법 31조가 보장하는 법의 적정절차, 적어도 그 취지는 소년보호사건에서 보호처분을 언도할 경우에도 당연히 미친다고 보아야 한다."

동 보충의견에서는 이어서 "소년에 대한 인권보장을 고려하여 납득할 수 있는 절차를 거침으로써, 비로소 보호처분이 소년에 대하여 소기의 개선효과를

30면 이하 참조.

217) 松尾浩也, "最近におけるアメリカ少年手続の動向について", 家月 20권 5호, 1968, 1면, 同, "少年法と適正手続", ジュリ 464호, 1970, 82면, 鈴木茂嗣, "少年審判手続の『刑事訴訟化論』について", 家月 24권 6호, 1972, 1면, 田宮裕, "少年審判とデュー・プロセス", 家月 24권 12호, 1972, 1면 등.

218) 학설의 상황에 관하여, 南野森, "行政手続とデュー・プロセス", 憲法の争点, 2008, 88면 이하 참조.

219) 最大判 平成4·7·1 民集 46권 5호 437면.

220) 最決 昭和58·10·26 刑集 37권 8호 1260면.

거둘 수가 있다"고 하여, 적정절차의 보장이 소년법의 기본이념과 모순되는 것이 아니라, 오히려 그 실현에 기여하는 것임을 시사하고 있다.

이러한 판례·학설의 전개를 거쳐, 현재에는 소년보호절차에도 적정절차가 보장되어야 한다는 점에 대해서는 이론이 없다. 그 때문에 문제는 소년보호절차에 적용되는 적정절차가 어떠한 내용을 가지는 것인지에 있다. 일반적으로 행정절차에도 적정절차가 보장된다고 보는 경우에도 행정절차는 형사절차와 성질을 달리할 뿐만 아니라, 그 목적도 다양하기 때문에, 보장되어야 할 적정절차의 내용은 형사절차와 동일하지 않다고 여겨진다.[221] 이 점은 소년보호절차에도 타당하기 때문에, 본래 소년보호절차에서의 적정절차의 내용을 형사절차의 그것과 분리하여, 그 자체로서 검토하여야 할 것이다.[222] 다만, 보호처분은 행정처분과 달리, 범죄를 저지른 자를 주된 대상으로 부과되는 불이익처분이란 점에서, 대상자의 자유제한의 내용뿐만 아니라 그것이 초래하는 낙인이란 점에서도 형벌과 유사하므로, 그러한 의미에서 보호처분과 형벌 사이에는 기능적 동질성이 있다.[223] 그 때문에 지금까지는 소년보호절차에도 적정절차가 보장되는지의 문제는 형사절차상의 피고인의 권리나 형사재판에서의 증거법칙을 규정한 헌법 및 형소법의 규정이 소년심판에도 준용되는지의 형태로 논의되어 왔다. 이와 같은 형태로 문제를 포착할 경우, 그 준용을 검토함에 있어서의 큰 틀은 아래와 같아야 할 것이다.

먼저, 첫 번째로 검토해야 할 것은, 헌법 및 형소법에 규정된 절차적 권리나 증거법칙이 소년보호절차에서의 적정절차의 내용이라고 할 수 있는지 여부

---

221) 棟居快行, "行政手続とデュー·プロセス", 憲法の争点[第3版], 1996, 138면. 최고재판소 판결은(最判 平成15·12·4 訟月 50권 10호 2952면)은 "행정절차에 헌법 31조에 따른 보장이 미친다고 보아야 하는 경우에도, 보장되어야 할 절차의 내용은 행정처분에 의해 제한을 받는 권리이익의 내용, 성질, 제한의 정도, 행정처분으로 달성하려는 공익의 내용, 정도, 긴급성 등을 종합적으로 교량하여 결정되어야 한다"고 판시하고 있다.

222) 田宮裕, "少年保護事件と適正手続き", 少年法判例百選 7면.

223) 佐伯仁志, "少年保護手続における適正手続保障と弁護人の援助を受ける権利", 曹時 48권 12호, 1996, 18면, 猪瀬慎一郎, "少年審判制度の基本問題", 展開 69면. 나가레야마사건의 최고재판소 결정에는 전술한 단도시게미츠 재판관의 보충의견에 동조하는 나카무라지로(中村治朗) 재판관의 보충의견이 붙어있다. 여기서는 "소년에 대한 보호처분은 형벌과 다르다고는 하나, 소년에 대하여 일종의 오명을 부여하는 것으로 받아들여지고, 그 경력 및 향후 사회생활관계에 불이익을 미치며, 당해 소년의 마음에도 깊은 상흔을 남기는 처분이라는 점을 부정할 수 (없다)"고 언급하고 있다.

이다.[224] 그리고 이를 판단함에 있어서는, 보호처분은 범죄에 대한 제재라는 형벌과 공통되는 측면과 소년의 이익을 도모하기 위한 처분이라는 형벌과 이질적인 측면을 함께 갖고 있다는 점, 또한 소년보호절차는 그러한 의미에서의 보호처분을 부과할지 여부를 결정하는 절차임과 동시에 형사절차와 달리 그 자체가 소년의 개선교육의 장이라는 성격을 갖고 있다는 점을 고려할 필요가 있다.

두 번째로, 가령 특정한 절차적 권리나 증거법칙이 소년보호절차에서의 적정절차의 내용이라고까지는 할 수 없는 경우라 하더라도, 전술한 의미에서 형벌과 보호처분 사이에 기능적 동질성이 있다고 한다면, 형사절차상의 절차적 권리 보장이나 증거법칙의 취지가 소년보호절차에도 타당하다는 이유에서, 그와 같은 규정들이 소년보호절차에 준용될 여지는 없는지를 검토할 필요가 있을 것이다. 그리고 그 검토에 있어서 헌법상 규정이 아니라 형소법상 규정의 준용이 문제되는 한도에서, 소년보호절차와 형사절차의 목적이나 성질의 차이 외에, 형사소송법과 소년법이란 기존 법률에 규정되어 있는 형사재판절차와 소년심판절차의 기본적 구조의 차이도 고려하게 된다.

이상과 같은 2단계의 틀에 따라 개별 문제를 검토해야 하는데, 형사재판에서도 범죄사실의 인정과 양형에서 이를 위한 증거조사절차나 적용되는 증거법칙이 서로 다르듯이, 소년심판에서도 비행사실의 심리와 요보호성에 관한 심리를 구별하여 검토할 필요가 있다. 이하에서는 먼저 비행사실의 심리에 관한 문제를 살펴보고자 한다.

---

224) 이 문제에 대해서는 헌법 33조 이하의 규정은 헌법 31조에 규정된 적정절차의 내용을 형사절차에서 구체화한 것이라는 전제에 입각하여, 그것이 소년보호절차에도 준용될 것인가의 형태로 주로 논의를 진행하여 왔다(최근의 논고로 葛野尋之, "少年審判の構造と少年の適正手続", 課題と展望(2) 160면). 그러한 전제가 성립한다면, 형사절차에 관한 한 가령 33조 이하의 개별 규정이 존재하지 않더라도 31조의 해석에 따라 같은 내용의 절차적 권리가 보장되고, 같은 내용의 증거법칙이 적용될 것이다. 그러나 33조 이하에 규정된 절차적 권리나 증거법칙은 다양한데, 이들 모두가 당연히 31조에서 도출되는 것으로 볼 수 있을지는 의문이다. 따라서 이들이 소년보호절차에서의 적정절차의 내용이 될지 여부를 검토할 때에는, 본래 그것이 형사절차에서의 적정절차의 내용을 구체화한 것인지 자체도 함께 검토할 필요가 있을 것이다.

Ⅱ. 비행사실의 고지와 청문

고지와 청문은 일반적으로 적정절차의 핵심을 구성하는 것으로, 이는 소년보호절차에서도 마찬가지로 타당하다.225) 이 점을 고려하여 그동안 실무에서는 심판에서 재판관이 비행사실의 존부에 관해 소년에게 직접 확인하고 그 변명을 들었을 뿐만 아니라, 가정재판소에 신병까지 함께 송치된 경우에는 관호조치를 결정하기 전의 심문에서도 비행사실을 고지하고 변명을 청취해 왔다.226)

이러한 상황 하에 2001년 소년심판규칙을 개정하여, 종래의 실무를 명문화하는 형태로 관호조치결정시와 제1회 심판기일의 모두에서 소년에게 심판에 부할 사유의 요지를 고지하고, 그에 대해 진술할 기회를 부여하여야 한다는 규정을 신설하였다(少審規 19조의3 · 29조의2).227)

Ⅲ. 묵비권의 보장

범죄소년의 경우 역송되어 형사책임이 추궁될 가능성이 있는 이상, 묵비권이 보장된다는 점에는 거의 이론이 없다. 문제는 촉법소년, 우범소년의 경우인데, 이들은 본래 형사책임이 추궁될 우려가 없으므로, 헌법 38조 1항이 규정한 의미에서의 자기부죄거부특권이 보장되지 않는 점은 분명하다. 그러나 그렇다고 하더라도 보호처분 역시 형벌과 유사한 불이익성을 갖고 있으므로, 그와 관련된 진술을 강요받지 않아야 한다는 것이 적정절차의 내용이 되고, 그러한 점에서

225) 平場 257면, 猪瀬慎一郎, "少年審判における『法の適正な手続』", 諸問題 94면.

226) 浜井ほか 172면.

227) 재택사건에서는 조사단계에서 조사관이 소년에게 비행사실을 고지하는 것이 일반적이다. 형사사건의 경우 공소가 제기되면 지체 없이 공소장의 등본을 피고인에게 송달함으로써(刑訴 271조 1항), 피고인이 자신에 대한 기소사실을 알고 방어의 준비를 할 수 있도록 하고 있다. 이에 대하여 소년보호사건에서는 가정재판소에 사건이 송치된 단계에서는 소년에게 송치사실이 전달되는 구조를 취하고 있지 않다. 이에 적어도 심판개시결정이 내려진 경우에는 그 단계에서 송치서의 등본을 송달하는 등의 형태로 비행사실의 내용을 고지하여야 한다는 주장도 있다(多田, 앞의 각주208) 36면, 猪瀬, 앞의 각주225) 94면, 斉藤豊治, 少年法研究Ⅰ, 成文堂, 1997, 116면). 다만, 위와 같이 통상 조사 단계에서 비행사실의 고지가 이루어지므로, 정식절차는 아니지만, 실제로는 심판개시결정보다 앞의 시점에서 이를 고지하고 있다.

촉법소년, 우범소년에게도 묵비권을 보장하여야 한다는 견해가 유력하다.[228)]

이와 같이 소년보호절차에서도 묵비권이 인정된다고 하는 경우에는 이를 소년에게 고지해야 하는지의 문제가 남는다. 묵비권의 고지는 헌법 38조 1항이 보장하는 것이 아니라고 보는 판례의 입장[229)]에 따르면, 이를 적정절차의 내용으로까지 파악할 수는 없을 것이므로, 여기서 문제되는 것은 묵비권의 고지를 정한 형소법의 규정이 소년보호절차에도 준용될 것인가에 있다. 이 점에 대하여 종래에는 소년심판이 가져야 할 교육적 효과라는 관점에서 형식적으로 묵비권을 고지하는 것은 바람직하지 않고, 고지할지 여부는 재판관의 재량에 맡겨져 있다는 견해가 다수를 차지하고 있었다.[230)] 다만, 이에 대해서는 고지가 의무라는 견해도 있었으며,[231)] 실무에서는 통상 관호조치를 결정하는 절차나 심판기일의 모두에서 묵비권을 고지하고 있었다.[232)]

이와 관련해서도 2001년 소년심판규칙을 개정하여, 관호조치결정시와 제1회 심판기일의 모두에서, 소년에게 '진술을 강요당하지 않는다는 것'을 이해하기 쉽게 설명하여야 한다는 규정을 마련하였다(少審規 19조의3 · 29조의2). 규칙이 '진술을 강요당하지 않는다'고 규정하여, '자기의 의사에 반하여 진술할 필요가 없다'(刑訴 198조 2항)라는 문언을 사용하지 않은 것은, 촉법소년이나 우범소년도 대상이 되므로 형소법의 문언을 그대로 사용하는 것은 타당하지 않을 뿐만 아니라, 소년심판에서 묵비권이 보장되는지 여부에 관한 논쟁을 피하기 위해서이다. 즉, 이 규정의 취지는 묵비권이 권리로서 보장되는지 여부를 떠나, 심판을 온화한 분위기에서 진행하여 교육효과를 높인다는 관점에서 소년에게 진술을 강요당하지 않는다는 것을 고지한다는 점에 있다.[233)]

---

228) 内園ほか 111면, 服部 138면, 佐伯, 앞의 각주223) 19면.

229) 最大判 昭和23 · 7 · 14 刑集 2권 8호 846면, 最判 昭和25 · 11 · 21 刑集 4권 11호 2359면.

230) 団藤＝森田 205면, 野間, 앞의 각주215) 76면. 名古屋高決 昭和32 · 3 · 6 家月 9권 3호 56면.

231) 内園ほか 111면, 服部 139면.

232) 浜井ほか 171면.

233) 甲斐ほか 363면.

Ⅳ. 자백의 증거능력 · 보강법칙

형사절차에서는 헌법 38조 2항 및 형소법 319조 1항에 근거하여, 임의성에 의심이 있는 자백의 증거능력이 부정된다. 소년심판에서도 임의성에 의심이 있는 자백은 형사사건과 마찬가지로 배제된다는 점에 대해서는 현재 견해가 거의 일치하고 있으며, 실무에서도 마찬가지이다.[234] 자백배제법칙의 실질적 근거에 관해서는 다툼이 있는데,[235] 허위배제설, 인권옹호설, 위법배제설 중 어느 입장을 취하더라도, 각각의 논거는 소년심판에서의 비행사실의 인정에도 그대로 타당하다. 그 때문에 임의성에 의심이 있는 자백의 증거능력을 부정하는 것을 적정절차의 내용으로 취급하는지 여부와 상관없이 헌법 38조 2항 및 형소법 319조 1항이 소년심판에도 준용된다고 보는 것이 타당할 것이다.[236]

보강법칙도 소년심판에 적용된다는 것이 통설이며, 실무 역시 마찬가지로 운용되고 있다.[237] 보강법칙은 자백이 갖는 결정적인 영향력을 감안할 때, 그것이 허위인 경우에 오판이 발생할 위험이 높기 때문에, 보강증거를 요구함으로써 이를 방지한다는 데에 그 취지가 있다.[238] 자백보강법칙은 자백배제법칙 이상으로 정책적인 측면이 강하여, 이를 적정절차의 내용 중 하나로 보는 것은 곤란할 것으로 생각되나, 그렇다고 하더라도 그러한 취지는 소년보호절차에도 타당하므로, 헌법 38조 3항 및 형소법 319조 2항이 소년보호절차에 준용된다고 보아야 할 것이다. 따라서 범죄소년에 관한 범죄사실, 촉법소년에 관한 촉법사실, 그리고 우범소년에 관한 우범사유에 해당하는 사실을 인정하는 소년의 진술에 보강증거가 요구된다고 해야 한다.[239]

---

234) 田宮＝廣瀬 243면, 平場 259면, 内園ほか 78면, 野間, 앞의 각주215) 76면, 島田仁郎, “少年保護事件と証拠法則”, 判タ少年法 150면. 仙台家決 昭和41 · 2 · 8 家月 18권 11호 97면, 甲府家決 昭和45 · 12 · 19 家月 23권 9호 133면.

235) 大澤裕, “自白の任意性とその立証”, 刑事訴訟法の争点[第3版], 2002, 170면 이하 참조.

236) 우범소년의 경우 범죄사실을 전제로 하지 않기 때문에, 형소법에서의 ‘자백’은 존재하지 않지만, 우범사유를 범죄사실에 대응하는 것으로 본다면, 이를 인정하는 진술을 자백과 마찬가지로 취급할 수 있을 것이다(平場 260면, 内園ほか 80면).

237) 田宮＝廣瀬 243면, 平場 260면, 内園ほか 81면, 野間, 앞의 각주215) 77면, 島田, 앞의 각주234) 150면, 長沼範良, “補強法則”, 少年法判例百選 89면. 福島家決 昭和39 · 7 · 13 家月 17권 1호 170면, 大阪家決 昭和46 · 4 · 22 家月 24권 1호 102면.

238) 平野 232면.

Ⅴ. 위법수집증거배제법칙

위법수집증거배제법칙도 소년심판에 적용된다는 것이 통설이다.[240] 그 이유로는 ① 배제법칙의 근거는 소년심판에서도 마찬가지로 타당하고, ② 배제법칙의 채용이 소년심판의 기본구조에 반하지 않으며, ③ 위법수집증거에 의한 비행사실의 인정은 소년에 대한 교육적 효과라는 측면에서도 바람직하지 않다고 하는 점이 제기되고 있다. 하급심 판례 중에는 위법수집증거배제법칙의 적용을 인정한 것이 있다.[241] 판례는 형사절차에서의 위법수집증거배제법칙에 대하여 헌법이 아닌 형소법의 해석문제로 보고 있으므로,[242] 그러한 입장 하에서는 그것이 적정절차의 내용이 되지는 않지만, 사법의 염결성의 유지, 장래의 위법수사의 억지라는 근거는 소년심판에서도 마찬가지로 타당하다. 그 때문에 위법수집증거배제법칙의 적용 자체는 인정되어야 할 것이다.

다만, 보호처분은 형벌과 달리, 소년의 이익을 도모하기 위한 처분이란 측면도 갖고 있다. 이러한 점에서 절차의 위법을 이유로 요보호성이 있는 소년을 보호처분에 부하지 않고 사건을 종결하는 것이 타당한지라는 소년심판 고유의 문제가 발생하는데, 이 점은 배제의 상당성을 판단할 때 고려요소 중 하나가 되어야 할 것이다.

Ⅵ. 전문법칙

1. 전문법칙의 적용의 유무

전문법칙의 경우 그것이 당사자주의의 절차를 전제로 한 것이므로, 직권주의에 기반한 소년심판에는 적용되지 않는다는 견해가 다수를 차지하고 있다.[243] 그러나 전문법칙이 소년심판에도 적용되는지 여부는 기존의 소년심판의

---

239) 우범성의 기초가 되는 사실의 경우, 우범성의 인정은 요보호성의 인정과 마찬가지로 일종의 종합평가라는 점에서, 보강증거가 필요하지 않다는 것이 실무의 입장이다(田宮＝廣瀨 244면, 総研 187면).

240) 田宮＝廣瀨 244면, 平場 264면, 内園ほか 84면.

241) 名古屋家決 昭和49·3·20 家月 26권 12호 99면.

242) 最判 昭和53·9·7 刑集 32권 6호 1672면.

243) 田宮＝廣瀨 242면, 平場 262면, 内園ほか 71면, 浜井ほか 176면, 野間, 앞의 각주209) 76

절차구조가 어떠한지 이전에, 먼저 전문법칙 그 자체가 소년보호절차에서의 적정절차의 내용을 구성하는지 여부를 검토하여야 한다. 하위규범인 소년법이 규정한 소년심판 구조에 따라 헌법이 보장하는 적정절차의 내용이 결정될 수는 없기 때문이다.244)

이러한 관점에서 우선, 전문법칙이 피고인의 증인신문권을 보장한 헌법 37조 2항 전단에 의해 요구되는 것인지가 문제된다. 판례는 헌법 37조 2항 전단은 공판에 출석한 증인에 대한 반대신문권을 보장하는 데에 그치며, 공판정 외에서 행한 진술과는 관계가 없다는 입장으로도 해석될 수 있는 판시를 하고 있다.245) 이러한 입장에 따르면, 전문법칙은 헌법에서 도출되는 것이 아니라, 형소법에서 창출된 증거법칙에 그치게 되므로, 이를 적정절차의 내용으로까지 파악할 수는 없을 것이다.

반면, 학설상으로는 전문법칙을 헌법 37조 2항 전단에 따른 증인신문권의 보장과 결부된 것으로 파악하는 견해가 유력하다.246) 이러한 입장에서는 전문법칙은 증인신문권을 보장하는 내용 중 하나가 되기 때문에, 형사절차에서의 적정절차의 내용 중 하나가 되고, 형벌과 보호처분이 기능적 동질성을 갖는 이상, 소년보호절차에서도 적정절차의 내용 중 하나로 전문법칙이 적용된다고 보는 견해도 나올 수 있다.247)

그러나 증인신문권의 보장이 공판정 외의 진술과도 관련성을 갖는다는 전제에 입각하더라도, 사후적이나마 실질적으로 반대신문을 할 수 있는 기회가 보장된다면, 그 증거능력을 인정한다 하여도 증인신문권이 침해되었다고는 볼 수 없을 것이다. 그 때문에 위의 전제에서도 반드시 헌법 37조 2항 전단으로부터 전문법칙의 적용이 도출되는 것은 아니며, 실질적인 반대신문을 거치지 않은 진

면, 猪瀬, 앞의 각주225) 98면, 島田, 앞의 각주234) 149면, 片岡博, "伝聞法則", 少年法判例百選 90면 등.

244) 佐伯, 앞의 각주223) 3면.

245) 最大判 昭和24·5·18 刑集 3권 6호 789면, 最大判 昭和25·9·27 刑集 4권 9호 1774면 등. 다만, 판례의 태도를 이렇게 해석하는 데에는 이론도 있을 수 있다. 이 문제에 대해서는 酒巻匡, "証人審問権と伝聞法則", 刑事訴訟法の争点[第3版], 2002, 180면 이하 참조.

246) 田宮 366면, 平野 203면.

247) 高野隆, "憲法問題としての非行事実認定手続", 荒木編 91면. 동 논문에서는 헌법 37조 2항 전단은 헌법 31조를 매개로 할 필요도 없이 소년심판에 직접 적용된다는 생각도 제시되고 있다.

술의 증거능력이 부정된다는 귀결에 이를 뿐이다.

그렇다면 증인신문권의 보장과 공판정 외의 진술과의 관계에 대하여 어떠한 견해를 취하더라도 전문법칙 그 자체가 적정절차의 내용으로서 헌법상 요구되는 것이라고까지는 할 수 없을 것이다. 그러한 이유로, 다음 문제는 법률수준의 문제로서 전문법칙의 취지에 비추어, 형소법 320조를 준용하여 소년심판절차에도 전문법칙을 적용해야 하는지 여부이다.

전문법칙의 실질적인 근거는 공판정 외의 진술은 공판정에서의 진술과 달리, ① 진술자에 의한 선서와 위증죄를 통한 처벌의 위협, ② 그에 따라 불이익을 입게 되는 당사자의 반대신문, ③ 재판관에 의한 진술태도의 관찰이라는, 진술의 신용성을 담보할 수단을 모두 결여하고 있으므로, 이를 사실인정을 위한 증거로 사용하는 것은 유형적으로 위험하다고 하는 점에 있다.[248)] 그리고 그 근거 자체는 전문증거를 소년심판에서 이용하는 경우에도 마찬가지로 타당하다. 그래서 과거에는 소년심판에서도 전문법칙의 적용을 전면적으로 인정하는 견해[249)]나, 적어도 부인(否認)사건에서는 적용된다고 하는 견해[250)]도 있었다. 그러나 현재는 전문법칙의 적용을 부정하는 견해가 대다수를 차지하고 있으며, 실무도 마찬가지로 운용되고 있다.[251)]

그 이유로 제시되는 것이, 전술한 바와 같이 소년심판은 직권주의구조를 취하고 있다는 점이다. 즉, 소년심판절차에서는 전문증거를 포함한 증거자료가 일괄하여 가정재판소에 송부되고, 재판관은 이를 사전에 면밀히 조사하여 사실의 존부에 관한 어느 정도의 심증을 형성한 다음에 심판에 임하며, 소년에 대한 신문이나 보충적인 증거조사를 통해 사실인정을 하는 형태로 진행된다. 그러한 이상은 전문증거에 대해서도 재판관이 미리 그 내용을 파악한 후에 심판에 임하는 것이므로, 소년법 자체가 전문법칙을 채용하지 않을 것을 예정하고 있다는 것이다.

---

248) 田宮 368면, 松尾(下) 44면.

249) 高山晨, "保護処分決定の審理", 司法研修所報 30호, 1963, 102면, 元木伸, "少年保護事件における事実認定手続について", 諸問題 126면.

250) 沼邊愛一, "少年審判手続の諸問題", 司法研究報告書 7집 1호, 1954, 224면, 草野隆一, "少年審判の司法的性格", 諸問題 77면.

251) 福岡高決 昭和39·2·7 家月 16권 7호 87면, 仙台高決 昭和63·12·5 家月 41권 6호 69면.

소년법은 형소법의 공소장일본주의에 대응하는 제도를 채택하고 있지 않지만, 재판관이 사건의 내용을 파악하고 스스로 증거조사를 실시하기 위하여 재판소에 송치된 증거자료를 사전에 검토한다는 것과, 그 자료를 사실인정을 위한 증거로 사용할 수 있는가라는 것은 별개의 문제로서, 전자를 전제로 하면서도 전문증거가 가지는 위험성을 고려하여 증거로서 이용할 수 없게 하는 제도도 있을 수 있다. 그 때문에 직권주의를 취하고 있다고 해서 곧바로 전문법칙이 적용되지 않는다고까지 단정할 수는 없다. 그러나 다른 한편으로, 재판소가 미리 송치된 자료의 내용을 면밀히 조사하고, 그에 기초하여 사건의 내용을 파악하는 것을 인정하면서, 사실인정시에는 그 존재를 심증에서 배제하도록 요구하는 것은 사실상 곤란을 수반하는 것임이 분명하다. 또한 직권주의 하에서 재판소가 주체가 되어 사실을 규명하기 위해서는, 전문증거를 포함하여 가능한 많은 증거를 토대로 심리를 진행하는 것이 바람직한 측면도 있다. 그러한 관점에서 본다면, 소년법은 전문법칙을 채용하고 있지 않다고 보는 것이 자연스러울 것이다.

2. 반대신문의 기회의 보장

다만, 전문법칙의 실질적 근거 자체는 소년심판에서도 마찬가지로 타당하므로, 전문증거의 증거능력 자체는 부정되지 않는다 하더라도, 소년이 비행사실을 다투고 있는 사건에서 이를 인정하기 위한 중요한 증거가 전문증거인 경우에는, 소년에게 원진술자를 반대신문할 기회를 보장함으로써 전문증거의 증명력을 다툴 기회를 부여할 필요가 있을 것이다.[252] 이 점은 실질적 반대신문을 거치지 않은 진술의 증거능력을 부정하는 것이 적정절차의 하나의 내용이 된다고 보는 견해에 입각한다면, 적정절차의 보장이라는 관점에서도 요구되는 것이다.

이 점에 대해서는 원진술자에 대한 신문이 필요한 경우가 있다는 점을 인정하면서도, 가정재판소가 원진술자를 직접 조사할 경우 비행사실의 존재에 관하여 합리적인 의심이 생길 여지가 있음이 객관적으로 인정되는 때에 한하여

252) 平場 262면, 浜井ほか 176면, 見目, 앞의 각주215) 321면, 猪瀬, 앞의 각주225) 98면, 島田, 앞의 각주234) 149면, 片岡, 앞의 각주243) 91면, 長島孝太郎, "少年審判における職権証拠調の範囲と程度", 家裁論集 359면.

이를 인정할 수 있다는 견해도 있다.[253] 이 견해의 의미가, 다른 증거만으로도 비행사실을 충분히 인정할 수 있어, 애당초 당해 전문증거가 비행사실의 인정에 중요성을 가지지 않는 경우에는 원진술자를 신문할 필요가 없다는 것이라면, 이는 타당하다고 할 것이다. 그러나 그렇지 않고, 원진술자를 신문할 것까지도 없이 당해 전문증거의 신용성이 인정되는 경우에는, 그대로 이를 증거로 해도 좋다는 의미라면 의문이 남는다. 왜냐하면 실질적 반대신문을 거치지 아니한 진술의 증거능력을 부정하는 것을 적정절차의 내용으로 파악하는 견해에 따르면, 실질적 반대신문의 필요는 개개의 전문증거의 신용성 여하에 따라 좌우되는 것이 아니라 할 것이고, 이를 적정절차의 내용으로 파악하지 않는 견해에 따르더라도, 개별 사안별로 전문증거의 신용성에 관하여 재판소의 사전평가를 인정하는 것은 전문증거가 유형적으로 위험하다는 전제와 모순되기 때문이다. 그 때문에 원진술자에 대한 신문이 필요하지 않은 경우가 있다고 하더라도, 이는 당해 전문증거가 유형적으로 고도의 신용성을 가지는 경우에 한정된다고 해야 할 것이다.[254]

이상과 같이 전문증거는 무조건 증거능력이 인정되는 것이 아니라, 원진술자에 대한 직접신문이 필요한 경우가 있다는 점에 대해서는 견해가 거의 일치한다. 그렇다면, 이 문제는 소년에 대하여 증인환문권을 포함한 증거조사청구권 및 증인신문권이 인정되는지의 문제와 밀접한 관련을 갖게 된다.

VII. 증거조사청구권

증거조사청구권은 증인을 대상으로 하는 경우에는 증인환문권이 되고, 형사피고인의 경우 헌법 37조 2항 후단에서 이를 보장하고 있다. 한편, 형사소송

253) 内園ほか 72면.

254) 도쿄고등재판소 결정(東京高決 平成9·9·2 家月 50권 2호 198면)에서는, 피해자의 상해 유무에 관하여 진단서를 작성한 의사를 증인으로 신문하지 않고, 진단서를 자료로 하여 상해사실을 인정한 원심의 조치가 문제되었다. 도쿄고등재판소는 진단서의 신용성 내지 정확성 등을 검토하기 위하여 사건기록에 편철된 관련자료 외에 특별히 새로운 자료를 조사할 필요도 없다고 하면서, 원심의 조치는 직권증거조사에 관하여 가정재판소에게 부여된 합리적 재량의 범위를 일탈하지 않았다고 판단하였다. 여기서는 다른 자료에 의해 진단서의 신용성을 인정할 수 있다는 것을 이유로 제시하였는데, 이는 의사의 진단서가 유형적으로 신용성이 높다는 점을 고려한 것으로 생각된다.

법은 양 당사자에게 일반적인 증거조사청구권을 인정하고 있는데(刑訴 298조 1항), 증거조사를 청구한 경우 재판소는 결정으로 그 채부를 결정하여야 하며(刑訴規 190조 1항), 이를 각하할 수 있는 경우는 한정되어 있다. 이러한 권리가 소년심판에서도 보장되는지가 여기서 문제된다.

이와 관련하여 증거조사청구권은 당사자주의를 전제로 한 것이므로, 직권주의에 근거한 소년심판에서는 보장되지 않는다고 이해되어 왔다.[255] 즉, 직권주의 절차에서 증거조사는 재판소가 스스로의 책임과 판단 하에 실시해야 하므로, 소년의 증거조사청구는 가정재판소의 직권발동을 촉구하는 의미밖에 갖지 못한다는 것이다. 그러나 여기서도 기존 소년심판의 구조 이전에, 증거조사청구권의 보장이 그 자체로서 적정절차의 내용인지 여부를 먼저 검토하여야 한다.

이 점에 관하여는, 형사재판이든 소년심판이든 사실의 인정은 이에 필요한 증거조사를 거쳐 이루어져야 한다는 점이 분명하므로, 그 자체는 적정절차의 내용이라고 할 수 있을 것이다. 그러나 이를 충족시키는 제도가 반드시 관계자의 재판소에 대한 증거조사청구권을 인정하는 것일 필요는 없고, 어떠한 형태이든 재판소가 필요한 증거조사를 실시하는 것이 확보된다면 충분하다고 생각된다. 따라서 증거조사청구권의 보장을 적정절차의 내용이라고까지 할 수는 없을 것이다.

그 때문에 소년심판에서 소년에게 증거조사청구권을 인정할지 여부의 문제는 소년법의 해석에 맡겨지게 된다. 즉, 증거조사청구권에 관한 형소법의 규정이 소년심판에도 준용되는지 여부가 문제되는데, 이 점에 대해서는 전술한 바와 같이, 증거조사청구권은 당사자주의를 전제로 하는 것이어서, 직권주의에 기초한 소년심판에서는 인정되지 않는다고 보는 견해가 다수를 차지하고 있다.

분명, 증거조사청구권은 당사자주의와 친하다고 할 수 있으나, 직권주의라 하여 그것이 논리적으로 인정될 수 없는 것은 아니다. 예를 들어, 독일의 형사절차는 직권주의구조를 취하고 있는데, 독일은 형소법상 피고인에게 증거조사청구권을 인정하고 있다.[256] 그 때문에 일본의 소년심판에서도 직권주의를 취하면서

255) 田宮=廣瀬 239면, 内園ほか 114면, 野間, 앞의 각주215) 77면, 見目, 앞의 각주215) 321면.

256) 독일 연방헌법재판소의 판례에 의하면, 증거조사청구권(Beweisantragsrecht)은 기본법 103조 1항에 따라 보장되는 재판소에서의 법적 청문을 받을 권리의 하나라고 한다. 또한 독일

소년에게 증거조사청구권을 인정하도록 제도를 설계하는 것이 가능하다.[257)]

이에 이 점에 관하여 소년법이 어떠한 입장을 취하고 있는지가 문제되는데, 2001년 소년심판규칙의 개정으로 소년이나 보조인이 가정재판소에 대하여 증거조사의 신청을 할 수 있다는 취지의 명문규정이 마련되었던 것이(少審規 29조의3) 하나의 실마리가 된다. 이 증거조사의 신청은 가정재판소의 직권발동을 촉구하는 신청으로서 증거조사청구권을 인정한 것은 아니라고 보고 있는데,[258)] 굳이 이러한 규정을 마련하였다는 것은 반대로 생각하면, 현행법 하에서 증거조사청구권은 인정되지 않는다는 것을 나타내고 있다고 할 수 있다.[259)]

이와 같이 현행 소년법은 소년·보조인에게 증거조사청구권을 인정하지 않는데, 전술한 바와 같이, 적정절차의 내용 중 하나로서 사실의 인정은 재판소가 이를 위해 필요한 증거를 조사한 다음에 이루어질 것이 요구된다. 따라서 그러한 증거에 관해서는 가정재판소가 직권으로 조사할 의무가 발생하게 된다. 그 때문에 전술한 전문증거의 경우를 예로 들자면, 사안에 따라서는 전문증거를 사실인정에 사용함에 있어서 가정재판소가 원진술자를 증인으로 신문하고 소년에게 원진술자에 대한 반대신문의 기회를 부여할 필요가 생기는데, 그러한 경우에도 소년에게 원진술자를 증인으로 심판에 환문할 권리가 있는 것은 아니고, 가정재판소가 직권으로 그 자를 증인으로 소환하여 조사할 의무를 부담한다는 것이 된다.

에서는 소년재판소에서의 절차에서도 형사절차와 마찬가지로 직권주의구조 하에서 소년에게 증거조사청구권이 인정되고 있다(浜井ほか 65면 이하 참조).

257) 해석론으로 증거조사청구권 일반을 인정하는 견해로는 沼邊, 앞의 각주250) 227면이, 적어도 증인환문권을 인정하는 견해로는 高山, 앞의 각주249) 103면, 鴨良弼, "苦悩する制度理念ー少年法と証拠法の接点", 研修 386호, 1980, 11면 등이 있다.

258) 甲斐ほか 379면.

259) 이 점은 검찰관에게도 동일한데, 심판에 관여한 검찰관의 권한에 관한 소년법의 규정(少 22조의2 3항)에는 증거조사청구가 포함되어 있지 않고, 규칙에서 소년 측과 마찬가지로 증거조사를 신청할 수 있도록 하는 데 그치고 있다(少審規 30조의7).

Ⅷ. 증인신문권

위와 같이 소년에게는 증인환문권이 인정되지 않는다. 그렇다면 재판소가 직권으로 조사한 증인이나 참고인에 대하여 소년이나 보조인에게 반대신문권이 인정될 것인가? 이 점에 대하여 판시한 것이 나가레야마사건과 관련한 최고재판소 결정(最決 昭和58 · 10 · 26 刑集 37권 8호 1260면)이다.

이는 고등학생이었던 소년 A가 집단으로 고등학교의 비품, 유리창 등을 파손하였다는 폭력행위등처벌에관한법률위반의 사실(제1사실) 및 다른 3명과 공모하여 같은 학교의 복도에서 가솔린을 뿌린 골판지상자에 라이터로 불을 붙여 학교를 소훼하려 하였으나 교사 등이 이를 발견하고 소화한 관계로 미수에 그쳤다는 현주건조물등방화미수의 사실(제2사실)로 심판에 부해진 사안이었다. A는 심판에서 제1사실을 인정하였으나 제2사실에 대해서는 전혀 기억이 없다며 철저히 부인하였고, 보조인도 A의 진술을 전제로 목격증인 2명을 포함한 다수의 증인을 신청함과 동시에 A의 심판정에서의 진술과 부합하는 다수 관계자의 진술서를 제출하는 등으로 비행사실을 다투었다.

가정재판소는 보조인이 신청한 증인 중 알리바이증인 1명과 공범자인 소년 3명을 증인으로 조사하였으나, 목격자인 위 학교의 여학생 2명에 대해서는 보호자의 요청을 받아들여 소년 · 보조인이 참여할 기회를 부여하지 않고 참고인으로 조사함에 그치고, 그 밖의 증인에 대해서는 조사하지 않은 채, 제1 및 제2사실 모두를 비행사실로 인정한 다음 A에 대해 보호관찰처분을 내렸다.

이에 대하여 소년법 32조에 따른 항고가 제기되었으나, 항고심이 이를 기각하였다. 그러자 보조인은 목격자에 대하여 반대신문의 기회를 부여하지 않은 가정재판소의 조치는 헌법 31조에 위반되는 것이라 하여 소년법 35조에 따라 최고재판소에 재항고를 제기하였다.

최고재판소는 헌법 31조 위반을 주장하고 있는 항고취지의 실질은 단순한 법령위반의 주장에 불과하므로, 소년법 35조 1항의 항고이유에 해당하지 않는다고 하여 재항고를 기각하면서, 추가적으로 다음과 같이 판시하였다.

"소년보호사건에서의 비행사실의 인정에 있어서는 소년의 인권에 대한 절차상 배려가 필수적이며, 비행사실의 인정에 관한 증거조사의 범위, 한도, 방법의 결정도 가정재판소의 완전한 자유재량에 속하는 것이 아니라, 소년법 및 소년심판규칙은 이를 가정재판소의 합리적 재량에 맡기고 있는 취지라고 해석하여야 한다."

이러한 판시에 따르면, 증거조사에 관한 가정재판소의 재량은 자유재량이 아닌 기속재량이라고 할 것이므로, 개개의 사건에서 취해진 증거조사절차가 합리성을 결하여 재량권을 일탈하였다고 평가됨으로써 법령위반이 되는 경우가 있다는 것이다. 다만, 다수의견은 위와 같은 일반론을 전개하였을 뿐, 본건에서 가정재판소의 조치가 재량권을 일탈하였는지에 대해서는 언급하지 않았는데,[260] 본 결정에는 그 점에 관한 판단을 포함하는 단도시게미츠(団藤重光)재판관의 상세한 보충의견이 붙어 있다.

보충의견에서는 먼저 소년보호사건에서의 사실의 증명은 가정재판소의 자유재량에 맡겨진 것이 아니라, 그러한 조치가 일정한 한도를 일탈한 경우에는 법령위반이 된다는 취지를 명확히 설시하고 있다. 그 근거로는 첫째, 헌법 31조가 보장하는 법의 적정절차, 적어도 그 취지는 소년보호절차에서 보호처분을 결정할 경우에도 존중되어야 한다는 점과 둘째, 소년의 인권보장을 고려하여 납득할 수 있는 절차에 따라 이를 진행함으로써 비로소 보호처분이 소년에 대하여 소기의 개선효과를 거둘 수 있다는 점을 들고 있다.

이를 전제로 다음의 문제는, 본건에서 취해진 증거조사절차가 위와 같은 의미에서의 합리적 재량의 범위 내에 있다고 볼 수 있는지 여부에 있다. 보충의견은 먼저 본건에서는 ① 부인사건에서 비행사실의 인정상 중요한 의미를 갖는다고 인정되는 목격자를 단순히 참고인으로 조사하는 것으로 족한지, 그렇지 않으면 증인으로 조사하여야 하는지, ② 또한 어느 경우든 소년이나 보조인에게 참여 및 반대신문의 기회를 부여하지 않아도 되는지의 2가지 점이 문제된다고 지적하였다.

보충의견은 이어서, 첫 번째 문제에 관하여는 원칙적으로 반드시 증인신문의 형식에 의할 필요는 없다고 하였으나,[261] 두 번째 문제에 관하여는 "중요한

260) 다수의견에 대한 해석에 있어서는, 본건에서의 가정재판소의 조치를 적법하다고 본 것이라는 견해와 오히려 위법설로 기울었으나 실무상 영향이 중대하다는 점을 감안, 기본적인 방향성만을 제시하고 실무에 경종을 울린 데에 그친 것이라는 견해로 나뉘고 있다(木谷明＝家令和典, "証拠調べの範囲·限度·方法", 少年法判例百選 95면).

261) 다만, 증인신문의 형식에 의하는 경우에는 보호사건의 성질에 반하지 않는 한 형사소송법의 증인신문에 관한 규정이 준용된다는 점에서(少 14조 2항), 본인의 출석·진술을 확보하고

참고인 · 증인이라면 소년 내지 보조인이 요구한 때에는 적어도 실질적으로 그 기회를 충분히 부여할 필요가 있다고 해석하여야 한다. 헌법 37조 2항의 취지는 적정절차의 내용 중 하나로서 소년보호절차에도 실질적으로 적용되어야 한다"라고 하였다. 그리고 본건의 심리경과와 증거관계를 검토하여, 본건의 경우에는 목격자 2명의 진술이 비행사실을 인정하기 위한 가장 중요한 증거이고, 소년 · 보조인의 반대신문을 통하여 그 진술의 신용성을 다투게 할 필요성이 크다고 한 다음, 가정재판소가 소년 내지 보조인에게 목격자에 대한 참여 및 반대신문의 기회를 부여하지 않았던 것은 재량의 범위를 일탈한 것이었다고 결론지었다.

자기에게 불이익한 진술을 한 자에 대하여 반대신문을 하여 그 진술의 신용성을 다투는 것은 방어권의 핵심을 이루는 것이라고 할 수 있으므로, 반대신문의 기회보장은 적정절차의 내용 중 하나라고 할 수 있을 것이다.[262] 그리고 이는 형사재판이든 소년심판이든 마찬가지로 타당한 것이므로, 소년심판에서도 증인신문권은 보장되어야 한다.[263] 조문상으로는 소년법 14조 2항을 통하여 형소법 157조 3항이 준용되는 형태가 된다.[264]

나가레야마사건에 대한 최고재판소 결정의 직접적인 판시사항은 비행사실의 인정에 관한 가정재판소의 증거조사가 합리적인 재량에 기초하여야 한다는 점이고, 보충의견도 그러한 법리에 따라 당해 사건에서 가정재판소가 취한 증거조사의 방법이 합리적인 재량의 범위를 일탈하였는지 여부를 문제 삼고 있다. 그러나 보충의견의 실질적인 내용은 소년 측에게 증인 내지 참고인에 대한 반대신문권을 인정한 것과 동일한 의미를 갖는다. 그 때문에 이후 실무는 본 결정에 따라 운용되고 있는데, 중요한 관계자에 대해서는 증인신문의 형식을 취하여 소년 측에게 참여권과 반대신문권을 보장하고 있다.[265]

허위진술을 억지하는 것이 특히 필요하다고 인정되는 사정이 있는 때는, 예외적으로 증인신문의 형식을 취하는 것이 법의 요청이라고 여겨지고 있다.

262) 田宮＝廣瀬 240면, 平場 264면.

263) 田宮＝廣瀬 240면, 平場 264면, 加藤, 앞의 각주201) 118면.

264) 2000년 개정에서 검찰관에게 증인신문권을 인정하는 명문규정을 둔 데에 대하여(少 22조의2 3항, 少審規 30조의8 1항), 소년 · 보조인에게는 그에 대응하는 규정을 두지 않았다. 이는 개정 전에도 소년 · 보조인에게는 증인신문권이 인정된다는 전제 하에 형소법 및 형소규칙의 관계규정을 준용하여 실무상 운용되어 왔으므로, 새로운 규정을 신설할 필요가 없었기 때문이다(甲斐ほか 395면).

265) 内園ほか 76면. 보충의견은 재판소의 증거조사방식에 관하여, 원칙적으로 반드시 증인신문

다만, 그러한 기준은 일의적이지 않으므로, 개개의 사안에서 원진술자에 대한 증인신문을 실시할지 여부를 재판소가 판단해야만 하는 경우가 생길 수 있다. 이 점이 문제된 최근의 판례로 도쿄고등재판소 결정(東京高決 平成17·8·10 家月 58권 11호 89면)이 있다. 본건은 소년이 여러 명의 여자아동을 강제추행한 사건이었는데, 소년이 심판기일에서 비행사실을 다투어, 보조인이 피해자 등을 중요증인으로 신문할 것을 청구하였으나, 원심이 이를 실시하지 않은 조치가 문제되었다. 본 결정은 소년이 수사단계 또는 관호조치결정절차에서 사실을 인정하는 진술을 하였다는 점, 피해자들의 진술내용이 구체적이고 신용성이 있다는 점, 피해자를 조사하였던 경찰관이 심판정에 나와 피해자의 진술태도가 자연스러웠다고 증언하고 있는 점, 소년이 심판기일에서 사실을 부인하면서도 당시 상황에 관하여는 명확한 설명을 하지 못하는 점 등에 비추어, 원심이 어린 피해자들의 정서를 배려하여 증인신문을 실시하지 않았던 것은 가정재판소의 합리적 재량의 범위 내에 있어 상당하다고 판시하였다.

그러나 본건에 있어서 피해자들의 진술은 유형적으로 고도의 신용성을 갖는 것이 아니며, 또한 본건은 피해자의 수사단계에서의 진술이 비행사실의 인정에 중요성을 갖는 사안이었다. 따라서 피해자에 대한 증인신문을 인정하지 않은 원재판소의 조치가 합리적 재량의 범위 내에 있다고 한 데에는 의문이 있다.

Ⅸ. 사회조사결과의 이용

1. 사후적인 이용

(1) 비행사실의 인정을 위한 이용

가정재판소 조사관의 조사는 비행사실의 인정을 위해서가 아니라, 소년의 요보호성의 유무 및 그 정도를 명확히 하기 위해서 실시되는 것으로, 그 결과를 정리한 조사보고서(소년조사표)도 본래 요보호성을 판단하기 위한 자료로 이용

의 형식을 취할 필요는 없다고 하였으나, 동 의견 스스로 지적한 바와 같이, 증인신문의 형식을 취한 경우에는 형소법의 규정이 보호사건의 성질에 반하지 않는 한 준용되는 결과(少 14조 2항), 소년·보조인의 참여와 신문이 권리로 보장될 뿐만 아니라, 선서와 위증죄에 의한 처벌가능성을 통해 진술의 신용성이 담보된다. 그 때문에 현재 실무에서는 중요한 관계자의 경우 증인신문의 형식을 취하는 경우가 대부분이라고 한다(浜井ほか 204면).

할 것이 예정되어 있다. 다만, 당해 소년의 입장에서 비행이 가지는 의미를 규명하고 그 행동선택의 패턴을 이해하는 것은, 소년의 인격을 이해하고 장래의 행동을 예측하는 데에 기여하므로, 그러한 의미에서 소년이 저지른 비행사실은 요보호성의 중요한 판단요소가 된다. 따라서 조사관은 조사과정에서 비행사실에 관한 조사도 반드시 실시하고 있다.[266]

이와 같이, 조사관에 의한 비행사실의 조사는 소년의 요보호성을 판단하기 위한 자료라는 관점에서 실시되는 것이지만, 그 조사결과 내에는 비행사실의 존부를 판단하는 데도 유용한 자료가 포함되어 있는 경우가 적지 않다. 이에 조사결과를 심판에서의 비행사실의 인정에도 이용할 수 있을지가 문제된다.

이 점에 관하여, 조사관의 조사에서는 그 결과가 요보호성을 판단하기 위해서만 사용된다는 전제 하에 조사대상자가 진술하거나 자료를 제공하는 경우가 대부분인데, 그럼에도 불구하고 이를 비행사실을 인정하기 위하여 사용하게 되면, 조사관과 조사대상자 사이의 신뢰관계가 훼손되어 이후의 조사에 지장을 초래할 우려가 있다는 점, 또한 조사결과 중 소년의 진술요지를 기재한 조사보고서[267]의 경우, 면접조사에서 소년에 대하여 묵비권 등을 고지하지 않는 때가 많기 때문에,[268] 이를 비행사실의 인정에 사용하는 것은 적정절차의 보장이란 관점에서 타당하지 않다는 점을 이유로, 비행사실에의 이용을 부정하는 견해가

---

266) 田宮＝廣瀬 119면, 青木晋, “社会調査結果の事実認定資料としての利用”, 少年法判例百選 103면, 相澤重明, “家庭裁判所調査官と少年保護”, ジュリ 1087호, 1996, 70면, 原口幹雄, “少年事件と家庭裁判所調査官の役割”, 展開 216면.

267) 소년심판규칙에서는 조사관은 소년, 보호자 또는 참고인의 진술이 사건의 심판에 필요한 경우에는 이를 기재한 조서(진술녹취조서)를 작성하여야 한다(少審規 12조 1항)고 하면서, 다만 상당하다고 인정하는 때에는 진술의 요지를 기재한 서면을 작성하여 조서에 대신할 수 있다(동 3항)고 규정하고 있다. 현재 실무에서는 진술녹취조서가 작성되는 경우는 드물고, 대부분 3항에 근거하여 조사보고서 내에 소년 등의 진술의 요지를 기재하고 있다(田宮＝廣瀬 121면).

268) 묵비권을 고지함으로써 소년과 조사관이 대립관계에 있는 것처럼 보일 수 있고, 사회조사가 신뢰관계를 형성해 가는 과정이라는 것과 모순된다는 점이 그 이유라고 한다(原口幹雄, “少年事件調査における適正手続についての研究”, 調研紀要 27호, 1975, 7면). 그러나 이에 대해서는 그 결과를 비행사실의 인정에 이용할 수 있을지와 상관없이, 조사에서도 묵비권을 고지하여야 한다는 견해가 유력하고(平場 219면, 菊地和典, “法の公正手続の導入と『調査』の問題点”, 諸問題 179면, 高木典雄, “要保護性認定における適正手続の保障”, 家裁論集 325면, 斉藤豊治, “社会調査段階における黙秘権”, 少年法判例百選 71면), 최근 실무에서는 묵비권을 실질적으로 고지하는 경우가 적지 않다고 한다(田宮＝廣瀬 123면).

다수를 차지하고 있다.[269]

다만, 사회조사의 결과를 비행사실의 인정에 이용할 수 없다 하더라도, 예를 들어 조사결과 내에 비행사실을 인정하는 데에 있어 중요한 자료가 존재한다고 파악된 경우에, 이를 심판에서 신문이나 증인신문 등의 형태로 재현하거나, 수사기관에게 보충수사를 요구하여 추송된 자료를 증거로 하는 등의 조치를 취하는 것까지 금지되는 것은 아니다. 그 때문에 조사결과를 비행사실의 인정에 이용할 수 없다는 것은 이를 직접적으로 사실인정의 증거로 할 수 없다는 데에 그친다.

반면, 학설 중에는 비행사실의 존재를 인정하기 위한 것이 아니라, 소년에게 유리한 방향, 즉 그 부존재를 인정하기 위한 것이라면 조사결과를 이용하는 것도 허용된다는 견해도 있다.[270] 다만, 여기서 말하는 조사결과의 이용이라는 것이 조사 중에 소년이 비행사실을 부인하는 경우나 조사관 자신이 조사과정에서 비행사실의 존재에 의문을 품은 경우, 비행사실의 존부에 관한 조사를 요구하기 위하여 조사관이 그 사정을 재판관에게 보고할 수 있다[271]는 점에 그치는 것이라면, 이는 당연히 허용된다고 해야 할 것이다.[272] 따라서 이 경우에도 문제되는 것은 조사결과를 비행사실을 부정하는 방향의 증거로서 직접 이용할 수 있을지 여부이다.

소년이나 보호자로부터 얻은 정보에 대해서는 이를 소년에게 유리한 사실인정의 증거로 이용하더라도, 통상은 신뢰관계를 훼손하는 것은 아닐 것이며,[273] 또한 비행사실을 부정하는 방향으로 이용하는 이상, 조사시 묵비권의 불고지에 수반되는 문제도 발생하지 않는다. 따라서 이 경우에는 조사결과의 이용

---

269) 田宮＝廣瀬 245면, 平場 227면, 内園ほか 86면, 長島, 앞의 각주252) 363면. 조사기록을 비행사실을 인정하기 위한 증거에서 제외할 것을 명시한 판례로는 高松高決 昭和50·8·8 家月 28권 4호 143면이 있다. 또한 조사에서 작성된 소년의 진술조서를 역송 후의 형사재판에서 유죄인정의 증거로 삼을 수 없다는 판례로는 東京高判 昭和47·11·21 高刑集 25권 5호 479면이 있다.

270) 澤登 125면, 法常, 앞의 각주57) 151면. 판례 중에도 비행사실을 부정하는 방향으로 조사결과를 이용한 것이 있다(大阪高決 昭和52·2·24 家月 29권 10호 173면, 東京家決 昭和54·10·8 家月 32권 10호 111면, 東京家決 昭和55·7·4 家月 33권 6호 66면 등).

271) 澤登 125면.

272) 실무에서는 조사단계에서 소년이 비행사실을 부인하는 경우, 그 주장이 어떠한 근거에 기초하고 있으며, 비행사실의 어느 부분을 어떻게 부인하고 있는지를 조사관이 구체적으로 청취하고 조사보고서로 정리하여 재판관에게 보고하고 있다(相澤, 앞의 각주266) 71면).

273) 이는 공범자로 취급된 소년으로부터 얻은 정보를 이용하는 경우에도 타당할 것이다.

을 인정하더라도 문제될 것이 없을 것이다. 반면, 그 외의 조사대상자의 경우, 조사결과가 비행사실의 인정에 이용되지 않는다는 신뢰는 비행사실을 인정하는 경우이든, 그것을 부정하는 경우이든 똑같이 존재하므로, 양자를 구별하여 취급할 수는 없을 것이다.

나아가 이와는 별개로, 우범의 비행사실 중 우범성에 관해서는, 그것이 요보호성과 마찬가지로 종합적, 평가적 판단에 기초한 것이므로, 우범성의 존부를 인정하기 위한 자료로 조사결과를 이용하는 것을 허용해도 무방하다는 견해가 유력하다.[274] 그러나 종합적, 평가적인 판단이라는 것 자체가 본래 이용할 수 없는 자료를 이용할 수 있도록 하는 이유가 되지는 않는다는 점에서, 오히려 우범성의 내용은 요보호성의 내용과 밀접하게 관련되어 있고 상호 겹치는 부분도 많기 때문에, 양자의 판단자료를 구별하는 것은 자연스럽지 않다는 것이 실질적인 이유가 될 것이다. 그 외에 현실적인 문제로 우범의 경우 송치기관으로부터의 송부자료가 충분하지 않아, 조사결과를 이용할 필요성이 높다는 것도 그 이유가 되고 있다.[275]

(2) 자백의 임의성·신용성의 판단을 위한 이용

자백의 임의성이나 신용성을 판단하기 위한 자료로 조사결과를 이용할 수 있는지도 문제된다. 구체적으로는 조사보고서에 기재된 소년의 지적 능력, 성격과 같은 소년의 심신과 관련된 자료를 이용하는 경우나, 수사단계에서의 자백의 임의성, 신용성을 판단하기 위한 자료로서 수사단계와 조사단계에서 행한 진술이 일관되는지 아니면 모순되는지를 파악하기 위하여, 조사보고서 내의 비행사실에 관한 소년의 진술 기재부분을 이용하는 경우를 생각해 볼 수 있다.

자백의 임의성이나 신용성의 판단은 비행사실의 인정과 밀접한 관련성을 갖고 있으므로, 조사결과의 이용을 인정해서는 안 된다는 견해[276]가 있다. 반

---

274) 平場 230면, 内園ほか 87면.

275) 内園ほか 87면. 우범성뿐만 아니라 우범사유를 인정하기 위해서도 조사결과를 이용할 수 있다는 견해도 있다(総研 189면). 또한 사건수리가 조사관의 보고에 근거한 경우에는 처음부터 송치기관이 존재하지 않으므로, 가정재판소에 자료가 송부되지도 않는다. 그러한 점에서 조사관입건에 의한 사건임을 지적한 다음, 사회조사결과의 이용을 인정한 판례도 있다(東京家決 平成7·6·29 家月 48권 9호 80면).

276) 長島, 앞의 각주252) 363면.

면, 그러한 전제 자체는 인정하면서도 자백의 임의성이나 신용성의 판단이 비행사실의 존부 그 자체에 관한 판단이 아니고, 또한 종합적, 평가적이라는 점, 나아가 소년의 심신 측면의 자료는 통상적인 조사과정에서 조사관이 일반적으로 수집하는 자료로서, 이를 임의성이나 신용성의 판단자료로 이용하더라도 소년측과의 신뢰관계를 파괴하기에 이를 정도의 폐해는 적다는 점을 이유로, 이를 긍정하는 견해도 유력하다.[277] 소년의 심신과 관련된 자료의 경우에는 그러하겠으나, 수사단계에서의 자백의 신용성을 긍정하기 위해 조사보고서를 사용하여 소년이 조사단계에서도 동일한 내용의 진술을 하였다는 사실을 입증하는 것은, 소년의 입장에서 보면 조사단계에서의 진술 자체를 비행사실의 인정에 이용하는 것과 다를 바 없고, 조사관과의 신뢰관계를 파괴할 우려가 높다고 생각된다. 따라서 적어도 그러한 이용은 자제해야 할 것이다.

2. 조사관에 의한 법적 조사

이상은 조사관에 의한 사회조사결과를 사후적으로 비행사실의 인정에 이용할 수 있을 것인지와 관련된 문제인데, 이와 달리, 재판소가 처음부터 비행사실의 인정에 이용할 목적으로 조사관에게 사회조사가 아닌 비행사실의 존부에 관한 조사를 명할 수 있는지도 문제되고 있다. 실무에서는 특히 연령초과가 임박한 사건이나 관호조치 중 소년이 새로운 알리바이 등을 주장한 사건 등에서, 시간적 제약으로 직권증거조사를 하거나 수사기관에게 보충수사를 의뢰하기 어려운 때에 그러한 필요성을 느끼는 경우가 있다고 지적되고 있다.[278]

소년법의 문언상으로는 조사관의 조사대상은 한정되지 않는다(少 8조 2항). 그러나 전통적으로는 비행사실의 인정에 이용하기 위한 조사는 법적 조사로서 재판관이 해야 한다는 점, 조사관은 수사관과 달리 비행사실을 인정하기 위한 자료수집에 관한 훈련을 받지 않았다는 점 등을 이유로, 이를 부정하는 견해가

277) 平場 230면, 内園ほか 90면. 조사결과를 자백의 임의성 판단에 사용한 판례로 東京高決 昭和50·1·29 家月 27권 8호 93면, 신용성 판단에 사용한 판례로 名古屋高決 昭和50·3·27 家月 27권 10호 91면, 東京高決 昭和53·8·3 家月 31권 5호 125면, 東京高決 昭和60·8·26 家月 38권 4호 118면, 静岡家沼津支決 平成3·10·29 家月 44권 3호 103면이 있다.

278) 内園ほか 89면.

주류이고,[279] 실무도 동일하게 운용되어 왔다. 그러나 최근에는 그러한 조사명령도 법적으로는 가능하다는 전제에서, 그 필요성이 높고 조사관의 본래 직무인 사회조사에 지장을 초래하지 않는 한정된 범위에서, 이를 인정해야 한다는 견해도 주장되고 있다.[280]

X. 직권증거조사

1. 직권증거조사의무의 범위

전술한 바와 같이, 나가레야마사건에 대한 최고재판소 결정(昭和58·10·26)은 비행사실의 인정에 관한 가정재판소의 증거조사의 범위, 한도, 방법의 결정은 자유재량에 속하는 것이 아니라, 합리적 재량에 따르는 것이라는 점을 명확히 하였다. 이에 따르면, 개개의 사건에서 가정재판소의 증거조사가 그 재량의 범위를 일탈하여 위법한 경우가 있을 수 있다. 다만, 동 결정 자체는 중요한 목격자에 대하여 소년 측에게 반대신문의 기회를 부여하지 않고 참고인으로 조사하였던 사안을 대상으로 한 것인데, 위 판시부분은 그러한 경우뿐만 아니라, 가정재판소의 증거조사 일반을 대상으로 하고 있다. 이에 동 결정을 계기로 가정재판소가 어떠한 경우에 어떠한 범위에서 직권증거조사를 하여야 하는지의 논의가 폭넓게 진행되었다. 이러한 점이 문제되는 경우에는 개념상 2가지 국면이 있다.

(1) 비행사실의 부존재를 향한 직권증거조사

먼저, 가정재판소가 송치사건에 관하여 비행사실을 부정하기 위하여 증거조사를 실시해야 하는지 여부가 문제되는 경우이다. 소년이 증거인 진술조서의 신용성을 다투고, 심판에서 원진술자에 대한 증인신문을 요구하는 경우가 그 일례인데, 그 외에도 예를 들어 알리바이에 관한 증인이나 서증 등 소년의 변명을 뒷받침할 가능성이 있는 새로운 증거가 발견되어 소년 측이 이에 대한 조사를

279) 平場 227면, 内園ほか 89면.

280) 浜井ほか 226면. 구체적으로는, 소년의 자백의 임의성이나 신용성에 관한 사항의 조사 등 소년의 심리에 지식과 경험이 풍부한 조사관으로 하여금 조사하게 하는 것이 그 전문성을 활용할 수 있어 유익한 경우, 우범사건이나 촉법사건에서 증거가 불충분하여 조사관으로 하여금 사실관계를 조사하게 할 실익이 인정되는 경우 등을 들고 있다.

신청한 경우가 이에 해당한다.

이 중에서 소년이 원진술자에 대한 증인신문을 요구한 경우에는 전술한 바와 같이, 다른 증거만으로 충분히 비행사실을 인정할 수 있는 경우나, 당해 진술조서가 유형적으로 고도의 신용성을 가진 경우를 제외하고, 가정재판소는 증인신문을 실시하여야 한다. 또한 그 외의 증거에 관해서도 이를 조사함으로써 비행사실의 존재에 대하여 합리적인 의심을 불러일으킬 가능성이 객관적으로 인정되는 경우에는 직권에 의한 증거조사의무가 발생한다고 해야 할 것이다.[281] 소년심판에서도 사실의 인정은 이에 필요한 증거조사를 거쳐 이루어져야 한다는 것은 적정절차의 내용이라고 할 수 있고, 또한 소년 자신은 일반적으로 충분한 방어능력을 갖고 있지 않을 뿐만 아니라 보조인이 선임되지 않은 사건도 적지 않기 때문에, 이러한 방향에서의 직권증거조사는 가정재판소의 후견적 기능이란 관점에서도 요구된다고 할 수 있다.

이와 같이 비행사실의 부존재를 향한 직권증거조사가 의무화되는 경우가 있다는 점에 대해서는 거의 이론 없이 인정되고 있다. 견해의 대립은 이와 반대로 비행사실을 긍정하기 위한 직권증거조사에 관한 것에 있다.

(2) 비행사실의 존재를 향한 직권증거조사

(a) 문제의 소재

가정재판소가 사건을 수리하는 형태는 다양하다. 예를 들어 일반인의 통고나 아동복지기관의 송치에 의한 경우에는, 통고나 송치의 시점에서 비행사실을 입증할 증거가 충분하지 않은 경우도 적지 않다. 반면, 수리형태의 대부분을 차지하는 수사기관의 사건송치의 경우, 수사기관은 수사를 마친 다음 사건을 가정재판소에 송치하도록 되어 있고(少 41조·42조), 사건송치시에 수사단계에서 수집, 작성한 증거자료가 일괄하여 송치되므로(少審規 8조 2항), 통상 수리시점에서 비행사실을 입증하기 위한 증거는 갖추어져 있다. 그러나 수사기관이 송치하는 경우에도 때로는 당연히 송부되어야 할 자백의 보강증거가 첨부되어 있지 않은 등 송부된 증거자료가 애당초 불충분한 사례가 있다. 또한 그렇지 않더라도, 수사단계에서 자백했던 소년이 심판에서 비행사실을 부인하고 알리바이를

---

281) 田宮＝廣瀬 241면, 内園ほか 136면, 浜井ほか 189면, 長島孝太郎, “少年審判手続と職権証拠調”, 判タ少年法 165면, 浜井一夫, “証拠調べをめぐる諸問題”, 判タ家裁実務 355면.

주장하는 경우와 같이 사건송치 후의 사정변화에 따라 당초에 송부된 증거자료만으로는 비행사실을 인정할 수 없는 사례도 있을 수 있다.

이러한 경우, 형사재판이라면 검찰관이 보충수사와 보충입증을 할 수 있지만, 소년심판에는 2000년 개정 전까지 검찰관의 출석이 인정되지 않았고, 또한 개정 후에도 모든 심판에 검찰관이 관여하는 것은 아니다. 이에 위와 같은 경우에 가정재판소 스스로가 비행사실의 존재를 증명하기 위한 증거, 그러한 의미에서 소년에게 불이익한 증거를 직권으로 조사할 의무가 있는지가 문제되는 것이다.

(b) 종래의 견해

이 점에 관하여 종래에는 재판소의 중립성을 근거로, 가정재판소에는 원칙적으로 비행사실의 존재를 증명하기 위하여 증거를 조사할 의무는 없다는 견해가 지배적이었다.[282] 이를 전제로 어떠한 경우에 그 예외를 인정할지에 관해서는 논자에 따라 차이는 있지만, 기본적으로는 예를 들어 피해신고가 수사기관의 과실로 누락된 사례와 같이 송부자료나 소년의 심판정에서의 진술 등으로 볼 때, 다른 중요한 증거가 존재한다는 것이 충분히 추측되는 경우나 입증상 소년의 변명을 쉽게 부정할 수 있는 경우로서, 더욱이 별다른 어려움 없이 그 증거를 보충하여 조사할 수 있는 사안 등을 상정하고 있었다. 이러한 입장을 취한 판례로는 오사카가정재판소 결정(大阪家決 昭和46·4·22 家月 24권 1호 102면)이 있다.

이는 소년 A가 친구와 공모하여 저지른 3건의 공갈과 1건의 폭행·상해의 촉법사실을 이유로, 아동상담소가 가정재판소에 소년을 송치한 사안이다. A는 경찰조사에서뿐만 아니라 가정재판소의 심판에서도 모든 사실을 자백하였는데, 그 중 2건의 공갈에 대해서는 A의 자백이 있을 뿐, 공범자나 피해자의 진술조서 등 A의 자백을 보강하는 증거는 일체 존재하지 않았다.

오사카가정재판소는, A의 경찰관에 대한 자백조서 및 심판정에서의 자백은 모두 애매하고 구체성이 없어서, 그것만으로는 2건의 공갈사실이 존재한다는 심증을 얻을 수 없고, 또한 가령 그러한 자백의 증명력이 인정된다 하더라도 보강증거가 존재하지 않는 이상 공갈사실의 증명이 있다고 볼 수 없다고 하였

282) 長島, 앞의 각주281) 165면, 三井明, "否認事件の審判手続について", 諸問題 134면.

다. 이어서 본건에서, 재판소가 직권으로 공범자나 피해자의 증인신문을 실시해야 하는지에 대해서는 다음과 같이 판시하였다.

먼저, 일반론으로 아동상담소장이 촉법소년을 가정재판소에 송치하는 경우에는 당해 소년의 촉법사실을 인정하기 위한 증거자료를 확보하여 이를 가정재판소에 송부하여야 할 뿐만 아니라, 가정재판소는 사법기관으로서 비행사실의 인정에 있어서 중립적인 판단자의 입장에 있다고 보아야 하므로, 가정재판소의 직권증거조사는 보충적인 것에 그쳐야 하고, 송치기관을 대신하여 증거수집활동을 하는 것과 같은 모습이어서는 안 된다고 하였다. 그리고 본건에서 문제된 2건의 공갈사실의 존부를 둘러싼 증거관계는, 재판소의 보충적인 직권증거조사를 통해 처리될 수 있는 성질의 것이 아니라, 송치기관의 증거수집활동을 요하는 상황에 있다는 점, 증인으로 생각되는 공범자나 피해자의 소재 등이 분명하지 않다는 사정이 인정된다는 점을 지적하고, 결론적으로 재판소가 직권을 발동해서까지 위 증인신문을 실시하여야 할 의무는 없다고 해석함이 상당하다고 하였다.

이와 같이, 종래에는 오로지 가정재판소에 직권증거조사의 의무가 있는지 여부의 관점에서 논의가 진행되어 왔다. 그러나 본 결정이 언급하는 것처럼, 사법기관으로서의 가정재판소의 중립성이 직권증거조사를 한정하는 근거라고 한다면, 전술한 예외에 해당하는 경우를 제외하고 가정재판소가 직권으로 증거를 조사할 의무는 없다는 것에 그치지 않고, 애당초 가정재판소는 그와 같은 증거조사를 해서는 안 된다고 보아야 할 것이다. 이러한 사고는 형사절차에서의 재판소의 직권증거조사의 범위에 관한 사고를 소년보호절차에도 적용한 것이라고 할 수 있다.

다시 말해, 형사절차에서는 피고인이 범죄사실을 저질렀다는 것을 주장, 입증할 책임은 검찰관이 지고, 재판소는 그에 대한 피고인 측의 반증을 검토하여 중립적 입장에서 그 존부를 판단한다. 재판소가 직권으로 증거조사를 할 수도 있으나(刑訴 298조 2항), 이는 어디까지나 보충적인 것에 불과하다. 즉, 재판소에는 원칙적으로 직권발동의 의무가 없고, 증거의 존재가 명백하고 그 조사가 용이하며 이를 조사하지 않으면 현저히 정의에 반하는 결과를 초래할 우려가 매우 큰 때에, 예외적으로 당사자에 대하여 증거조사의 청구를 촉구할 의무를 진다. 그리고 당사자가 이에 응하지 않고 이를 방치해 두어서는 현저히 정의에 반하는 사태가 생기는 경우에 한하여, 비로소 직권으로 증거를 조사할 의무가 발생한다고 여겨지고 있다.[283] 이 경우에 재판소가 증거조사의 청구를 촉구할 의무는 검찰관과의 관계에서도 발생하지만, 직권으로 증거조사를 할 의무는 재판소의 후견적 역할이란 관점에서 오로지 피고인과의 관계에서만 인정된다.[284]

더욱이 재판소가 피고인에게 불리한 증거를 직권으로 조사하는 것은 그 자체가 재판소의 공평성을 의심스럽게 하는 것으로, 재판소에는 그러한 의무가 없을 뿐만 아니라, 본래 원칙적으로 그와 같은 증거조사는 할 수 없다는 견해도 유력하다.[285] 이상과 같은 사고를 소년심판에 대해서도 마찬가지로 적용하는 것이 전통적인 견해였던 것이다.

(c) 최근 논의와 실무의 전환

가정재판소의 직권증거조사의 범위에 관한 이러한 견해에 대해서는 1980년대 중반 이후 특히 재판관들이 이론을 제기하게 되었다.[286] 그 주된 근거는 이하의 2가지에 있다.

첫째, 직권주의에 기초한 절차구조를 취하고 검찰관이 심판에 출석하지 않는 소년심판 하에서는, 비행사실의 존부를 명확히 할 책임은 모두 가정재판소에 있다. 그렇다면, 당사자주의에 기초한 대심구조를 전제로 하는 형사절차에서의 직권증거조사의 범위에 관한 견해를 소년심판에 그대로 적용할 수는 없다. 소년심판에서 가정재판소에 요구되는 중립성이란 순수한 판단자의 입장에서 적극적인 직권행사를 자제한다는 의미가 아니라, 소년에게 유리하든 불리하든 편향됨이 없이 직권을 행사한다는 의미에서의 중립성인 것이다.

둘째, 소년심판의 궁극적 목적인 소년의 건전육성이란 관점에서는 비행을 저지른 소년에 대하여 비행사실을 정확히 인정하고 요보호성에 맞는 처분을 할 필요가 있다. 그렇다면, 송부된 증거가 제대로 구비되지 못하였음을 이유로 가정재판소가 직권을 행사함이 없이 불처분결정을 하여 보호가 필요한 소년을 방

---

283) 松尾浩也監修, 条解刑事訴訟法[第4版], 弘文堂, 2009, 636면.

284) 松尾監修, 앞의 각주283) 576면, 石井 290면.

285) 平野 188면, 河村澄夫, "職権証拠調義務", 熊谷弘ほか編, 証拠法大系Ⅳ, 日本評論社, 1970, 125면.

286) 内園ほか 134면, 小川正持, "少年保護事件における職権証拠調べ", 家月 37권 7호, 1985, 1면, 小林崇, "少年法の解釈運用と今後の課題", ジュリ 852호, 1986, 183면.

치하는 것은 소년법의 목적에 반한다고 할 수 있다.

그러한 이유에서 현재 실무에서는 소년에게 유리, 불리를 불문하고, 진실 발견에 필요한 한도에서 가정재판소가 직권으로 증거조사를 할 의무가 있다는 견해가 주류를 이루고 있다.[287] 이러한 입장에서는 ① 수사단계에서의 증거수집에 누락은 없었지만, 심리과정에서 수사단계에서는 예상치 못했던 중요한 증거가 존재하는 것이 명백해지거나, 소년이 새로운 변명을 함으로써 중요한 사실의 존부가 문제되기에 이른 경우뿐만 아니라, ② 소년이 자백하였던 관계로 수사단계에서 세부적인 증거수집이 충분히 이루어지지 않았으나, 사건송치 후 소년이 부인함에 따라 비행사실에 관한 심증을 형성할 수 없게 된 경우, ③ 본래부터 수사가 충분치 못하여 비행사실을 인정할 만한 증거자료가 송부되지 않아, 가정재판소가 이를 보충할 필요가 있는 경우에도, 가정재판소가 직권으로 소년에게 불리한 증거를 조사하는 것을 인정할 수 있을 것이다.

증거조사에 있어서의 재판소의 역할은 직권주의 절차와 당사자주의 절차에서 기본적으로 상이하다는 점은 위 견해가 지적한 바와 같다. 실제로 종전의 지배적인 견해도 소년에게 유리한 사정인 비행사실의 부존재를 입증하기 위한 직권증거조사에 대해서는 반드시 소극적이지는 않았으므로, 형사재판과 같은 의미로 직권증거조사의 보충성을 상정하고 있던 것은 아니라고 할 수 있다. 그렇다면, 소년에게 불리한 방향에서만 재판소의 중립성을 근거로 직권증거조사 의무를 제한하는 것은 일관성이 없다고 해야 할 것이다.[288]

나아가 가정재판소가 소년에게 불리한 방향으로 직권증거조사를 실시하지 않고, 그 때문에 기존의 증거로는 비행사실을 인정할 수 없다고 하여 불처분결정을 하는 경우, 불처분결정에는 일사부재리효가 인정되지 않는다는 판례의 입장[289]을 전제로 하는 한, 수사기관이 가정재판소가 실시하지 않았던 증거조사에 대응한 수사를 하고 증거를 수집하여 사건을 재송치한 경우, 가정재판소가 사건의 재송치와 함께 송부된 새로운 증거자료를 기초로 재차 심판을

287) 田宮＝廣瀬 240면, 浜井ほか 187면, 加藤, 앞의 각주201) 114면, 浜井, 앞의 각주281) 356면.

288) 浜井, 앞의 각주281) 357면.

289) 最決 平成3·3·29 刑集 45권 3호 158면. 다만, 2000년 개정에 따라 검찰관이 관여한 심판에서 불처분결정이 내려진 경우에는 일사부재리효가 인정된다(少 46조 2항).

하는 것도 인정하지 않을 수 없다. 그러나 이는 매우 불합리한 방법이며, 비행이 있는 소년에 대해 가능한 조기에 적절한 조치를 취해야 한다는 요청에도 반한다.

(d) 직권증거조사의 한계

따라서 소년에게 불리한 방향으로의 직권증거조사도 인정된다고 해야 할 것인데, 문제는 그렇다고 하더라도 과연 한계는 없을 것인가라는 점이다. 이에 대하여 직권증거조사를 긍정하는 견해에서도 가정재판소의 기본적 입장은 판단기관이므로, 기록상 증거의 존재가 엿보이지 않음에도, 마치 수사기관과 같이 소년에게 불리한 증거를 일반적으로 탐색하는 것은 가정재판소의 공정성을 해하고 그 신뢰를 훼손할 수 있어 상당하지 않다고 한다.[290]

직권주의 하에서 재판소는 송치기관으로부터 증거자료를 인계받은 다음, 스스로 필요한 증거조사를 하여 사실을 규명해 가는 입장에 있는 이상, 가정재판소가 판단기관이라 하더라도, 동시에 그러한 판단의 전제가 되는 증거조사의 장면에서는 수사기관적인 측면을 가지지 않을 수 없다. 그러나 현행법이 수사기관과는 다른 사법기관인 가정재판소에 최종적인 판단권과 이를 위한 증거조사의 권한을 맡겼던 점에 비추어, 그러한 직권행사는 소년에게 유리하든 불리하든 편향되지 않아야 할 것이다. 그렇다고 한다면, 증거의 존재가 충분히 예측되지 않음에도 불구하고, 가정재판소가 소년에게 불리한 증거를 일반적으로 탐색하는 것은 직권행사를 위한 합리적 근거를 결한 편향된 것이라고 평가되어 허용될 수 없을 것이다.

다만, 그 한계를 명확히 정하는 것은 곤란하고, 이는 개개의 사건별로 사안의 경중, 송부자료에서 얻을 수 있는 심증의 정도, 증거가 존재할 개연성, 증거의 중요성, 증거조사의 용이성 등을 종합적으로 고려하여 결정하여야 할 것이다.[291]

---

290) 田宮＝廣瀬 240면, 内園ほか 134면, 浜井ほか 187면, 浜井, 앞의 각주281) 356면, 小川, 앞의 각주286) 23면.

291) 浜井, 앞의 각주281) 357면.

2. 보충수사의 의뢰

(1) 보충수사의 가부

이상과 같이, 가정재판소는 소년의 유·불리를 떠나, 진실발견에 필요하다면, 직권증거조사를 할 의무가 있다는 견해가 현재 주류를 차지하고 있다. 그러나 그렇다고 하더라도, 가정재판소는 비행사실을 조사하기 위한 기관을 갖고 있지 않으므로 증거수집능력에는 한계가 있으며, 또한 관호조치가 취해진 사건에서는 소정의 기간 내에 스스로 증거를 수집하여 증거조사를 완료하기가 곤란한 경우도 있다. 이에 이와 같은 경우, 가정재판소가 수사기관에 대하여 보충수사를 의뢰할 수 있을 것인지가 문제된다. 이 문제를 다룬 판례로 최고재판소 결정(最決 平成2·10·24 刑集 44권 7호 639면)이 있다.

이는 강간미수의 비행사실로 심판에 부해진 소년이 수사단계에서는 그 사실을 인정하였으나, 가정재판소에 사건이 송치된 후 이를 부인함과 동시에 알리바이를 포함한 새로운 주장을 한 사안이다. 이에 재판관은 검찰관에 대하여 소년의 주장내용을 전달하고, 증거수집을 포함한 검토와 증거자료의 추송을 요구한 결과, 검찰관으로부터 다수의 증거를 추가적으로 송부받았다. 재판소는 직권으로 증거조사를 실시하고 추송받은 증거를 검토자료에 포함시킨 다음, 강간미수의 사실을 인정하여 보호관찰처분을 결정하였다.

보조인은 가정재판소가 소년에게 불리한 증거를 수집하는 것은 허용되지 않으며, 수사기관은 사건을 가정재판소에 송치한 후에는 수사권한을 상실한다는 것을 이유로 본건에서의 가정재판소의 증거수집절차는 위법하다고 주장하였다. 이에 대하여, 최고재판소는 "수사기관은 소년의 피의사건을 가정재판소에 송치한 후에도 보충수사를 할 수 있고, 가정재판소는 사실조사를 위하여 수사기관에 대해 이러한 수사권한을 발동하도록 촉구하거나 소년법 16조 규정에 따라 보충수사를 요구할 수 있다고 해석하여야 한다"고 판시하여, 보조인의 주장을 배척하였다.

본건에서는 첫 번째, 가정재판소에 사건을 송치한 후에도 수사기관에게 수사권한이 있는지, 두 번째, 가령 있다고 한다면, 가정재판소가 수사기관에게 보충수사를 의뢰할 수 있을 것인지가 문제되었다. 그리고 위와 같이 최고재판소는 이를 모두 긍정하였다.

첫 번째에 대해서는 소년법 41조 및 42조에서 수사기관이 소년의 피의사건에 관하여 '수사를 마친 결과' 범죄의 혐의가 있다고 사료될 때에는 가정재판소에 송치하여야 한다고 규정한 점, 송치 후에는 가정재판소가 절차의 주체이고 수사기관은 심판에 관여할 수 없어 사건을 지배할 수 없다는 점을 이유로 이를 소극적으로 해석하는 견해도 있다.[292] 그러나 '수사를 마친 결과'라는 문언은 충분히 수사를 한 다음 사건을 송치해야 한다는 점을 표현한 것에 지나지 않아, 동 규정이 수사권한을 상실시킨다는 취지로 해석하기에는 무리가 있고, 후자의 점에 대해서도 가정재판소에 송치된 후에도 사건은 여전히 미해결상태여서 보충수사가 가정재판소의 심리에 도움을 줄 수 있는 경우가 있다는 점을 고려한다면, 수사권한에 일정한 한계가 있다는 근거가 될 수는 있어도, 그 권한을 전면적으로 부정하는 논거로는 될 수 없을 것이다.[293]

또한 두 번째에 대해서는 수사기관에게 보충수사를 의뢰하는 것 자체가 가정재판소의 공정성을 해한다는 견해도 있는데, 보충수사의 결과 수사기관으로부터 자료가 추송된다고 하더라도, 가정재판소가 무조건 그 신용성을 인정하는 것은 아니므로, 보충수사의 의뢰 자체가 곧바로 재판소의 공정성에 반하는 것이라고는 할 수 없을 것이다. 그렇다면, 사건송치 후에도 수사기관에게 수사권한이 있고, 직권에 의한 증거조사가 소년에게 불리한 방향으로도 이루어질 수 있다는 점을 인정하는 이상,[294] 보충수사를 의뢰할 수 없다고 말하기는 곤란하다

292) 葛野尋之, "研究者から見た補充捜査", 法時 63권 12호, 1991, 39면, 吉峯康博ほか, "綾瀬母子殺し冤罪事件", 法時 64권 9호, 1992, 66면, 清水真, "家庭裁判所の捜査機関に対し補充捜査を促し又は求める権限", 法学新報 99권 9=10호, 1993, 307면, 川崎英明, "補充捜査", 法時 67권 7호, 1995, 22면, 村井敏邦, 刑事訴訟法, 日本評論社, 1996, 163면.

293) 内園ほか 94면, 加藤, 앞의 각주201) 125면, 金谷暁, 最判解 刑事篇 平成2年度 184면, 門野博, "補充捜査", 少年法判例百選 99면, 荒木伸怡, "家庭裁判所が捜査機関に対して補充捜査を促し又は求める権限", 平成2年度重判解(ジュリ 980호) 182면, 古田佑紀, "家裁送致後の少年事件について補充捜査を求めることの可否", 研修 512호, 1991, 50면, 新庄一郎, "家裁送致後の少年事件の補充捜査の実務的対応", 警論 44권 6호, 1991, 79면, 朝岡智幸, "家庭裁判所が捜査機関に対し補充捜査を促し又は求めることの可否", 家月 44권 1호, 1992, 228면, 廣瀬健二, "補充捜査をめぐる諸問題", 判タ家裁実務 361면.

294) 본 결정은 이를 명시적으로 나타내지는 않았으나, 가정재판소가 소년에게 불리한 증거를 수집하는 것은 허용될 수 없다는 점을 전제로 한 보조인의 재항고를 기각하였으므로, 가정재판소의 직권증거조사가 소년에게 불리한 방향으로 이루어질 수 있음을 묵시적으로 인정하였다고 할 수 있을 것이다(金谷, 앞의 각주293) 191면, 朝岡, 앞의 각주293) 208면).

할 것이다.[295]

이어서, 본 결정에서는 수사기관의 보충수사권한이나 가정재판소의 보충수사의뢰에 대하여 아무런 한정을 두지 않았는데, 과연 여기에 한계가 없을지가 문제된다.

(2) 보충수사의 한계

먼저, 수사기관의 보충수사권한의 경우, 사건송치 후에는 가정재판소가 절차의 주체가 되므로, 그에 따른 한계가 존재한다. 따라서 보충수사는 가정재판소의 조사·심판의 원활한 운용에 지장을 초래해서는 안 된다.[296] 구체적 한계는 형사절차에서의 기소 후 수사의 한계와 공통되는 면이 많은데, 소년보호사건 특유의 고려가 필요한 것은 사건송치 후의 소년에 대한 신문이다.

형사절차에서의 피고인신문은 판례상 인정되고는 있지만,[297] 그 후 하급심 판례에서는 피고인이 소송당사자의 지위에 있다는 점, 신문으로 인해 공판절차에 지장을 초래하거나 피고인의 방어권을 침해해서는 안 된다는 관점에서 신문의 시기, 사항, 방법 등을 제한해야 한다고 판시한 것이 적지 않다.[298] 가정재판소에 사건을 송치한 후에 소년을 신문하는 경우에는 당사자대립구조 하에서의 소송당사자로서의 지위를 근거로 인정되는 제약은 타당하지 않지만, 가정재판소에서의 조사, 심판은 비행사실과 소년의 요보호성을 명확히 하는 절차임과 동시에 그 자체가 처우의 장이기도 하다. 그러한 과정에 있는 소년을 수사기관이 신문하는 것은 소년에게 심리적 영향을 미쳐 비행사실과 요보호성의 해명에 지장을 초래할 가능성이 있을 뿐만 아니라, 처우 프로세스로서의 소년보호절차의 원활한 수행을 저해할 우려가 크다고 할 것이다. 따라서 사건송치 후에 수사기관이 당해 송치사실에 관하여 소년을 신문하는 것은[299] 특단의 사정이 있는 경

295) 본 결정은 가정재판소가 수사기관에게 보충수사를 요구하는 방법으로 소년법 16조의 규정에 근거한 경우와 그에 의하지 않고 수사권한의 발동을 촉구하는 형태의 두 가지가 있다고 한다. 전자의 경우 수사기관이 그에 응할 법적 의무가 생기는 데에 대하여, 후자는 법적 의무를 발생시키지 않는 사실상의 조치라는 점에 차이가 있다(金谷, 앞의 각주293) 192면).

296) 浜井ほか 210면, 門野, 앞의 각주293) 99면, 朝岡, 앞의 각주293) 230면.

297) 最決 昭和36·11·21 刑集 15권 10호 1764면.

298) 川出敏裕, "起訴後の捜査, 捜査に対する不服申立て", 警論 67권 12호, 2014, 178면 참조.

299) 사건송치 후에 소년에 대한 신문이라 하더라도, ① 송치사건이 공범사건으로서, 그 신문이 공범자에 관한 증거를 획득함을 주된 목적으로 하는 경우나 ② 송치사건 이외의 여죄에 관하

우를 제외하고 허용될 수 없다고 해야 할 것이다.[300]

그 외의 수사에 대해서는 구체적 한계를 개별 사례별로 가정재판소의 조사, 심판의 상황에 비추어 판단해야 할 것인데,[301] 그러한 판단이 반드시 용이한 것은 아니다. 그 때문에 송치 전 수사를 단순히 보완하는 정도에 그치는 것을 제외하고, 개개의 보충수사별로 사전에 가정재판소의 허가를 얻을 필요가 있다는 견해도 있다.[302] 그러나 이에 대해서는 사실상 그러한 조치를 취하는 것이 바람직하더라도, 수사기관의 보충수사권한을 인정하면서, 법률상 그 권한의 발동을 왜 조직상 감독권한이 없는 가정재판소의 허가에 관련지울 수 있는지에 대해서는 의문이 있으며,[303] 실무에서도 그러한 견해를 취하고 있지는 않다.

여하튼 가정재판소에 사건을 송치한 후에는 수사가 무제한적으로 허용되지는 않기 때문에, 그러한 한계를 일탈한 보충수사를 통해 취득한 증거는 위법수집증거가 된다. 따라서 위법성의 정도에 따라 가정재판소는 송부된 자료를 수령하지 않거나, 수령하더라도 증거로서 사용하지 않는 조치를 취해야 할 것이다.[304]

다음으로, 수사기관에 보충수사권한이 있음을 전제로 가정재판소의 보충수사의뢰에 어떠한 한계가 있을 것인지가 문제된다. 소년이 비행사실을 다투는 경우에는 원칙적으로 가정재판소 스스로가 증거를 조사하여야 하며, 보충수사의

여 조사하는 경우에는, 그 한계를 개별적으로 판단할 필요가 있다(内園ほか 101면, 浜井ほか 213면, 朝岡, 앞의 각주293) 233면). 이 중 ②의 경우 소년이 관호조치에 부해진 경우에는 실무상 사전에 가정재판소의 허가를 얻도록 하고 있다(浜井ほか 213면).

300) 田宮＝廣瀬 158면, 内園ほか 102면, 浜井ほか 212면, 小川, 앞의 각주286) 27면, 朝岡, 앞의 각주 293) 235면, 鈴木輝雄, "家庭裁判所送致後の事件についての検察官の取調べの可否", 判タ少年法 126면, 酒巻匡, "少年鑑別所収容中の取調べ", 少年法判例百選 65면. 예외가 인정되는 경우로 생각할 수 있는 것은 가정재판소가 소년의 신문을 곧바로 실시하기가 곤란하고, 신속히 진술을 청취하여 진술조서를 작성할 필요가 있는 사례라고 할 것이다. 이에 대하여 판례 중에는 검찰관이 가정재판소에 사건을 송치한 후에 관호조치 중에 있는 소년을 조사한 사안에 대하여 "가정재판소의 조사, 심판 및 소년감별소의 자질감별에 지장을 주지 않는 한" 필요한 조사를 할 수 있다고 하여 이를 적법하다고 판시한 것이 있다(大阪高判 昭和42·9·28 高刑集 20권 5호 611면).

301) 浜井ほか 213면 이하.

302) 小川, 앞의 각주286) 26면.

303) 金谷, 앞의 각주293) 186면.

304) 浜井ほか 221면, 門野, 앞의 각주293) 101면, 朝岡, 앞의 각주293) 237면.

뢰는 그것이 곤란한 경우로 한정된다고 해야 할 것이다.305) 가정재판소가 사건을 송치한 수사기관에게 소년이 다투고 있는 비행사실에 대한 보충수사를 의뢰하는 것은 가정재판소가 수사기관에 가담하는듯한 인상을 줄 수 있고, 또한 수사기관의 보충수사는 그 직책상 가정재판소 스스로가 하는 것보다 소년에게 불리한 증거를 수집하는 쪽으로 기울 우려가 있기 때문이다.

이에 반하는 가정재판소의 보충수사의뢰가 있는 경우에는 증거조사절차가 합리적 재량을 일탈한 것이 되어, 위법하다는 평가를 받게 된다.

(3) 보충수사에 따른 증거의 취급

보충수사의 의뢰에 대해서는 본 결정 후에도 여전히 이를 반대하는 견해가 있긴 하지만, 실무적으로는 그것이 가능하다는 결론이 내려졌다. 다만, 본 결정을 지지하는 견해도 전술한 한계가 있다는 점을 인정하고 있을 뿐만 아니라, 보충수사의 의뢰에 따라 수사기관이 수집, 송부한 자료에 대해서는 심판에서 소년 측에게 검토와 비판을 통해 그에 대한 반대증거를 제출할 기회가 충분히 부여되어야 하고, 그러한 과정을 거치고 나서야 비로소 보충수사의 의뢰를 인정하더라도 심판의 공정성을 해하지 않게 된다고 한다.306) 그러나 이후 최고재판소 결정(最決平成10·4·21 刑集 52권 3호 209면)은 가정재판소의 보충수사의뢰에 따라 수사기관이 송부한 자료에 관하여, 가정재판소가 그 존재를 보조인에게 알리지 않고 비행사실의 인정자료로 사용한 조치를 위법이라고 할 수는 없다고 판시하였다.

이는 소년 A가 다른 4명(B, C, D, E)과 함께 X 등으로부터 금전을 갈취하거나 갈취하려 하였다는 공갈 및 동 미수사건으로 가정재판소에 송치된 사안이다. A가 비행사실을 부인하였기 때문에, 가정재판소는 수사단계에서 A와의 공모를 포함한 비행사실의 전부를 인정한 E에 대해 증인신문을 실시하자, E는 경찰조사 당시에 잘 기억하지 못하는 사실을 경찰관의 유도에 따라 진술하였다는 취지의 증언을 하였다. 이에 가정재판소는 소년법 16조에 따라 경찰서장 및 검찰관에게 E에 대한 수사단계에서의 조사상황을 보고하도록 원조협력을 의뢰하여 회답을 받았다. 그러나 위와 같은 원조협력의 의뢰 및 회답을 받은 사실을 A의

305) 浜井ほか 221면, 小川, 앞의 각주286) 28면, 門野, 앞의 각주293) 100면, 朝岡, 앞의 각주293) 215면, 古田, 앞의 각주293) 52면.

306) 浜井ほか 219면, 朝岡, 앞의 각주293) 206면.

보조인에게 알리지 않았다. 그리고 위 회답의 일부내용까지 고려하여 E의 수사단계에서의 진술의 신용성을 인정한 다음, 다른 증거와 함께 A의 비행사실을 인정하고 A를 보호관찰에 부하는 결정을 하였다. 보조인은 이러한 가정재판소의 조치는 심판의 공정성을 현저히 해하고, 합리적 재량을 일탈한 것으로서 위법하다며 항고하였는데, 항고심재판소가 이를 기각하자 최고재판소에 재항고하였다.

최고재판소는 먼저, 본건처럼 소년이 비행사실의 존재를 다투고 있는 사안에서, 그 쟁점에 관하여 가정재판소의 원조협력의 의뢰에 따라 수사기관으로부터 송부받은 증거에 대해서는, 보조인이 선임되어 있는 경우에는 특단의 사정이 없는 한, 이를 송부받은 취지를 보조인에게 통지하는 것이 상당하고, 또한 보조인이 선임되어 있지 않은 경우에는 증거의 중요성에 따라, 그 내용의 요점을 소년에게 알리는 등 소년에게 방어의 기회를 부여하도록 배려함이 바람직하다고 하였다. 그럼에도 본건에서 가정재판소가 수사기관으로부터 송부받은 회답의 존재를 보조인에게 알리지 않은 조치는 타당성을 결한 것으로 볼 수밖에 없다고 하였다.

그러나 송부받은 회답은 증거전체 중 중요한 위치를 차지하는 성질의 것이 아니고, 더욱이 소년에게는 심판전체를 통해 E에 대한 신문 등 충분한 방어의 기회가 보장되어, 위 회답의 존재를 알지 못함으로 인하여 방어상 특단의 불이익이 발생하였다고 볼 수 없다는 점을 지적한 후, 이와 같은 본건 회답의 중요도, 성질, 심판 전반에 걸친 소년의 구체적 방어상황 등에 비추어 볼 때, 가정재판소의 조치가 재량의 범위를 일탈한 위법한 것이라고 평가할 수는 없다고 하였다.

이와 같이 본 결정은 가정재판소의 조치가 타당성을 결하였다고 하면서도, 결론적으로는 위법이라고까지는 할 수 없다고 하였다. 그런데 본 결정의 소수의견에서 오자키유키노부(尾崎行信) 재판관은, 가정재판소의 조치는 심판의 공평성에 대한 신뢰나 심판의 공정을 현저히 훼손하고, 소년 측에게 사실상 불의의 타격을 가하여, 소년으로부터 충분한 방어의 기회를 박탈한 것으로 볼 수밖에 없다고 하면서 이를 위법하다고 평가하였다.

가정재판소가 수사기관으로부터 송부받은 회답의 존재를 보조인에게 알리지 않았다는 점에서 곧바로 당해 조치가 위법하다고 본 오자키(尾崎) 재판관의 의견과 달리, 다수의견은 소년법상 의무규정이 아닌 사항에 대해서는 위법의 유무를 일률적으로 결정할 것이 아니라, 심판 전반에서의 소년의 구체적인 방어상황에 비추어 소년의 방어에 지장을 초래하였는지 여부라는 관점에서 위법의 유무를 개별적으로 판단해야 한다는 사고에 기초하고 있다.[307] 그러나 기본적으로는 이러한 입장을 취하더라도, 소년의 중요한 절차적 권리에 관계되는 사항을 대상으로 하는 때에는 일률적인 위법판단이 필요한 경우가 있다. 소년 측에게 보충수사의뢰를 통하여 취득한 증거의 존재 자체를 알리지 않은 조치의 적부가 문제된 본건은 바로 그러한 경우에 해당하며, 오자키(尾崎) 재판관의 의견이 지적하는 바와 같이, 이러한 장면에서까지 여러 요소를 종합적으로 고려하여 그 적법성을 결정하는 판단방법을 취하는 것은 타당하지 않다고 생각한다.[308] 그도 그럴 것이, 여기서 보충수사의뢰에 따른 심판의 공정성과 관련하여 문제되고 있는 것은, 가정재판소가 소년 측에게 반론의 기회를 부여하지 않은 채, 수사기관으로부터 송부된 자료를 비행사실의 인정자료로 이용했다는 점이다. 그렇다면, 여기서 말하는 불공정의 내용은 소년의 방어이익의 침해라는 점에 귀착되는데, 재판소의 수중에 어떠한 증거가 있는지를 아는 것은 소년 측이 방어의 방침을 세우는 데에 반드시 필요한 것으로, 만약 이를 알지 못하면 그에 대한 반론은 물론 어떠한 형태로 반론해야 할지에 대한 판단조차 할 수 없다. 그리고 이러한 의미에서의 방어이익의 침해는 그 증거의 존재가 결과적으로 사실인정에 관한 결론에 영향을 미치지 않는 것이라 하여 달라지지 않으므로, 재판소가 당해 증거의 중요성을 앞서 평가한 다음 그 존재를 소년 측에게 알릴 필요가 없다고 판단하는 것을 인정해서는 안 되기 때문이다.

따라서 적어도 쟁점사항에 관하여 증거의 존재 자체를 소년 측에 알리지 않은 채 이를 사실인정의 기초로 삼는 것은, 원칙적으로 그 자체가 나가레야마 사건에서 최고재판소(昭和58·10·26)가 설시하였던 재량권의 일탈로서 위법하다고 해야 할 것이다. 유일한 예외는, 그 증거의 내용이 소년 측이 인식하고 있는

307) 三好幹夫, 最判解 刑事篇 平成10年度 71면.

308) 葛野尋之, “少年法16条の援助協力の依頼により捜査機関から送付された証拠の存在を附添人に了知させなかった措置の適法性”, 平成10年度重判解(ジュリ 1157호) 198면, 松本一郎, “少年法16条に基づく援助協力の依頼により捜査機関から送付を受けた証拠の存在を附添人に了知させなかった措置が違法とはいえないとされた事例”, 判評 485호(判時 1673호), 1999, 63면.

다른 증거의 내용과 중복되어 실질적으로 신규성을 갖지 않는 경우에만 인정될 수 있다고 본다. 그러한 경우에는 전술한 의미에서의 방어이익이 침해되었다고는 할 수 없기 때문이다.[309]

이상과 같이 본 결정이 설시한 판단방법에는 의문이 남는데, 본 결정에서도 특단의 사정이 없는 한, 수사기관으로부터 증거를 송부받았다는 취지를 보조인에게 통지하는 것이 상당하므로, 본건 가정재판소의 조치는 타당성을 결한 것이었다고 평가하고 있다. 이에 2001년 소년심판규칙을 개정하여, 가정재판소가 심판개시결정 후에 수사기관 등으로부터 서류 등의 송부를 받은 경우에는 지체 없이 그 취지를 보조인에게 통지하여야 한다는 규정을 신설하였다(少審規 29조의5). 통지대상은 심판개시결정 후 추송된 것에 한하는데, 이는 보조인에게는 심판개시결정 후에 기록의 열람권이 있어(少審規 7조 2항), 심판개시결정 전에 송부된 서류 등의 경우에는 보조인이 열람권을 행사하는 시점에 이미 기록에 편철되어 있는 관계로, 그것까지 개별적으로 통지할 필요가 없기 때문이다.[310]

한편, 보조인이 선임되지 않은 경우의 취급에 대해서는 규칙에 아무런 규정이 없다. 따라서 이 경우에는 본 결정이 설시한 바와 같이, 가정재판소가 필요에 따라 소년에게 송부된 자료의 내용을 설명하는 등 반론의 기회를 부여하여야 할 것이다.

(4) 보충수사와 검찰관관여

보충수사에 관하여는, 보조인 측으로부터 일부 사건에서의 과도한 보충수사가 지적되어,[311] 이것이 보충수사의뢰를 반대하는 주장의 논거가 되기도 하였다. 또한 의뢰 자체는 허용하는 입장을 취하는 재판소 측에서도 보충수사의 의뢰내용을 넘어선 수사가 이루어지거나, 본래 가정재판소가 심판에서 증인으로 조사함이 바람직한 관계자를 수사기관이 중간에서 가로채 먼저 조사하는 문

---

309) 본건에서 소년 측에게 그 존재를 알리지 않았던 것이 문제된 증거는 거의 대부분이 신규성이 없었던 것으로 보이며(三好, 앞의 각주307) 68면), 가령 그렇다면 본건은 본문에서 제시한 기준에 따르더라도 가정재판소의 조치가 위법이라고까지는 할 수 없는 사례이었던 것이 된다.

310) 甲斐ほか 381면.

311) 吉峯ほか, 앞의 각주292) 65면, 津田玄児, "非行事実の認定と子どもの権利", 荒木編 193면.

제가 있다는 지적이 있었다.[312] 그리고 그 요인 중 하나로, 심판에 검찰관이 출석하지 않기 때문에, 심판의 상황에 비추어 어떠한 보충수사가 필요한지에 관한 정보가 수사기관 측에 정확히 전달되지 않는다는 점이 거론되었고, 이는 검찰관의 심판 관여를 인정해야 한다는 견해의 근거가 되었다. 2000년 개정에 따라 검찰관의 심판관여가 인정됨으로써, 그러한 범위에서 위 문제는 해소되었지만, 검찰관이 관여하는 사건은 한정되어 있으므로 여전히 문제는 남아 있다. 그 때문에 검찰관이 심판에 출석하지 않은 사건에서는, 가정재판소가 보충수사를 의뢰할 때에 수사기관에게 증거수집이 필요한 사정, 의뢰하는 보충수사의 내용 등에 관하여 충분히 설명할 필요가 있을 것이다.[313]

XI. 증거의 조사방법

증거조사의 방식에 관해서도 소년법에는 아무런 규정이 없다. 이는 기본적으로 가정재판소의 재량에 맡겨져 있는데, 나가레야마사건의 최고재판소 결정이 설시한 대로, 이 역시 합리적 재량에 따른 것이어야 한다. 그러한 관점에서 실무에서는 소년이 비행사실을 인정하는 경우와 부인하는 경우를 달리 취급하고 있다.[314]

먼저, 소년이 비행사실을 다투고 있는 경우, 소년의 납득을 얻고 적정절차를 보장하기 위해서는 비행사실을 뒷받침하는 증거를 형사소송절차에 준하는 방법으로 조사하여야 한다고 여겨지고 있다. 구체적으로는 소년에 대하여 불이익한 증거의 내용을 알리고 이를 다툴 기회를 부여하는 것을 의미하는데, 예를 들어 ① 심판정에서 서류의 요지를 고지하고 증거물을 제시하거나, ② 서증의 내용을 소년에게 질문하여 진술과 불일치하는 부분이 있으면, 그 요지를 고지하고 필요한 경우 낭독하는 등의 방법이 이루어지고 있다.[315] 이 경우 전술한 보충수사의 의뢰에 따라 수사기관이 송부한 자료를 어떻게 취급할지의 문제도 발생한다.

---

312) 門野, 앞의 각주293) 101면.

313) 浜井ほか 220면.

314) 田宮＝廣瀬 245면, 浜井ほか 203면, 加藤, 앞의 각주201) 116면.

315) 浜井ほか 202면.

이에 대하여 소년이 비행사실을 인정하고 다른 증거를 통해서도 비행사실에 관하여 의문이 없다고 인정되는 경우에는, 비행사실을 뒷받침하는 증거를 일일이 제시할 필요는 없다고 여겨지고 있다.

제 7 절 요보호성에 관한 사실의 심리

Ⅰ. 요보호성의 심리방법

소년의 요보호성에 관해서는 먼저, 조사관이 조사를 실시하고, 그 결과를 조사보고서(소년조사표)로 정리한다. 이러한 소년조사표에 더하여 소년의 처우에 관한 의견서, 그 밖의 소년의 처우상 참고할 만한 서류를 편철한 것이 '소년조사기록'(사회기록)인데, 재판관은 사전에 이를 검토하여, 요보호성에 관한 어느 정도의 심증을 형성한 다음 심판에 임한다.

심판기일에서는 비행사실에 관한 심리가 종료되고 그 존재에 대해 확신을 얻을 수 있는 경우에 연이어 요보호성의 심리가 진행된다. 이 때 재판관이 먼저 소년조사기록, 그 중에서도 소년조사표에 근거하여 소년의 가족관계, 학교·직장 등의 환경, 소년의 성장과정, 비행의 동기·원인, 소년의 성격이나 행동경향 등에 관하여 주요사실을 소년이나 보호자에게 확인함과 동시에 그에 관한 소년, 보호자의 의견을 듣는다. 그리고 소년이 스스로 개선할 의욕이 있는지, 보호자에게 보호능력이 있는지를 판단하기 위해, 앞으로의 방침에 대하여도 소년이나 보호자에게 진술을 요구한다.

또한 이러한 과정에서는 단순히 사실의 유무나 그에 대한 소년의 인식을 확인할 뿐만 아니라, 재판관이 소년이나 보호자와 접촉하는 과정에서 소년이 안고 있는 문제를 스스로에게 자각시키고, 재차 비행을 저지르지 않도록 하기 위해서는 어떻게 하면 좋을지를 고민하게 하여, 이를 소년 자신의 말로 표현하도록 하는 것이 중요하다. 이는 소년심판 자체가 개선교육의 장이기 때문인데, 그러한 의미에서 요보호성의 심리단계는 요보호성의 유무 및 정도를 판단하는 과정임과 동시에 요보호성의 해소를 위해 개입을 실시하는 과정이라고 할 수 있다.[316)]

316) 総研 192면.

Ⅱ. 요보호성의 인정절차

형사재판의 양형에서는 먼저, 범행의 동기, 수단·방법, 결과 등 범죄행위 자체에 관한 요소(범정)에 의해 대략적인 형이 정해지고, 재판소가 그 범위 내에서 일반예방이나 특별예방과 관련된 사정 등으로 구성되는 일반정상을 고려하여 구체적인 선고형을 결정한다.[317] 그 때문에 개개의 사안에서 형을 결정할 때에는 피고인이 저지른 범죄행위가 결정적인 의미를 가진다. 반면, 소년보호절차에서는 기본적으로 형사절차에서의 범죄사실에 해당하는 비행사실의 중대성에 대응하지 않고, 소년의 요보호성의 유무 및 정도에 따라 소년에게 부과하는 처분을 결정하므로,[318] 요보호성에 관한 사실이 큰 의미를 가진다. 또한 어떠한 처분이 부과될 것인지는 소년의 이해와 직접적으로 관계되고, 형사재판과 마찬가지로 소년심판에서도 대부분의 경우 소년이 비행사실을 인정하기 때문에, 최대의 관심사는 부과되는 처분에 있다고 할 수 있다.

이러한 점에서 요보호성의 인정에도 비행사실의 인정과 마찬가지로 적정절차의 보장이 필요하다는 데에는 다툼이 없다. 다만, 여기서 요구되는 적정절차의 내용이 반드시 비행사실의 인정의 경우와 동일한 것은 아니다. 이는 형사재판에서 증거조사절차나 증거법칙이 범죄사실과 양형사실 간에 서로 달리 적용되는 것과 마찬가지이다.

이에 요보호성의 인정에 요구되는 적정절차의 구체적인 내용이 문제되는데, 소년심판에서 요보호성이 가지는 중요성에 비추어, 가정재판소에 의한 요보호성인정의 근거가 되는 사실 및 자료의 정확성이 담보되고, 요보호성인정에 관하여 소년이 충분히 납득할 만한 절차를 거칠 것이 요구된다. 이러한 관점에서 적어도 요보호성판단의 기초가 되는 중요사실은 원칙적으로 심판정에서 소년·보호자에게 그 내용을 고지하고 반론의 기회를 부여할 필요가 있다.[319] 적정절차의 보장의 핵심이 되는 고지와 청문의 기회부여는 여기서도 그대로 타당하다.

---

317) 岡田雄一, “量刑ー裁判の立場から”, 三井誠ほか編, 新刑事手続Ⅱ, 悠々社, 2002, 486면, 原田國男, 量刑判断の実際[第3版], 立花書房, 2008, 53면.

318) 田宮＝廣瀬 299면.

319) 田宮＝廣瀬 247면, 草野, 앞의 각주250) 77면, 高木典雄, “要保護性認定における適正手続の保障”, 家裁論集 343면, 佐伯仁志, “弁解の機会”, 少年法判例百選 115면.

그리고 이 경우 사실 그 자체뿐만 아니라 이를 인정하기 위한 근거자료에 대해서도, 필요에 따라 소년 측에 개시하거나 그 내용을 설명하는 등 반증의 기회를 부여함이 필요할 것이다. 요보호성을 인정하기 위한 주된 자료가 되는 것이 소년조사기록인데, 보조인이 선임된 경우에는 보조인에게 사회기록에 대한 열람권이 있으므로(少審規 7조 2항), 이를 통하여 소년이나 보호자는 그 내용을 알 수 있다. 이에 비하여, 보조인이 선임되어 있지 않은 사건에서는 가정재판소가 내용을 설명할 필요가 있을 것이다.

이러한 사고는 실무에서도 널리 받아들여지고 있다. 이 점을 보여주는 판례로 오사카고등재판소 결정(大阪高決 平成6·3·18 家月 46권 5호 81면)이 있다. 이는 노상에 주차된 자동차 안에서 현금 등이 들어 있는 손가방 1개를 절취하였다는 비행사실로 송치된 소년에 대하여, 가정재판소가 본건 범행 자체는 우발적인 범행으로 인정된다고 하면서도, 소년의 성장과정, 과거 교호원과 초등소년원에 송치된 사실, 소년원 가퇴원 후에도 건전한 근로생활을 하지 않고 폭력단에 가입하여 각성제를 지속적으로 사용하고 있는 사실, 소년과 알고 지내는 소녀 A 및 B에게 수회에 걸쳐 때로는 현금을 수수하고 각성제를 양도하였다는 사실 등을 인정한 다음, 소년을 특별소년원에 송치하는 결정을 내렸던 사안이다. 이 중 각성제를 양도하였다는 사실은 A와 B에 대한 보호사건에서 작성된 양자의 진술조서에 근거하여 인정된 것인데, 소년은 그 사실을 부인하고 있었다.

이 결정에 대하여 보조인은 다음을 이유로 항고하였다. 즉, 원결정은 처분선택에 있어 중요한 요소로서, 소년이 A와 B에게 각성제를 양도한 사실을 인정하고 있는데, 이는 A·B의 사건에 대한 심판을 통해 우연히 얻은 양자의 진술에 기초하여, 소년이 강력히 부인하고 있음에도 불구하고, 충분한 변명의 기회를 부여함이 없이 당해 사실을 인정한 것으로, 그 결과 처분결과에 불평등이 발생하였으므로, 원결정의 증거채부에는 헌법 31조 및 14조의 위반이 있다고 주장하였다.

이에 대하여 오사카고등재판소는, 원결정에서 소년이 A와 B에 대하여 수회에 걸쳐 때로는 현금을 수수하고 각성제를 양도하였다는 사실을 추인하고 있음을 지적하면서, "위 사실은 요보호성에 관한 사실일 뿐만 아니라, 조사 및 심판 과정에서 소년에게 질문하여 충분한 변명의 기회를 부여하였다는 점이 인정"되므로, 원심이 각성제양도의 사실을 인정한 절차는 적법하다고 판시하였다.

본 결정은 원결정의 조치의 적법성을 인정함에 있어, 인정된 사실이 요보호성에 관한 사실일 뿐만 아니라, 소년에게 변명의 기회가 충분히 부여되었다는 점을 지적하였는데, 여기에는 요보호성의 인정에서도 고지와 청문의 기회를 부여하여야 한다는 사고가 내재되어 있다. 다만, 원결정은 각성제양도사실을 요보호성판단의 요소로 보면서도, 그 판시 가운데 이를 보충적으로 고려했을 뿐이라는 점을 명언하고 있어, 그러한 점에서 본건은 문제된 사실이 요보호성의 기초가 되는 중요한 사실이라고 할 수 있을지 자체가 미묘한 사안이었다. 본 결정이 그러한 경우도 포함하여, 요보호성에 관한 사실 전반에 대하여 변명의 기회를 부여할 것을 요구한 것인지는 분명하지 않다.[320)]

어쨌든 요보호성판단의 기초가 되는 중요사실 및 그 근거가 되는 자료는 소년 및 보호자에게 그 내용을 고지하고 반론의 기회를 부여할 필요가 있다. 다만, 요보호성에 관한 사실 중에는 소년의 출생의 비밀 등 소년에게 알려질 경우 정서에 해를 끼쳐 개선갱생을 저해할 가능성이 높은 것도 있다. 소년의 권리를 보장하는 것이 반대로 소년법의 목적인 소년의 건전육성을 방해하는 결과를 초래한다면, 이는 이율배반이 아닐 수 없으므로, 이러한 사실은 보호자나 보조인에게만 알리고, 소년에게는 고지하지 않는 것도 허용될 것이다.[321)]

다음으로, 요보호성의 인정에 있어서, 그 기초가 되는 중요사실의 고지와 그에 대한 반론기회의 부여 이상으로 어떠한 절차가 요구되는지가 문제된다.

요보호성을 판단하기 위한 자료로서 가장 중요한 위치를 차지하는 것이 조사관의 조사보고서(소년조사표)인데, 조사보고서의 상당부분은 조사관이 관계자와의 면접이나 서면을 통해 얻은 정보를 기재한 것이어서, 그러한 측면에서 조사보고서는 전문증거 내지 재전문증거로서의 성질을 가진다. 소년보호절차에서는 비행사실의 인정에 전문법칙이 적용되지 않는다고 여겨지고 있는데, 이 때 거론되는 논거는 요보호성의 기초가 되는 사실의 인정에도 마찬가지로 타당하다. 문제는 비행사실의 인정에서와 마찬가지로, 소년 측이 요보호성의 기초가

---

320) 본 결정의 사안이 그러하였듯이, 실무에서는 요보호성판단의 기초가 되는 사실의 하나로서 소년의 여죄를 고려하고 있으며, 이러한 경우에는 그 인정에 있어 비행사실에 준하여 당해 사실을 취급할 필요가 있다는 견해도 유력하다. 이 문제는 요보호성의 판단자료로서 여죄를 어느 정도로 고려할 수 있을지의 문제와 밀접하게 연관되어 있다(본서 192면 이하 참조).

321) 草野, 앞의 각주250) 77면, 佐伯, 앞의 각주319) 115면. 이를 심판에서 취급할 때에는 소년을 일시 퇴정시키는 조치(少審規 31조 2항)를 취하게 된다(田宮＝廣瀬 247면).

되는 사실을 다투는 경우, 원진술자에 대하여 반대신문할 기회를 부여해야 하는지 여부이다.

이 문제를 검토함에 있어, 요보호성인정에 특유한 사정으로 지적할 수 있는 것은, 조사보고서에는 출처를 밝히지 않을 것을 조건으로 얻은 정보가 포함되어 있다는 점이다. 가령 이 경우에도 원진술자에 대한 반대신문을 인정하여야 한다면, 정보출처가 밝혀지기 때문에, 사회조사에서 필수적인 정보출처와의 신뢰관계가 상실되어, 앞으로의 사회조사에 지장을 초래할 우려가 있다.[322]

따라서 이 점에 대한 배려가 필요하다는 것은 분명하지만, 다른 한편으로, 소년 측이 어떠한 사실을 다투고 있는 경우에, 정보출처를 밝히지 않은 채 그 진술만으로 사실을 인정한다면, 설사 반대신문을 할 것도 없이 그 사실의 진실성을 긍정할 수 있는 경우라 하더라도, 결정된 처분에 대하여 소년의 납득을 얻기는 어려울 것으로 생각된다. 따라서 요보호성을 판단하기 위한 중요사실에 대해서는 가능한 원진술자를 반대신문할 기회를 부여하여야 하고,[323] 정보출처의 비밀을 우선하여 이를 인정하지 않는 경우에는, 소년 측이 그 사실에 대해 반론할 수 있을 정도의 내용이 있는 별도의 근거자료를 제시할 필요가 있을 것이다.

제 8 절 비행사실과 요보호성의 인정

Ⅰ. 증명의 정도

1. 비행사실의 인정

심판에서 보호처분을 결정하기 위해서는 형사사건과 마찬가지로 비행사실의 존재에 대하여 합리적 의심을 넘는 증명이 요구된다.[324] 보호처분이 비행사실에 대한 제재로서의 성격을 갖고, 그러한 의미에서 형벌과 기능적으로 동질성이 있는 이상, 그 증명의 정도는 형벌을 과하는 경우와 동일하다고 해야 할 것

322) 原口, 앞의 각주268) 14면, 菊地, 앞의 각주268) 181면.
323) 島田, 앞의 각주234) 150면, 佐伯, 앞의 각주319) 115면.
324) 田宮＝廣瀬 283면, 団藤＝森田 225면, 平場 264면, 内園ほか 108면.

이다. 다만, 우범의 경우 비행사실을 구성하는 우범사유와 우범성 중, 우범사유의 인정에는 합리적 의심을 넘는 심증이 요구되지만, 우범성은 소년이 장래에 범죄를 저지를 고도의 개연성이 있는지 여부에 관한 예측을 내용으로 하는 것이므로, 합리적 의심을 넘는 심증까지는 필요 없고, 그보다 낮은 정도의 증명으로 족하다고 해석되고 있다.[325]

2. 요보호성의 인정

요보호성의 인정을 위한 증명의 정도에 대해서는 요보호성의 기초가 되는 사실의 증명과 요보호성 그 자체의 증명을 구별하여 검토할 필요가 있다.

먼저, 요보호성의 기초가 되는 사실에 관하여는, 당해 사건의 비행사실[326]을 소년의 요보호성판단을 위한 하나의 자료로 삼는 경우, 그 사실의 인정에는 합리적 의심을 넘는 증명이 필요하다. 이는 형사사건에서 양형의 자료가 되는 사실 중 범죄사실에 속하는 것(범정)에 관하여 합리적 의심을 넘는 증명이 요구되는[327] 것과 마찬가지이다. 문제는 비행사실 이외의 요보호성의 기초가 되는 사실에 대해서는 어느 정도의 증명이 필요한지라는 점에 있다.

이 사실은 형사사건으로 치면, 양형자료 중 협의의 정상에 해당하는데, 형사재판에 있어서의 협의의 정상의 증명정도에 관해서는 증거의 우월로 족하다는 견해[328]가 있는 반면, 그 중요성을 감안하여 이때에도 합리적 의심을 넘는 증명이 필요하다는 견해[329]도 있다. 후자의 입장을 취하는 경우는 물론, 전자의 입장을 취하더라도 소년심판에서 요보호성이 가지는 중요성에 비추어, 요보호성의 기초가 되는 사실에 관하여는 합리적 의심을 넘는 증명이 필요하다고 볼 수도 있다.

다음으로, 요보호성 자체의 판단에 관하여는, 여기에도 마찬가지로 합리적

---

325) 田宮＝廣瀬 283면, 千葉裕, "保護事件における非行事実の認定", 講座少年保護 283면.

326) 여기서 말하는 비행사실에는 범죄행위나 촉법행위 자체뿐만 아니라, 그 행위의 동기나 태양 등 당해 행위와 밀접하게 관련되는 사실이 포함된다.

327) 石井 529면, 伊藤栄樹ほか, 注釈刑事訴訟法(5)[新版], 立花書房, 1998, 17면 [植村立郎].

328) 植村, 앞의 각주327) 17면.

329) 石井 529면.

의심을 넘는 심증이 필요하다는 견해도 있으나,[330] 전술한 우범성과 마찬가지로 요보호성의 판단은 특정한 사실의 존부가 아니라 소년의 범죄적 위험성(누비행성)과 교정가능성이라는 장래예측을 포함하는 것이므로, 이를 인정하기 위해 합리적 의심을 넘는 증명을 요구함은 무리라고 할 것이다. 이를 전제로, 어느 정도의 증명이 필요한지에 관하여는, 그에 기초하여 소년에 대한 처분이 결정된다고 하는 요보호성의 중요성을 감안하여, 단순한 증거의 우월이 아니라, 그보다는 높은 정도의 증명이 요구된다는 견해[331]가 유력하다.

Ⅱ. 요보호성이 없음이 명백한 경우와 비행사실의 확정의 요부

형사사건의 경우 소송조건이 흠결되어 형식재판으로 절차를 종결하는 경우를 제외하고, 재판소는 피고인이 기소된 범죄사실을 저질렀는지 여부를 반드시 확정하여야 한다. 반면, 소년보호사건의 경우 심판조건이 구비된 때에도, 비행사실과 요보호성 양자의 존재가 보호처분을 결정하기 위한 요건이란 점에서, 비행사실의 유무를 확정하지 않더라도 다른 상황으로 보아 어차피 요보호성이 없다는 이유로 심판불개시결정이나 불처분결정을 하는 것도 논리적으로는 가능하다. 실제로도 현재 가정재판소에서는 비행사실을 정식으로 인정한 뒤에 비로소 사회조사를 개시하는 것이 아니라, 비행사실의 존재에 대한 개연적 심증이 있으면 조사를 시작하고 있다. 따라서 비행사실의 존재에 관하여 합리적 의심을 넘는 심증이 얻어지지 않은 단계에서, 사회조사의 결과를 토대로 요보호성이 없음을 인정할 수 있는 경우도 예외적이나마 발생할 수 있다. 그리고 심판에서의 증거조사를 거친 뒤에 비행사실의 유무를 확정하려면 아무래도 시간이 걸리게 되므로, 그러한 과정 없이 심판불개시 내지 불처분으로 사건을 종국시키는 것이, 조기에 사건을 처리하여 소년의 지위를 안정시킬 수 있다는 이점이 있다는

---

330) 多田, 앞의 각주208) 42면, 高山, 앞의 각주249) 107면, 正田満三郎, "少年審判における非行事実認定(確定)の法機能的意義", 家月 25권 10호, 1973, 20면. 보호처분의 종류에 따라 요구되는 심증의 정도를 구별하여, 소년원송치결정을 할 경우에만, 합리적 의심을 넘는 심증이 필요하다는 견해도 있다(高木, 앞의 각주319) 346면).

331) 平場 265면, 草野, 앞의 각주250) 78면.

점도 분명하다. 이에 재판소가 비행사실의 인정을 유보한 채 요보호성이 없음을 이유로 사건을 종국시키는 것이 허용되는지, 아니면 계속 증거조사를 실시하여 비행사실의 존부를 판단하여야 하는지가 문제된다.

이 문제는 단순히 비행사실도 심판의 대상이라는 점에서 결론을 도출할 수 있는 것이 아니다. 이를 해결하기 위해서는 본래 어떠한 의미로 심판에서 비행사실을 확정할 이익이 인정되는지를 분명히 한 다음, 그것에 예외가 허용될 수 있는지를 검토할 필요가 있다.

소년의 입장에서 보면, 비행사실을 저지르지 않은 경우는 물론이고 비행사실을 저지른 경우에도 자신에 대한 절차의 근거가 제시된다는 의미에서 재판소로부터 비행사실의 유무를 확정받을 이익이 있다는 점은 부정하기 어려울 것이다. 그 때문에 소년이 비행사실을 다투고 있는 경우에는, 이러한 점에 더하여, 비행사실의 유무가 불분명한 상태로 절차가 종료되면, 소년에게 가정재판소에 대한 불신감을 초래하고 교육적 관점에서 역효과가 발생할 수 있으므로, 반드시 비행사실의 인정이 이루어져야 한다.[332] 문제는 소년이 비행사실의 해명을 고집하지 않는 경우에 비행사실의 인정을 유보한 채 절차를 종결하는 것이 허용되는지 여부이다.

이에 대해서는 소년심판의 사법적 기능을 중시하여 예외 없이 비행사실을 확정할 필요가 있다는 견해[333]도 유력하다. 분명, 비행사실은 소년보호절차의 기초가 되고, 그 과정에서 가정재판소가 실시하는 조치를 근거지우는 것이므로, 최종적으로 소년에게 보호처분을 부과할 것인지에 상관없이, 가정재판소가 그 유무를 확정하는 데에는 일정한 의의가 있을 것이다. 또한 가정재판소가 계속 중인 사건에 관하여 비행사실의 유무를 명확히 하는 것이 피해자를 포함한 사회의 요청이기도 하다. 특히 최근 법개정에 따라 피해자와의 관계에서 그러한 요청이 강해지고 있는 것도 부정할 수 없는 사실이다.[334]

그러나 소년보호절차의 최종적인 목적은 소년의 개선갱생에 있어서 최적의 조치를 결정함에 있으므로, 비행사실의 확정에 수반되는 위와 같은 이익이

332) 長島, 앞의 각주252) 374면, 三浦透, "非行事実と要保護性の認定", 重判50選 175면.

333) 平場 245면, 菊池信男, "要保護性のないことの明白な場合における非行事実に関する判断の要否", 判タ少年法 171면.

334) 三浦, 앞의 각주332) 176면.

항상 실현되어야 하는 것은 아닐 것이다. 그 때문에 소년이 비행사실을 다투지 않는다는 것을 전제로 비행사실의 내용, 성질, 비행사실을 확정하기 위하여 증거조사를 실시할 경우에 발생하는 불합리성의 정도 등을 고려하여, 그것을 확정하지 않는 데에 따른 이익이 그것을 확정하는 데에 따른 이익을 상회한다고 평가될 경우에는, 예외적으로 비행사실을 확정하지 않고 절차를 종결할 수 있다고 해야 할 것이다.[335]

판례 중에도 비행사실의 인정을 유보하고, 종국결정을 한 것이 몇 개 있다.[336] 그 중 하나가 센다이가정재판소 결정(仙台家決 昭和60·10·22 家月 38권 9호 117면)인데, 이는 소년이 공무집행방해와 상해의 사실로 가정재판소에 송치되어, 소년 자신은 상해사실을 인정하고 공무집행방해죄의 성부에 대해서도 특별히 집착하지 않았으나, 보호자와 보조인이 공무의 적법성을 다투어 심판을 열어 증거조사를 실시할 것을 요구하였던 사안이다. 센다이가정재판소는 심판을 열어 증거조사를 하면, 공무집행방해죄의 성립이 부정될 가능성이 있음을 인정하면서도, 비행사실의 내용이나 소년의 상황 등으로 보아 현시점에서 요보호성이 없음이 확실하다고 하여, 심판불개시결정을 하였다. 그와 같이 처리한 실질적인 이유로는, 가령 심판을 열어 공무집행방해죄의 성부에 관한 증거조사를 실시하면, 종국결정까지 상당한 시간이 소요될 것이 예상되어, 고교 진학을 위해 수험공부 중인 소년의 심리적 안정성을 해칠 우려가 있다는 점, 또한 소년 자신이 그 성부에 대해 특별히 집착하고 있지 않다는 점에서, 증거조사의 실시가 소년의 납득을 얻는 데 도움이 되거나 소년에 대한 교육적 효과를 가져올 것으로 기대되지 않고, 오히려 소년에게 바람직하지 않은 결과를 초래할 수 있다는 점을 지적하였다. 본건은 소년 자신이 비행사실의 확정을 특별히 고집하지 않았을 뿐만 아니라, 상해사실이 인정되어 공무집행방해죄의 성부가 상대적으로 중요

335) 田宮＝廣瀬 235면, 三浦, 앞의 각주332) 177면, 田中敦, "要保護性がないことが明らかな場合における非行事実確定の要否", 家月 39권 6호, 1987, 125면. 다만, 1992년 제정된 '소년의 보호사건에 관계되는 보상에 관한 법률'에 따라 체포·구속 등 신병구속을 동반한 사건에서 비행사실이 인정되지 않은 경우에는 보상의 요부 및 금액의 판단이 필요한 경우가 있으므로, 그러한 사안에 대해서는 비행사실의 존부에 관한 판단이 필수적이다(田宮＝廣瀬 236면, 岩井隆義, "要保護性のないことが明らかな場合と事実確定の要否", 少年法判例百選 105면).

336) 福岡家決 昭和44·4·5 家月 21권 11호 193면, 大阪家決 昭和47·3·31 家月 24권 10호 138면, 千葉家決 昭和48·12·25 家月 26권 9호 123면 등.

하지 않았던 반면, 소년이 놓여있는 상황으로 볼 때 조기에 절차를 종결할 필요성이 높은 사안이었기 때문에, 가정재판소의 조치는 정당하다고 할 수 있을 것이다.[337)]

Ⅲ. 요보호성판단에서의 여죄의 고려

1. 여죄고려의 가부와 한계

소년의 요보호성의 유무와 그 정도를 판단하는 데에는 소년이 저지른 비행사실이 중요한 고려요소가 된다. 이 점을 전제로, 수사기관 등으로부터 송치되어 심판의 대상이 된 비행사실 이외의 비행사실(여죄)이 조사·심판과정에서 밝혀진 경우 이를 요보호성의 판단에 있어 어떻게 취급할 것인지가 문제된다.

소년보호사건에서도 불고불리의 원칙이 적용되고, 사건의 단위는 소년과 비행사실 쌍방에 의해 획정되므로(본서 43면 이하 참조), 수사기관으로부터 송치 등을 받은 사건이 아니면, 그 상태로는 심판의 대상이 될 수 없다. 따라서 여죄를 처분결정에 있어 고려요소로 삼는 경우로는, 수사기관의 송치, 조사관의 보고 등을 받아 정식으로 심판의 대상으로 삼는 경우와 당초 송치된 사건의 요보호성의 판단자료로 삼는 경우의 2가지가 있을 수 있다. 여기서 논의하고자 하는 것은 후자의 경우인데, 이는 형사재판에서 여죄를 양형자료로 고려할 수 있는지가 문제되는 것과 유사한 상황에 있다. 그리고 그 문제에 관해서는 여죄를 실질적으로 처벌하는 취지에서 양형자료로 삼는 것은 허용될 수 없으나, 피고인의 성격, 범죄의 동기 등 정상을 추정하기 위한 자료로 여죄를 고려하는 것은 허용된다는 것이 판례의 입장이며,[338)] 실무상으로도 확립된 해석이다. 소년보호절차에서의 불고불리의 원칙의 적용단위가 소년과 비행사실 쌍방에 의해 획정되는 이상, 동일한 논리가 소년보호절차에도 타당할 것이므로, 소년심판에서 여죄를 실질적으로 처단할 목적으로 요보호성의 판단자료로 삼는 것은 허용될 수 없지만, 심판대상이 된 비행사실의 동기나 소년의 비행성의 심화정도 등을 명확히 하는 취지에서 이를 고려하는 것은 인정된다고 해야 할 것이다.[339)]

---

337) 三浦, 앞의 각주332) 177면.

338) 最大判 昭和41·7·13 刑集 20권 6호 609면, 最大判 昭和42·7·5 刑集 21권 6호 748면.

339) 東京高決 平成4·8·17 家月 45권 1호 146면, 山崎恒, "少年保護事件と余罪の考慮", 判タ

이 점 자체에는 이론이 없으나, 구체적인 사안에서 여죄를 실질적으로 처벌 내지 처단하는 취지로 고려하였는지 여부를 판단하는 경우, 형사사건과 소년보호사건은 그 문제상황이 서로 다른 측면이 있다. 왜냐하면, 형사사건에서의 양형은 범정에 의해 대략적인 형의 범위가 결정되고, 그 범위 내에서 협의의 정상이 고려되기 때문에, 협의의 정상이 수행하는 역할은 한정되어 있지만, 소년보호사건에서 처분결정의 기준이 되는 것은 기본적으로 요보호성이고, 더욱이 요보호성의 정도는 심판의 대상이 되는 비행사실의 중대성과 반드시 일치하는 것은 아니기 때문이다. 또한 요보호성은 소년의 범죄적 위험성(누비행성)을 요소로 하는 것이므로 본래 비행사실별로 분단할 수 있는 것이 아니며, 이를 정확히 인정하기 위해서는 오히려 소년의 행상 중 하나인 여죄를 포함하여 가능한 많은 자료를 고려하는 것이 바람직하다. 이러한 사정에 착안한다면, 가령 요보호성의 판단에서 여죄의 존재가 중시되었다 하더라도, 그것이 여죄를 실질적으로 처단하는 취지가 아니었다는 판단을 내리기 쉬울 것이다.

이에 비하여, 실무에서는 여죄를 요보호성의 판단자료로 삼는 것 자체는 인정하면서도, 여죄를 고려함으로써 처우가 결정적으로 달라질 것으로 예측되는 경우에는 여죄를 고려해서는 안 된다는 견해가 유력하다.[340] 다만, 전술한 요보호성에 관한 이해를 전제로 한다면, 여죄를 고려함으로써 소년의 요보호성에 대한 평가가 크게 바뀌게 되고, 결과적으로 여죄를 고려하지 않은 경우와 처우가 결정적으로 달라질 수 있을 것인데, 이러한 결과를 두고 곧바로 여죄를 실질적으로 처단하는 취지라고 판단하는 것은 타당하지 않다. 따라서 위와 같은 결론을 도출하는 근저에는 결정된 처분의 내용을 심판대상이 된 비행사실로 구속하려는 논리가 전제되어 있다. 이는 비행사실의 경중과 보호처분의 경중 사이에 일정한 균형을 요구하는 사고[341]이다. 이에 따르면, 여죄를 고려함으로써 처우가 결정적으로 달라지는 경우란, 여죄를 근거로 처우가 결정된 경우에 다름 아니므로, 이는 결국 여죄를 실질적으로 처단하는 취지에서 요보호성의 판단자료로 삼았다는 것이 된다. 판례 중에도 이러한 입장에서, 가정재판소에 의한 여죄의 고려가 상당하지 않다고 하여, 처분의 현저한 부당을 이유로 원결정을 취

少年法 174면.

340) 総研 42면, 山崎, 앞의 각주339) 176면.

341) 山名学, "少年審判と非行事実", 調研紀要 52호, 1987, 47면.

소한 것이 있다.[342]

처분의 내용을 비행사실로 구속하는 또 하나의 견해는, 비행사실이 가지는 요보호성의 추정기능을 중시하여, 이에 따라 요보호성이 인정되는 소년의 범죄적 위험성은 심판대상이 된 비행사실과 동질적인 것이어야 한다는 주장이다.[343] 이러한 입장을 취하면, 심판대상이 된 비행사실과 이질적인 여죄를 요보호성의 판단자료로 고려할 수는 없게 된다.

이상은 여죄고려에 대한 실체면에서의 제약에 관한 논의인데, 요보호성의 판단자료로 여죄를 무제한적으로 고려하는 것은 비행사실의 인정에 요구되는 수많은 절차적 보장이나 증거법칙을 잠탈할 우려가 있다는 문제도 있다. 전술한 대로, 요보호성에 관한 사실의 인정에 있어서도, 적정절차의 보장이란 관점에서 일반적으로 고지와 변명의 기회부여 등이 요구되는데(본서 184~185면), 위 문제점을 감안한다면, 여죄를 요보호성의 판단자료로 삼는 경우에는 이에 그치지 않고, 기본적으로 비행사실의 인정과 동일하게 취급하여야 할 것이다. 따라서 예를 들어 전문증거와 관련하여 소년이 요구하는 경우에는 원진술자를 반대신문할 기회를 부여해야 할 것이고, 자백의 경우에는 자백배제법칙 및 보강법칙이 적용된다고 해야 할 것이다.[344] 또한 이를 인정하기 위해서는 합리적 의심을 넘는 정도의 증명을 요구하여야 한다.[345]

전술한 바와 같이, 실무에서는 비행사실과 보호처분 사이에 일정한 균형이

---

342) 大阪高決 昭和61·8·21 家月 39권 3호 66면(5건의 절도 및 도로교통법위반으로 송치된 소년에 대하여 그 외에도 미송치된 수십 건의 절도의 여죄가 있다는 것을 근거로 비행성이 심화되었다고 하여, 소년원송치결정을 한 원결정을 최소한 사례). 大阪高決 昭和59·4·25 家月 36권 10호 113면(2건의 경미한 절도로 송치된 소년에 대하여, 가정폭력을 이유로 요보호성이 높다고 보아 소년원송치결정을 한 원결정을 취소한 사례).

343) 笠井勝彦, "保護処分の選択決定における非行事実の持つ機能", 家月 37권 6호, 1985, 119면.

344) 보강증거에 관하여는, 보강증거가 일반적으로 필요하다는 견해(島田仁郎, "少年審判における自白と補強証拠について", 諸問題 154면) 외에, 여죄의 중요성에 따라 보강증거를 요구해야 할 경우가 있다는 견해도 있다(三浦, 앞의 각주332) 187면). 이에 비하여, 판례는 여죄에 관한 자백에 보강증거를 요하지 않는다고 하는 것이 적지 않다(東京高決 平成4·8·17 家月 45권 1호 146면, 東京高決 平成12·5·26 家月 53권 5호 196면).

345) 田宮＝廣瀬 248면, 澤登 170면. 합리적 의심을 넘는 심증까지는 필요하지 않지만, 다른 요보호성에 관한 사실과는 달리, 그에 가까운 정도의 심증이 필요하다고 하는 견해도 있다(三浦, 앞의 각주332) 187면, 山崎, 앞의 각주339) 176면).

요구됨을 전제로, 여죄를 한정적으로 고려하는 견해가 유력한데, 보호처분이 제재로서의 측면과 함께 소년의 이익을 위한 처분이라는 측면을 가진다는 점에서 보면, 그러한 전제 자체가 반드시 자명한 것은 아니다. 더욱이 소년의 요보호성을 적확히 판단하기 위해서는 소년의 행상의 일단인 여죄를 넓게 고려하는 것이 바람직한 측면도 있다. 또한 불고불리의 원칙이 적용된다는 것을 전제로 하는 경우, 절차적 명확성이란 관점에서는 수사기관으로부터의 추송을 기다리는 등 여죄를 정식으로 입건하는 조치를 취하는 것이 바람직하지만, 소년보호사건은 형사사건에 비하여 신병구속기간에 엄격한 제약이 있기 때문에, 관호조치가 취해진 사건에서는 심판기일 내에 추송이 이루어지지 못하는 사태가 종종 발생할 수 있다.[346] 적어도 그러한 경우에는 여죄의 인정을 심판대상인 비행사실의 인정과 절차상 동일하게 취급하여야 한다는 점을 전제로, 여죄를 고려함으로 인하여 처분이 결정적으로 달라지는 결과가 되더라도 이를 고려하는 것이 타당할 것이다.

2. 비행 없음으로 되었던 사실의 이용

요보호성의 판단자료로 여죄를 고려할 수 있을지가 특수한 형태로 문제되는 경우가 있다. 즉, 어떠한 비행사실이 증명되지 않아 불처분결정이 내려진 경우, 그 사실을 다른 비행사실에 관한 사건에서 요보호성을 판단하기 위한 자료로 사용할 수 있을지의 문제이다. 이 점이 다투어진 판례로 도쿄고등재판소 결정(東京高決 昭和52·2·4 家月 29권 9호 127면)이 있다.

이는 가정재판소가 송치된 27건의 절도의 비행사실 중 7건만을 인정하고, 나머지 20건에 대해서는 증명불충분으로 비행 없음의 불처분결정을 하면서, 소년의 요보호성을 판단할 때에는 이들 20건의 사실을 소년의 도벽이 상습적이라는 점, 횟수와 태양으로 보아 주체적 관여성이 있다는 점, 비행성이 심각하다는 점을 인정하기 위한 자료로 고려한 사안이다.

이 결정에 대하여 보조인이 항고하자, 도쿄고등재판소는 요보호성의 인정에 대해서도 안이한 판단은 허용되지 않으며, 특히 비행사실 그 자체를 요보호성의 인정자료로 하는 경우에는 심판대상인 비행사실의 인정에 비견할 정도의

346) 植村 58면, 三浦, 앞의 각주332) 182면.

신중한 배려가 요구된다고 해석하여야 한다고 한 다음, 비행사실에 대해 '비행 없음'으로 판단하면서 특단의 사정이 없음에도 이를 요보호성인정을 위한 자료로 사용하는 것은 허용될 수 없다고 하였다. 그리고 본건에서는 특단의 사정이 인정되지 않으므로, 원심재판소의 조치는 위법하다고 판시하였다.

가령 비행사실의 인정에 필요한 증명의 정도와 요보호성의 기초가 되는 사실의 인정에 필요한 증명의 정도에 차이가 있고, 나아가 요보호성의 기초가 되는 사실이 여죄인 경우에도 마찬가지라고 한다면, 원심의 조치도 불가능한 것은 아니다. 그러나 전술한 바와 같이, 적어도 여죄를 요보호성의 판단자료로 삼는 경우에는, 여죄를 인정함에 합리적 의심을 넘는 증명을 요구하여야 하므로, 증명이 불충분하여 비행 없음으로 되었던 사실을 요보호성의 판단자료로 삼을 수는 없다고 할 것이다.

이에 대하여, 도쿄고등재판소는 기본적으로는 이를 요보호성의 판단자료로 할 수 없다고 하면서도, '특단의 사정'이 있는 경우에는 예외를 인정하는 듯한 판시를 하였다. 여기서 말하는 '특단의 사정'이 어떠한 경우를 가리키는지는 분명하지 않지만, 예를 들어 어떠한 비행사실에 대하여 자백이 있고, 그것만으로 합리적 의심을 넘는 심증을 얻을 수 있으나, 보강증거가 없기 때문에 그 사실을 인정할 수 없는 경우에, 이를 다른 비행사실에 관한 요보호성의 판단자료로 사용하는 사례를 상정하고 있을 수도 있다. 그러나 여죄를 요보호성의 판단자료로 삼는 경우에는 보강증거가 필요하다고 보아야 할 것이므로, 이 경우에도 위와 같은 조치는 취할 수 없을 것이다.

Ⅳ. 비행사실의 대체인정

가정재판소의 조사, 심판 과정에서 송치사실과는 다른 사실의 존재가 밝혀지는 경우가 있다. 이러한 경우 형사사건이라면, 소인변경절차를 거쳐, 새롭게 판명된 사실을 심판의 대상으로 할 수 있는데, 소년보호사건에서는 애당초 소인제도를 채용하고 있지 않고, 소인변경에 대응하는 특별절차도 규정되어 있지 않다. 따라서 위와 같은 사례를 어떻게 취급할지가 형사사건과는 다른 형태로 문제된다.

당사자주의에서 유래하는 소인제도를 채용하지 않는 현행 소년법 하에서는 심판의 대상인 비행사실은 송치서 등에 기재된 사실뿐만 아니라, 그와 동일성을 가지는 사실 전체를 의미한다고 해석되고 있다.[347] 그 때문에 가정재판소는 송치사실에 구속됨이 없이, 이와 다른 사실을 인정할 수 있는데, 이는 인정하려는 사실이 송치사실과 동일성을 가지는 한도에서만 가능하게 된다. 바꾸어 말하면, 송치사실과 동일성이 없는 사실을 인정하기 위해서는 별도의 송치 등을 통해 이를 입건하여 심판의 대상으로 할 필요가 있다. 그리고 여기서 말하는 동일성이 인정되는지 여부는 범죄사실과 촉법사실의 경우 형사사건에서의 공소사실의 동일성과 같은 기준에서 판단된다.[348]

다만, 이러한 의미에서 동일성이 인정되어 대체인정이 가능한 경우에도, 재판소가 불의의 타격을 가하는 식으로 송치사실과 다른 사실을 인정하는 것은, 소년의 방어권보장이란 관점에서 문제가 있다. 형사사건에서의 소인변경절차는 심판의 대상을 변화시키고, 피고인에게 변화한 심판대상을 명확히 함으로써 새로운 심판대상에 대한 방어를 다하게 하려는 의미를 가지고 있는데, 후자의 요청은 소인제도를 갖고 있지 않는 소년심판에서도 마찬가지로 타당하다. 이에 실무에서는 대체인정을 할 경우, 재판소가 소년에 대하여 증거에 따라 인정하고자 하는 새로운 비행사실의 내용을 고지한 후에 변명을 듣고, 필요에 따라 반론·반증의 기회를 부여하는 절차를 취해야 한다고 여겨지고 있다.[349] 이 점을 명시한 최근의 판례로 도쿄고등재판소 결정(東京高決 平成25·1·25 家月 65권 6호 121면)이 있다. 사안은 다음과 같다.

소년 A는 B, C, D와 공모하여 Y역 동쪽 출구 로터리 2층 통로에서 지나가던 V에게 시비를 걸어, 같은 장소 5층 에스컬레이터 부근으로 끌고 간 다음, V에게 외포심을 느끼게 하여 목걸이 1개를 갈취하였다는 공갈의 사실로 가정재

347) 山崎恒, "送致事実と異なる事実の認定", 判タ少年法 158면, 内園ほか 54면. 직권주의에 기반한 구 형사소송법에서는 공소제기시에 범죄사실을 특정하도록 하였는데(291조), 공소의 효력은 사건으로서의 동일성이 인정되는 한, 공소제기시에 특정된 범죄사실 이외의 사실에도 미치는 것으로 해석되었다(団藤重光, 刑事訴訟法綱要, 弘文堂, 1943, 233면).

348) 山崎, 앞의 각주347) 159면, 内園ほか 54면, 田宮＝廣瀬 249면, 虎井寧夫, "事実の同一性ー送致事実と異なる事実への認定替え", 少年判例百選 30면.

349) 山崎, 앞의 각주347) 161면, 内園ほか 57면, 田宮＝廣瀬 249면, 虎井, 앞의 각주348) 31면. 名古屋家決 昭和49·12·11 家月 27권 8호 104면, 福岡高決 平成18·3·22 家月 58권 9호 64면, 東京高判 平成20·8·6 家月 61권 2호 263면 등.

판소에 송치되었다. 심판에서 A의 보조인은 A는 공갈의 실행행위를 하지 않았고 공모도 하지 않았으므로, 비행사실이 인정되지 않는다고 주장하였다. 이에 대해 원재판소는, A는 B 및 C가 공모한 다음 위 공갈사실을 저지를 때에 B가 V에게서 금품을 갈취하려는 점을 알면서도, B, C 및 D와 함께 V를 둘러싸는 등 B 및 C의 공갈범행을 용이하게 하여 이를 방조하였다는 공갈방조의 한도에서 사실을 인정한 후, A를 중등소년원에 송치하는 결정을 하였다.

이와 같이 원재판소는 공갈의 실행범인 B 등이 공갈의 실행에 착수하기에 앞서, A가 B 등과 함께 4명이서 피해자를 둘러싼 사실을 방조행위로 인정하였는데, 그러한 사실은 본건 공갈의 송치사실에는 기재되어 있지 않은 것으로서, 관계증거 중 V의 경찰조서에 기재되어 있음에 불과하고, A 자신은 수사단계 및 심판기일 모두 그에 대응하는 진술을 하지 않았다. 도쿄고등재판소는 이러한 절차경과 및 증거관계 하에서 A가 저지른 위 사실을 방조행위로 인정하려면, 적정절차의 요청과 소년심판규칙 29조의2의 취지에 비추어, A 및 보조인에게 그 사실을 고지하고 이에 대해 진술할 기회를 부여한 후에, 필요에 따라 반론·반증의 기회를 주는 등 심리를 다할 필요가 있었다고 보아야 하는데, 원재판소가 그러한 조치를 강구하지 않고 A의 방조행위를 인정한 것은, 그야말로 불의의 타격에 해당하므로, 적정절차의 요청과 소년심판규칙 29조의2의 취지에 반하여 위법하다고 판시하였다.

이상은 대체인정을 위해 어떠한 절차를 거칠 필요가 있는지의 문제인데, 이와는 별도로, 대체인정이 가능한 경우에 그것을 재판소의 의무로 볼 수 있을 것인지가 문제된다. 이 점에 관하여는, 우선 소년의 요보호성을 고려할 때 소년에게 보호처분을 부과할 필요성이 있는 경우에는 대체인정이 재판소의 의무가 되고, 따라서 당초의 송치사실에 대하여 비행 없음의 불처분결정으로 사건을 종결해서는 안 된다고 해석되고 있다. 이에 비하여, 대체인정을 하여 송치사실 외의 비행사실을 인정한다 하더라도, 소년에게 보호처분을 부과할 필요성이 없는 경우에 관하여는 견해가 나뉘고 있는데, 비행사실의 존부를 명확히 하는 것 자체도 소년심판의 기능 중 하나라고 보고, 인정되는 사실이 상당히 중요한지 여부에 따라 구분하는 견해가 유력하다.[350]

350) 田宮＝廣瀬 249면, 内園ほか 56면, 新井慶有, “送致された犯罪事実が証明を欠く場合に

V. 우범의 인정에 관한 제문제

1. 우범사실의 동일성

우범의 구성요건은 우범사유와 우범성이다(이하 양자를 합쳐 '우범사실'이라 한다). 범죄사실이나 촉법사실이 통상 과거 1회의 행위를 대상으로 하는 것임에 비하여, 우범사실을 구성하는 우범사유는 일정기간 계속된 소년의 행상이나 성벽을 대상으로 할 뿐만 아니라, 소년이 장래에 범죄를 저지를 개연성을 내용으로 하는 우범성도 그 구성요건으로 한다는 특색을 갖는다. 이러한 점에서 어느 범위의 사실을 1개의 우범사실로 볼 것인지가 문제된다. 그리고 그 중에서도 특정시점에 병존하는 사실의 어느 범위까지를 1개의 우범사실로 보아야 하는지의 문제(횡단적 동일성)와 우범사실의 동일성을 어느 시점에서 획정할 것인가(종단적 동일성)의 2가지 문제가 있다.[351] 이들은 실제로는 어느 범위의 사실을 하나의 절차에서 처리하여야 하는지의 문제로 나타나게 된다.[352]

(1) 횡단적 동일성

이 점에 대해서는 우범사유가 우범구성요건의 일부를 이루기 때문에, 우범사유에 해당하는 구체적 사실별로 별개의 우범이 성립한다는 견해도 있을 수 있다. 그러나 우범은 우범사유와 함께 우범성도 그 구성요소로 하고 있고, 우범성의 유무는 우범사유를 중심으로 다른 관련사실도 종합적으로 고려하여 판단된다.[353] 그리고 실무상 소년에게 복수의 우범사유가 인정되는 경우가 대부분이다. 그렇다면, 우범을 우범사유별로 분단하는 것은 이론적으로나 실무적으로나 우범의 성질에 반한다고 해야 할 것이다. 이에 오히려 우범성에 착안하여, 우범성이란 특정한 범죄 또는 형사학적인 범죄유형으로 획정되는 범죄를 행할 개연성을 의미한다는 입장을 취한 다음, 우범사실의 동일성은 우범성의 동일성, 즉 예측되는 범죄적 위험성의 동일성 내지 동종성을 기준으로 결정된다는 견해

これと同一性を有するぐ犯事実を認定すべき要件", 家月 36권 10호, 1984, 134면.

351) 田宮＝廣瀬 69면.

352) 따라서 이 문제는 우범사건에서의 종국결정의 일사부재리효를 어느 범위에서 인정할 것인지의 문제와도 밀접하게 관련되어 있다(본서 277면 이하 참조).

353) 田宮＝廣瀬 68면, 内園ほか 27면.

도 있다.[354] 이 견해에 따를 경우, 우범사유가 복수라고 하더라도 그에 대응하는 우범성이 동일하다면, 우범사실은 1개인데, 그것이 다른 우범성을 도출하는 것일 때에는 우범사실은 복수가 된다.

그러나 이에 대하여는, 우범이 소년의 인격과 관련하여 장래의 범죄방지를 목적으로 하는 제도라는 점에서 본다면, 동일한 시점에서 복수의 우범이 병존한다는 것은 이론적으로 인정하기 곤란하다는 비판이 있다. 따라서 일정시점에는 1개의 우범이 인정될 뿐이라는 견해가 다수를 차지하고 있다.[355]

우범성이 일반적인 범죄를 저지를 개연성이 아니라, 특정한 범죄 또는 형사학적인 범죄유형으로 획정되는 범죄를 저지를 개연성을 의미한다면, 이론적으로는 각각의 범죄에 대응하여 우범이 병존한다고도 할 수 있을 것이다. 그러나 소년이 복수의 범죄 내지 범죄유형에 해당하는 행위를 저지를 개연성이 인정되는 경우에도, 그것이 동일한 소년에 의한 것인 이상, 그 원인이 되는 요소는 공통될 것이므로, 그러한 판단자료를 우범성에 따라 분단하는 것은 실태에 맞지 않을 것이고, 또한 그 발생을 방지한다는 관점에서도 절차상 이들을 일체로 취급하지 않을 수 없을 것이다. 따라서 1개의 우범만을 인정하는 견해가 타당하다고 본다.

이에 대하여 우범의 병존을 인정하는 입장에서는 다음과 같은 비판을 제기하고 있다. 예를 들어, 전건의 우범심판시에 판명되지 않았던 중대한 우범사유해당사실이 이후 판명되고, 그 사실에 비추어 보면 현시점에서도 우범성이 인정되지만, 현시점에서는 새로운 우범사유해당사실이 없는 사례의 경우, 우범의 병존을 인정하지 않는 견해에 따르면, 전건의 종국결정의 일사부재리효가 미치게 되므로, 다시 입건할 수 없다는 불합리가 발생한다는 것이다.[356]

그러나 그와 같은 사태는 매우 드문 것이고, 가령 그와 같은 사태가 생기더라도 전건의 종국결정 이후 우범사유가 전혀 인정되지 않고 우범행상도 종식된

354) 内園ほか 27면, 豊田, 앞의 각주70) 10면.

355) 田宮＝廣瀬 70면, 平場 161면, 大島, 앞의 각주69) 141면, 揖斐潔, “虞犯と犯罪の吸収関係”, 家月 37권 11호, 1985, 141면, 枥木力, “虞犯事件と少年法46条の類推適用”, 家月 38권 2호, 1986, 185면, 多田周弘, “少年保護事件におけるデュー・プロセスの実現のための覚書(中)”, 判タ 634호, 1987, 17면, 加藤学, “ぐ犯をめぐる諸問題”, 判タ家裁実務 332면.

356) 内園ほか 27면, 豊田, 앞의 각주70) 9면.

경우라면, 이전의 우범사유해당사실을 문제 삼아 소년을 보호절차에 계속시킬 필요성을 인정하기 어려울 것이다.[357)]

(2) 종단적 동일성

우범사실은 일정기간 계속되는 불량행상을 내용으로 하고 있어서, 가정재판소에 사건이 수리되기 전에는 물론이고, 사건이 계속 중인 단계, 나아가 종국결정이 내려진 후에도 같은 상태가 반복되는 경우가 적지 않다. 이에 그 시기를 가르는 기준, 즉, 어느 단계에서 우범의 동일성을 정할지가 문제된다. 이 문제를 다룬 판례 중 하나가 시즈오카가정재판소 결정(静岡家決 平成7·9·19 家月 48권 1호 144면)이다.

이는 우범사실 ①[358)]을 이유로 가정재판소에 송치되어, 1995년 3월 시험관찰에 부해진 소년이 시험관찰 중인 동년 5월 이후, 재차 동일한 우범사실 ②[359)]를 저지른 사안이다. 시즈오카가정재판소는 ①과 ②의 우범사실을 별개의 것으로 인정하고, 이와는 별도로 도로교통법위반에 따른 범죄사실도 함께 인정한 다음, 소년에게 보호처분을 부과하였는데, 그 결정 중에서 우범사실의 동일성을 획정하는 시점에 대하여 다음과 같이 판시하였다.

"심판의 대상이 되는 우범사실을 어느 시점에서 획정할 것인지에 관하여는, 절차의 명확성이라는 관점과 더불어, 가정재판소의 사건수리는 단순히 형식적인 사건계속의 발생을 의미하는 것이 아니라 실질적인 보호의 개시를 의미하는 것이고, 소년에게도 이러한 가정재판소의 보호 하에서 새로운 인격태도를 기

357) 大島, 앞의 각주69) 146면, 揖斐, 앞의 각주355) 141면, 栃木, 앞의 각주355) 184면, 加藤, 앞의 각주355) 332면.

358) "불량교우와 심야배회, 무단외박, 불순이성교제 등을 반복하거나, 폭력단 관계자로부터 폭력단 배지를 수여받았을 뿐만 아니라, 가정에서도 집의 벽이나 유리창을 부수고, 가족에게 폭력을 행사하는 등 보호자의 정당한 감독에 복종하지 아니하는 성벽이 있으며, 정당한 이유 없이 집에 붙어 있지 않고, 범죄성이 있는 자와 교제하여 자기의 덕성을 해하는 행위를 하는 성벽이 있어, 소년의 성격, 환경에 비추어 보아, 폭행·상해, 재물손괴 등의 죄를 범할 우려가 있다"는 것이 그 내용이다.

359) "불량친구와의 교제, 심야배회, 무단외박을 반복할 뿐만 아니라, 불량교우와 함께 신나를 2회 흡입하고, 가정에서도 유리창을 부수거나 모친에게 폭행을 가하고, 기르던 고양이를 학대하여 죽이는 등 보호자의 정당한 감독에 복종하지 않는 성벽이 있으며, 범죄성이 있는 자와 교제하고 자기의 덕성을 해하는 행위를 하는 성벽이 있어 그대로 방치할 경우 그 성격, 환경에 비추어 보아, 장래에 폭행·상해, 재물손괴, 독물및극물단속법위반 등의 죄를 범할 우려가 있다"는 것이 그 내용이다.

대할 수 있으므로, 사건송치(수리)시를 기준으로 하여야 한다".

이 기준에 의하면, 본건의 경우 ①사실은 가정재판소 송치 전, ②사실은 가정재판소 송치 후에 발생한 것이므로, 양자는 별개의 우범사실이 된다. 본 결정이 취한 사건수리시설[360]의 근거는 판시 중에 설시한 대로, 사건의 수리에 의해 실질적인 보호가 개시되고, 그러한 상황 하에서는 소년에게 새로운 인격태도를 기대할 수 있으므로, 그 이전과 이후의 우범사실을 별개로 평가해야 한다는 점에 있다.

그러나 이에 대해서는, 가정재판소가 사건을 수리하였는지 여부를 소년이 알 수 없으므로 소년에게 새로운 인격태도의 형성을 기대하는 것은 무리이고, 그렇다면 오히려 종국결정이 고지된 시점이 보다 합당하다 하여, 종국결정시를 우범의 동일성을 획정하는 기준시로 해야 한다는 견해도 유력하다.[361] 판례 중에도 이 견해를 취한 것으로 보이는 것이 있다.[362]

소년에게 새로운 인격태도의 형성을 기대할 수 있는 시점으로는 사건수리시보다 종국결정시가 적합하다는 것은 당연한 것이다. 다만, 본래 소년에게 새로운 인격태도를 기대할 수 있는 시점을 기준으로 우범의 동일성을 획정하는 것이 타당한지에 대해서는 의문이 있다. 우범의 동일성을 획정하는 기준점을 어디로 정할지의 문제는, 바꾸어 보면, 어느 시점을 경계로 그때까지와는 별개의 절차를 취해야 하는지의 문제이다. 그리고 별개의 절차를 취할 필요성이 인정되는 것은 새로운 인격태도를 기대할 수 있는 상황이 발생한 때라기보다는, 실제로 새로운 인격태도가 형성되어 그에 터 잡아 새로운 우범사실을 저지른 경우일 것이다. 그렇다면, 예를 들어, 종국결정 후에도 소년이 그 이전과 똑같은 불량행상을 반복하는 경우, 비록 종국결정에 의해 소년에게 새로운 인격태도를 기대할 수 있다 하더라도, 반복된 우범사실을 종국결정에 따라 새롭게 형성된 인

360) 早川義郎, "虞犯事実と犯罪事実の関係について", 家月 26권 1호, 1974, 21면. 같은 입장의 판례로는 東京家決 昭和60·12·26 家月 38권 8호 101면, 前橋家決 平成2·9·5 家月 43권 12호 97면 등이 있다.

361) 田宮＝廣瀬 70면, 平場 160면, 大島, 앞의 각주69) 147면, 豊田, 앞의 각주70) 5면, 揖斐, 앞의 각주355) 138면, 栃木, 앞의 각주355) 182면, 多田, 앞의 각주355) 16면, 加藤, 앞의 각주355) 331면, 中村護, "少年審判における行為と人格", 家月 31권 4호, 1979, 17면.

362) 名古屋高決 昭和62·12·4 家月 40권 5호 170면, 高知家決 平成11·3·18 家月 51권 8호 70면, 東京家決 平成17·11·17 家月 59권 1호 126면 등.

격의 발현이라 보는 것은 자연스럽지 못하므로, 오히려 종국결정에도 불구하고 소년의 인격태도가 개선되지 않아 종전의 불량행상이 계속되었다고 보아야 할 것이다.

그리고 동일한 불량행상이 반복되고 있는 경우에는 동일한 인격태도의 발현으로 보아, 가급적 하나의 절차에서 다루어야 할 것이므로, 위와 같은 경우에도 원래는 절차를 재개하고, 보호처분의 사후적 변경 등을 통해 대처하여야 한다. 그러나 현행법은 그러한 조치를 인정하고 있지 않기 때문에, 동일한 절차를 취할 수 있는 최종시점인 종국결정시를 기준점으로 하여 동일성을 정하고, 그 후의 불량행상은 별개의 우범사실로 보아 그에 필요한 조치를 취할 수밖에 없다. 이상과 같은 이유에서, 우범사실의 동일성을 획정하는 기준시점은 종국결정시가 된다고 할 수 있다.

다만, 전술한 시즈오카가정재판소 결정사안이 그러하였듯이, 우범사실을 이유로 관호조치를 취한 소년을 시험관찰에 부하였으나, 재차 우범행상이 인정되어 다시 관호조치를 취하는 것이 필요한 경우가 있는데, 이러한 경우 종국결정시설에 의하면 양자의 우범사실이 동일한 이상, 그것이 불가능한 것은 아닌지 하는 의문이 있다. 그리고 이 점이 사건수리시설이 주장되는 이유 중 하나이기도 하다.

그러나 종국결정시설을 취하더라도 반드시 재차의 관호조치를 인정할 수 없는 것은 아니다. 왜냐하면, 여기서 문제되는 사례는, 형사절차에서 상습일죄에 해당하는 범죄사실에 관하여 구속이 이루어진 후, 그 보석 중에 피고인이 동일한 상습일죄를 구성하는 별개의 범죄사실을 저지른 경우에, 이를 이유로 재차 구속할 수 있는지의 문제와 공통되는 것이다. 그리고 이에 대해서는 동시처리가 처음부터 불가능하였던 것이므로, 일죄일구속(一罪一拘束)의 원칙의 예외로서 새로운 범죄사실로 구속할 수 있다는 점에 이론이 없는바,[363] 같은 논거가 위 시즈오카가정재판소 결정사안에도 그대로 들어맞는다고 생각된다. 따라서 종국결정시를 취하더라도 재차의 관호조치를 인정할 수 있을 것이다.[364]

363) 小田健司, "常習一罪の各部分についての逮捕·勾留の可否", 新関雅夫ほか, 増補令状基本問題(上), 一粒社, 1996, 205면, 三井誠, 刑事手続法 I [新版], 有斐閣, 1997, 31면.

364) 田宮＝廣瀬 70면, 大島, 앞의 각주69) 143면, 豊田, 앞의 각주70) 24면, 栃木, 앞의 각주355) 182면, 加藤, 앞의 각주355) 331면.

종국결정시설을 취하는 경우에는 사건수리시부터 종국결정시까지 사이에 발생한 새로운 우범사실은 송치된 우범사실과 일체로서 평가될 것이다. 다만, 이를 종국결정에서 비행사실로 인정하는 경우에는, 사실을 추가한다는 의미에서 일종의 대체인정이 되기 때문에, 소년의 방어권보장이란 관점에서 이를 소년에게 고지하고 그 변명을 청취하는 등의 절차를 밟을 필요가 있다.[365]

2. 우범사실과 범죄사실의 관계

우범사실은 일정기간이라는 폭을 두고 발생하는 것이 일반적인 데 반해, 범죄사실은 보통 과거의 1회의 행위이다. 동일한 소년에 대하여 이러한 성질을 달리하는 2개의 비행사실이 인정되는 경우에 이를 어떻게 처리할지가 문제된다. 이는 문제되는 우범사실과 범죄사실 사이에 동일성이 인정되는지에 따라 달라진다.

따라서 먼저, 어떠한 경우에 범죄사실과 우범사실에 동일성이 있다고 할 수 있을 것인지가 문제된다. 이 점에 관하여는 양자의 성질상 차이로 인하여 일반적으로는 동일성이 인정되지 않는다. 사건으로서 동일하다고 볼 수 있는 것은, 범죄사실과 우범의 중요사실이 서로 중복되고, 동시에 그 사실이 당해 우범의 우범성 전부를 징표하고 있거나 우범성을 인정하기 위한 매우 중요한 요소가 되는 때와 같이 한정적인 경우로 제한된다는 견해가 다수를 차지하고 있다.[366]

(1) 양 사실에 동일성이 인정되는 경우

(a) 우범의 보충성

어떤 소년에 대하여 동일성이 있는 범죄사실과 우범사실을 동시에 인정할 수 있는 경우, 우범제도라는 것은 범죄의 전(前)단계에서 소년의 비행화를 방지함을 목적으로 하는 것이고, 그러한 의미에서 범죄구성요건과 우범구성요건은 기본규정과 보충규정의 관계에 있기 때문에, 범죄사실이 인정되는 한 이를 범죄사실로 처리하여야 하고, 우범으로 취급하는 것은 허용될 수 없다고 해석되고

---

365) 田宮＝廣瀬 71면, 加藤, 앞의 각주355) 331면.

366) 田宮＝廣瀬 71면, 內園ほか 31면, 大島, 앞의 각주69) 150면, 豊田, 앞의 각주70) 12면, 揖斐, 앞의 각주355) 143면, 栃木, 앞의 각주355) 187면, 早川, 앞의 각주360) 14면.

있다.[367] 이 점을 설시한 판례로 교토가정재판소 결정(京都家決 昭和47·11·13 家月 25권 7호 95면)이 있다.

이는 소년 A가 B와 공모하여 성명 등이 불상인 통행인으로부터 현금을 갈취한 사안인데, 피해자의 성명, 주소 등이 불명이고 피해신고도 없었기 때문에, 경찰은 이를 우범사건으로 가정재판소에 송치하였다. 교토가정재판소는, 피해자에 관한 상세한 사항은 알 수 없지만, 송치기록에서 공갈사실을 인정할 수 있다고 한 다음, 우범은 소년의 건전육성과 형사정책적 견지에서 범죄 내지 촉법에는 이르지 않으나, 그 일보 전의 상태에 있는 소년을 포착하여 보호하려는 제도이므로, 이미 범죄를 저지른 것이 인정되는 경우에는 더 이상 우범소년으로 처우할 수 없다고 하였다. 그리고 송치서에 우범사유로 기재된 사실 중에 범죄행위의 기재가 있는 경우에는 이를 범죄사실로 입건하는 절차를 거치지 않더라도, 그대로 심판의 대상으로 할 수 있다고 하여, 그 범죄사실을 비행사실로 인정하였다.

(b) 우범사실로의 대체인정

범죄사실과 우범사실 간에 동일성이 인정되는 경우에는 사건의 동일성이 인정되기 때문에, 가정재판소는 송치된 범죄사실을 인정할 수 없는 경우에도 이를 우범사실로 대체하여 인정할 수 있다.[368] 구체적으로는 범죄행위를 특정할 수 없는 경우, 범죄의 주관적 요소나 외형적 사실의 전부 또는 일부를 증명하지 못한 경우, 책임능력이 없는 경우가 이에 해당한다고 한다.[369] 그 일례로 도로교통법상 공동위험행위의 사실로 가정재판소에 송치된 소년에 대하여 우범사실을 인정한 도쿄가정재판소 결정(東京家決 平成11·12·3 家月 52권 6호 80면)이 있다.[370]

---

367) 平場 162면, 大島, 앞의 각주69) 151면, 豊田, 앞의 각주70) 13면, 山崎, 앞의 각주339) 161면, 揖斐, 앞의 각주355) 144면, 早川, 앞의 각주360) 2면, 阿部純二, “犯罪と虞犯の関係”, 判タ少年法 89면, 千葉裕, “保護事件における非行事実の認定”, 講座少年保護 227면. 다만, 실무상 가정폭력과 같이 범죄행위인 것은 명백하나, 그것이 가정 내에서 일어난 경미한 것이어서 형벌을 과하는 것이 상당하지 않다고 판단되는 것에 대해서는 우범으로 취급하는 경우도 있다(早川, 앞의 각주360) 4면, 大塚正之, “ぐ犯保護事件の法律上の諸問題”, 家庭裁判所調査官研修所編, ぐ犯保護事件の調査方法について, 法曹会, 1989, 269면).

368) 山崎, 앞의 각주339) 161면, 早川, 앞의 각주360) 6면, 千葉, 앞의 각주367) 227면. 이 경우에도 소년에 대한 고지와 변명, 반증의 기회를 부여할 필요가 있다. 양 사실에 동일성이 있다고 하여, 우범사실을 인정하는 것이 반드시 송치된 범죄사실과의 관계에서 축소인정이 되는 것은 아니다(守屋克彦, “犯罪事実から虞犯事実への認定替え”, 少年法判例百選 27면).

369) 内園ほか 36면, 早川, 앞의 각주360) 10면.

370) 동일하게 처리한 판례로는 名古屋家決 昭和46·9·18 家月 24권 6호 93면, 神戸家決 昭和

당초 송치사실은 '소년이 폭주족인 구성원들과 공모하여, 1999년 4월 12일 오전 0시 40분부터 45분 사이에 도쿄도 분쿄구의 H거리에서, 자동이륜차 등을 줄지어 혹은 병진하면서, 도로 한쪽 방향을 완전히 점거한 채 주행하거나 신호무시, 지그재그운전 등을 반복하여 주행하던 중, 동일 오전 0시 45분경 소년 등의 집단 뒤를 주행하고 있던 A가 운전하던 보통승용자동차에 대하여, 도로 한쪽 방향을 완전히 점거한 채 주행하거나 저속주행 등을 하여 통상운전을 방해함으로써, 공동으로 현저히 타인에게 피해를 입히는 행위를 하였다'라는 내용이었다. 이에 대하여 도쿄가정재판소는 관계증거를 조사한 후, 소년들이 집단폭주로 A차의 통상운전을 방해하고 A차가 실제 피해를 입은 사실을 인정할 수 없다고 하여 공동위험행위죄의 성립을 부정하였으나, 이어서 '소년은 1998년 여름부터 폭주족 갑의 구성원들과 함께 어울리기 시작했고, 나아가 1999년 1월 하순 또는 2월 초순부터는 동년배의 자들만을 폭주족 을이란 이름으로 칭하게 되었는데, 그 사이에 이들 무리나 다른 폭주족 구성원들과 함께 집단폭주를 반복하였으며, 동년 4월 12일에도 폭주족 구성원들과의 공모 하에 동일 오전 0시 40분경 도쿄도 분쿄구 H거리에서, 원동기장치자전거를 운전하여, 폭주족의 구성원 10명이 자동이륜차 등에 분승하여 폭주 중인 집단에 합류한 후, 자동이륜차 등을 줄지어 혹은 병진하면서, 도로 한쪽 방향을 완전히 점거한 채 주행하거나 신호무시, 지그재그운전 등을 반복하여 집단폭주를 하였던 것으로, 소년이 이대로 범죄성이 있는 불량친구나 폭주족들과 계속 교제한다면, 소년의 성격 및 환경 등에 비추어, 장래 재차 집단폭주를 반복하고 공동위험행위 등 도로교통법위반 등의 죄를 범할 우려가 있다'라는 우범사실을 인정하였다.

도쿄가정재판소는 심판에 부할 사유로서 송치된 범죄사실을 인정할 수 없는 경우라 하더라도, 당해 범죄사실과 기본적 사실이 동일한 우범사실을 인정할 수 있을 때에는, 새로이 입건절차를 거치지 않아도 그 우범사실을 인정할 수 있다고 하였다. 또한 범죄사실과 기본적 사실이 동일한 우범사실에 해당한다고 할 수 있으려면, 당해 범죄사실 내지 이와 밀접하게 관련된 중요사실이 우범사유의 기본적 부분을 구성하고 있고, 나아가 그때까지의 소년의 성격 및 환경에 비추어, 소년이 장래 이러한 우범사유로부터 당해 범죄사실을 포함한 특정한 유형의

58·5·16 家月 35권 12호 102면, 横浜家決 平成14·10·23 家月 55권 4호 74면 등이 있다.

범죄를 저지를 위험성이 있다고 인정되는 경우라고 하였다. 그리고 본건에 있어서는, 검찰관이 송치한 공동위험행위의 범죄사실은 1999년 4월 12일 심야에 소년 등이 도쿄도 분쿄구 H거리에서 집단폭주를 했을 때의 비행이고, 당해 재판소가 인정한 우범사실은 소년이 그 집단폭주에 참가하였다는 점을 들어 우범사유의 기본적 부분으로 삼은 다음, 그때까지 소년이 폭주족 등과 불량교제를 계속하면서 집단폭주를 반복해 왔던 소년의 성격이나 환경에 비추어, 소년이 앞으로 이러한 불량교제를 계속한다면 장래 재차 불량친구들과 함께 집단폭주를 하여 공동위험행위 등의 비행을 반복할 우려가 있다는 것으로, 양자 사이에 기본적 사실의 동일성을 명백히 인정할 수 있다고 하였다.

(2) 양 사실에 동일성이 인정되지 않는 경우

이상과 달리, 우범사실과 범죄사실 간에 동일성이 인정되지 않는 경우에, 우범사실이 범죄사실에 흡수되는 경우가 있는지에 관해서는 견해가 나뉘고 있다. 여기서 주로 문제되는 것은 우범행상이 있는 소년이 범죄행위를 저질러, 우범사실과 범죄사실이 동시에 가정재판소에 계속된 경우이다.

이에 대해서는 양 사실에 동일성이 인정되지 않는 이상 이들을 독립적으로 취급해야 한다고 하여 흡수관계를 일체 인정하지 않는 견해[371]와 반대로 원칙적으로 우범사실은 범죄사실에 흡수된다는 견해[372]가 있다. 또한 중간적인 견해로서 우범행상에 따른 우범성의 직접적 발현으로서 범죄사실을 저지른 경우에는 우범사실은 범죄사실에 흡수된다는 견해(직접적 현실화설)[373]도 주장되고 있다.

이 중 원칙적으로 흡수된다는 견해는, 우범성의 내용을 일반적인 범죄를 저지를 개연성으로 해석한 다음, 실제로 범죄가 발생한 경우에는 원칙적으로 그 전단계인 우범을 별개로 평가할 필요가 없고, 예외적으로 특정범죄의 예측이 가능한 경우로서 나중에 발생한 범죄가 예측된 범죄와 다른 경우에만 흡수관계를 부정한다는 것이다. 그러나 우범성의 판단시에 문제되는 범죄란, 일반적인 범죄가 아니라 특정범죄 내지 범죄유형이라고 보아야 하므로, 이 견해의 전제 자체가 타당하지 않다.

---

371) 豊田, 앞의 각주70) 15면, 揖斐, 앞의 각주355) 153면, 栃木, 앞의 각주355) 189면.

372) 阿部, 앞의 각주367) 90면.

373) 内園ほか 43면, 大島, 앞의 각주69) 153면, 早川, 앞의 각주360) 18면.

우범성의 내용을 특정범죄 내지 범죄유형에 해당하는 행위를 할 개연성으로 전제하는 경우, 우범이 범죄의 전단계를 포착하여 범죄의 발생을 방지함을 목적으로 하는 제도라는 점에서 본다면, 우범성의 내용으로서 예상되고 있었던 특정범죄가 실제로 일어난 경우에는, 그 범죄사실과 별도로 우범사실을 문제 삼아 절차의 대상으로 삼을 필요는 없을 것이다. 한편, 우범사실에서 예상되었던 것과는 전혀 다른 범죄 내지 범죄유형에 속하는 범죄가 발생한 경우에까지, 우범사실이 여기에 흡수된다고 보는 것은 불합리할 것이다.[374] 따라서 직접적 현실화설이 타당하다고 생각한다. 판례 역시 이러한 견해에 입각하여 처리하고 있는 것을 상당수 발견할 수 있다.[375]

이와 반대로, 범죄사실 후에 우범사실이 발생하여, 그것이 동시에 가정재판소에 계속되는 경우도 있다. 이러한 사례에서는, 우범사실에 나타난 소년이 장래 죄를 범할 우려가 범죄사실에 관한 요보호성으로 평가될 수 있다면 굳이 우범사실을 인정할 필요는 없을 것이다.[376] 한편, 우범행상이 범죄사실로부터 상정할 수 있는 범위의 요보호성을 크게 초과하는 경우에는, 범죄사실과는 별도로 우범사실을 인정할 필요가 있을 것이다.[377]

---

374) 豊田, 앞의 각주70) 13면, 早川, 앞의 각주360) 19면.

375) 旭川家決 昭和45·4·20 家月 22권 11=12호 121면, 名古屋家決 昭和63·6·13 家月 40권 12호 59면, 東京家決 平成7·8·17 家月 48권 3호 82면, 東京高決 平成19·11·12 家月 60권 9호 131면 등.

376) 大島, 앞의 각주69) 153면, 三浦透, "虞犯の機能に関する覚書", 植村退官 470면. 판례에서는, 우범사실은 범죄사실을 초래한 우범행상이 계속되고 있음을 나타내는 것이므로, 양 사실 간에 질적인 차이를 인정할 수 없어, 범죄사실에 흡수된다고 그 이유를 밝히고 있는데(名古屋家決 昭和63·6·13 家月 40권 12호 59면, 横浜家決 平成21·7·31 家月 62권 2호 151면), 범죄사실에 관한 요보호성을 나타내는 사실로 고려하면 족하다는 의미에서, 그 실질적 내용은 동일할 것이다.

377) 三浦, 앞의 각주376) 471면. 旭川家決 昭和59·5·7 家月 36권 11호 161면, 東京家決 平成22·11·2 家月 63권 6호 123면.

제 9 절 시험관찰

Ⅰ. 의의와 기능

소년보호절차에서는 가정재판소에 사건이 수리되면, 심판을 하기 전에 조사관의 사회조사가 이루어지는데, 이러한 일반적인 조사에 더하여, 소년법에는 소년에 대한 적절한 처분을 결정하기 위한 자료의 수집, 그리고 그에 수반한 처우를 목적으로 하는 제도가 몇 가지 존재한다. 그 중 하나가 시험관찰이다(少 25조). 이는 심판이 개시된 후에 가정재판소가 소년에 대하여 종국처분의 결정을 일정기간 유보하고, 조사관에게 소년의 행동 등을 관찰하게 하는 제도이다. 일종의 중간처분으로 볼 수 있는데, 가정재판소의 결정으로 실시된다.

시험관찰은 조사관의 조사를 더욱 보강, 수정하고, 요보호성에 관한 판단을 보다 정확하게 하는 기능(조사기능)을 가지는데, 그와 동시에 종국결정을 유보함으로써 소년에게 심리적 강제효과를 통한 지도원호를 실시하여 개선교육의 효과를 높이는 기능(처우기능)도 가지고 있다.[378] 후자의 점에서, 시험관찰은 일종의 프로베이션(probation)이라고 할 수 있다.[379]

보호처분인 보호관찰과 비교하면, 시험관찰은 중간처분으로 잠정적 조치이기 때문에, 교육적 개입의 방법, 정도, 기간 등에 한계가 있다. 그러나 한편으로, 보호관찰은 종국처분이어서 그 동안의 행상에 따른 불이익변경이 원칙적으로 인정되지 않는다는 점에서,[380] 심리강제의 효과가 불충분한 측면도 갖고 있다. 그러한 관점에서 보면, 시험관찰이 보다 효과적인 제도라고 할 수 있다.

---

378) 田宮＝廣瀬 322면, 団藤＝森田 262면, 総研 196면.

379) 平場 236면, 澤登 129면.

380) 이러한 문제점에 대처하기 위해, 2007년 개정에 따라 보호관찰 중인 소년이 준수사항을 준수하지 않은 경우에 보호관찰소장의 신청에 따라 일정한 요건 하에 가정재판소가 소년원송치결정 등을 할 수 있는 제도가 도입되었다(少 26조의4).

Ⅱ. 시험관찰의 방법

시험관찰의 구체적 방법은 사안에 따라 다르다. 일반적인 방법으로는 ① 소년이나 보호자와의 계속적 면접 등 조사관이 직접 관찰하는 방법, ② 직장의 고용주나 학교의 교사, 학생자원봉사자 등의 협력, 원조를 통해 실시하는 방법, ③ 그룹워크에 의한 방법 등이 있다.[381] 이 중 ③은 교통관계사건이나 신나남용 사건 등에서 집단강습의 형식으로 집단토의, 과제연구 등을 실시하는 것이다.

Ⅲ. 시험관찰의 요건

조문상으로는 '보호처분을 결정하기 위해 필요하다고 인정하는 때'라고만 규정되어 있는데(少 25조 1항), 실무에서는 다음의 4가지 요건의 충족이 필요하다고 여겨지고 있다.[382]

첫째, 소년을 보호처분에 부할 개연성이 존재해야 한다. 보호처분의 실체적 요건은 비행사실과 요보호성이므로, 여기서도 이 2가지 관점에서 그 내용이 문제된다.

먼저, 비행사실에 대해서는 그 존재가 합리적 의심을 넘는 정도로 증명될 필요가 있다.[383] 개연적 심증으로 족하다는 견해[384]도 있으나, 시험관찰이 심리강제의 효과를 통한 교육적 처우의 일종이고, 자유의 제한을 수반하는 경우도 있을 수 있으므로, 보호처분에 부하는 경우와 동일한 정도의 심증이 필요하다고 해야 할 것이다.

이에 비하여, 요보호성에 대해서는 소년을 보호처분에 부할 개연성이 인정되는 정도로 존재할 필요가 있으며, 여기에는 보호처분의 종류가 미정인 경우뿐만 아니라, 보호처분의 부과 여부가 미정인 경우도 포함된다.[385] 실제로 시험관

---

381) 田宮=廣瀬 323면, 総研 200면.

382) 田宮=廣瀬 324면, 総研 197면.

383) 田宮=廣瀬 324면, 平場 237면.

384) 早川義郎, "少年保護事件の手続(その1)", ジュリ 324호, 1965, 87면, 条解 186면.

385) 田宮=廣瀬 324면.

찰의 결과, 요보호성이 감소하여 불처분결정이 내려지는 예도 적지 않다.[386]

둘째, 당장 보호처분에 부할 수 없거나 그것이 상당하지 않은 사정이 있을 필요가 있다. 예를 들어, 소년의 개성이나 환경에 관한 자료의 수집이 충분하지 않고, 처우상의 결론을 내기 어려운 사정이 있는 경우, 소년이 비행에 대해 충분히 반성하고 노력을 다짐하고 있으나 요보호성이 없다고까지는 판단하기 어려워, 종국결정을 유보함으로써 심리적 강제효과를 통해 소년의 자각에 의한 요보호성의 소멸을 기대할 수 있는 경우 등이 이에 해당한다.[387]

셋째, 조사관의 관찰활동의 결과에 따라 적절한 종국결정이 가능하다는 전망이 있어야 한다. 예를 들어, 소년이 가정 또는 직장에 원활히 복귀할 수 있도록, 조사관에게 인간관계와 환경을 조정하도록 할 필요가 있는 경우 등을 들 수 있다.

넷째, 상당기간 내에 관찰의 목적을 달성할 가능성이 있어야 한다. 시험관찰이 중간처분이라는 점에서 유래하는 제약으로, 상당기간 내에 관찰의 목적을 달성할 가능성이 없으면, 곧바로 보호처분에 부하여 이를 집행하여야 한다.

이상의 실질적 요건에 더하여, 절차적 요건으로 명문규정은 없지만, 시험관찰은 심판을 개시한 후에 실시하여야 한다.[388] 시험관찰이 전술한 것과 같은 성격을 가진 조치라는 점에서, 심판기일에서 소년 측에게 반론의 기회를 부여한 다음, 비행사실을 인정하고 시험관찰을 결정할 필요가 있기 때문이다.

Ⅳ. 시험관찰의 기간

조문상은 '상당한 기간'으로만 되어 있는데, 실무에서는 결정시에 기간을 정하지 않는 것이 일반적이다.[389] 다만, 실제 관찰기간은 그것이 중간처분이라는 점, 보도위탁의 조치가 취해진 경우에는 소년의 자유제약이 크다는 점 때문에, 일반적으로는 대략 3개월에서 4개월이 기준이 되고 있다. 다만, 시험관찰의

386) 2013년 일반사건에서 시험관찰에 부해진 소년 중 14.5%에 대해 불처분결정이 내려졌다.
387) 総研 197면.
388) 田宮＝廣瀬 332면, 平場 237면, 団藤＝森田 264면.
389) 田宮＝廣瀬 325면, 総研 199면.

목적을 달성하기 위하여 그보다 오랜 기간이 필요한 사안도 있고, 실제로도 그러한 예가 적지 않다. 2013년도 사법통계에 따르면, 일반보호사건에서 시험관찰을 거친 인원 1,352명 중, 그 기간이 4개월을 넘는 것이 813명, 1년을 넘는 것도 12명이었다. 실무상 관찰기간이 4개월을 초과하는 경우에는 조사관이 재판관에게 보고하여 지시를 받도록 하고 있다.[390]

V. 부수조치

1. 의의

가정재판소는 시험관찰과 함께 ① 준수사항을 정하여 그 이행을 명하거나, ② 조건을 붙여 보호자에게 인계하거나, ③ 적당한 시설, 단체 또는 개인에게 보도를 위탁하는 3가지의 부수조치를 선택적 또는 중첩적으로 부가할 수 있다(少 25조 2항). 여기에 시험관찰이 처우로서 갖는 측면이 보다 선명하게 드러나 있다. 그 중 ③의 조치를 통상 보도위탁이라 부르는데, 그 중에는 소년을 보도위탁처의 시설에 거주 내지 숙박시킨 다음, 통근이나 통학을 시키면서 생활지도 등의 보도를 실시하는 신병부보도위탁과 소년을 본인의 주거에 거주시킨 채 학교교사나 고용주에게 생활지도 등의 보도만을 위탁하는 재택보도위탁이 있다.

표 4-5 일반사건 신병부보도위탁 연간비교

연도	시험관찰 총수	신병부보도위탁 인원	일반사건 총인원
2004	2,211	255	78,916
2005	2,132	241	70,017
2006	1,940	187	63,551
2007	1,851	180	59,636
2008	1,633	151	53,993
2009	1,582	163	54,209
2010	1,546	152	53,569
2011	1,550	127	48,820
2012	1,459	119	46,528
2013	1,351	112	40,941

390) 田宮=廣瀬 325면, 総研 201면.

신병부보도위탁처는 조문상 공사를 불문하나, 실제로는 건설업, 제조업 등의 회사경영자, 농업, 음식점 경영자 등 민간의 독지가에게 소년의 보도를 위탁하는 경우가 많다. 소년은 수탁자와 함께 생활하고, 그가 경영하는 회사 등에서 일하면서 수탁자의 직접적인 지도를 받게 된다. 이러한 조치의 목적은 부모의 애정이나 훈육의 부족 등 가정환경에 문제가 있거나, 지역의 불량친구와의 관계를 정리할 수 없어서 새 출발이 곤란한 소년에 대하여, 기존의 생활근거지를 이동시켜 소년을 가정적인 생활환경에 두거나, 생활환경을 바꾸어 규칙적인 생활습관을 습득하게 함으로써, 그 개선갱생을 도모하는 데에 있다.[391] 동일한 목적으로 개인이 아닌 아동복지시설이나 사회복지법인에 보도를 위탁하는 경우도 있다. 그것이 비행소년의 개선갱생에 유효한 조치라는 점은 널리 인정되고 있지만,[392] 실제 운용에 있어서 일반사건에서의 위탁인원은 전체 종국인원의 감소비율을 상회하는 비율로 감소하고 있다([표 4-5] 참조). 그 요인으로는, 소년원의 운영개선이나 보호관찰제도의 보완 등으로 보호처분의 집행체제가 완비됨으로써 신병부보도위탁을 취할 필요가 있는 사건이 감소하였다는 점, 보도위탁처의 감소, 신병부보도위탁에 적합한 소년의 감소, 가정재판소 측의 신병부보도위탁에 대한 관심저하 등이 지적되고 있다.[393]

2. 새로운 움직임

최근에는 시험관찰, 보도위탁의 내용 중 하나로 단기간의 사회봉사활동이나 합숙활동 등 새로운 시도가 이루어지고 있으며, 전국의 가정재판소에 확대되고 있다.[394] 이 중 사회봉사활동은 시험관찰 중인 소년 중에서 적당한 대상자를

391) 総研 199면. 실정에 관하여는 岡國太郎ほか, "<座談会>補導委託の実情と課題", 家月 57권 8호, 2005, 33면 이하, 第一東京弁護士会少年法委員会編, 少年の帰る家ー子ども教育と補導委託, ぎょうせい, 2006, 岡田行雄ほか編著, 再非行少年を見捨てるな, 現代人文社, 2011 등을 참조.

392) 田宮＝廣瀬 328면, 平場 239면.

393) 佐野傑＝河野郁江, "身柄付き補導委託の意義と今後の課題について", 家月 65권 8호, 2014, 18면.

394) 田宮＝廣瀬 332면, 第一東京弁護士会少年法委員会編, 앞의 각주391) 132면, 林五平ほか, "東京家庭裁判所における試験観察の新しい試みについて", 家月 46권 8호, 1994, 1면 이하, 柳沢恒夫, "東京家庭裁判所における保護的措置の新しい試み", 犯罪

선택하여, 봉사시설이나 '소년친구의 모임' 등에 보도위탁하고, 이들의 원조 하에 수일에서 일주일 동안 장애인시설이나 특별양로원에 통근 또는 숙박시키면서 개호 등을 돕도록 하는 활동이다. 비행을 저지른 소년이 사회적 약자에 대한 원조활동을 통하여 보람과 긍지를 경험하게 하고, 자신의 이미지를 회복함과 동시에 인간으로서의 배려심을 습득하는 계기를 마련함을 목적으로 한다.

합숙활동은 시험관찰 중인 소년 중에서 비행성이 그다지 심화되지 않은 자를 대상으로 한다. 숙박시설 등을 운영하는 민간단체에 위탁하여, '소년친구의 모임' 회원이나 자원봉사자의 원조·지도를 받아 민간의 숙박시설에서 1박 2일 정도 단기합숙을 하면서 자연관찰학습, 창작활동, 그룹워크 등의 프로그램에 따라 집단활동을 하도록 하는 것이다. 이러한 단기합숙에 소년의 보호자를 참가시켜, 부모와 자녀가 함께 합숙하는 형태를 취하는 경우도 있다. 부모와 자식이 함께 활동하고 이야기를 나눌 수 있는 기회를 제공함으로써, 상처 입은 관계를 회복시키는 것을 목적으로 한다.

처분을 결정하기 전의 단계에서 이러한 활동이 이루어질 수 있다는 점에서, 형사절차와 대비한 소년보호절차의 유연성을 확인할 수 있다.

Ⅵ. 시험관찰의 종료

시험관찰을 종료하는 경우에는 조사관이 최종적인 처우의견을 붙여, 시험관찰의 성적을 재판관에게 보고한다(少審規 40조 5항·13조). 보고가 이루어지면, 통상 다시 심판을 진행하여 종국결정이 내려진다.[395] 시험관찰은 중간처분이므로, 특별히 기간을 정하지 않은 경우에는, 종국결정에 따라 시험관찰도 종료된다.[396]

と非行 115호, 1998, 70면 이하 등.

395) 総研 201면.

396) 田宮＝廣瀬 333면.

제 5 장

종국결정

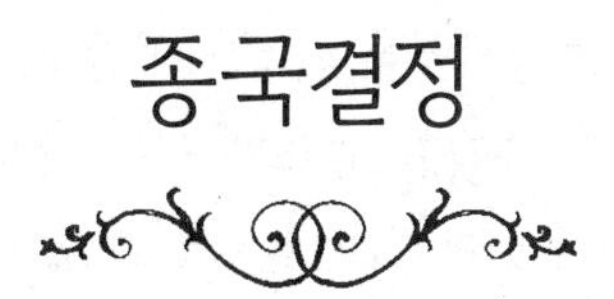

조사·심판을 거친 다음, 가정재판소는 소년에 대하여 어떠한 처분을 내릴 것인지 결정한다. 이를 종국결정이라 부른다. 종국결정 중 심판불개시결정에 관하여는 이미 다루었으므로(본서 68면), 여기서는 그 나머지에 대하여 설명하고자 한다.

제 1 절 불처분결정

심판의 결과, 소년에게 보호처분을 부과할 수 없다고 인정되는 경우 또는 부과는 가능하지만 보호처분을 부과할 필요가 없다고 인정되는 경우에, 가정재판소는 소년을 보호처분에 부하지 않는 취지의 결정을 내린다(少 23조 2항). 이를 불처분결정이라 부른다.

그 중 '보호처분을 부과할 수 없다'라는 것은, 법률상 또는 사실상 보호처분을 부과할 수 없는 경우를 의미한다.[1] 예를 들어, 비행사실의 존재에 관하여 합

1) 田宮=廣瀨 278면.

리적 의심을 넘는 심증이 형성되지 않은 경우가 이에 해당한다.

한편, '보호처분을 부과할 필요가 없다'라는 것은, 심판한 결과 소년에게 보호처분에 부칠 정도의 요보호성까지는 인정되지 않고, 나아가 아동복지법상의 조치 및 형사처분의 어느 것도 부과할 필요가 없는 경우를 의미한다.[2] 실무상 ① 사실상의 보호적 조치가 취해졌음, ② 별건으로 보호 중임, ③ 사안 경미함의 3가지로 구분되고 있다.[3] ①의 경우, 심판불개시와 달리 이미 심판이 개시된 이후이므로, 조사관의 조언이나 훈계에 더하여, 심판의 장에서 재판관이 직접 훈계 등을 하거나, 시험관찰 중 조사관 또는 보도위탁처를 통하여 여러 가지 개입조치가 이루어지기도 한다. 이러한 조치들에 의하여 소년의 요보호성이 해소된 경우가 이 유형에 해당한다. 또한 ②는 다른 사건으로 이미 보호처분이 진행되고 있어 새로이 별개의 처분을 할 것도 없이 그 처분을 계속하면 충분한 경우를 의미한다. 2013년에 이루어진 일반사건에서의 불처분 이유의 내역을 살펴보면, 보호적 조치가 87.5%, 별건보호중이 11.9%였으며, 비행 없음은 0.5%에 불과하였다.[4]

종국결정(이송 · 회부 · 병합을 제외한다) 중에 불처분결정이 차지하는 비율은 사건의 종류에 따라 다르다. 2013년에는 일반사건에서 13.8%, 업무상(중)과실치사상등사건에서 46.2%, 도로교통사건에서 14.6%로 나타났다.

제2절 아동복지기관송치결정

가정재판소는 조사의 결과, 아동복지법의 규정에 의한 조치가 상당하다고 인정한 때에는 결정으로써 권한이 있는 도도부현 지사 또는 아동상담소장에게 사건을 송치하여야 한다(少 18조 1항).[5] '아동복지법의 규정에 의한 조치'란 ①

---

2) 田宮＝廣瀨 279면, 平場 282면.

3) 田宮＝廣瀨 279면.

4) ③의 사안이 경미한 사건은 대부분 심판불개시로 끝나기 때문에, 이 이유로 불처분결정이 내려지는 것은 소년이 비행사실을 다투는 등 심판이 필요하였던 예외적인 경우로 한정된다(田宮＝廣瀨 279면). 그 때문에 '보호처분을 부과할 필요가 없는' 경우로서 이 유형을 들지 않는 견해도 있다(平場 283면, 総研 212면).

5) 소년법의 조문상으로 송치처가 '도도부현 지사 또는 아동상담소장'으로 되어 있으나, 이것에 대

훈계·서약서의 제출, ② 아동복지사 등의 지도, ③ 양부모에의 위탁, ④ 아동복지시설에의 입소이다(兒福 26조·27조). 아동복지법상의 조치에 부하는 이상, 그 대상은 아동복지법상의 '아동', 즉 18세 미만의 자이다(兒福 4조 1항).

'아동복지법의 규정에 의한 조치가 상당하다고 인정한 때'라는 것은, 당해 소년에 대하여 보호적 조치를 실시한 후에 심판불개시나 불처분, 보호처분, 검찰관송치를 하는 것보다 아동복지법상의 조치가 적절하다고 인정되는 경우를 말한다.[6] 일반적으로는 소년 자신의 비행성은 심각하지 않지만, 가정환경 등 환경면에 문제가 크기 때문에 계속적 지도를 필요로 하는 경우 등이 이에 해당하는 것으로 보고 있다.[7] 아동복지기관송치결정은 조사의 단계는 물론 심판을 거친 경우에도 할 수 있는데, 실무상 심판을 열어서 하는 것이 일반적이다(少 23조 1항).

가정재판소가 송치한 후에 아동복지법상 어떠한 조치를 취할 것인지는 송치를 받은 아동상담소장 및 그로부터 보고를 받은 도도부현 지사가 결정한다. 이들 조치 중에 아동복지법 27조 1항 3호에 의거한 아동복지시설에의 입소에는 아동자립지원시설이나 아동양호시설에의 입소가 포함되는데, 이는 가정재판소가 보호처분으로서 결정하는 경우(少 24조 1항 2호)와 달리, 친권자 또는 후견인의 의사에 반하여 입소시킬 수 없다는 제약이 있다(兒福 27조 4항).

제 3 절 검찰관송치결정

Ⅰ. 종류

가정재판소가 검찰관에게 사건을 송치하는 결정에는 2가지 종류가 있다. 첫 번째는 조사 내지 심판의 결과, 본인이 20세 이상인 것이 판명된 경우에 내

응하는 아동복지법은 아동상담소장만이 송치 받는 것을 전제로 규정하고 있다(兒福 26조·27조). 이는 1951년의 아동복지법의 개정에 맞추어 소년법의 규정이 개정되지 못한 입법의 불비로 인하여 생긴 괴리로서, 그러한 이유로 송치처는 아동상담소장만이 해당한다고 해석되고 있다(田宮=廣瀬 193면, 平場 292면, 団藤=森田 166면).

6) 田宮=廣瀬 192면, 総研 214면.

7) 田宮=廣瀬 192면, 総研 214면.

려지는 송치결정이다(少 19조 2항·23조 3항). 이는 일본의 소년법이 연령의 기준시를 처분시로 하고 있어, 본인이 20세 이상인 경우에는 심판조건이 결여되기 때문이다. 따라서 '20세 이상인 것이 판명된 경우'란 송치시점에서 이미 20세 이상이었던 경우뿐만 아니라, 송치시에 소년이었던 자가 절차 도중에 20세가 된 경우도 포함된다.[8] 두 번째는 가정재판소가 형사처분이 상당하다고 인정한 경우에 내리는 송치결정이다(少 20조). 이를 일반적으로 역송결정이라 부른다. 이하에서는 역송결정에 관하여만 설명하고자 한다.

Ⅱ. 역송결정의 요건

1. 형식적 요건

역송결정의 요건은 ① 사형, 징역 또는 금고에 해당하는 사건으로서, 동시에 ② 죄질 및 정상에 비추어 형사처분이 상당하다고 인정되는 것이다(少 20조 1항). 이 중 전자는 법정형에 사형, 징역 또는 금고가 포함되어 있는 죄임을 의미한다. 이를 충족하는지 여부는 가정재판소에 의한 비행사실의 인정을 전제로 하는데, 그 심증의 정도에 관하여는 다툼이 있다.

이 점에 관하여, 역송도 넓은 의미에서 소년에 대한 처우의 하나로서 선택되는 것인 이상, 보호처분결정과 마찬가지로 합리적 의심을 넘는 심증이 필요하다고 보는 견해[9]도 있다. 그러나 역송을 결정함에 있어서 반드시 심판개시가 요구되는 것이 아니고 조사단계에서도 할 수 있다는 점이나 역송 후 형사재판소의 증거조사가 예정되어 있다는 점에서 본다면, 그 정도로 높은 혐의는 필요하지 않다고 생각된다. 한편, 역송된 사건은 원칙적으로 검찰관이 기소할 의무가 있다는 점(少 45조 5호)에 비추어 보면, 지나치게 낮은 혐의로는 불충분하다. 따라서 역송을 위해서는 비행사실의 존재에 관하여 개연적 심증이 있으면 족하다고 보는 견해가 다수를 차지하고 있고,[10] 실무도 그러한 입장에 따라 운용되

---

8) 田宮＝廣瀬 203면, 団藤＝森田 179면.

9) 山本矩夫, "否認事件の取扱いについて", 司法研修所報 30호, 1953, 125면, 佐々木一彦, "逆送について", 講座少年保護 95면 등. 원칙적으로 합리적 의심을 넘는 심증이 필요하다면서도, 검찰관의 보충수사로 그 정도에 도달할 전망이 있는 경우에는 예외를 인정하는 견해도 있다(千葉裕, "保護事件における非行事実の認定", 講座少年保護 235면, 条解 129면).

10) 田宮＝廣瀬 207면, 平場 297면, 団藤＝森田 187면, 丸山 327면 등.

고 있다.[11]

2. 실질적 요건

역송결정의 실질적 요건은 형사처분이 상당한 것이다. '형사처분상당성'의 의미에 관하여, 통설은 보호처분으로는 더 이상 교정의 가망이 없는 경우(보호불능[保護不能]) 외에, 보호처분에 의한 교정이 불가능하지는 않으나 사안의 내용이나 사회에 끼친 영향에 비추어 보호처분으로 대처함이 상당하지 않은 경우(보호부적[保護不適])도 이에 해당한다고 보고 있다.[12] 이러한 견해를 표명한 판례로는 도쿄가정재판소 결정이 있다(東京家決 昭和36·3·22 家月 13권 5호 183면).

사안은, 황실숭배의 사상을 가지고 있던 소년이, C사 발행의 잡지에 게재된 소설이 황실의 존엄을 모독하는 것이라 하여, C사의 사장 P를 칼로 찔러 동인에게 상해를 가하고 이 사건을 신문에 게재되도록 함으로써 상기 소설에 대한 국민적 규탄의 목소리를 불러일으키려는 생각을 가지고, 등산용 칼을 소지한 채 P의 집에 찾아갔으나, P가 부재중이었던 관계로 만날 수 없게 되자 이대로 물러날 수는 없다고 생각한 끝에, 순간적으로 살의를 품고 같은 칼로 그 장소에 있던 P의 처 X와 가정부 Y를 찔러, Y로 하여금 실혈사에 이르게 하고 X에 대하여 가료 약 2개월을 요하는 상해를 입혔다는 것이다.

도쿄가정재판소는 보호처분과 형사처분의 선택기준에 관하여, '보호처분이 가능한 경우에 있어서도 소년에게 보호처분을 부과하는 것이 형사사법의 기초를 이루는 정의감정에 현저히 어긋나는 때에는 보호처분을 과할 것이 아니라 형사처분을 과하여야 한다.'라고 하면서, 본건 소년에 관하여 보호처분에 의해 그 성격을 교정하는 것이 가능하다는 점을 인정하면서도, 본건 사안은 소년이 목적을 위해서는 수단을 가리지 않는다는 생각에서 행동하고, 아무런 비난받을 사정도 없는 2명에게 살의를 품고 위해를 가하여 그 중 1명을 사망에 이르게 한 것이므로, 소년에게 보호처분을 부과하는 것은 형사사법의 기초를 이루는 정의

---

11) 東京高判 昭和61·5·30 家月 43권 10호 62면.

12) 田宮=廣瀬 209면, 平場 299면, 団藤=森田 183면, 大森政輔, "検察官送致決定の実質的要件", 判タ少年法 188면, 北村和, "検察官送致決定を巡る諸問題", 家月 56권 7호, 2004, 50면 등.

감정에 현저히 반한다고 할 것이어서 형사처분이 상당하다고 판단하였다.

보호불능의 경우뿐만 아니라 보호부적의 경우에도 형사처분상당성을 인정하는 견해는 조문상 '죄질 및 정상에 비추어' 형사처분상당성을 판단하게 되어 있으므로, 사안의 중대성·악질성이란 행위의 객관적 측면이 형사처분상당성의 중요한 판단요소로서 예정되어 있다는 점을 그 근거로 든다. 또한 소년사법제도도 형사사법제도의 일익을 담당하고 있는 이상, 비행사실을 저지른 소년에 대한 처분을 결정함에 있어서 사회방위나 일반예방의 견지를 무시할 수 없다는 생각이 그 근저에 깔려 있다.[13]

반면 이에 대하여는, 소년법의 목적은 어디까지나 소년의 건전육성을 도모함에 있으므로, 거기에 사안의 성질이나 사회에 끼친 영향 등과 같은 응보 내지 일반예방의 관점을 가지고 들어올 것이 아니고, 형사처분상당성은 철두철미하게 보호불능의 경우에 한하여 인정하여야 한다는 견해도 유력하게 주장되고 있다.[14] 소년의 개선교육을 통한 재범의 방지라는 소년법의 이념을 철저히 관철하려는 해석이라고 할 수 있다. 그러나 소년사법제도라 하더라도 피해자나 국민 일반의 이해를 얻을 수 없다면 더 이상 존립할 수 없는 이상, 형사처분상당성의 해석에서 응보나 일반예방의 관점을 일률적으로 배제할 수는 없다고 생각한다.[15] 중요한 것은, 오히려 이러한 사실을 전제로 한 다음, 어떻게 하면 그 고려의 정도를 합리적 범위 내로 한정시킬 수 있을 것인가 하는 점이라 할 수 있다.[16]

이와 같이, 지금까지는 보호처분에 의해 소년의 개선갱생이 가능한 경우라 하더라도 보호가 부적당함을 이유로 역송결정을 할 수 있는지가 문제되어 왔는데, 이 논의는 사실 소년의 개선갱생을 위해서는 보호처분이 형사처분보다 언제나 유효하다는 것을 전제로 하고 있었다. 이에 대하여, 실무에서는 소년의 개선갱생의 유효성이란 관점에서도 보호처분이 아닌 형사처분을 이른바 적극적으로 선택해야 하는 경우가 있다는 지적이 제기되고 있다.[17] 이러한 지적에 따르면,

---

13) 田宮＝廣瀬 209면, 大森, 앞의 각주12) 188면.

14) 岩井宜子, "保護処分と刑事処分の関係について", 家月 32권 12호, 1980, 19면, 斉藤豊治, 少年法研究2, 成文堂, 2006, 168면, 武内, 講義 421면 등.

15) 北村, 앞의 각주12) 58면, 廣瀬健二, "我が国少年法制の発展と現状", 司法研修所論集 98호, 1997, 394면, 後藤弘子, "少年法の理念と社会感情", 澤登古稀 121면 이하.

16) 廣瀬, 앞의 각주15) 395면.

17) 田宮＝廣瀬 209면, 北村, 앞의 각주12) 55면, 加藤学, "終局決定(1)－検察官送致決定", 重

형사처분상당성에는 상기 보호불능(保護不能)과 보호부적(保護不適)의 경우 외에, 소년의 개선갱생을 위하여 형사처분이 보호처분보다 유효한 유형도 있다는 것이 된다.[18)]

또한 이러한 점을 전제로, 실무에서 내려지는 형사처분상당성의 판단은 상기 3가지 유형 중 어디에 해당하는가 하는 문제가 아니라, 소년에 대하여 보호처분과 형벌 중 무엇이 보다 성격교정 등 교육효과를 올릴 수 있는가라는 처우상 유효성의 관점과, 그 소년의 범죄가 타인이나 사회에 심대한 피해나 위협·불안 등을 주었는지 여부, 그러한 범죄의 재발방지가 강력히 요청되는지 여부라는 사회감정, 사회방위의 관점을 함께 고려한 후, 어느 쪽이 소년에 대한 처우로서 보다 적합한 것인지를 종합적으로 판단하는 것이라는 지적도 제기되고 있다.[19)]

Ⅲ. 운용현황

2013년 통계에 의하면, 전체 보호사건 종국처리인원(이송·회부·병합을 제외한다) 중 역송이 차지하는 비율은 2.9%이다. 다만, 역송의 대부분(94.7%)은 교통관계사건(업무상(중·자동차운전)과실치사상사건, 위험운전치사상사건, 도로교통사건)으로서, 대부분이 약식명령을 통한 벌금의 선고를 예상하고 내려진 것이다. 이는 당해 소년에게 보호처분을 과할 정도의 요보호성은 인정되지 않지만, 형사절차에서 벌금을 과함으로써 소년에게 책임을 자각시켜 그 개선갱생에 도움이 될 수 있다는 고려에 따른 것이다. 따라서 이러한 경우의 형사처분상당성은 보호불

判50選 200면.

18) 학설 중에는 보호부적(保護不適)을 이유로 하는 역송을 부정하면서도, 사안의 중대성 등으로부터 사회가 보호처분을 납득하지 않고 그러한 사실이 소년의 사회복귀를 도리어 방해하는 경우에는, 오히려 소년의 이익을 도모한다는 관점에서 형사처분을 선택하는 것이 필요하다는 견해도 있다(澤登 191면). 이는 소년의 개선갱생에 있어서 보호처분보다도 형사처분이 유효한 장면 중 하나일 것이다. 나아가 이러한 관점을 밀고나가, 단적으로 형사처분상당성이 긍정되는 것은 소년의 비행극복을 원조하기 위한 교육수단으로서 형사처분이 필요하고 유효하다고 인정되는 때에 한정된다고 보는 견해도 있다(葛野尋之, 少年司法の再構築, 日本評論社, 2003, 582면, 正木祐史, "改正少年法の検証 20条2項送致の要件と手続", 検証と展望 35면).

19) 田宮＝廣瀬 209면, 廣瀬健二, "保護処分相当性と刑事処分相当性", 家月 41권 9호, 1989, 6면.

능(保護不能)이나 보호부적(保護不適)이 아니라, 소년의 개선갱생에 있어서의 처우상 유효성이란 관점에서 인정되는 것이라 할 수 있다.[20)]

일반사건에서 역송비율은 극히 적은데, 2013년에는 0.25%에 불과하다.[21)] 중대사건을 보더라도, 살인(미수를 포함한다)에서 19.4%, 강도에서 4.3%, 강간에서 7.4%로, 전체적으로는 역송에 신중한 입장을 취하고 있다고 할 수 있다. 다만, 후술하는 2000년 개정에 의하여, 일부의 사건에 있어서 역송의 모습이 크게 바뀌게 되었다.

Ⅳ. 역송규정의 개정

2000년 개정에서는 역송규정을 어떻게 고칠 것인지가 초점의 하나였다. 그 배경에는 소년의 흉악범죄가 연이어 발생하면서, 가정재판소가 내리는 처분이 소년에게 지나치게 온정적이란 사회적 비판이 높아진 사정이 있었다.

개정법에 의한 역송규정의 개정은 크게 2가지의 내용으로 구성된다. 하나는 역송가능연령의 인하이고, 다른 하나는 이른바 원칙역송제도의 도입이다.

1. 역송가능연령의 인하

(1) 개정의 내용과 그 배경

2000년 개정 전의 소년법에서는, 소년이 송치시에 16세 이상인 경우에만 역송할 수 있었으므로(구법 20조 단서), 14세 및 15세의 소년은 형법상 책임능력이 인정됨에도 불구하고 일률적으로 형사처분을 과할 수 없었다. 입법과정에서 이러한 괴리가 왜 발생했는지는 분명하지 않으나, 14세 및 15세의 소년은 형법상 책임능력이 인정되더라도 아직 정신적 발달이 충분하지 않기 때문에 형벌이 가져올 폐해나 교육적 조치에 의한 개선가능성이 높다는 점을 고려하면, 유형적

---

20) 田宮＝廣瀨 210면, 澤登 191면, 豊田建夫, "道路交通事件において罰金を見込んでなされる検察官送致について", 家月 38권 7호, 1986, 11면. 그러므로 이후로도 계속 교통위반을 반복하는 경우에는, 보다 과중한 처우인 보호처분으로서의 교통보호관찰에 처해지는 경우가 있을 수 있다(加藤, 앞의 각주17) 200면).

21) 이에 비하여, 업무상(중)과실치사상등사건이 1.1%, 도로교통사건이 12.8%이다.

으로 형사처분에는 적합하지 않다는 것이 제도의 취지로서 지적되고 있었다.[22] 연령의 기준시가 행위시가 아닌 처분시이었던 점도 이를 뒷받침한다고 할 수 있다.

이에 대하여, 개정법은 20조 단서를 삭제함으로써 송치시 16세 이상이란 제한을 철폐하고 형사책임연령과 역송가능연령을 일치시켰다. 이에 따라, 책임능력이 인정되는 14세 이상이라면 역송하여 형벌을 과할 수 있게 되었다. '근래 연소소년에 의한 흉악중대범죄가 계속되어 우려할 만한 상황에 있다는 점을 감안하여, 이러한 연령층의 소년이라도 죄를 범하면 처벌되는 경우가 있음을 명시함으로써, 사회생활에서의 책임을 자각하게 하고 건전한 성장을 도모할 필요가 있다'는 점이 개정이유로 제시되고 있다.[23] 즉, 이러한 개정도 어디까지나 소년의 건전육성이란 소년법의 기본이념의 테두리 내에서 이루어졌다는 것이다.

분명, 형벌이라는 엄격한 처분으로 소년에게 책임을 자각하도록 촉구하는 것이 소년의 건전육성이라는 목적에 반하는 것은 아니다. 그러나 애당초 이와 같은 개정이 이루어지게 된 계기가, 성인이라면 사형에 상당하는 흉악사건을 저질렀음에도 14세 및 15세의 소년이라는 이유로 그들에 대하여 아예 형벌을 과할 수 없음은 부당하다는 논조가 비등하였던 사실에 있다는 점, 그리고 개정법 하에서도 14세 및 15세의 소년에 대하여 역송결정을 할 것인지 여부는 지금까지와 동일하게 가정재판소의 판단에 맡겨진다는 점을 고려한다면, 이 연령층의 소년에 대하여 실제 역송이 결정되는 것은 상당히 흉악·중대한 사건에 한정될 것이라고 생각한다. 그리고 그러한 사건을 일으킨 소년은 정신적으로나 성격적으로 심각한 문제를 안고 있는 경우가 대부분이어서,[24] 그들에 대하여는 무거운 형벌을 과하여 책임을 자각시키는 것보다 소년원에 수용하여 충분한 교육 내지 치료를 받게 하는 편이 재범의 방지라는 측면에서 효과적이라는 점은 분명할 것이다.

---

22) 葛野, 앞의 각주18) 483면, 三島聡, "刑事責任年齢と刑罰適用年齢の不一致と少年法『改正』", 団藤重光ほか, 「改正」少年法を批判する, 日本評論社, 2000, 93면.

23) 甲斐ほか 94면.

24) 몇 가지 실태조사를 통해 그러한 사례의 일부를 확인할 수 있다(家庭裁判所調査官研修所監修, 重大少年事件の実証的研究, 司法協会, 2001, 日本弁護士連合会編, 検証少年犯罪, 日本評論社, 2002, 裁判所職員総合研修所監修, 重大少年事件の実証的研究, 司法協会, 2012).

물론, 징역·금고형과 비교할 때 소년원 수용은 그 기간이 한정되어 있다. 그러나 이 점에 관하여도 1997년에 통달이 개정되어,[25] 비행의 중대성 등으로 인해 소년의 문제성이 극히 복잡·심각하여 그 교정 및 사회복귀를 위하여 특별한 처우를 요하는 경우를 대상으로 한 새로운 처우과정이 마련되어, 이에 해당하는 소년에 대하여는 원칙적으로 2년을 초과하여 수용하도록 운용되고 있다. 이러한 점들에 비추어 보면, 이러한 사건에서 재판관이 소년의 개선갱생에 있어서의 유효성이란 관점에서 소년원송치가 아닌 형사처분을 선택한다는 사태는 상정하기 어렵다. 그렇다면 이는 결국 응보나 일반예방의 관점에서 책임의 중대성을 근거로 하는 것이 아닐 수 없다고 생각한다.

(2) 소년수형자의 처우

2000년 개정에 의하여, 지금까지 형벌을 받지 않았던 14세 및 15세의 소년이 징역 또는 금고의 실형을 선고받을 가능성도 생기게 되었다. 그러나 일반적으로 이 연령층의 소년은 아직 정신의 발달이 충분하지 않을 뿐만 아니라, 실제로 형을 선고받은 소년이 계속 의무교육을 받아야 하는 단계에 있을 수도 있다. 그러한 점에서, 개정법은 징역·금고형의 집행에 특칙을 두고, 16세 미만의 소년이 징역 또는 금고의 선고를 받은 경우에는 소년원에서 형을 집행할 수 있도록 하였다(少 56조 3항). 이는 형법상 징역·금고는 형사시설에 구치하여 집행한다는 규정(刑 12조 2항·13조 2항)에 대한 특칙에 해당하는 것이다. 나아가 이 경우 소년에게 교정교육을 실시하도록[26] 하고 있어, 징역형의 경우 의무적으로 작업을 실시하도록 하는 형법 12조 2항의 특칙이 되기도 한다.

다만, 소년원에 수용된 수형자의 경우, 16세가 되면 형사시설, 즉 형무소로 이송하도록 하고 있어(少 56조 3항, 少院 141조 1항), 소년원에의 수용과 처우는 14세 및 15세의 소년에만 한정되는 특별한 조치이다.

한편, 위와 같은 개정은 14세 및 15세의 소년에 대한 새로운 형종(刑種)을 창설한 것이 아니라, 기존의 징역·금고형의 집행에 대한 특칙을 정한 것이다. 따라서 소년을 소년형무소에 수용할 것인지 소년원에 수용할 것인지는 형을 선

25) '『少年院の運営について』の一部改正について', (平成9年9月9日付け法務省矯教第2214号, 矯正局長依命通達) 家月 50권 2호 234면.

26) 소년원에 수용된 수형자에 대하여도 기본적으로, 보호처분으로 소년원송치결정을 받은 소년과 동일한 내용의 교육을 실시한다(少院 3조).

고하는 재판소가 아닌 형의 집행을 담당하는 교정당국이 결정하게 된다.[27]

(3) 개정 후의 운용

개정법은 2001년 4월부터 시행되고 있는데, 최고재판소는 개정법 시행 후부터 2006년 3월까지 5년간의 운용상황을 공표하였다.[28] 이에 의하면, 동 기간에 15세의 소년 5명이 역송되었는데, 그 중 도로교통법을 위반한 2명을 제외하면 역송된 인원은 3명이다. 죄명은 상해치사가 2건, 강도강간등이 1건이다.[29] 14세와 15세의 소년에 대하여는 개정 후에도 역송이 극히 드물 것으로 예상되었는데, 실제 운용도 이에 부합하는 모습을 보이고 있다.

2. 원칙역송제도의 도입

(1) 개정의 내용과 취지

역송제도와 관련된 다른 하나의 개정은 이른바 원칙역송제도의 도입이다(少 20조 2항). 개정 전의 소년법 20조의 규정은 '가정재판소는 사형, 징역 또는 금고에 해당하는 죄의 사건에 관하여, 조사의 결과, 그 죄질 및 정상에 비추어 형사처분이 상당하다고 인정할 때는, 결정으로써 이를 관할지방재판소에 대응하는 검찰청의 검찰관에게 송치하여야 한다.'는 것이었다. 즉, 역송 대상사건이 법정형에 의하여 한정되고 있기는 하나, 이에 해당하는 경우에 형사처분이 상당한지 여부의 판단은 전면적으로 재판관에게 맡겨져 있었다. 물론, 조문상 고려요소의 하나로서 '죄질'이 명시되어 있으므로, 형사처분상당성의 판단에 있어서는 그 중대성을 포함하는 의미에서 범죄의 종류가 고려되었지만, 그것은 어디까지나 형사처분상당성을 판단할 때의 요소 중 하나에 불과하고, 범죄의 종류에

---

27) 甲斐ほか 227면.

28) 最高裁判所事務総局家庭局, '平成12年改正少年法の運用の概況 － 平成13年4月から平成18年3月', 家月 58권 9호 99면.

29) 강도강간등 사건은, 소년이 34세의 성인 및 16세의 소년과 공동으로, 택배업자를 가장하여 여성의 방에 침입하고, 동녀를 강간한 후에 신용카드를 빼앗아 현금을 인출하는 등의 행위를 하였다는 사안이다. 역송 후의 형사재판에서 소년에게 징역 3년 6월 이상 6년 이하의 형이 선고되었다. 이에 비하여, 상해치사사건 2건은 공범사건으로서, 15세의 소년 2명을 포함한 소년 9명이 폭주족에서 탈퇴하려는 피해자에게 린치를 가하여 사망하게 하였다는 사안이었다. 재판소는 15세의 소년 2명에 대하여, 소년법 55조에 따라 가정재판소로의 이송을 결정하였고, 이를 받은 가정재판소는 중등소년원송치를 결정하였다(長岡ほか 113면 이하).

따라 판단기준 자체가 바뀌는 것은 아니었다.

이에 비하여, 2000년 개정법은 구 조문과 동일한 규정을 20조 1항에 두고, 새로이 2항을 신설하여, ① 고의의 범죄행위로 피해자를 사망하게 한 죄의 사건으로서, ② 소년이 그 죄를 범할 때에 16세 이상이었던 경우에는, 가정재판소는 1항의 규정에 불구하고 역송결정을 하지 않으면 안 된다고 규정하였다.[30] 여기서 말하는 '고의의 범죄행위에 의하여 피해자를 사망하게 한 죄'라는 것은 살인이나 상해치사처럼 고의에 의한 범죄행위 및 그것에 의한 사망의 결과가 범죄구성요건으로 되어 있는 죄를 말한다.[31] 개정법안의 심의과정에서 그 제안자로부터, 가정재판소가 역송규정의 적용에 소극적이라는 취지의 지적이 누차 이루어졌다는 사실로 미루어, 본 개정이 이러한 죄에 대하여 역송제도의 이용을 확대하려는 의도를 가진 것이란 점은 분명하다.

다만, 한편으로 개정법은 2항 단서를 마련하여, 본문에 해당하는 죄라 하더라도 '조사의 결과, 범행의 동기 및 태양, 범행 후의 정황, 소년의 성격, 연령, 행상 및 기타의 사정을 고려하여, 형사처분 이외의 조치가 상당하다고 인정할 때에는 그러하지 아니하다.'라고 규정하고 있다. 조문상 형사처분 이외의 조치에는 심판불개시결정이나 불처분결정도 포함될 수 있지만, 대상이 되는 범죄의 중대성으로 보아 실제로는 보호처분이 이에 해당하게 될 것이다.

본 개정은 2항에 규정된 죄의 경우, 형사처분과 보호처분의 결정과 관련하여, 지금까지의 원칙과 예외를 역전시킨 것으로 해석되고 있다.[32] 즉, 개정 전에는 보호처분을 원칙으로 하면서 형사처분이 상당한 경우에만 역송한다는 것이었기에, 가정재판소는 이른바 적극적으로 형사처분이 상당하다는 판단이 서지 않는 한 원칙으로 돌아가 보호처분을 결정하였다. 이는 가정재판소의 보호우선적 태도와도 합치되는 것이었다. 이에 비하여, 개정법은 2항 본문에 해당하는 죄에 대하여는 역송하여야 한다고 하고, 단서에서 형사처분 이외의 조치가 상당한 경우에 한하여 역송을 요하지 않는다고 하고 있으므로, 이 개정에 의하여 지

30) ②의 요건에서 알 수 있듯이, 2000년 개정에 의해 형사처분의 대상이 된 14세 및 15세의 소년에 대하여는 원칙역송제도는 적용되지 않고, 지금까지와 동일한 기준에 따라 형사처분상당성을 판단한다.

31) 甲斐ほか 103면.

32) 甲斐ほか 163면.

금까지와는 반대로, 가정재판소가 보호처분을 결정하기 위해서는 보호처분이 상당한 동시에 형사처분은 상당하지 않다는 판단이 가능하여야 한다는 것으로 변경되었다.[33)]

원칙역송제도를 도입한 취지로서, 이러한 죄는 자신의 범죄를 실현하기 위하여 그 무엇과도 바꿀 수 없는 인명을 빼앗았다는 점에서 반사회성·반윤리성이 높은 행위이고, 이러한 중대한 죄를 저지른 경우에는 소년이라 하더라도 원칙적으로 형사처분의 대상이 됨을 명시하는 것이, 소년의 규범의식을 키우고 건전한 성장을 도모하는 데 중요하다는 점이 거론되고 있다.[34)] 분명, 소년에게 본인이 저지른 죄에 대한 책임을 자각하게 하는 것이 소년의 건전육성에 유익하다는 점은 일반론으로서 지당한 사실일 것이다. 또한 전술한 것처럼, 개별사안을 놓고 본다면 예를 들어, 보호처분의 기한이 한정되어 있는 등의 관계로 당해 소년에게 형사처분이 보호처분보다 개선효과가 있는 경우도 간혹 있을 수 있다고 생각한다.

그러나 이와 같이 사안에 따라서는 형사처분이 보호처분보다 소년의 개선갱생이란 측면에서 유효한 경우가 있음을 인정한다 하더라도, 유형적으로는 보호처분이 형사처분에 비해 소년의 개선갱생에 보다 적합한 제도라는 점에는 이론이 없을 것이다. 그렇다고 한다면, 일정한 중대범죄를 대상으로 원칙적으로 역송을 한다는 제도는 소년의 개선갱생이란 근거로는 설명될 수 없는 것이다. 중대한 범죄의 경우에는 유형적으로 형벌이 보호처분보다 개선효과가 높다고는 도저히 말할 수 없기 때문이다. 그러한 이상, 이 제도는 기본적으로는 응보 내지 일반예방을 기초에 두고 있는 것으로 보아야 한다고 생각한다.[35)] 형사처분을 부과함으로써 소년에게 책임을 자각하게 하고 규범의식을 각성시킨다는 의미도 당해 범죄소년보다 오히려 소년 일반을 염두에 둔 것이라고 이해하는 편이 자연스럽다. '소년이라 하더라도 원칙적으로 형사처분의 대상이 됨을 명시한다.'는 것이 개정법의 취지이기 때문이다. 그러한 의미에서, 원칙역송제도는 그 대상으로 삼은 죄에 관하여는 보호부적(保護不適)의 추정이 작동함을 규정한 것으로 볼 수 있다.[36)]

---

33) 山崎朋亮, "改正少年法の実務上の諸問題", 調研紀要 74호, 2002, 41면.

34) 甲斐ほか 165면.

35) 酒巻匡, "少年法等の一部を改正する法律(下)", 法教 249호, 2001, 79면.

36) 甲斐ほか 111면, 川口宰護, "少年法改正後の刑事裁判の対応", 法の支配 131호, 2003, 37면.

물론, 형사처분상당성의 내용에 사회방위나 일반예방의 견지에 따른 보호부적(保護不適)이란 유형을 포함하는 것 자체를 부정하는 입장에서는, 소년법 20조 2항을 대상사건에 관한 보호부적(保護不適)을 추정하는 규정으로 해석함은 소년의 건전육성이란 소년법의 기본이념에 반한다는 비판이 제기되고 있다. 그리고 이 입장에서는, 20조 2항은 그 대상사건에 대한 준엄한 사회감정, 특히 형사처분의 강력한 요구를 배려하여, 가정재판소가 형사처분 이외의 조치를 선택한 경우에 피해자를 비롯한 시민에게 그 이유를 설득력 있게 설명할 책임을 부여한 규정으로 이해하여야 한다고 주장하고 있다.[37] 즉, 20조 2항에 관하여 실체적인 효과를 수반하지 않는 단순한 설명책임을 규정한 것에 불과하다고 해석하고 있다.

물론, 피해자 등에 대한 심판결과 등의 통지제도(少 31조의2)의 도입과 함께 본 규정이 신설됨에 따라, 가정재판소가 형벌이 아닌 보호처분을 선택하는 경우에는 충분한 조사와 검토를 실시한 후에 그 이유를 명확하게 제시할 필요가 생겼다는 점은 틀림없는 사실이다.[38] 그러나 본 규정의 의미가 그러한 점에 국한된다고 보는 것은 입법경위를 무시하는 것일 뿐만 아니라, 그 점을 차치하더라도 '검찰관송치결정을 하여야 한다.'고 규정한 2항 본문의 문리를 벗어난 무리한 해석이 아닐 수 없다.[39] 또한 이 견해의 애당초 출발점은 형사처분상당성의 내용으로서 보호부적(保護不適)이란 유형을 인정해서는 안 된다는 것인데, 전술한 바와 같이 그러한 견해 자체에는 의문이 있다.[40]

---

37) 葛野, 앞의 각주18) 591면. 正木, 앞의 각주18) 37면.

38) 田宮＝廣瀬 205면, 川口, 앞의 각주36) 37면, 守屋克彦, "少年法の改正と運用上の課題", 法時 903호, 2001, 44면, 後藤弘子, "刑事処分の範囲の拡大とその課題", ジュリ 1195호, 2001, 11면.

39) 이러한 점은 정도의 차이는 있지만, 20조 2항 본문의 도입에 의하여 그 대상사건에 관하여는 보호처분우선의 원칙이 부정되고, 보호처분과 형사처분이 동등한 병립관계에 서게 되었다는 견해(斉藤豊治, "要保護性の判断と検察官逆送規定", 松岡古稀 256면)나, 대상사건에 관하여는 사회감정이 준엄하고 유형적으로 요보호성이 높기 때문에, 보다 철저한 요보호성의 조사와 친절한 설명이 요구된다고 하는 견해(本庄 574면, 武内, 構造 367면)에도 그대로 타당한 것이다.

40) 그 외에도, 중대사건에서는 소년에 대한 피해자유족 및 사회의 감정이 준엄한 경우가 많고, 그러한 경우에는 형사처분을 과하여 사회감정을 만족시키는 편이 보호처분을 과하는 것보다 소년의 사회복귀에 유효하기 때문에 형사처분상당성이 긍정된다고 전제한 다음, 20조 2항은 고의의 범죄로 인한 사망사건을 저지른 소년의 경우, 비교적 죄질이나 정상이 무거운 다른 사

표 5-1 원칙역송대상사건의 가정재판소에 있어서의 종국결정의 상황

	합계	검찰관송치	보호처분등					
				특별 소년원	중등 소년원	의료 소년원	보호 관찰	불처분
살인	77	44(57.1%)	33(42.9%)	1	24	5	3	0
상해치사	190	108(56.8%)	82(43.2%)	4	57	0	20	1
위험운전치사	29	27(93.1%)	2(6.9%)	0	2	0	0	0
보호책임자 유기치사	3	0(0.0%)	3(100%)	0	1	0	2	0
강도치사	50	37(74.0%)	13(26.0%)	5	6	2	0	0
합계	349	216(61.9%)	133(38.1%)	10	90	7	25	1

(2) 개정 후의 운용 - 법 20조 2항 단서의 적용기준

원칙역송제도는 가정재판소의 운용 여하에 따라, 그 대상사건이 일률적으로 보호처분의 대상에서 제외되는 결과를 초래하여 소년사건의 처리를 극단적으로 이분시킬 가능성을 내포하는 것이었다. 반면, 조문상 대상사건에 해당하여도 가정재판소가 형사처분 이외의 조치가 상당하다고 인정한 때는 역송하지 않을 수 있으므로(少 20조 2항 단서), 이를 유연하게 적용한다면 당초 입법자의 의도와는 달리, 종래 역송의 운용과 비교하여 그다지 큰 변화는 없을 것으로 예상되기도 하였다. 그 때문에 실무의 운용이 주목되었다.

이 점에 관하여 최고재판소가 공표한 자료에 의하면, 개정법의 시행 후 5년간(2001년 4월부터 2006년 3월까지), 원칙역송의 대상사건으로서 가정재판소가 종국결정을 내린 소년은 349명이며, 그 죄명 및 종국처분별 내역은 [표 5-1]과 같다.

참고로, 개정법 시행 전의 과거 10년간 평균 역송률은 살인(미수를 포함한다)의 경우 24.8%, 상해치사의 경우 9.1%, 강도치사의 경우 41.5%이다. 살인의 경우 미수를 포함하는 수치이므로 정확한 비교가 어렵지만, 상해치사와 강도치

건에 비해, 사회복귀수단으로 형사처분이 적합한 경우가 많다는 인식을 보여주는 조항이라는 견해도 있다(澤登 193면). 그러나 피해자감정이나 사회감정이 완화됨으로써 소년의 사회복귀가 용이해지는 경우가 있다 하더라도, 20조 2항의 대상사건에서 그러한 효과가, 보호처분을 통한 소년의 개선갱생에 의한 사회복귀의 효과를 원칙적으로 상회한다는 주장은 과도하게 무리한 의제라고 말하지 않을 수 없다(葛野, 앞의 각주18) 589면).

사의 경우 그 수치가 말해주듯이 역송 비율은 분명히 상승하고 있다. 특히, 상해치사사건의 처리에서 현저한 상승률을 보이고 있다.[41)]

물론, 보호처분결정이 내려진 사건도 상당한 비율을 차지한다. 여기서 문제가 되는 것은 과연 어떠한 기준 하에서 20조 2항 단서가 적용되는가 하는 점이다. 이 점에 관하여는, 단서에 해당하는지 여부는 2단계의 판단을 거친다는 견해가 유력하게 주장되고 있다.[42)] 다시 말해, 원칙역송이란 사안의 악질성·중대성을 근거로 형사처분상당성을 원칙적으로 긍정하는 것이므로, 단서에 해당하기 위해서는, 우선 사안의 내용에 소년의 악질성을 크게 감쇄하는 '특단의 사정'이 존재하여야 한다. 여기에서 고려되는 요소는 형사사건의 양형으로 말하자면 범정에 해당하는 요소, 즉 범죄의 동기, 태양이나 결과 등 범죄행위 자체에 관한 사정이 중심이 되고, 소년의 성격이나 성장이력 등 소년의 자질이나 환경 측면에 관한 요소는 범행동기의 형성이나 범행태양에 깊게 영향을 미친 것으로 인정되는 범위에서 고려됨에 그친다. 그 때문에 실제로 '특단의 사정'이 인정되는 것은 당해 사안이 죄명 자체는 중대하지만 범정이 가볍다고 할 수 있는 구체적 사정이 있는 경우가 된다. 그리고 그러한 의미에서의 '특단의 사정'이 인정되면, 다음으로 소년 개인의 자질이나 환경적 측면 등 단서에 나열된 요소를 종합적으로 고려하여, 구체적으로 예상되는 보호처분과 형사처분을 비교함으로써 어느 쪽이 상당한 것인지를 판단한다는 것이다. 따라서 소년의 개선갱생에 있어서의 유효성은, 위와 같은 의미의 '특단의 사정'이 인정된 후에 비로소 문제가 되는 것이므로, 가정재판소가 이러한 제1단계에 대한 판단을 그대로 생략한 다음, 소년의 자질이나 환경 측면의 요소를 근거로 보호처분이 상당하다고 판단하는 것은 허용되지 않게 된다.

원칙역송이란 그 대상사건에 대하여 형사처분상당성이 인정되는 하나의 유형인 보호부적(保護不適)을 추정하는 제도로 보는 전제에 서는 경우, 그 추정이 깨져 통상의 사건과 동일한 기준에서 형사처분상당성을 판단하게 되는 것은,

41) 사법통계에 의하면, 그 후 2006년부터 2013년까지 원칙역송 대상사건에서의 역송률은 살인이 56.6%, 상해치사가 63.8%, 위험운전치사가 96.2%, 강도치사가 80.5%, 체포감금치사가 80.0%로 나타나고 있다.

42) 北村, 앞의 각주12) 70면 이하, 下坂節男, "原則検送と社会調査", 課題と展望(1) 223면, 家庭裁判所調査官研修所, "平成15年度少年調査実務研究会結果要旨", 総研所報 창간호, 2004, 77면.

보호부적을 추정시키는 요소의 존재가 부정된 때라고 할 수 있다. 그리고 보호부적의 판단은 사안의 내용이나 사회에 미친 영향 등을 고려하여 내려진다. 그렇다면 단서에 해당하는지 여부를 판단함에 있어, 우선 범죄행위 자체에 관한 사정만을 고려하여 그 추정이 깨질 것인지 여부를 검토하여야 한다는 상기 견해는, 원칙역송제도의 취지에 비추어 논리적으로 일관된 것이라 할 수 있다. 이러한 입장을 취한 판례로는 도쿄가정재판소 하치오지지부의 결정(東京家八王子支決 平成17·6·8 家月 58권 8호 94면)이 있다.

이는 17세의 여자소년이 연애감정을 품고 있었던 남성과의 관계를 해소하기 위하여, 살인의 고의로 수회에 걸쳐 그 모친을 식칼로 찔러 수일 후 사망에 이르게 한 사안이다. 본 결정은, 우선 본건 범행의 동기, 태양, 결과의 중대성 등에 비추어 그 범정이 지극히 악질적이고, 본건 범행 당시 소년의 책임능력을 감경할 만한 상황도 인정되지 않는다고 하였다. 그리고 소년의 가정환경이나 성장이력에 불우한 면이 있고, 그 영향으로 소년의 성격이나 경향이 본건 범행동기의 형성에 상당한 정도로 영향을 미쳤던 것으로 인정된다고 하면서도, 그것이 본건 범정의 악질성을 특별히 감쇄하는 이유로까지는 볼 수 없다고 하였다. 한편, 본 결정은, 소년이 그 자질면에서 안고 있는 문제성이 크고 이에 대한 교정교육만을 생각한다면, 형무소에서의 처우보다도 소년원에서 개별적인 처우를 하는 편이 보다 효과적이라고 생각된다고도 하였다. 그러나 그런 다음 아래와 같이 판시하여, 결론적으로 본건은 형사처분 이외의 조치가 상당하다고 할 수는 없다고 하였다.

'소년법 20조 2항의 규정 취지에 비추어 보면, 같은 항에 해당하는 사건의 경우에는 처분의 유효성이란 관점에서 보호처분과 형사처분을 병렬적으로 선택할 수 있다고 생각할 것은 아니고, 범정 등을 중심으로 검토하는 중에, 철저히 형사처분이 상당하지 않은 특별한 사정이 있는 때에 비로소 보호처분의 선택 자체가 허용되고, 이때 비로소 형사처분과 보호처분의 유용성을 비교형량하여 적절한 처분을 선택하는 단계로 이행할 수 있다고 보아야 한다. 그렇다면 소년법 20조 2항 단서를 적용함에 있어서, 보호처분이 형사처분보다 소년에게 유효·적절하다는 사정을 곧바로 고려하는 것은 상당하지 않다고 보아야 한다.'

실무에서 원칙역송 대상사건 중 역송결정이 내려지지 않고 보호처분이 결정되는 사안은, 살인의 경우 영아살해 또는 소년의 정신상태에 문제가 있거나 친족간의 범행이 많고, 상해치사의 경우에는 공범사건에서 소년이 부화뇌동적으로 관여한 것이 많다.[43] 이들은 모두 책임능력의 정도 등 범죄행위 자체에 악질성이나 흉악성을 경감하는 요소가 인정되었던 사안이라 할 수 있다. 그러한 의미에서 일반적으로 보호처분의 선택은 범행의 동기나 태양에서 형사처분의 회피라는 판단으로 이어질 수 있는 상당히 특수한 사정이 존재하는 경우에 한정되고 있다고 평가할 수 있다. 반대로, 위험운전치사에서 형사처분의 선택비율이 특히 높은 이유는, 그 죄질로 보아 형사처분을 회피하여야 할 만큼 특별히 유서(宥恕)할 만한 사정을 유형적으로 발견하기 어려웠던 데에 기인하는 것으로 생각된다.[44]

반면, 판례 중에는, 범행의 동기나 태양에 있어서 반드시 참작할 만한 사정이 인정되지 않는 경우에도, 소년의 개선교육의 필요성을 중시하여 보호처분을 선택한 것도 있다. 그 중 하나가 아키타가정재판소 결정(秋田家決 平成13·8·29 家月 54권 3호 96면)이다.

사안은, 16세의 소년이 다른 공범자 1명과 공모하여, 피해자에게 폭행을 가하고 나아가 동인을 협박하여 어쩔 수 없이 강에 뛰어들도록 만들어 그 자리에서 익사시켰다는 상해치사사건이다. 아키타가정재판소는, 비행의 태양이 악질적이라 지적하면서도, 소년이 비교적 저연령이란 점, 불안정한 가정환경 하에서 연령에 상응하는 정서적 발달이 늦어졌던 점, 반성의 태도가 있기는 하지만 아직 진정한 반성에 도달하기까지는 보다 긴 시간을 요한다고 보이는 점 등을 지적한 다음, 소년에게는 개별적·치료적 처우를 통하여 상당한 기간의 교정교육을 실시함이 상당하다 하여 중등소년원송치결정을 내렸다. 여기서는 범행태양 자체에서 소년 측에 참작할 만한 사정은 전혀 언급하지 않은 채, 단적으로 소년의 개선갱생에 있어 보호처분과 형사처분 중 어느 쪽이 바람직한지를 비교하여 보호처분을 선택하였다.

전술한 것처럼, 20조 2항 단서에 해당하는지 여부의 판단을 2단계로 구분하는 견해는, 원칙역송제도가 대상사건에 대하여 보호부적을 추정하는 것이란 이해와 친숙하다. 그러나 한편으로, 이 견해에 의하면 위 '특단의 사정'이 인정

---

43) 最高裁判所事務総局家庭局, 앞의 각주28) 101면, 長岡ほか 42면·73면.

44) 北村, 앞의 각주12) 78면.

되지 않는 경우에는 소년의 자질이나 환경적 측면을 따질 것도 없이 역송이란 결론에 이르게 되므로, 원칙역송 대상사건의 경우에도 반드시 사회조사가 필요하다고 보는 견해[45]와 조화되기 어려운 면이 있다. 또한 20조 2항 단서에서는 형사처분 이외의 조치가 상당한지를 판단할 때에, 범죄행위 자체에 관한 요소인 '범행의 동기 및 태양' 외에, 범죄 후의 정황, 소년의 성격, 연령, 행상 및 그 환경이란 소년의 자질·환경에 관한 요소를 병렬적으로 나열하고 있을 뿐, 그것들 간에 서열을 매기고 있지는 않다. 이를 두 부분으로 나누어 2단계로 판단하는 것도 전혀 불가능하지는 않겠지만, 조문의 문언상 이러한 해석은 자연스럽지 않다.[46] 그러한 이유로, 20조 2항 단서의 적용기준에 관하여 이와 다른 견해가 있을 수 없는지가 문제된다.

이러한 관계에서 주목되는 것이, 전술한 것처럼, 실무에서 형사처분이 상당한지 여부를 판단하면서, 처우의 유효성이란 관점에서 보호처분과 형벌 중 어느 쪽이 성격교정 등 교육적 측면에서 보다 효과적인지, 그리고 사회감정·사회방위의 관점에서 소년의 범죄가 타인이나 사회에 심대한 피해나 위협·불안 등을 주었는지, 그러한 범죄의 재발방지가 강하게 요청되는지를 함께 고려한 다음, 어느 편이 소년의 처우로서 보다 적합한지를 종합적으로 판단하고 있다는 지적이 제기되고 있다는 점이다. 이러한 사고에 의하면, 처우로서의 유효성이란 관점을 고려한 뒤에도 여전히 사회감정이나 사회방위의 견지에서의 요청이 이를 상회하는 경우에는 형사처분상당성이 긍정되고, 원칙역송제도는 그 대상사건에 대하여 이러한 의미에서의 형사처분상당성을 추정한 것이 된다. 따라서 그러한 경우에는 원칙적으로 사회감정이나 사회방위의 관점이 처우의 유효성이란 관점을 상회하게 된다. 그러나 한편으로, 이처럼 형사처분상당성이 두 가지 관점에 따른 요소들을 비교하여 종합적으로 판단한 것이기 때문에, 전술한 2단계의 판단이 필요하다는 견해와 달리, 형사처분이 상당하다는 추정이 뒤집힐 것인지 여부를 판단하는 국면에서도 처우의 유효성이란 관점을 고려하게 된다. 따라서 처우효과의 측면에서 보호처분의 유효성이 매우 높은 반면 오히려 형벌부과의 폐해가 큰 사례에서는, 반드시 범정이란 면에서 이를 경감하는 특단의 사정

45) 田宮＝廣瀬 211면, 甲斐ほか 102면, 北村, 앞의 각주12) 74면, 山崎, 앞의 각주33) 41면.
46) 加藤, 앞의 각주17) 205면, 斉藤 앞의 각주39) 255면, 本庄 143면.

이 인정되지 않더라도, 형사처분이 상당하다는 추정이 뒤집힐 여지가 남는다. 이러한 견해에 의한다면, 위 아키타가정재판소의 결정도 받아들일 수 있는 판단이 될 것이다.[47]

(3) 사회조사의 운용

원칙역송 대상사건은 범정의 측면에서 악질성을 감쇄하는 '특단의 사정'이 있는 경우에 한하여 보호처분에 부할 수 있다는 해석 내지 운용을 전제로 하는 경우에는, 그것이 조사관의 사회조사에 어떠한 영향을 미칠 것인지가 문제될 수 있다. 실무는 원칙역송 대상사건이라도 반드시 사회조사를 하도록 운용되고 있는데, 수사기관이 송치한 기록을 보고 나서 '특단의 사정'이 인정되지 않는 사안은 어차피 역송될 것이 분명한 이상, 간단히 조사를 끝내고 역송하는 방식으로 운용될 가능성도 있기 때문이다.[48]

반면, 원칙역송 대상사건은 중대한 사건이고 소년이 심신에 고질적인 문제를 안고 있는 경우도 많아, 오히려 그러한 사건에서 보다 면밀한 사회조사가 필요하다고도 할 수 있다.[49] 또한 결과적으로 역송이 되었다 하더라도, 사회조사의 결과는 그 후 소년에 대한 형사재판에서 양형자료 내지 소년법 55조에 의한 이송의 판단자료가 될 수 있으므로(刑訴規 277조),[50] 조사 자체가 전혀 쓸모없게 되는 것은 아니다. 실무는 이러한 생각에 의거하여, 원칙역송사건의 경우 복수의 조사관이 공동조사를 하는 등 종전 이상으로 치밀한 조사를 실시하고 있다.[51]

---

47) 보호부적(保護不適)의 판단은 보호처분이 사회적으로 허용되는지 여부에 관한 가치판단으로서, 소년이 저지른 비행사실의 범정만으로 판단할 것이 아니고, 그와 함께 소년의 성격 및 환경을 종합적으로 고려하여 판단하여야 하는 것이란 전제에 선 다음, 20조 2항 단서에 해당하는지 여부도 조문에 나열된 사정을 종합적으로 고려하여 판단한다는 견해도 있다(加藤学, "保護処分相当性と社会記録の取扱い", 植村退官 481면). 이 견해는 원칙역송 대상사건에 관하여는, 처우선택에 있어서 범행의 악질성, 결과의 중대성, 사회적 영향 등을 보다 중시할 것이 요구된다고 하고 있으므로(同 479면), 단서에 해당하는지 여부의 판단내용은 본문 기재의 견해와 동일하다고 생각된다.

48) 岡田行雄, "少年事件調査制度と子どもの権利保障", 子どもの権利研究 창간호, 2002, 51면.

49) 田宮=廣瀬 211면.

50) 실무에서는 지방재판소와 가정재판소의 합의에 의거하여, 역송결정에 따라 기소된 소년의 형사사건에서, 지방재판소가 소년조사기록(사회기록)의 송부를 촉탁하는 취지의 결정을 하고, 가정재판소가 이에 응하는 형태로 사회기록을 취급하고 있다(川口, 앞의 각주36) 33면).

51) 北村, 앞의 각주12) 74면, 下坂, 앞의 각주42) 224면.

그 경우의 조사내용은, 단서에 해당하는지 여부가 보호부적(保護不適)의 추정을 뒤집을 정도의 사정이 존재하는가에 관한 판단인 이상, 그 전제로서 종래 이루어져 왔던 소년의 자질·환경 측면의 조사에 더하여, 보호부적의 판단요소인 피해자유족의 감정이나 사건의 사회적 영향에 관한 조사를 실시하여야 한다.[52] 조사관에게 이러한 조사를 요구하는 것을 비판하는 의견도 있지만,[53] 20조 2항을 원칙역송제도로 이해하는 이상, 그러한 점들을 무시한 채 단서의 해당 여부를 판단하는 것은 불가능하고, 실무도 동일한 생각 하에 운용되고 있다. 오히려 문제는, 소년의 자질·환경 측면의 조사결과와 대비하여 그 조사결과에 어느 정도의 비중을 둘 것인가라는 점에 있고, 이는 전술하였던 단서의 판단기준에 따라 달라질 것이다.

3. 그 후의 개정의 움직임

2015년 공직선거법의 개정으로, 선거권 연령이 18세로 인하됨에 따라, 선거권을 가지는 소년(18세 이상 20세 미만의 자)이 저지른 선거범죄 등에 관하여 역송규정의 특칙을 두게 되었다. 첫째, 가정재판소는 소년이 저지른 연좌제(역주－연좌제란 후보자의 관계자가 선거범죄를 저지른 경우, 이에 직접 관여하지 않은 후보자에 대하여 당선무효 등의 불이익을 주는 제도를 말한다.) 대상 선거범죄사건의 경우, 그 죄질이 선거의 공정을 확보하는 데 중대한 지장을 초래한다고 인정되는 경우에는 역송결정을 하여야 한다. 다만, 범행의 동기, 태양 등의 사정을 고려하여 형사처분 이외의 조치가 상당하다고 인정되는 때에는 그러하지 아니하다. 이는 보호처분이 부과된 경우에는 연좌제가 적용되지 않는다는 점을 감안하여, 이러한 유형의 범죄에 대하여 보호부적(保護不適)을 추정하고 원칙역송제도를 적용함으로써, 선거의 공정성을 확보하기 위함이다. 둘째, 가정재판소는 이들이 범한 공직선거법 및 정치자금규정법(政治資金規正法)에 규정된 죄의 사건으로서, 연좌제에 관계되는 사건 이외의 것에 관하여 역송결정을 내릴 것인지 여부를 판단함에 있어서 선거의 공정성의 확보 등을 고려하여야 한다. 양 규정

---

52) 山崎, 앞의 각주33) 41면, 下坂, 앞의 각주42) 227면.

53) 岡田行雄, “改正少年法における社会調査”, 検証と展望 49면.

에는 모두 '당분간'이란 한정이 붙어 있어, 소년법의 적용연령에 대한 검토(18세로 인하 여부)를 전제로 하고 있다.

V. 역송의 절차

역송결정은 조사단계 및 심판단계의 어디서나 할 수 있다. 물론, 중한 처분이 부과될 가능성이 있으므로, 일반보호사건에서는 심판을 개시하고 소년의 변명을 들은 후에 결정하는 것이 상당하다고 보고 있고,[54] 실무상으로도 심판을 거치지 않고 내려지는 역송결정은 연장소년의 교통사건 등 요보호성에 문제가 없는 사례가 대부분이다.[55]

또한 역송결정은 사건을 소년보호절차에서 형사절차로 이행하게 하는 중대한 효과를 발생시킨다는 점에서, 판사보 1인이 이를 결정할 수 없다(少 4조).[56] 다만, 그 전제가 되는 조사나 심판은 판사보 1인이 할 수 있다고 해석되고 있으나,[57] 그럼에도 실무에서는 특례판사보가 아닌 경우에는 원칙역송 대상사건을 담당하지 못하도록 하고 있다.[58]

VI. 역송 후의 절차

역송이 이루어진 경우, 검찰관은 공소를 제기하기에 충분한 범죄의 혐의가 있으면 송치받은 사건[59]을 기소하여야 할 의무를 부담한다(少 45조 5호). 즉, 이

54) 加藤, 앞의 각주17) 206면.

55) 田宮＝廣瀨 214면.

56) 다만, '판사보의 직권의 특례 등에 관한 법률'에 의해, 판사보를 5년간 근무하면 특례가 인정되어 판사보 1인이 역송결정을 할 수 있다.

57) 田宮＝廣瀨 75면, 平場 302면.

58) 田宮＝廣瀨 215면.

59) 여기서 말하는 '사건'에는 검찰관송치결정서에 기재된 범죄사실과 동일성을 갖는 사실이 포함된다(田宮＝廣瀨 440면). 따라서 동일성이 인정되는 한, 검찰관송치결정서에 기재된 것과 다른 사실을 기소하는 것도 가능하다. 다만, 역송을 결정할 수 있는 죄가 금고 이상의 형에 해당하는 죄에 한정되므로, 비록 동일성이 있더라도 벌금 이하의 형에 해당하는 죄의 사건으로

경우에 검찰관은 기소유예처분을 할 수 없고, 이것이 전건송치주의와 맞물려, 소년에게 형사처분을 부과함이 상당한지 여부는 가정재판소가 결정권(선의권)을 가지게 된다.[60]

다만, 검찰관은 ① 송치를 받은 사건의 일부에 관하여 공소를 제기하기에 충분한 범죄의 혐의가 없는 때, ② 범죄의 정상 등에 영향을 미칠 만한 새로운 사정이 발견되어 소추가 상당하지 않다고 사료되는 때, ③ 송치 후의 정황에 의해 소추가 상당하지 않다고 사료되는 때에는, 예외적으로 기소하지 않을 수 있다(同 단서).

①의 경우, 반대로 검찰관이 범죄혐의가 있는 사건만을 기소할 수 있는지가 문제될 수 있다. 이 경우 무조건적으로 기소할 수 있다는 견해도 있으나,[61] 가정재판소의 역송결정은 범죄혐의가 없는 사건을 포함하여 검찰관에게 송치한 모든 사건을 고려한 후에 형사처분이 상당하다고 판단한 것이기 때문에, 그 일부가 누락된 이상, 원칙적으로 가정재판소에 재송치하여 그 판단에 맡겨야 할 것이다. 다만, 범죄혐의가 있는 사건만으로도 가정재판소가 형사처분이 상당하다고 판단하였을 것으로 볼 수 있는 예외적인 경우에는 그 사건만을 기소할 수 있다고 생각된다.[62]

상기 ①부터 ③까지의 어느 경우에도, 사건을 기소하지 않는 때에는 아직 범죄의 혐의가 존재하는 이상, 가정재판소에 사건을 재송치하여야 하고 불기소

기소할 수는 없다(最判 平成26·1·20 刑集 68권 1호 79면).

60) 그 귀결로서, 적법한 역송결정을 거쳤다는 것이 소년의 형사사건의 소송조건이 되므로, 이를 거치지 않고 공소제기가 이루어지면 공소기각(刑訴 338조 4호)의 판결을 하여야 한다(田宮=廣瀨 216면, 団藤=森田 183면).

61) 柏木 183면.

62) 田宮=廣瀨 441면, 平場 433면. 최고재판소 판결(平城26·1·20, 앞의 각주59))은, 무면허운전과 고의에 의한 통행금지위반으로 역송결정을 받은 소년에 대하여, 검찰관이 후자의 사건을 과실에 의한 통행금지위반의 사실로 변경한 후 공소제기 및 약식명령을 청구하여, 재판소가 공소사실 그대로의 사실을 인정하고 약식명령을 발령하였던 사안이다. 최고재판소는, 과실에 의한 통행금지위반에 따른 기소에 관하여, 그것이 벌금 이하의 형에 해당하는 죄이므로 공소를 기각하여야 한다고 하는 한편, 무면허운전에 관하여는 자판한 후 새로이 벌금형을 선고하였다. 이 판결에 의하여, 역송된 사건 중 일부의 사건만을 기소할 수 있다는 점은 분명해졌으나, 본건은 무면허운전만으로도 가정재판소가 형사처분상당으로 판단할 만한 사안이기 때문에, 본 판결이 무조건적으로 기소를 인정하는 견해를 취한 것인지, 아니면 예외적으로 기소를 인정하는 견해를 취한 것인지는 분명하지 않다.

처분으로 종결할 수는 없다.[63)]

검찰관의 재송치 판단에는 가정재판소에 대한 구속력이 없으므로 가정재판소가 사건을 다시 심리한 결과, 여전히 형사처분이 상당하다고 판단된다면 이론상 재차 검찰관에게 송치하는 것이 가능하다.[64)] 다만, 그렇게 된다면 절차가 지연되고 신병구속기간이 장기화되는 등 소년에게 불이익을 줄 수 있으므로, 실무에서는 재역송을 지양하고 보호절차 내에서 사건을 종결시키고 있다.[65)]

제 4 절 보호처분결정

Ⅰ. 보호처분의 종류

현행 소년법이 규정하는 보호처분에는 (a) 보호관찰, (b) 아동자립지원시설 또는 아동양호시설에의 송치, (c) 소년원송치의 3종류가 있다(少 24조 1항), 이에 비하여, 구 소년법에는 ① 훈계, ② 학교장 훈계에의 위탁, ③ 서면 서약, ④ 조건부 보호자에의 인도, ⑤ 종교단체 등에의 위탁, ⑥ 소년보호사의 보호관찰, ⑦ 감화원 송치, ⑧ 교정원 송치, ⑨ 병원 송치 또는 위탁이라는 9종류의 보호처분이 규정되어 있었다(4조 1항).[66)] 이들 중 ①부터 ④까지는 현행법 하에서 가정재판소에 의한 보호적 조치로서 실시될 수 있는 것들이고, 또한 ⑤는 시험관찰에서 보도(補導)위탁이 동일한 기능을 수행하고 있다. 이와 같이 현행법은 구법에서 보호처분으로 취급되었던 것들 중 일부는 가정재판소의 조사·심판의 과정에서 사실상의 조치로서 실시할 수 있다는 전제에서, 강제력을 수반하는 처분인 ⑥부터 ⑧까지를 보호처분으로 규정하는 형태를 취하고 있다.[67)]

---

63) 田宮＝廣瀨 442면, 平場 434면.

64) 田宮＝廣瀨 443면, 平場 434면.

65) 田宮＝廣瀨 443면, 平場 434면.

66) 이 중 ⑦의 감화원이 현재의 아동자립지원시설의, ⑧의 교정원이 소년원의 전신에 해당하는 시설이다.

67) ⑨의 병원 송치 또는 위탁은 보호처분으로 규정되어 있지 않은데, 이는 소년원의 하나로서 의료소년원(2014년 新 소년원법상 제3종 소년원)이 인정되었다는 점, 가정재판소가 병원에 대하여 필요한 협력을 요구할 수 있다는 취지의 규정을 두고 있는 점(少 16조 2항), 보도위탁처

개별사건에서 현행법상 3종류의 보호처분 중 무엇을 선택할 것인지는 가정재판소가 심판을 거친 후에 결정한다. 현행법 하에서는 보호처분의 집행이 개시된 후에, 소년의 상황변화에 맞추어 사후적으로 보호처분의 종류를 변경하는 것은 인정되지 않는다.[68)]

Ⅱ. 보호관찰

1. 보호관찰의 방법

보호관찰은 사회내 처우의 하나로서, 대상자를 시설에 수용하지 않고 사회에서 통상의 생활을 영위하게 하면서 개선갱생을 위한 처우를 하는 것이다. 대상소년의 거주지를 관할하는 보호관찰소가 보호관찰을 실시한다(更生 60조).

보호관찰의 내용은 지도감독(指導監督)과 보도원호(補導援護)로 구성된다(更生 49조 1항). 지도감독은 면접 등을 통해 대상자와 접촉을 유지하면서 그 행상을 파악하고, 동시에 대상자가 준수사항을 지키며 생활하도록 필요한 지도를 하는 것 등을 내용으로 한다(更生 57조). 준수사항에는 모든 대상자에 대하여 법률이 일률적으로 정하고 있는 일반준수사항(更生 50조 1항)과 각 대상자별로 그 개선갱생을 위해 특별히 필요한 경우에 정하는 특별준수사항(更生 51조)이 있다. 특별준수사항은 보호관찰결정을 내린 가정재판소의 의견을 들어 보호관찰소장이 정한다(更生 52조 1항).[69)]

이에 비하여, 보도원호는 취직의 원조나 생활지도 등 대상자가 건전한 사회생활을 영위하기 위해 필요한 원조나 조언을 하는 것이다(更生 58조). 지도감독은 이에 따르지 않는 경우에 불이익처분이 수반된다는 의미에서 권력적 성격을 가짐에 비하여, 보도원호는 순수하게 원조적이란 점에서 양자의 차이가 있다.

의 하나로서 병원을 선정할 수 있는 점 등에 의한 것이라고 한다(団藤=森田 223면, 平場 307면).

68) 보호처분이 소년의 개선갱생을 목적으로 하는 이상, 입법론으로서는, 소년의 요보호성의 변화에 대응하여 보호처분의 사후적 변경이나 취소를 인정하는 것이 바람직하다는 의견도 있다(田宮=廣瀬 283면). 실제로 구 소년법에서는 보호처분의 사후적 변경이 인정되었고(5조), 다른 외국의 제도를 보더라도 사후적 변경을 일정 범위에서 인정하는 곳이 많다.

69) 이에 호응하는 형태로, 가정재판소는 보호관찰에 부하는 결정을 한 경우에는 특별준수사항에 관한 의견을 보호관찰소장에게 통지하여야 한다(少審規 37조 3항).

보호관찰은 통상의 경우, 국가공무원인 보호관찰관과 민간자원봉사자인 보호사(保護司)가 1인의 대상자를 함께 담당하는 협동태세로 실시한다(更生 61조 1항). 구체적인 실시방법은 아래와 같다.

우선, 보호관찰결정 후 보호관찰관이 신속하게 대상자와의 면회나 관계기록 등을 검토하여 문제점을 파악한 다음, 처우의 목표나 지도감독 및 보도원호의 구체적 방법 등을 정한 보호관찰의 실시계획을 세워서 담당보호사에게 지시를 한다. 그 후 보호사가 그 실시계획에 따라 면접, 방문 등을 실시하여 대상자나 그 가족과 접촉하면서 지도, 원조를 한다. 보호사는 대상자의 생활상황과 보호관찰의 경과를 기재한 보고서를 월 1회 보호관찰소장에게 제출한다. 보호관찰관이 보고서를 읽고 보호사에게 적절한 지시를 하거나, 필요하다면 스스로 대상자와 면접하는 등 상황에 맞는 처우상의 조치를 강구한다.

이와 같이 법률상으로는, 전문적 지식을 가진 보호관찰관과 지역성·민간성이란 장점을 가진 보호사가 협동하여 보호관찰을 실시하도록 되어 있으나, 현실적으로 대상자의 인원수에 비하여 보호관찰관의 인원수가 부족하기 때문에 보호관찰관이 직접 처우를 수행하기에는 곤란한 상황에 있다.[70]

2. 보호관찰의 기간

보호관찰의 기간은 원칙적으로 대상자가 20세에 도달할 때까지인데, 결정시로부터의 기간이 2년에 미치지 못하는 경우에는 2년이 된다(更生 66조). 다만, 그 기간 중이라 하더라도, 보호관찰소장이 성적양호 등으로 대상자에게 보호관찰을 계속할 필요성이 없다고 판단하는 경우에는 보호관찰을 해제할 수 있다(更生 69조). 또한 대상자의 개선갱생에 도움이 된다고 인정되는 때에는, 기간을 정하여 보호관찰을 일시적으로 해제할 수도 있다(更生 70조 1항).

이상이 법률상의 규정인데, 실무상으로는 보호관찰의 방법이나 기간에 관하여 아래와 같이 다양한 시책이 실시되고 있다.

70) 예외적으로 처우가 곤란할 것으로 예상되는 사안에서는, 보호사에게 사건을 위탁하지 않고, 보호관찰관이 절차의 최초 단계부터 종결에 이르기까지 계속적으로 처우를 담당하는 '직접처우'의 형태가 취해지는 경우도 있다(小畑哲夫, "少年保護行政の歩みとこれからの課題", 判タ家裁実務 314면).

3. 단계별 처우제도

종래에는 처우의 곤란성의 정도에 따라 대상자를 A와 B로 분류하고, 처우가 곤란한 A분류의 대상자에 대하여는 보호관찰관에 의한 직접처우의 비중을 높이는 식으로 보호관찰을 실시해 왔다(분류처우제도). 이에 비하여, 갱생보호법의 시행(2008년 6월) 후에 보호관찰에 부쳐진 대상자에 대하여는 분류처우 대신에 단계별 처우에 의한 체계적인 보호관찰이 실시되고 있다. 이는 대상자를 처우의 난이도에 따라 구분한 각 처우단계에 편입하고, 단계별 처우를 실시함과 동시에, 그 실시상황에 맞추어 처우단계의 변경, 불량조치, 양호조치 등의 조치를 취하는 것이다.

4. 유형별 처우제도

이는 비행의 태양, 특징적 문제성 등에 따라 대상자를 유형화한 다음, 그 특성에 초점을 맞추어 효율적인 처우를 실시하는 제도이다. 현재는 신나 등 남용, 각성제사범, 폭력단 관계, 폭주족, 성범죄 등, 정신장애 등, 중학생, 학교폭력, 무직 등, 가정폭력의 10개 유형이 정해져 있다.

5. 처우의 다양화

실무 운용상, 소년의 보호관찰은 (a) 일반보호관찰, (b) 단기보호관찰, (c) 교통보호관찰, (d) 교통단기보호관찰의 4종류로 나누어져 있다. 그 중 (b)와 (d)는 가정재판소에서 보호관찰결정이 내려진 소년에 대하여만 실시되는 것이며, 모두 가정재판소의 처우권고(少審規 38조 2항)에 따라 실시된다.

(a) 일반보호관찰

다른 유형의 보호관찰대상자에 해당하지 않는 자에 대하여 실시되는 일반적인 보호관찰이다. 처우내용은 지도감독과 보도원호로 구성되는데, 그 안에서 전술한 단계별 처우나 유형별 처우가 실시되고 있다. 보호관찰에 부쳐지고 나서 대략 1년(특별한 사정이 있으면 6개월)이 경과한 때에 보호관찰소장이 해제의 가

부를 판단하도록 통달로 정하고 있다.[71)]

(b) 단기보호관찰

교통사건[72)] 이외의 비행으로 가정재판소가 보호관찰에 부한 소년 중에서, 비행성의 정도가 그다지 심각하지 않고 단기간의 보호관찰로 개선갱생을 기대할 수 있는 자를 대상으로 한 것이다.[73)] 실시기간은 대략 6개월 이상 7개월 이내이고, 통상은 6개월이 경과한 후에 해제를 검토하여 실시기간 내에 보호관찰을 종료하는 형태로 이루어진다.

처우내용은 생활습관, 학교생활, 취업관계, 가족관계, 교우관계 등의 지도영역 중 대상소년의 개선갱생을 위해 특히 중요한 것을 골라, 해당 영역에서의 문제점을 개선하기 위한 구체적인 과제를 설정하고 이를 이행하도록 한 다음, 그 이행상황을 매월 보고하게 하여 필요한 조언·지도 등을 실시한다. 최근에는 그러한 과제의 하나로 사회참가활동을 설정하기도 한다. 그 내용은 다양한데, 공원청소 등 환경미화활동이나 복지시설에서의 개호·봉사활동 외에 체험학습이나 스포츠활동 등도 실시되고 있다.[74)]

(c) 교통보호관찰

교통사건으로 보호관찰에 부쳐진 자를 대상으로 한다. 처우내용으로는 일반보호관찰의 운용에 더하여, 통달은 가급적 교통사건을 전문으로 담당하는 보호관찰관과 교통법규에 정통한 보호사를 지명할 것, 필요에 따라 교통법규·운전기술 등에 관하여 지도할 것, 특별준수사항으로서 보호관찰소장이 정하는 교통에 관한 학습을 하도록 설정할 것 등을 정하고 있다.[75)] 원칙적으로 6개월이

---

71) '犯罪をした者及び非行のある少年に対する社会内における処遇に関する事務の運用について' (平成20年5月9日付け保観第325号, 矯正局長·保護局長依命通達) 家月 60권 8호 180면.

72) 위험운전치사상죄 및 자동차운전과실치사상죄, 그리고 도로교통법, 자동차의 보관장소의 확보 등에 관한 법률, 도로운송법, 도로운송차량법, 자동차손해배상보장법에 규정된 죄를 저지르거나, 또는 이와 관계되는 형벌법령에 저촉되는 행위와 관련된 사건을 말한다('犯罪をした者及び非行のある少年に対する社会内における処遇に関する事務規程' 35조 3항).

73) '短期保護観察の実施について' (平成20年5月9日付け保観第327号, 保護局長通達) 家月 60권 8호 216면.

74) 상세한 내용에 관하여는, 久保貴, "保護観察所における社会参加活動について", 家月 59권 9호, 2007, 1면 이하 참조. 사회참가활동은 본래 단기보호관찰에서 과제의 하나로서 도입된 것인데, 현재는 일반보호관찰을 받은 소년에 대하여도 실시하고 있다.

75) '交通事件対象者に対する保護観察の効率的運用について' (平成20年5月29日付け保観第223号, 保護局長通達).

경과하면 해제 여부를 검토하는데, 특별한 사정이 있으면 그 이전에도 해제할 수 있다.

(d) 교통단기보호관찰

교통사건으로 보호관찰에 부쳐진 자 중에서 일반비행성이 없거나 그 정도가 심각하지 않고, 또한 교통에 관계되는 비행성도 고착화되지 않은 자를 대상으로 한다.76)

원칙적으로 보호관찰관이 사건을 직접 담당하고, 1회 내지 수회에 걸쳐 집단처우를 실시함과 동시에 생활상황에 관하여 매월 1회의 서면보고를 실시한다. 집단처우를 중심으로 하는데, 처우내용으로 보호관찰관이 교통사고를 일으킨 경우의 책임에 관하여 강의하는 외에, 자신의 위반행위를 보고하도록 하고 집단토의 등을 실시하고 있다. 이러한 처우의 결과, 문제가 없으면 대략 3개월에서 4개월 정도로 보호관찰이 해제된다.

6. 보호관찰의 실효성의 담보

(1) 2007년 개정의 배경

보호처분으로서의 보호관찰은 독립된 처분이란 점에서, 소년원 가퇴원 중에 실시되는 보호관찰(更生 48조 2호)과 다르다. 그리고 이러한 점으로 인하여 그 실시과정에서 한 가지 문제점이 발생하였다. 즉, 보호관찰은 준수사항을 설정하고 이를 소년이 준수하도록 하는 동시에, 보호관찰관이나 보호사가 정기적으로 소년과 접촉함으로써 지도와 감독을 하는 것이 예정되어 있다. 그 과정에서 소년이 준수사항을 지키지 않고 재비행의 우려가 있는 경우, 소년원 가퇴원 중의 보호관찰이라면 소년원에 다시 수용하는 조치를 취할 수 있다(更生 71조·72조). 이에 비하여, 독립처분인 보호처분으로서의 보호관찰에는 이에 상응하는 담보수단이 존재하지 않는다. 그런 까닭으로, 대상소년이 보호관찰관 등의 지시를 수차례 어기고 준수사항의 위반을 반복하거나 보호사나 보호관찰관과의 접촉조차 불가능한 상태를 야기하는 등 보호관찰이 실질적으로 기능할 수 없는

76) '交通短期保護観察の実施について'(平成20年5月9日付け保観第328号, 保護局長通達) 家月 60권 8호 229면.

사례가 적지 않았다.[77] 그 때문에 오래전부터 보호관찰의 현장에서는, 보호관찰의 실효성을 확보하고 소년의 재비행을 방지하기 위한 조치를 강구할 필요가 있다는 의견이 제기되고 있었다.

물론, 그때까지 이 같은 경우에 대처하기 위한 수단이 전혀 없었던 것은 아니다. 갱생보호법의 제정으로 폐지된 범죄자예방갱생법에는 우범통고제도가 규정되어 있어(同法 42조), 보호관찰소장이 보호관찰 중인 소년에게 새로이 우범사유가 있다고 인정하는 때에는 가정재판소에 통고하여야 한다고 되어 있었다.[78] 준수사항을 지키지 않는 보호관찰 대상소년에게는 동시에 우범사유가 인정되는 경우도 적지 않을 것이므로, 통고를 받은 가정재판소에서 우범사실과 요보호성을 인정한 다음에, 그 소년의 재비행의 방지를 위하여 필요하다면, 보호관찰 중인 소년에 대하여 소년원송치 등 새로운 보호처분을 할 수 있었던 것이다.

그러나 준수사항위반과 우범사유가 언제나 일치하는 것이 아니고, 또한 애당초 대상자와의 접촉을 확보할 수 없는 상황에서는 우범사유의 존재의 파악 자체가 곤란하다. 더욱이 우범통고제도는 준수사항위반을 요건으로 하는 것이 아니므로, 이를 통하여 보호관찰의 실효성 확보라는 목적을 직접적으로 달성할 수는 없다.[79] 이러한 상황에서 2007년 개정에 의하여, 보호관찰 중인 소년에 대한 새로운 조치를 신설하였다.

(2) 개정의 내용

보호관찰 중인 소년이 준수사항을 지키지 않는 경우에는, 우선 보호관찰소장이 소년에게 경고를 발하고,[80] 그럼에도 소년이 계속하여 준수사항을 준수하

77) 久木元ほか 118면, 生駒貴弘, "少年法改正の意義－④少年保護観察の視点から", ひろば 60권 10호, 2007, 44면.

78) 우범통고제도는 갱생보호법에 그대로 이어지고 있다(更生 68조 1항). 또한 우범통고가 이루어진 경우, 그 시점에서 대상자의 나이가 20세를 초과하였더라도 이를 소년으로 간주하여 보호처분을 할 수 있다는 특칙을 두고 있다(同 2항·3항).

79) 久木元ほか 120면, 生駒, 앞의 각주77) 45면.

80) 준수사항위반이 있으면 보호관찰소장이 곧바로 경고를 발하는 것이 아니라, 소년이 준수사항을 준수하지 않았던 것의 정상, 보호관찰의 실시상황 등을 고려하여, 경고를 발하지 않는다면 계속하여 준수사항을 준수하지 않을 우려가 있다고 인정하는 때에 경고를 발하도록 하고 있다('犯罪をした者及び非行のある少年に対する社会内における処遇に関する規則' 77조 1항).

지 않고 그 정도가 중하다고 인정하는 때[81]에는 가정재판소에 결정을 신청할 수 있다(更生 67조). 가정재판소는 그 신청에 기초하여 조사와 심판을 하고,[82] 위의 요건이 충족되고 보호관찰의 계속에 의해서는 본인의 개선갱생을 도모할 수 없다고 인정하는 때에는 소년원송치결정 또는 아동자립지원시설등송치결정을 한다(少 26조의4).[83] 따라서 이 결정을 하려면 소년에게 재비행의 위험성, 즉 요보호성이 존재하고, 그것이 보호관찰의 계속으로는 해소될 수 없고, 이를 위해서는 소년원 또는 아동자립지원시설 등에서의 처우가 필요하다고 할 수 있어야 한다. 이상의 요건을 결여하는 경우에는 신청이 기각되고, 실시 중이던 보호관찰을 계속하게 된다.

본 제도는, 중대한 준수사항위반을 소년법 3조 1항에 열거된 3가지 비행사실에 필적하는 새로운 심판사유로 삼은 다음, 위반사실이 인정될 뿐만 아니라 소년에게 위와 같은 의미의 요보호성이 인정되는 경우에, 소년원송치결정 또는 아동자립지원시설등송치결정이라는 새로운 보호처분을 부과하는 것이다. 따라서 이는 다른 외국에서 인정되는 보호처분의 사후적 변경제도가 아니다. 또한 이 제도가 소년에게 준수사항을 지키지 않으면, 경우에 따라 소년원 등에 송치될 수 있다는 것을 보여줌으로써, 준수사항을 지키도록 하고 보호관찰의 실효성을 담보한다는 기능을 가진다는 점은 틀림없으나, 소년원 등에의 송치는 그것에 상응하는 요보호성을 필요로 하는 것이고 단순히 준수사항위반이 있다 하여 소년원 등에 송치할 수 있는 것이 아니다. 따라서 법적으로 보면, 소년원 등에의 송치는 준수사항위반에 대한 제재가 아닐 뿐만 아니라, 이 제도가 보호관찰의 실효성의 담보만을 목적으로 하는 것도 아닌 것이 된다.

새로운 제도에 대하여는, 소년원송치 등의 위협을 통해 소년이 준수사항을

81) 준수사항위반의 정도가 중하다는 것은 보호관찰로는 본인의 개선갱생을 도모할 수 없다는 것을 나타내는 징표로 인정되는 경우를 말하고, 위반이 있었던 준수사항의 내용별로 준수사항위반의 이유 및 태양, 실시된 지도감독 및 보호자에 대한 조치의 내용, 그것에 대한 소년·보호자의 대응상황 등을 종합적으로 고려한다(久木元ほか 123면).

82) 신청에 따른 가정재판소에서의 절차는 그 성질에 반하지 않는 한, 소년법 24조 1항의 보호처분을 결정하는 절차의 예에 따른다(少 26조의4 3항). 따라서 관호조치를 취하거나 시험관찰에 부치는 것도 가능하다(久木元ほか 124면).

83) 본 제도에 의거한 소년원송치는 우범통고의 경우와 마찬가지로, 20세 이상의 대상자에 대하여도 할 수 있다. 이 경우에 가정재판소는 대상자가 23세를 넘지 않는 기간 내에서 수용기간을 정하여야 한다(少 26조의4 2항).

지키도록 하려는 것으로서, 보호사와 대상자의 관계 및 케이스워크(casework)를 핵심으로 하는 보호관찰의 성질 자체를 변용시킨다는 비판도 있다.[84] 그러나 이 제도는 담당자와 소년 사이의 신뢰관계를 토대로 소년 스스로 개선갱생을 향한 노력을 기울인다는 보호관찰의 기본적 생각을 변경하는 것이 아니고, 이 제도의 본래 의도는 준수사항을 지키지 않는 소년에 대하여 규정된 절차를 이행함으로써 그 틀 안으로 다시 돌아오게 하여 가급적 보호관찰에 의해 소년의 개선갱생을 도모하고자 함에 있다.[85] 따라서 본 제도의 도입으로 보호관찰의 모습이 변용될지 여부는 앞으로의 실무 운용에 달려있다고 할 수 있다.[86]

본 제도에 의거하여 소년원송치를 결정한 최근의 판례로는 센다이가정재판소의 결정이 있다(仙台家決 平成24·10·18 家月 65권 6호 126면). 사안은 다음과 같다.

건조물침입, 절도보호사건으로 보호관찰에 부쳐진 소년에 대하여, 일반준수사항 외에 '심야배회의 금지' 등 특별준수사항이 부과되었으나, 소년은 보호관찰 개시 직후부터 음주를 반복하고 보호관찰관의 소환을 받아도 출석하지 않거나 심야배회를 반복하는 등 위 준수사항을 지키지 않았다. 이에 센다이보호관찰소장이 경고를 발하였으나, 소년은 그 후에도 보호관찰관이나 보호사의 거듭된 지도에도 불구하고 소환을 무시하고 계속 출석하지 않았다. 또한 소년은 경고를 받은 후에 보호관찰소의 허가를 받지 않았음에도 모친에게는 허가를 얻었다고 거짓말을 한 채, 교제 상대방의 집에서 생활하면서 자택에는 거의 돌아오지 않았을 뿐만 아니라, 보호관찰소로부터 취업상황을 밝히도록 요구받았음에도 급여명세나 근무표를 제출하지 않고 급여액이나 저축액에 관하여도 허위의 신

84) 斉藤豊治, "少年法の第2次改正", 課題と展望(2) 310면, 武内, 構造 98면.

85) 生駒, 앞의 각주77) 46면. 실무 운용상 통달(앞의 각주71))에 따라, 경고를 발한 경우에는 그 날부터 3개월간을 '특별관찰기간'으로 지정하여, 보호관찰의 실시계획을 재점검하고 지도감독을 강화하도록 하고 있는 점도 이를 뒷받침하는 것이라 할 수 있다.

86) 개정법의 시행(2007. 11. 1.) 이후 2009년 5월까지, 전국의 보호관찰소가 실시한 경고건수는 99건이었음에 비하여, 시설송치신청은 5건으로 나타나고 있다. 신청이 있었던 5건 중, 3건이 소년원송치, 1건이 기각, 1건이 미처리로 되어 있다(荒木龍彦ほか, "更生保護法施行1年の運用の状況について", 家月 61권 12호, 2009, 41면). 또한 다른 조사에 의하면, 시행 이후 2010년 7월까지 종국결정이 있었던 시설송치신청사건 21건 중, 신청을 인용한 것이 16건, 기각한 것이 5건이었다(鎌倉正和, "施設送致申請事件をめぐる諸問題", 家月 63권 11호, 2011, 15면).

고 등을 하였다. 이에 보호관찰소장은 가정재판소에 시설송치의 신청을 하였다.

센다이가정재판소는, 소년이 보호관찰에 부하여졌던 당초부터 준수사항을 준수하지 않았고 경고 후에도 여전히 준수사항을 준수하지 않았다고 인정할 만한 사유가 있고 그 정도 또한 중하다고 한 다음, 소년의 자질상 문제성이 크고 심각함에도 그에 대한 소년의 인식수준이 낮고 모친에 의한 적절한 감호를 기대할 수 있는 상황에 있지 않으며, 더욱이 소년이 지금까지 보호관찰의 지도를 수용하지 않아 보호관찰에 의한 처우가 전혀 궤도에 올라 있지 못하다는 점 등에 비추어 보면, 보호관찰에 의해서는 더 이상 소년의 개선 및 갱생을 도모할 수 없다고 인정하지 않을 수 없다 하여, 소년을 중등소년원에 송치하는 결정을 내렸다.

반면, 시설송치신청이 기각된 사안은, 신청 후 사정변경으로 결정시에 소년의 요보호성에 관한 사정이 개선되어, 보호관찰의 계속에 의해서는 도저히 본인의 개선갱생을 도모할 수 없다고까지는 인정할 수 없다는 것이었다.[87] 그 중에는 신청 후에 소년이 시험관찰에 부쳐진 사안도 있었지만, 그렇지 않더라도 보호관찰소가 시설송치신청을 통하여 가정재판소와 연계하여 소년에게 보호관찰에 의한 갱생을 적극적으로 시도한 측면이 있었다고 한다.[88] 이와 같이 경고 후뿐만 아니라 신청 후에도 지속적으로 보호관찰에 의한 개선갱생이 시도되고 있는 것을 볼 때, 가능한 보호관찰을 통하여 소년의 개선갱생을 도모한다는 본 제도의 목적에 부합되는 실무 운용이 이루어지고 있음을 엿볼 수 있다.[89]

Ⅲ. 아동자립지원시설·아동양호시설에의 송치

1. 결정의 내용

아동자립지원시설과 아동양호시설은 모두 아동복지법상의 시설이다. 아동자립지원시설은 이전에 교호원이라 불리던 것으로서, 불량행위를 하거나 할 우려가 있는 아동 및 가정환경 기타 환경상의 이유로 인하여 생활지도를 요하는 아동을

87) 鎌倉, 앞의 각주86) 44면.

88) 鎌倉, 앞의 각주86) 50면.

89) 통달(앞의 각주71))에 의하여, 준수사항위반이 동시에 우범을 구성하는 때에도, 보호를 위하여 긴급을 요하는 경우를 제외하고, 경고를 우범통고보다 우선시켜 운용하고 있다는 사실도 이를 뒷받침하고 있다.

입소시켜 필요한 지도와 자립지원을 실시하는 것을 목적으로 한다(兒福 44조). 이에 비하여, 아동양호시설은 보호자가 없는 아동, 학대를 받고 있는 아동 기타 환경상 양호를 요하는 아동을 입소시켜 양육보호를 실시하는 시설(兒福 41조)이다.

종국결정의 하나인 아동복지기관에의 송치결정(少 18조 1항)의 경우는 송치를 받은 아동복지기관이 아동복지법상 어떠한 조치를 취할 것인지를 결정함에 비하여, 소년법 24조 1항 2호에 의한 경우는 가정재판소가 아동자립지원시설 또는 아동양호시설에 송치하는 형태로 그 내용을 결정하고 아동복지기관이 이에 대응하는 조치를 하게 된다. 또한 소년법 18조 1항에 따라 사건의 송치를 받은 아동복지기관이 아동자립지원시설 또는 아동양호시설에 입소조치를 하는 경우에는 아동의 친권자·미성년후견인의 동의를 요하지만(兒福 27조 4항), 보호처분으로서 이러한 시설에 송치하는 결정이 내려진 경우에는 친권자·미성년후견인의 의사에 반해서도 입소시킬 수 있다(兒福 27조의2 2항)[90]는 차이도 있다.

반면, 시설에 입소한 후의 아동의 처우에 관하여는, 보호처분으로서의 조치가 취해진 경우라 하더라도 소년법 18조 1항의 송치결정에 따라 조치가 이루어진 경우 또는 가정재판소의 관여 없이 아동복지법에 의거한 조치가 취해진 경우와 비교하여 아무런 차이가 없다.

실무 운용상, 보호처분으로서 아동양호시설에의 송치결정이 내려지는 건수는 극히 적고, 소년법 24조 1항 2호에 따른 보호처분의 대부분은 아동자립지원시설에의 송치이다.

2. 아동자립지원시설에서의 처우

아동자립지원시설은 2014년 말 현재 전국에 58개의 시설이 있는데, 그 중 국립이 2개소,[91] 공립이 54개소, 사립이 2개소이다. 이와 같이 아동자립지원시설은 소년원과 달리 원칙적으로 도도부현이 관할하는 시설이다.

처우의 특색은 가족적 분위기 하에서 개방처우를 실시한다는 점에 있다.

---

90) 田宮＝廣瀬 290면, 森望, "児童自立支援施設の在り方をめぐって", 展開 408면.

91) 남자 아동용이 국립 무사시노(武蔵野)학원, 여자 아동용이 국립 키누가와(きぬ川)학원이다. 국립시설에는 대상이 되는 아동 중에서도 특히 전문적인 지도가 필요한 자를 입소시키고 있다(厚生勞動省組織令 145조 1항 1호).

전통적인 형태는 부부소사제(夫婦小舍制)라고 불리는 것으로서, 시설직원인 부부가 자신의 가족과 함께 기숙사에 입주하여 10여 명의 아동과 같이 생활하면서, 그야말로 부모를 대신하여 생활지도 등을 실시하는 것이다. 아동은 야간에는 기숙사에서 생활하고, 주간에는 동일한 부지 내에 있는 학습동에서 공부를 하는 형태가 된다.

하지만 최근에는 교대제의 시설이 증가하여 전체의 7할 가까이를 차지하고 있다.[92] 그러나 이 경우에도 가급적 가정에 흡사한 형태로 처우함을 기본으로 하므로, 그러한 점에서 신병구금을 전제로 교정교육을 행하는 소년원과는 다른 측면이 있다.[93] 이와 같은 처우내용상의 특색에서, 실제 입소아동은 중학생 등 의무교육 중인 자가 대부분을 차지한다.

아동자립지원시설에서의 처우는 개방처우를 기본으로 하지만, 아동에 따라서는 시설에서 무단외출을 반복한다든지 타인에게 폭력을 행사할 우려가 있는 등의 이유로, 개방적 환경에서 집단생활을 영위하도록 하는 것이 곤란한 경우도 있다. 이러한 경우에는 아동을 시정된 방에 입실시키는 등 시설내의 특정장소에 수용하여 행동의 자유를 제한하는 조치를 취할 필요가 있다. 그러나 아동자립지원시설에의 입소조치가 취해진 경우에도 시설의 장이 행사할 수 있는 강제권한은, 친권을 대행하는 감호교육의 범위 내에서 통상적으로 행할 수 있는 것에 한정된다(児福 47조 2항). 그러한 이유로 소년에게 위와 같은 강제적 조치를 취할 필요가 있는 경우에는, 도도부현 지사 내지 아동상담소장이 가정재판소에 신청을 하게 된다(少 6조의7 2항, 児福 27조의3).[94] 가정재판소가 그 신청을 허가하는 경우에는,[95] 통상적으로 강제적 조치의 내용, 조치기간과 일수를 명시한 다

92) 梶原敦, "児童自立支援施設における処遇の現状について", 家月 59권 10호, 2007, 5면, 富田拓, "児童自立支援施設", 罪と罰 52권 3호, 2015, 106면.

93) 아동자립지원시설에서 이루어지는 처우의 상세한 내용에 관하여는, 梶原, 앞의 각주92) 1면 이하, 富田, 앞의 각주92) 105면 이하, 西嶋嘉彦, "児童自立支援施設における処遇の実情", 家月 55권 4호, 2003, 1면 이하, 小林英義＝小木曾宏編著, 児童自立支援施設の可能性, ミネルヴァ書房, 2004 참조.

94) 조문상 아동복지기관이 가정재판소에 '송치'하게 되어 있지만, 강제적 조치는 친권대행에서 허용되는 이상으로 자유의 제한을 수반하는 것이므로 이에 대하여 재판소의 판단을 요하도록 한 취지상, 그 성격은 통상의 사건송치가 아니라 강제적 조치의 허가신청으로 해석되고 있다(平場 143면, 田宮＝廣瀬 109면. 最決 昭和40·6·21 刑集 19권 4호 448면).

95) 신청에 대한 허가 여부는 통상적으로 심판을 열어 소년의 변명을 들은 후에 결정한다(田宮＝

음,[96] 사건을 아동상담소장 등에게 송치한다(少 18조 2항). 아동자립지원시설에서는 1~3주 정도 단기간에 걸친 강제적 조치를 실시한 후 본래의 개방처우로 환원하게 되는데, 재차 필요가 있다면 미리 허가받은 기간과 일수의 범위 내에서 다시 강제적 조치를 실시한다.[97]

Ⅳ. 소년원송치

1. 소년원의 종류

소년원에 관한 기본법인 소년원법은 2014년에 전면적으로 개정되었다. 구 소년원법에서는 소년원의 혼잡수용의 폐해를 회피하고 효과적인 교정교육을 실시하기 위하여, 소년의 연령, 범죄경향의 정도 및 심신의 상황에 따라, 소년원을 초등소년원, 중등소년원, 특별소년원, 의료소년원의 4종류로 구분하고 있었다. 초등소년원은 심신에 현저한 이상이 없는 대략 12세 이상 대략 16세 미만의 자를, 중등소년원은 마찬가지로 심신에 현저한 이상이 없는 대략 16세 이상 20세 미만의 자를, 특별소년원은 심신에 현저한 이상은 없으나 범죄적 경향이 진전된 대략 16세 이상 23세 미만의 자와 소년원수용 수형자를, 의료소년원은 심신에 현저한 이상이 있는 대략 12세 이상 26세 미만의 자를 수용하는 것으로 되어 있었다.

그러나 초등소년원과 중등소년원의 수용을 구분하는 기준은 16세라는 연령뿐인데 개개 소년의 심신의 발달정도가 다양하여 16세의 연령만으로 일률적으로 구별하는 것은 합리적이지 못하다는 점, 또한 특별소년원이란 명칭은 그곳을 나온 자에게 낙인의 우려가 있다는 점에서,[98] 신법에서는 초등소년원과 중등소년원을 합쳐서 제1종, 특별소년원을 제2종, 의료소년원을 제3종, 형의 집행을 받는 자를 수용하는 소년원을 제4종으로 하여 소년원의 종류를 정리하였다

廣瀨 195면).

96) 예를 들어, '소년에 대하여, ○년○월○일부터 ○년의 사이에, 통산 ○일을 한도로 하여, 그 자유를 제한하는 강제적 조치를 취할 수 있다'는 허가 형식이 된다(田宮=廣瀨 197면).

97) 2014년 말 현재, 강제적 조치를 취할 수 있는 시설로 지정된 곳은 전국에 12개가 있는데, 실제로 강제적 조치를 실시하고 있는 곳은 국립의 2개 시설뿐이다.

98) 内藤晋太郎=橋口英明, "少年院法·少年鑑別所法等の概要", ひろば 67권 8호, 2014, 12면.

(少院 4조).

구법에서는, 가정재판소가 소년감별소의 감별결과나 조사관의 조사보고를 고려하여 위 4종류의 소년원 중 어디에 소년을 수용할 것인가를 결정하고, 수용할 소년원의 종류를 언급하는 형태로 소년원송치결정을 하도록 하고 있었다(少審規 37조 1항). 그러한 후에 소년감별소장이 개개 소년원에서 실시되는 처우과정 등을 고려하여, 대상자의 특성, 교육상 필요성에 따라 구체적으로 수용할 소년원을 지정하는 방식으로 운용되어 왔다. 이러한 방식은 신법에서도 동일하다.

2. 소년원수용 가능연령의 인하

(1) 2007년 개정의 배경

종전 소년원법에서 초등소년원 및 의료소년원의 수용연령은 14세 이상으로 되어 있었다. 즉, 소년원 수용이 가능한 연령의 하한은 14세이었다. 그 때문에 아동상담소로부터 사건의 송치를 받은 가정재판소가 14세 미만의 소년을 시설에 입소시켜 처우함이 필요하다고 생각하는 경우에는, 보호처분으로서 아동복지시설에의 송치, 특히 아동자립지원시설에의 송치를 선택하여 왔다. 아동자립지원시설에서의 처우내용은 전술한 바와 같은데, 14세 미만의 소년은 소년원에서 신병을 구금하여 교정교육을 실시하는 것보다, 아동복지법의 범주 내에서 가정적 분위기 아래 개방처우를 하는 편이 소년의 개선교육에 바람직하다고 보았기 때문이다.[99]

그러나 소년 중에는 14세 미만이라 하더라도 비행성이 극히 진전되어 있는 자, 내면에 심각한 문제가 있어 직원과의 정서적 교류가 곤란한 자, 무단외출을 반복하는 자 등 아동자립지원시설이 예정하는 복지적이고 개방적인 처우에 적합하지 않은 소년도 있다는 것이 실무의 인식이었다. 이에 더하여, 14세 미만의 소년이 복잡·곤란한 정신적 문제를 안고 있는 경우에 아동자립지원시설에서는 충분한 의료조치가 불가능하므로, 차라리 인원과 설비를 갖춘 의료소년원에서 처우하는 편이 보다 바람직하다는 지적도 있었다.[100] 또한 근래 발생한 중대한

---

99) 소년원수용 연령의 역사적 경위에 관하여는, 森田明, “触法少年の法的取扱いについて”, 法教 280호, 2004, 38면 이하 참조.

100) 久木元ほか 113면, 川淵健司, “少年法改正の意義－①裁判所の視点から”, ひろば 60권 10호, 2007, 26면, 服部勇, “少年法改正の意義－⑤児童福祉の視点から”, 同 52면.

촉법사건에서 가정재판소가 소년을 아동자립지원시설에 송치하는 결정을 하는 동시에 장기의 강제적 조치를 허가하는 사례가 있었는데,[101] 그와 같이 당초부터 장기간에 걸친 폐쇄적 처우의 가능성을 열어 두는 것은 개방처우를 기초로 하는 아동자립지원시설의 처우로서 자연스럽지 못하다는 문제도 있었다.

(2) 개정의 내용

이상의 점을 고려하면, 소년에 따라서는 비록 14세 미만이라도 아동자립지원시설이 아닌 소년원에 수용하고, 조기에 보다 강력한 개입을 수반하는 교정교육을 받게 하는 편이 소년의 개선갱생이라는 측면에서 바람직한 경우가 있음을 부정하기 어렵다.[102] 그러한 점에서 2007년 소년원법을 개정하여, 초등소년원 및 의료소년원의 하한을 모두 '대략 12세 이상'으로 함으로써,[103] 14세 미만의 소년도 소년원에 수용할 수 있게 하였다. 다만, 가정재판소는 14세 미만의 소년에 관하여는 '특히 필요하다고 인정하는 경우에 한하여' 소년원송치가 가능하다는 단서를 두었다(少 24조 1항). 이는 14세 미만 저연령 소년의 시설내 처우는 종전과 같이 아동복지시설에서 실시함이 원칙이고, 소년원송치는 아동자립지원시설송치 등 다른 보호처분에 의해서는 목적을 달성할 수 없는 특별한 사정이 있는 경우에 한하여 예외적으로 인정되는 것임을 법률상 명확히 하기 위하여, 가정재판소가 보호처분의 종류를 선택함에 있어 특별한 요건을 설정한 것으로 해석되고 있다.[104] 따라서 당해 소년의 개선갱생을 위해 어떠한 처분이 가장 적당한지의 관점만으로 소년원송치를 선택하는 14세 이상의 소년의 경우와는 그 선택기준이 다르다고 할 수 있다.

여하튼 상기 개정취지에서 보면, 14세 미만의 소년을 소년원에 송치할 것

---

101) 2003년 7월에 발생한 나가사키(長崎)의 남자 아동 유괴사건에서는, 가정재판소가 아동자립지원시설송치결정과 함께 1년간의 강제적 조치를 허가하였다. 나아가 2004년 6월에 일어난 사세보(佐世保)의 여자 아동 살해사건에서는 2년간의 강제적 조치가 허가되었다.

102) 久木元ほか 113면, 川淵, 앞의 각주100) 26면. 그 외에, 중학생에 의한 공범사건의 경우, 소년의 연령이 13세인지 14세인지에 따라 소년원에 송치할 수 있는지 여부가 갈리므로, 소년원송치결정을 받은 소년이 처분을 불공평하다고 느껴 처우효과가 감소한다는 문제점도 지적되고 있었다(廣瀬健二, 子どもの法律入門, 金剛出版, 2005, 117면).

103) 그러므로 경우에 따라서는 11세 정도의 소년도 소년원에 송치되는 경우가 있다고 보고 있다(久木元ほか 193면).

104) 久木元ほか 143면.

인지 여부는 어디까지나 당해 소년의 개선교육에 있어서의 유효성이란 관점에서 결정된다. 그 결정에 있어서 소년이 저지른 비행사실의 중대성은 소년이 가진 문제점을 판단하기 위한 하나의 요소가 되지만, 비행사실의 중대성 그 자체만을 근거로 소년원송치가 선택되는 것은 아니다. 따라서 이 개정은 소년비행에 대한 엄벌화와는 무관한 것으로 보아야 하므로, 그것이 엄벌화의 일환이라는 비판[105]은 적어도 그 개정의 의도와는 합치하지 않는 것이다.

개정법의 시행 후, 14세 미만의 소년에 대하여 소년원송치결정이 내려진 사례의 하나로 미토가정재판소 결정(水戸家決 平成20·9·26 家月 61권 2호 314면)이 있는데, 항고심인 도쿄고등재판소 결정(東京高決 平成20·11·17 家月 61권 2호 310면)에서도 원심의 판단을 그대로 유지하였다.

이는 13세의 소년 A가 3회에 걸쳐 대형점포를 소훼하려 하였으나, 그 목적을 이루지 못하였다는 현주건조물등방화미수의 비행사실로 초등소년원송치결정을 받은 사안이었다. A는 아동자립지원시설인 甲학원에 입소 중이었으나, 甲학원에서 무단으로 외출하여 그 사이에 본건 비행사실을 저질렀다.

도쿄고등재판소는, 본건 비행사실의 태양이 위험하기 이를 데 없고 극히 악질적이라는 점, A는 지금까지도 방화와 관계되는 문제행동을 반복하여 현저한 상습성을 보임과 동시에 방화에 그치지 않는 충동적 문제행동이 인정되어 상당히 고질적인 비행성을 보유하고 있다는 점, 정신감정의 결과에 의하면 A에게 뇌기질적 질환은 없으나 행동장애로 진단될 가능성이 높아 의료보다 교정을 주로 하는 교육이 필요하다는 점, A의 가정이 A의 문제행동에 유효한 대책을 강구할 수 없는 상황에 있다는 점 등의 사정을 지적한 다음, A의 요보호성이 높고 A에게는 시설내 처우가 상당하다고 하였다. 그리고 A가 甲학원의 지도에 반발하여 여러 차례 무단외출을 하고 있었다는 등의 경위에 비추어, 아동자립지원시설송치에 의해 A의 갱생을 도모하기란 곤란하고 소년원에 수용하여 교정교육을 실시하는 것이 가장 적당하다고 인정되는바, 본건은 소년법 24조 1항 단서의 '특히 필요하다고 인정하는 경우'에 해당하므로 A를 초등소년원에 송치한 원결정의 처분이 현저하게 부당하다고 할 수 없다고 판시하였다.

---

105) 斉藤, 앞의 각주84) 302면.

(3) 교정당국의 대응

본 개정에 의하여, 지금까지 소년원에서의 처우대상이 아니었던 저연령 소년이 대상에 포함되었다. 이에 교정당국은 14세 미만의 소년을 수용하는 시설로 전국에 8개소의 소년원을 지정하고, 지정된 시설에서 저연령 소년의 특질에 대응한 처우를 하도록 하였다.[106] 또한 초등학생이 소년원에 수용될 가능성도 생겼으므로 이에 관하여 새로운 처우과정을 마련함과 동시에,[107] 통달로써 그 처우를 실시하는 데 필요한 유의사항을 제시하였다.[108] 통달에서는 (a) 초등학생 재원자는 그 이외의 재원자와 원칙적으로 분리하여 처우할 것, (b) 거실이나 비품 등에 관하여 가정적 분위기의 생활환경을 정비할 것, (c) 남성 및 여성의 담임교관 외에 정신과의사 및 심리카운슬러로 구성된 처우팀을 편성하여 처우에 임할 것, (d) 기본적인 생활습관을 체득시키기 위한 생활지도를 실시할 것, (e) 개개의 학습진도를 고려하고, 또한 진급, 졸업, 진학 등의 절차가 원활히 실시될 수 있도록 학교나 교육위원회 등과 밀접하게 연계하면서 교과교육을 실시할 것, (f) 보호자와의 관계를 유지·조정하기 위하여 보호자참가형의 교육프로그램을 계획적으로 실시함과 아울러, 의사소통의 기회를 확보하기 위하여 전화통신, 면회의 태양, 장소, 시간 등을 개별적으로 배려한 특별면회, 숙박면회를 계획적으로 실시할 것 등을 규정하고 있다.[109] 다만, 개정법 시행 후에 초등학생에 대하여 소년원송치가 내려진 사례는 아직까지 존재하지 않는다.

3. 소년원에서의 처우

(1) 소년원법의 개정에 이른 경위

구 소년원법에는 소년원의 교정교육, 재원자의 권리의무관계, 직원의 권한 등 소년원에서의 처우에 관한 규정이 거의 없었다. 그러한 사항들의 대부분이

106) 木村敦, "少年法改正の意義－③少年院の視点から", ひろば 60권 10호, 2007, 38면.

107) 장기처우의 교과교육과정 중에 '의무교육과정의 이수를 요하는 자 중에서, 12세에 도달하는 날 이후 최초의 3월 31일까지의 사이에 있는 자'를 대상으로 한 처우과정(E3)이 신설되었다.

108) '14歳未満の在院者の処遇について'(平成19年10月19日付け矯少第6064号, 矯正局長通達) 家月 59권 12호 333면.

109) 이러한 규정은 14세 미만의 중학생인 재원자에 대하여도 심신의 발달정도를 고려하여 필요한 경우에는 개별적으로 준용하도록 하고 있다.

성령(省令), 훈령, 통달 등에 맡겨져 있었고, 사회정세의 변화에 따라 그 내용에 변경을 가하면서 이에 근거한 운용이 이루어져 왔다. 그러나 이러한 상황은 그 자체로 바람직하지 못할 뿐만 아니라, 소년원의 교관이 재원자를 폭행한 사건을 계기로 설치되었던 '소년교정을 생각하는 전문가회의(少年矯正を考える有識者会議)'가 소년원에서의 처우개선과 함께 적정·유효한 처우를 뒷받침하기 위한 법적 기반의 정비를 촉진하여야 한다는 제언을 함에 따라 2014년에 소년원법을 전면개정하게 되었다.[110]

(2) 처우의 기본원칙

소년원법은 재원자의 인권을 존중하고, 밝고 규칙적인 환경 하에서 건전한 심신의 성장을 도모함과 아울러 그 자각에 호소하여 개선갱생의 의욕을 환기시키며, 자주, 자율 및 협동의 정신을 키우는 데 기여하도록 처우를 실시한다고 규정하고 있다(少院 15조 1항). 그리고 재원자의 처우에 있어서는 의학, 심리학, 교육학, 사회학 그 밖의 전문적 지식 및 기술을 활용함과 동시에, 각 재원자의 성격, 연령, 경력, 심신의 상황 및 발달의 정도, 비행의 상황, 가정환경, 교우관계 그 밖의 사정을 감안하고, 재원자의 최선의 이익을 고려하여 그 특성에 맞는 처우가 되도록 하여야 한다고 규정하고 있다(同 2항). 형사수용시설법의 수형자에 대한 처우의 원칙(刑事收容 30조)과 비교하면, 소년법의 목적에 해당하는 재원자의 건전육성을 내세우고 있는 점, 의학·심리학·교육학·사회학 그 밖의 전문적 지식 및 기술의 활용이 명시되어 있는 점, 재원자의 최선의 이익을 고려하도록 하고 있는 점 등에 형벌의 집행과는 다른, 보호처분으로서의 소년원수용의 특색이 드러나 있다. 나아가 재원자의 특성에 맞는 처우를 하여야 한다고 규정하여, 처우의 개별화라는 이념이 명시되어 있다는 점도 특징적이라 할 수 있다.

(3) 처우의 내용

소년원에서의 처우의 핵심은 재원자에 대한 교정교육이다. 신법은 교정교육의 목적을 재원자의 범죄적 경향을 교정함과 동시에 재원자에게 건전한 심신을 배양하고 사회생활에 적응하는 데 필요한 지식 및 능력을 습득시키는 것에

110) 柿崎伸二, "少年院法·少年鑑別所法の成立の経緯", ひろば 67권 8호, 2014, 4면. 신법은 2015년 6월 1일에 시행되었다.

있다고 하면서(少院 23조), 그 구체적 내용으로 생활지도, 직업지도, 교과지도, 체육지도 및 특별활동지도를 들고 있다(少院 24조~29조).

(4) 처우의 유형

소년원의 수용기간은 원칙적으로 재원자가 20세에 도달할 때까지인데, 가정재판소의 소년원송치결정이 있은 때로부터 1년 이내에 20세에 도달하는 경우에는 송치결정부터 1년간이다(少院 137조 1항). 다만, 소년원장은 재원자의 심신에 현저한 이상이 있거나 범죄적 경향이 아직 교정되지 않았기 때문에 위 기한을 넘겨서 계속 수용하는 것이 상당하다고 인정하는 때에는, 가정재판소에 대하여 수용을 계속해야 한다는 취지의 결정을 신청하여야 한다(少院 138조 1항). 그리고 신청을 받은 가정재판소가 신청에 이유가 있다고 인정한 경우에는, 수용을 계속하는 결정을 한 후 재원자가 23세를 초과하지 않는 기간의 범위 내에서 수용기간을 결정한다(同 2항). 나아가 재원자의 정신에 현저한 장애가 있고, 의료에 관한 전문적 지식 및 기술을 토대로 교정교육을 실시하는 것이 특히 필요하기 때문에, 계속 수용할 필요가 있는 경우에는 26세에 도달할 때까지 수용할 수 있다(少院 139조).

이 수용기간에 관한 규정은 구법의 규정을 물려받은 것인데, 구법 하에서는 통달로 처우유형에 따라 수용기간을 정하여 운용하고 있었고, 다음과 같이 처우를 구분하고 있었다.[111)]

우선, 소년의 문제성이나 조기개선의 가능성의 정도, 비행의 상습화의 유무, 시설수용이력 등에 따라 장기처우와 단기처우로 구분된다. 장기처우에는 대상자의 특질에 따라, 생활훈련과정, 직업능력개발과정, 교과교육과정, 특수교육과정, 의료조치과정의 5가지 처우과정이 있다. 장기처우의 기간은 종래 원칙적으로 2년 이내로서, 연장은 1년까지로 되어 있었으나, 1997년에 통달이 개정되어 처우의 필요가 있다면 상한은 두지 않는 것으로 바뀌었다. 그리고 비행의 중대성 등으로 인하여 소년이 가진 문제성이 극히 복잡하고 심각하여 그 교정과 사회복귀를 도모하기 위하여 특별한 처우를 필요로 하는 자를 대상으로, 수용기

---

111) 소년원에서의 처우의 다양화에 관한 역사적 경위에 관하여는, 奥平裕美, "少年矯正の歩みとこれからの課題", 判タ家裁実務 306면 이하, 林和治, "少年院における新しい短期処遇について", 家月 59권 6호, 2007, 1면 이하 참조.

간을 원칙적으로 2년 이상으로 하는 처우과정(G3)도 마련되었다.

한편, 단기처우는 개방처우의 적부, 반사회집단과의 관계, 보호환경의 상황 등에 따라, 일반단기처우와 특수(特修)단기처우로 더욱 세분된다. 일반단기처우는 조기개선의 가능성이 커서 단기간의 계속적 · 집중적 지도와 훈련을 통해 그 교정과 사회복귀를 기대할 수 있는 자를 대상으로 한 것으로서, 단기교과교육과정과 단기생활훈련과정의 2가지 처우과정으로 나뉜다. 수용기간은 원칙적으로 6개월 이내이고, 연장은 6개월까지이다.

이에 비하여, 특수(特修)단기처우는 일반단기처우의 대상자의 요건을 충족하는 동시에 그것보다도 비행의 경향이 진전되지 않고, 개방처우에 적합한 자를 대상으로 한다. 수용기간은 4개월 이내로 연장은 없다. 대상자의 요건에서도 명확히 알 수 있듯이, 특수단기처우는 구금도가 약한 원내처우와 적극적인 원외위탁교육을 내용으로 하는 개방처우를 특색으로 한다.

장기처우로 할 것인지 단기처우로 할 것인지, 단기처우 중에서도 일반단기인지 특수단기인지는 교정기관이 결정한다. 다만, 실무상 가정재판소가 처우구분에 관하여 처우권고를 행한 경우에는, 교정기관은 이에 따라 운용하고 있다. 또한 장기처우 중에 '비교적 단기'라든지, 반대로, '비교적 장기', '상당히 장기'의 처우가 필요라는 형태로, 가정재판소가 처우내용 등에 관하여 권고를 붙이는 경우도 있는데,[112] 그러한 때에는 교정기관측이 그것을 존중하여 처우에

표 5-2 소년원 입원자의 인원(2013년)

처우구분	총수	초등	중등	특별	의료
총수	3,193(100.0)	574(18.0)	2,502(78.4)	44(1.4)	73(2.3)
일반단기처우	774(24.2)	173	601	…	…
특수단기처우	30(0.9)	6	24	…	…
장기처우	2,389(74.8)	395	1,877	44	73

* ( ) 안은 총수에 대한 종류별 또는 처우구분별 구성비이다.
출처 : 2014년판 범죄백서

112) 실무상 2년을 초과하는 기간의 장기처우를 요구하는 경우에는 '상당히 장기간의 교정교육을 시행함이 상당하다'는 등의 표현을 많이 사용하고, 2년 이내이지만 통상(대략 1년 정도)보다 장기간의 장기처우를 요구하는 경우에는 '비교적 장기간의 교정교육을 시행함이 상당하다'는 등의 표현을 많이 사용한다고 한다(総研 259면).

반영하고 있다.[113] 2013년 소년원 입원자의 종류·처우구분별 인원은 [표 5-2]와 같다.

신법에서는 이러한 운용을 감안하여, 법무대신이 재원자의 연령, 심신의 장애상황 및 범죄적 경향의 정도, 재원자가 사회생활에 적응하기 위하여 필요한 능력, 그 밖의 사정에 비추어, 일정한 공통된 특성에 따라 유형별로, 그 유형에 해당하는 재원자에 대하여 실시할 교정교육의 중점적인 내용 및 표준적인 기간(교정교육과정)을 정하도록 하였다(少院 30조). 따라서 교정교육과정은 구법 하에서의 처우구분과 처우과정을 포함한 것이라고 할 수 있다. 나아가 각 소년원에서 실시하여야 하는 교정교육과정이 지정된다(少院 31조). 그리고 지정된 교정교육과정에 기초하여 각 소년원의 장이 당해 교정교육과정별로 당해 소년원에서의 교정교육의 목표, 내용, 실시방법 및 기간 등을 내용으로 하는 소년원 교정교육과정을 정함과 동시에(少院 32조), 소년원 교정교육과정에 입각하여 재원자별로 개개 재원자의 특성에 따른 교정교육의 목표, 내용, 실시방법 및 기간 등을 정한 개인별 교정교육계획을 책정하도록 하고 있다(少院 34조).

(5) 퇴원과 가퇴원

법률상 정해진 기한이 도래한 경우에는, 소년원장은 재원자를 퇴원시켜야 한다. 그 외에 소년원장이 재원자에 관하여 교정교육의 목적을 달성하였다고 인정하여, 지방갱생보호위원회에 퇴원의 허가를 구하는 취지의 신청을 하고(少院 136조 1항), 지방갱생보호위원회가 퇴원이 상당하다고 인정하여 퇴원을 허가하는 결정을 내린 경우에도(更生 46조) 퇴원이 이루어진다. 또한 소년원장은 재원자의 처우단계(少院 16조)가 최고단계에 도달하였고 임시로 퇴원을 허가하는 것이 상당하다고 인정하는 때는, 지방갱생보호위원회에 가퇴원의 허가를 구하는 취지의 신청을 하여야 하고(少院 135조), 신청을 받은 지방갱생보호위원회는 재원자의 처우단계가 최고단계에 도달하였고 임시로 퇴원시키는 것이 개선갱생을 위하여 상당하다고 인정하는 때, 그 밖에 임시로 퇴원시키는 것이 개선갱생을 위하여 특히 필요하다고 인정한 때에는 가퇴원을 허가하는 결정을 내린다(更生 41조).[114]

113) 法務省矯正局, '矯正の現状', 曹時 66권 11호, 2014, 291면.

114) 퇴원의 경우와 달리, 지방갱생보호위원회는 소년원장의 신청이 없더라도, 직권으로 가퇴원을

가퇴원이 허가된 경우에 소년은 보호관찰에 부쳐지고(更生 42조 · 40조), 그 결과가 양호하면 보호관찰소장의 신청에 따라 지방갱생보호위원회가 정식으로 퇴원을 결정한다(更生 74조). 반면, 가퇴원 중인 자가 준수사항을 준수하지 않은 경우에는, 보호관찰소장의 신청에 따라 지방갱생보호위원회가 가정재판소에 대하여 그 자를 소년원에 다시 수용하는 취지의 결정을 신청할 수 있다(更生 71조). 그리고 신청을 받은 가정재판소가 상당하다고 인정하는 때에는 재수용의 결정을 할 수 있다(更生 72조).[115]

V. 처분결정의 현황

2013년의 통계에 의하면, 보호처분의 결정인원 중 보호관찰, 아동자립지원시설등송치, 소년원송치의 각 인원과 그 점유비율은 [표 5-3]과 같다.

표 5-3 보호처분별 결정인원 및 구성비(2013년)

	총수	보호관찰	아동자립지원시설등송치	소년원송치
일반사건	14,143	10,983(77.7)	228(1.6)	2,932(20.7)
업무상(중)과실치사상등사건	2,906	2,844(97.9)	0(0.0)	62(2.1)
도로교통사건	7,227	6,999(96.8)	2(0.0)	226(3.1)
우범사건	258	123(47.7)	41(15.9)	94(36.4)

보호처분 중 가장 높은 비율을 차지하는 것은 보호관찰이고, 소년원송치가 그 다음을 차지하고 있다. 전체적으로 아동자립지원시설등송치는 인원수나 비율 모두 극히 미미하다. 그 이유는 아동자립지원시설에서의 처우가 적당하다고 여겨지는 저연령 소년의 사건은 아동복지기관선의의 대상이 되어 애당초 가정

허가할 것인지 여부의 심리를 개시할 수 있다(更生 42조 · 35조).

115) 이와 같이 재수용 및 전술한 수용계속의 경우, 보호관찰소장 또는 소년원장의 신청에 따라, 가정재판소가 심리 및 결정하게 되어 있는데, 그 절차는 그 성질에 반하지 않는 한, 소년의 보호처분에 관계되는 절차의 예에 따르도록 하고 있다(少院 138조 5항 · 139조 3항, 更生 72조 5항). 따라서 재판관이 조사관에게 조사를 명한 다음, 심판을 열어 결정을 내리게 된다. 이러한 이유로 이들을 준소년보호사건이라고 부른다.

재판소에 송치되지 않는 경우가 많다는 점, 또한 14세 이상의 소년에 관하여도 아동자립지원시설에서의 처우는 중학생을 중심으로 의무교육 중인 자를 대상으로 운용되고 있어, 보호처분으로서 아동자립지원시설송치가 내려지는 것도 사실상 그 연령의 자에 한정된다는 점 때문이다.[116]

Ⅵ. 보호처분 간의 선택기준

1. 비행사실의 기능

(1) 비행사실과 요보호성의 관계

재판소가 소년에게 보호처분을 부과할 필요가 있다고 판단한 경우에, 현행법이 규정한 3종류의 보호처분 가운데 무엇을 선택할 것인가는 소년의 요보호성에 따라 결정된다. 비행사실의 내용은 요보호성의 정도를 판단함에 중요한 요소이긴 하지만, 그것 자체가 직접적으로 고려되는 것은 아니다. 이것이 보호처분의 선택기준에 관한 전통적 견해였다.[117] 즉, 통상적으로 비행사실의 경중과 요보호성의 정도는 비례관계에 있기 때문에 비행사실이 중대하면 중한 보호처분이, 비행사실이 경미하면 가벼운 보호처분이 선택된다는 상관관계가 인정되지만, 비행사실 외로 요보호성에 영향을 미치는 중요한 사실이 있다면 다른 결론이 나올 수도 있다. 이 점을 일반론으로 분명히 밝힌 판례 중 하나가 도쿄고등재판소 결정(東京高決 昭和58·12·5 家月 36권 7호 103면)이다.

이는 무면허운전 1회의 비행사실로 소년을 중등소년원에 송치한 가정재판소의 결정에 대하여, 소년이 처분의 현저한 부당을 이유로 항고를 제기한 사안이다. 도쿄고등재판소는 우선 일반론으로서, '소년사건에 있어서는 비행의 횟수나 경중보다, 그 비행을 통해 나타난 소년의 여러 가지 문제점(요보호성 혹은 비행성이라고도 한다.)을 어떻게 해소할 것인지가 중요하므로, 단순히 1회의 무면허운전에 불과하더라도 그 배후에 숨어있는 소년의 문제점이 크다면, 그것을 해소하기 위하여 중등소년원송치를 결정하는 것도 당연히 있을 수 있다'라고 하였다. 고등재판소는 이어서, 소년은 지금까지 자동차, 원동기장치자전거 등의 운

116) 田宮＝廣瀬 290면. 2013년에 일반보호사건에서 아동자립지원시설송치가 내려진 소년의 종국결정시의 연령은 15세 이하가 98.7%를 차지하고 있다.

117) 安藤政博, "処分選択の原理", 講座少年保護 244면.

전에 관한 비행을 반복하고 있고, 그 원인으로 소년의 미약한 반성도, 무면허운전에 대한 낮은 죄악감, 모친과의 불안정한 관계 등을 생각할 수 있는데, 현재 그것들은 상당히 고질적인 상태에 있기 때문에 이를 해소하기 위해서는 소년원에서 교정교육을 받게 하는 것이 상당하다 하여, 소년의 항고를 기각하였다.

그러나 심판의 대상에서 비행사실중시설이 지배적 지위를 차지함에 따라, 이러한 전통적 견해에 대하여는 이론이 제기되었다. 여기서 문제되는 것은, 처분을 선택함에 있어서 비행사실의 경중이 어떠한 의미를 갖는가 하는 것인데, 구체적으로는 비행사실의 경중과 요보호성의 정도 사이에 괴리가 있는 경우, 가정재판소가 어떠한 처분을 내려야 하는지가 문제된다. 그 중에는 (a) 비행사실은 경미하지만 소년의 성격이나 가정환경 등으로 보아 요보호성이 높은 경우와 반대로 (b) 비행사실은 중대하지만 소년의 요보호성이 낮은 경우가 있다.

(2) 비행사실과 요보호성이 불균형한 경우의 처리

(a) 비행사실은 경미하지만 요보호성이 높은 경우

이 유형에 관하여는 위 도쿄고등재판소와 같은 입장이 있는 반면, 비행사실과 보호처분 간의 균형을 요구하는 견해도 유력하다. 이 견해는 비행사실중시설의 근거가 되는 2가지 점, 다시 말해, ① 비행사실을 떠나 소년의 범죄적 위험성의 유무나 정도를 판정함은 곤란하다는 점, ② 소년에게 보호처분이라는 불이익을 부과할 수 있는 근거가 침해원리에 있다는 점은, 비행사실이 심판의 대상인지의 문제뿐만 아니라, 보호처분의 선택에서 비행사실의 역할을 고려할 때에도 마찬가지로 타당하다는 것을 이유로 한다. 즉, 그러한 점들을 전제로 한다면, 비행사실의 경중이 보호처분을 선택함에 있어 한계로서 기능함이 마땅하다는 것이다. 이러한 견해를 취하는 경우에는, 경미한 비행사실만 인정되는 경우에 소년원송치와 같이 중대한 자유의 제약을 수반하는 보호처분은 결정할 수 없다는 결론에 이르게 된다.[118)]

분명, 소년에 대한 보호처분의 부과가 침해원리에만 근거하는 것이라면,

---

118) 田宮＝廣瀬 302면, 守屋＝斉藤 385면, 早川義郎, "少年審判における非行事実と要保護性の意義について", 家月 19권 4호, 1967, 16면, 笠井勝彦, "保護処分の選択決定における非行事実の持つ機能", 家月 37권 6호, 1985, 115면, 山名学, "少年審判と非行事実", 調研紀要 52호, 1987, 50면, 前野育三, "保護処分における非行事実と処分の重さ", 法と政治 43권 4호, 1992, 239면.

보호처분의 선택에 있어서도 형벌에서의 죄형균형과 동일한 원리가 적용되는 것이 그 논리적 귀결일 것이다. 그러나 보호처분은 소년의 이익을 도모하기 위한 처분이기도 한데, 이러한 관점에서 보면 비행사실과 보호처분 사이의 균형은 요구되지 않는다. 더욱이 비행사실과의 균형을 요구한다면, 경우에 따라서는 소년의 요보호성에 대응할 수 없게 되어, 그 개선교육에 별다른 도움이 되지 않는 보호처분을 과하게 되고, 그것을 회피하려고 한다면 소년에게 요보호성이 인정됨에도 불구하고 불처분하지 않을 수 없게 된다. 이와 같은 결과는 소년보호절차 본래의 목적, 즉 소년의 개선교육을 위한 처분을 결정한다는 것과 모순되는 것이다. 따라서 형벌에서의 죄형균형과 동일한 의미에서 비행사실과 보호처분의 균형이 요구되는 것은 아니라고 보아야 한다.[119] 최근 판례 중에도, 비행사실 자체는 비교적 경미하다고 인정하면서도 소년의 자질상의 문제점이나 보호환경의 열악함을 지적한 뒤에 소년원송치를 결정한 것이 발견된다.[120]

이에 대하여, 경미한 비행사실로 중한 보호처분을 내리는 경우에는, 소년이 이를 납득할 수 없어 보호처분에 의한 개선교육의 효과를 얻을 수 없다는 이유에서, 비행사실과 보호처분의 균형이 요구된다는 지적도 있다.[121] 그러나 예를 들어, 보호처분의 고지시점에서는 소년이 소년원송치에 납득하지 못했다 하더라도, 이후 여러 가지 개입활동에 의해 소년이 그것을 받아들일 가능성은 충분히 생각할 수 있으므로, 소년의 납득이란 관점에서 보호처분의 선택이 당연히 한정되어야 하는 것은 아니라고 생각한다. 다만, 가령 소년이 그 보호처분을 수용할 가능성이 전혀 없다고 판단되는 경우라고 한다면, 그러한 보호처분은 집행하더라도 개선교육의 효과를 기대할 수 없다는 의미에서, 요보호성의 내용 중 하나인 보호상당성이 인정되지 않아, 당해 보호처분을 부과할 수 없게 될 수는 있다.[122]

이상과 같이, 경미한 비행사실을 저지른 소년에게 중한 보호처분을 과할

---

119) 河原俊也, “少年の健全な育成”, 植村退官 426면.

120) 大阪家決 平成22·1·20 家月 62권 8호 97면 (16세의 여자소년이 공범자와 공모하여 조리면 2개를 절취하였다는 절도보호사건), 東京家決 平成22·6·10 家月 63권 1호 149면 (16세의 소년이 엽궐련 1상자를 절취하였다는 절도보호사건), 大阪家決 平成22·7·23 家月 63권 1호 154면 (14세의 소년이 만화책 8권을 절취하였다는 절도보호사건) 등.

121) 田宮＝廣瀬 304면.

122) 岩井隆義, “処分選択をめぐる諸問題”, 判タ家裁実務 366면, 総研 40면.

수 있는지에 관하여 견해가 나뉘고 있는데, 여기서 문제되는 비행사실은 경미하지만 요보호성이 높은 사안이란, 심판대상인 비행사실 이외에 여죄나 우범을 실질적으로 동반하고 있는 경우가 많다는 지적도 있다.[123] 그러한 사안이라면, 여죄나 우범을 정식으로 입건함으로써 비행사실과 보호처분의 균형이라는 원칙을 유지한 다음, 요보호성에 맞는 처분이 선택 가능한 경우도 있을 것이다. 그러나 모든 사안이 그렇다고 단정할 수는 없으므로, 여전히 문제는 남아 있다.

(b) 비행사실은 중대하지만 요보호성은 낮은 경우

전술한 첫 번째 유형에 관하여 비행사실과 보호처분 간의 균형을 요구하는 견해에서도, 비행사실은 중대하지만 요보호성은 낮은 경우에, 비행사실의 중대성을 직접적으로 고려하여 소년의 요보호성을 초과하는 보호처분을 내려야 한다는 주장은 적다. 이는 그와 같은 처분 결정을 인정한다면, 소년의 개선교육에 있어서 과중하고 불필요한 처분을 부과하게 되어 보호처분의 목적에 부합하지 않을 뿐 아니라, 첫 번째 유형의 경우와 달리 그것이 소년에게 불이익하게 작동하기 때문이다.

이에 대하여는, 일반예방의 관점에서 비행사실이 중대하다면 비록 요보호성이 낮더라도 중한 보호처분의 부과가 인정되는 경우가 있다는 견해도 주장되고 있다.[124] 이러한 견해는 보호처분과 형사처분은 모두 소년의 개선교육을 위한 처분임과 동시에 사회방위적 요소를 포함하는 것으로서, 양자를 통일적으로 이해하려는 생각을 밑바탕에 두고 있다.

그러나 보호처분이 사회방위라는 목적을 가진다 하더라도, 그것은 소년의 개선교육을 통한 재범의 방지에 의해 달성되어야 하지, 형벌과 동일한 의미에서의 일반예방적 목적을 인정할 것은 아니라고 생각한다. 보호처분은 형벌과 마찬가지로 제재로서의 성격을 가지고 있지만 응보나 일반예방을 목적으로 하지 않는다는 점에서 형벌과 다른 것이고, 바로 그러한 점에 형벌과는 별개로 보호처분을 마련한 의미가 인정되기 때문이다.

다만, 이러한 입장을 취하면, 비행사실이 중대하여 그것만으로 보면 역송이 상당하지만, 소년의 요보호성은 낮아서 그것에 비추어 보면 애당초 불처분하

---

123) 田宮＝廣瀨 301면.

124) 廣瀨, 앞의 각주15) 388면.

거나 가볍게 처분되는 사안의 경우, 재판소가 보호절차를 통해서는 사회의 납득을 얻을 수 없다는 점을 고려하여 사건을 역송하는 판단으로 기울기 쉽다. 이에 비하여, 비행사실의 중대성을 직접 보호처분에 반영시킨다는 견해에 의하면, 그러한 사안에서도 소년에게 중한 보호처분을 부과함으로써 사회감정을 어느 정도 만족시키는 것이 가능하고, 그 결과로서 역송을 회피하고 보호처분에 의한 교육적 처우를 실시할 수도 있다. 위와 같은 견해가 주장되는 배경에는 이러한 고려가 있는 것이다.125)

그러나 역송을 피하기 위한 방편이라고는 하지만, 보호처분의 목적에 소년의 개선갱생 이외의 요소를 고려하는 것에는 의문이 남는다. 이는 형벌과 보호처분의 질적 차이를 부정하는 것으로 이어질 수 있다. 보호처분의 선택에 있어 일반예방적 관점에서의 고려를 부정함으로써 역송이 늘어날 가능성이 있다는 점은 분명하지만, 그 점은 역송 후의 형사절차나 형사처분을 개선하여 보호절차 및 보호처분과의 격차를 줄이는 방법으로 해결해야 할 것이다.

2. 공범자의 처분과의 균형

보호처분을 선택함에 있어서 비행사실이 어떠한 기능을 수행하는가의 문제와 관련하여, 공범사건에서 공범자 간의 처분의 균형을 어떻게 도모할 것인지의 문제가 있다. 이 문제를 다룬 판례 중 하나가 도쿄고등재판소 결정(東京高決 昭和61·3·24 家月 39권 1호 162면)이다.

이는 소년이 5회에 걸친 톨루엔 절도 및 절도미수의 비행사실로 소년원송치결정을 받은 사건에 있어서, 각 범행에서 주도적 입장에 있었던 공범소년이 보호관찰에 그쳤던 관계로, 소년 측이 처분의 불균형을 이유로 항고를 제기하였던 사안이다. 도쿄고등재판소는, 소년에 대한 처우의 선택에 있어서는, 관련사건을 포함하여 가정재판소 전체 사건처리와의 균질성·공평성을 담보하기 위하여 적절히 배려할 필요가 있다고 하면서도, '비행소년의 처우는, 당해 소년이 가지고 있는 문제성, 다시 말해 고유의 요보호성에 따라 개별적으로 정해져야 하는 것이므로, 비행의 태양에만 착안하여 함부로 공범소년에 대한 처우와의 불균

125) 廣瀨, 앞의 각주15) 388면.

형을 주장하는 소론은 이유 없다'라고 설시한 다음, 소년은 중학교 재학시절 무렵부터 신나 남용에 빠지게 되어 지금까지 독물및극물단속법위반 등에 의한 4회의 사건계속 이력이 있고, 그 때마다 보호적 조치가 취해지기는 하였으나 신나에 대한 의존경향이 점차 강해져, 동료와 함께 흡입할 신나를 쉽게 입수하는 수단으로 본건 각 절도를 반복·누행하고 있어 그 비행성이 상당히 심화된 점, 소년은 향락적 지향이 강한 반면 인내성이 부족하고 다른 것에 쉽게 추종·영합하는 성격상의 결함을 가지고 있는 점, 소년의 보호환경이 심히 열악하고 보호자의 보호능력에도 한계가 있는 점 등 제반 사정에 비추어 보면, 소년을 교정시설에 수용하여 교정교육을 실시하는 것이 상당하다고 하여 항고를 기각하였다.

도쿄고등재판소가 설시하는 것처럼, 처우선택이 어디까지나 개개 소년의 요보호성에 기초하여 이루어져야 한다면, 공범사건에서 객관적으로 동등한 역할을 분담한 자라 하더라도 요보호성에 차이가 있는 한, 그 처분이 달라지는 것도 당연하다.[126] 반면, 비행사실과 보호처분의 균형을 요구한다면, 동등한 역할을 분담한 자에 대하여는 동일한 정도의 처분을 부과하여야 한다. 또한 그 점과는 별개로, 처분에 너무 큰 차이가 있다면 소년의 납득을 얻을 수 없다는 문제도 있다. 이러한 이유에서, 판례 중에는 처분의 선택에 있어 공범자 간의 처분균형을 하나의 요소로서 고려하는 것도 적지 않다. 그러한 판례 중 하나가 히로시마고등재판소 오카야마지부 결정(広島高岡山支決 平成7·11·14 家月 48권 7호 78면)이다.

이는 도로교통법위반(공동위험행위) 보호사건으로 보호관찰에 부쳐진 소년의 법정대리인이 처분부당을 이유로 항고를 제기한 사안이다. 본 결정에서는, 본건 범행 자체가 다분히 우발적이고 소년의 비행성이 가볍다는 점, 본건 범행 당시와 비교하여 소년의 생활환경 및 교우관계가 현저히 호전되고 있다는 점 등에 더하여, 본건 공범자 중에 소년과 마찬가지로, 비행사실이 공동위험행위일 뿐 스스로 운전하지 않고 타인이 운전한 자동차에 동승하였음에 불과한 자에 대한 원재판소의 처분결과와의 균형을 고려한다면, 소년을 보호관찰에 부친 원결정의 보호처분은 현저히 부당하다고 하지 않을 수 없다고 하여 원결정을 취

---

126) '安藤, 앞의 각주117) 257면에서는, '소년심판에 있어서는 공범자간에 처분의 균형이라는 것은 존재하지 않는다고 하여야 한다.'고 하고 있다.

소하였다.

앞에서 언급한 바와 같이, 소년의 납득을 얻는다는 관점이 보호처분의 상당성을 판단하는 요소 중 하나로 고려된 결과, 공범자의 처분과 어느 정도의 균형이 요구되는 경우도 있을 수 있다고 생각된다.127) 전술한 도쿄고등재판소의 결정도 '소년에 대한 … 종국적 처우의 선택에 있어서는, 관련사건을 포함하여 가정재판소 전체 사건처리와의 균질성·공평성을 담보하기 위한 적절한 배려가 이루어지는 것이 바람직'하다고 하고 있어, 공범자 간에 처분의 균형이라는 고려를 완전히 부정하는 취지는 아니라는 해석도 가능할 것이다. 그러나 이러한 관점에서의 고려가 인정된다 하더라도, 그것이 실제로 의미를 갖는 것은 예외적인 경우에 한정될 것이다.

3. 우범과 소년원송치

2013년의 통계에 의하면, 보호처분이 부과된 우범소년 중 소년원송치결정을 받은 자의 비율은 36.4%로서, 일반사건 전체의 20.7%보다도 상당히 높다. 이는 실무상 우범 송치가 극히 제한적으로 이루어지고 있어, 실제 송치된 우범소년은 비행성이 상당히 진전되어 있는 경우가 적지 않다는 사실을 반증하고 있다.128)

이에 대하여는, 범죄행위를 저지르지도 않은 우범소년을 소년원송치까지 하는 것에 의문을 표하는 의견도 있다.129) 그러나 우범은 범죄가 아니라는 점이 소년원송치를 허용할 수 없는 이유라고 한다면, 이는 소년원송치뿐만 아니라 보호처분 일반에 대해서도 타당한 것이어야 한다. 그러한 의미에서, 이는 우범제

127) 岩井, 앞의 각주122) 368면, 鈴木陽一郎, "要保護性判断と共犯者間の処分の均衡", 少年法判例百選 111면. 이에 대하여, 소년의 납득이라는 관점에서는, 공범과 다른 처우를 선택함에 있어서, 소년에 대하여 당해 처우선택이 이루어진 근거가 된 비행성판단의 핵심포인트나 공범과의 비행성판단의 차이를 가능한 제시하여야 하고, 형식적 의미에서의 처우의 균형을 도모하는 것은 중요하지 않다는 지적도 있다(古田浩, "家庭裁判所における事件処理", 展開 225면).

128) 종국결정 전체인원(이송·회부·병합을 제외한다) 중 보호처분에 부쳐진 인원이 차지하는 비율도, 일반사건 전체에서는 22.3%임에 비하여, 우범사건에서는 75.2%로 나타나고 있다.

129) 竹内正, "虞犯少年制度の反省", 研修 231호, 1967, 8면, 森下忠, "刑罰と保護処分との関係", 小川太郎博士古稀祝賀, 刑事政策の現代的課題, 有斐閣, 1977, 179면.

도 자체의 허용성에 관계되는 것으로서, 우범제도를 인정하는 이상, 소년원송치만이 불가능하다는 논리는 성립되지 않는다고 보아야 할 것이다.

또한 판례 중에는, 우범소년의 소년원송치를 일률적으로 부정하는 것은 아니지만, 우범소년이 죄를 범한 자가 아니라는 점을 지적한 뒤, 소년원송치는 우범성이 현저한 경우로 한정되고, 성격교정의 필요성이 높더라도 우범성의 정도가 낮은 경우에는 다른 보호처분 혹은 보호적 조치에 그쳐야 한다고 하는 것도 있다(오사카고등재판소 결정, 大阪高決 昭和47 · 5 · 23 家月 25권 1호 105면). 이는 보호처분에 요구되는 우범성의 정도, 즉 장래 범죄행위 또는 촉법행위를 저지를 위험성의 정도는 보호처분의 중대성에 호응하여 변화됨을 전제로 하고 있다고 생각되는데, 처분의 중대성과 범죄적 위험성의 정도를 상관시켜야 하는 것이라면, 그것은 비단 우범의 경우에만 한정되는 것이 아니다. 따라서 이 견해를 일관되게 관철한다면, 오히려 비행사실 일반에 관하여, 소년원송치를 선택하는 경우에는 요보호성의 내용 중 하나인 범죄적 위험성이 다른 경우보다 높은 정도로 요구되어야 한다고 해야 할 것이다.[130]

일반적으로, 소년원에 수용하여 교정교육을 함으로써 제거하여야 하는 범죄적 위험성은, 다른 보호처분 혹은 보호적 조치로 제거할 수 있는 범죄적 위험성보다 높은 수준의 것이므로, 처분에 상응하는 요보호성이 필요하다는 관점에서 보면, 소년원송치는 다른 경우보다도 높은 정도의 범죄적 위험성이 요구되게 된다. 위 오사카고등재판소 결정이 이러한 사고에 기초한 판시였다면, 그것은 어떤 의미에서는 당연한 사실을 말한 것이 된다. 하지만 이와 달리, 동 결정이 소년의 요보호성과는 관계없이 우범소년이 범죄를 저지른 자가 아님을 직접적 이유로, 우범성(범죄적 위험성)이 요구되는 정도를 높이려는 취지라고 한다면, 그와 같이 한정할 수 있는 근거는 어디에도 없다고 생각한다.

130) 우범소년에 대한 소년원송치를 처분부당을 이유로 취소한 판례 중에도, 우범성이 아닌 요보호성의 정도가 낮다는 점을 이유로 하는 것이 있다(仙台高決 昭和41 · 7 · 28 家月 19권 6호 105면, 広島高決 昭和46 · 6 · 14 家月 24권 1호 93면).

제 5 절 종국결정의 효력

Ⅰ. 집행력

보호처분결정은 고지와 동시에 집행력이 생긴다. 형벌과 달리, 보호처분을 고지한 재판이 확정될 필요는 없다. 또한 상소가 제기되더라도 보호처분의 집행을 정지하는 효력을 갖지 않는다(少 34조 본문). 따라서 예를 들어, 가정재판소에서 소년원송치를 고지받은 소년이 비행사실을 저지르지 않았다는 이유로 항고를 제기한 경우에도 소년원에 수용된다. 이는 보호처분이 교육적 처분이라는 점에서, 전문적 기관인 가정재판소가 그 필요성을 인정하여 보호처분을 부과한 이상, 신속히 집행하여야 하고 소년이 이를 다투고 있다 하여 공백기간이 발생하는 것은 바람직하지 않다는 생각에 기초한 것이다.131)

한편, 원심재판소 또는 항고재판소는 필요한 경우에는 결정으로써 보호처분의 집행을 정지할 수 있다(少 34조 단서). 실무 운용상으로는, 항고심에서 원심의 판단에 중대한 사실오인이 있다는 의심을 품게 된 경우에, 그 시점에서 집행정지를 하고 있다.132)

Ⅱ. 일사부재리효

1. 일사부재리효의 근거

범죄소년에 대하여 보호처분이 내려진 경우에는, 심판을 거친 사건에 관하여 그 후의 형사사건과 보호사건 모두에 대하여 일사부재리효가 발생한다(少 46조 1항). 따라서 그 사건에 관하여 공소가 제기된 경우에는 형소법 337조 1호를 유추적용하여 면소판결을 선고하여야 한다.133) 또한 재차 가정재판소에 송치된 경우에는 심판조건이 결여되는 것으로서 심판불개시 내지 불처분을 하여야 한다.134)

---

131) 田宮＝廣瀬 408면, 団藤＝森田 329면, 平場 313면.

132) 田宮＝廣瀬 408면.

133) 札幌高判 昭和37・8・21 高刑集 15권 6호 473면. 田宮＝廣瀬 453면, 団藤＝森田 394면, 平場 316면.

134) 田宮＝廣瀬 454면, 団藤＝森田 394면, 平場 318면.

본조에 의한 일사부재리효의 근거나 성격에 관하여는 다툼이 있으나,[135] 판례는, 소년법 46조는 '보호처분이 신체의 자유를 제약하는 경우가 있다는 점에서 형벌과 유사한 성격을 가지는 점이나, 대상이 되었던 범죄사실이 특정되어 있는 점 등을 고려하여 특별히 마련된 규정'이라고 하고 있다.[136] 이에 의하면, 본조는 보호처분과 형사처분의 유사성으로부터, 헌법 39조의 취지를 소년법에 반영하여 특별히 마련한 규정이 된다.[137]

2. 일사부재리효가 미치는 사건의 범위

소년법 46조 1항에서 말하는 '심판을 거친 사건'이란 보호처분의 대상이 되었던 결정서 기재의 범죄사실(少審規 36조)을 가리킨다.[138] 나아가 그 범죄사실과 동일성이 있는 사건도 이에 포함되며, 그 동일성은 형사사건에서 말하는 공소사실의 동일성이 있는 경우에 인정된다.[139]

이에 대하여, 이전에는 소년심판의 대상을 요보호성만으로 파악하여, 사건의 동일성은 소년을 기준으로 획정되므로, 심판에서 비행사실로서 인정되었던 사실뿐만 아니라 보호처분결정 이전에 소년이 저지른 비행사실 전부가 '심판을 거친 사건'에 포함되고 그 전부에 일사부재리효가 미친다는 견해도 존재하였다.[140] 그러나 비행사실중시설 하에서, 사건의 동일성은 비행사실과 소년 양쪽 모두를 기준으로 획정되는 것이므로, 비행사실이 다르면 사건도 다르다고 하지 않을 수 없다. 이에 사건의 동일성과는 별개의 관점에서, 비행사실의 동일성을 넘는 범위에 일사부재리효가 미친다는 것을 근거지우려는 견해도 있다. 이 견해는, 심판에서는 가정재판소가 수리한 비행사실뿐만 아니라 여죄 등 소년의 요보호성과 관련된 일체의 생활력(生活歴)이 고려되어야 하므로, 그 역으로서, 여죄인 비행사실에 관하여도 그것이 요보호성의 인

135) 田宮＝廣瀬 446면 이하.
136) 最大判 昭和40・4・28 刑集 19권 3호 240면.
137) 田宮＝廣瀬 447면, 団藤＝森田 392면.
138) 最決 昭和36・9・20 刑集 15권 8호 1501면.
139) 田宮＝廣瀬 453면, 平場 316면.
140) 今中道信, "少年保護事件における不告不理", 家月 4권 2호, 1952, 63면.

정자료로 사용된 경우에는 일사부재리효가 미친다고 주장한다.[141] 더욱이 여기서 한걸음 더 나아가, 요보호성의 인정자료로 삼았음이 마땅한 여죄에 관하여는 실제로 인정자료로 사용되지 않았다 하더라도 일사부재리효가 미친다고 하는 견해도 있다.[142]

그러나 형사사건에서 여죄를 양형자료로 고려하였다 하더라도, 그 여죄를 실질적으로 처벌하는 취지가 아닌 한, 그것에 일사부재리효가 생기지 않는다는 점에 대응시킨다면, 여죄가 요보호성의 판단자료로 사용된 경우에도, 그것을 심판의 대상으로 삼은 것이 아닌 이상, 일사부재리효가 미치지 않는다고 해야 한다. 물론, 요보호성의 판단자료로 실체적 제약 없이 여죄를 고려할 수 있다는 입장을 취하는 경우에는, 형사사건의 경우와 달리, 여죄를 고려함으로써 본래의 심판대상인 비행사실만으로는 도저히 결정되지 않았을 처분이 내려지는 경우도 있을 수 있다. 그러나 여죄의 고려에 실체적인 제약을 두지 않는 견해는 비록 여죄를 고려함으로써 처분의 내용이 달라지는 경우라 하더라도, 그것은 어디까지나 요보호성의 판단자료로 고려함에 그친다는 것을 전제로 하므로, 이를 인정하는 이상은 역시 형사사건의 경우와 달리 볼 수는 없을 것이다.

한편, 여죄를 요보호성의 판단자료로 삼아 일정한 처분을 결정한 후에 그 여죄를 다시 입건한다면, 분명히 이중처벌적인 측면이 있다. 따라서 그러한 경우에는 비록 일사부재리효는 발생하지 않는다 하더라도, 이미 보호처분이 실시되고 있는 때에는 별건보호중임을, 그렇지 않은 때에는 애당초 요보호성이 없음을 이유로, 입건된 여죄에 대하여 심판불개시결정 내지 불처분결정이 내려지는 경우가 많을 것으로 생각된다.

이상의 점을 전제로, 일사부재리효에 관하여는 그것이 인정되는 것이 소년법 46조 1항에 규정된 것처럼 '죄를 범한 소년에 대하여 24조 1항의 보호처분이 내려진 때'에 한정되는 것인지가 문제되고 있다.

---

141) 平場 109면.

142) 白取祐司, "『審判を経た事件』の意義", 少年法判例百選 139면.

3. 심판불개시결정·불처분결정에의 준용

(1) 판례의 상황

심판불개시결정 및 불처분결정 중에서 심판조건의 결여 등 형식적인 이유에 의한 경우에는 형사절차에서의 공소기각과 마찬가지로 일사부재리효가 생기지 않는다는 점에 이론이 없다.[143] 문제는 실체적인 판단을 수반하고 있는 경우, 다시 말해, 비행사실의 부존재나 요보호성의 부존재를 이유로 심판불개시결정이나 불처분결정이 내려진 경우이다. 이 중에서 심판불개시결정의 일사부재리효에 관한 판단을 제시한 것이 앞의 최고재판소 판결(最大判 昭和40·4·28, 이하 '1965년 판결'이라 한다)이다.

이는 당시 19세이었던 소년이 뺑소니사건에 의한 업무상과실치상 및 당시의 도로교통단속법상의 보고의무위반으로 가정재판소에 송치된 사안이다. 가정재판소는 업무상과실치상에 관하여는 검찰관에게 역송하는 결정을 하였지만, 보고의무위반에 관하여는 이를 규정한 도로교통단속법의 규정이 헌법 38조 1항에 반하므로 죄가 되지 않는다고 하여 심판불개시결정을 하였다. 소년은 가정재판소의 결정 후 얼마 지나지 않아 성년에 도달하였는데, 검찰관은 그 후 송치를 받은 업무상과실치상뿐만 아니라 보고의무위반의 점도 함께 공소를 제기하였다.

이에 대하여, 1심인 아사히카와(旭川)지방재판소는 보고의무위반의 점은 가정재판소의 심판불개시결정에 의하여 일사부재리효가 발생하였다 하여 면소판결을 선고하였다. 항소심인 삿포로(札幌)고등재판소도 이를 지지하자, 검찰관이 상고하였다.

최고재판소는, 우선 사안의 실체에 관한 판단이 이루어진 후에 내려지는 심판불개시결정을 형사절차상의 무죄와 동일시할 수 있는가에 관하여, 이 경우에 이루어지는 사실상 또는 법률상 판단은 소년법 소기의 소년심판의 목적을 달성하기 위하여 행하여지는 것이고, 형사법 소기의 형사재판의 목적을 달성하기 위한 것이 아니라는 점, 따라서 형사소송에 있어서 대심공개의 원칙하에 당

143) 田宮＝廣瀨 447면, 平場 284면. 도쿄고등재판소 결정(東京高決 昭和46·6·29 家月 24권 2호 143면)은 소년의 소재불명을 이유로 심판불개시결정을 하였던 사건에 관하여, 그 후 소재가 판명된 단계에서 재차 입건하여 심판에 부치더라도 일사부재리의 원칙에는 반하지 않는다고 하고 있다.

사자가 공격방어를 다하고 엄격한 증거조사를 거친 후에 형벌권의 존부를 결정하기 위하여 이루어지는 사실인정 또는 법률판단과는 그 절차를 달리한다는 점을 지적한 다음, 심판불개시의 결정이 사안의 죄가 되지 않음을 이유로 하는 것이라 하더라도, 이를 형사소송에서의 무죄의 판결과 동일시하여서는 안 된다고 하였다. 그리고 헌법 39조 전단에서 말하는 '무죄가 된 행위'란 형사소송에서의 확정판결에 의해 무죄의 판단을 받았던 행위를 가리키는 것이라고 해석하여야 하므로, 헌법 39조를 근거로 심판불개시결정에 일사부재리효를 긍정할 수는 없다고 하였다.

최고재판소는 이어서, 그렇다 하더라도 소년법 46조를 근거로 심판불개시결정에 일사부재리효가 인정될 수 없는지에 관하여는, 동조의 규정은 보호처분이 신체의 자유를 제약하는 경우가 있어 형벌과 유사한 성격을 가지는 점이나, 대상이 되었던 범죄사실이 특정되어 있는 점 등을 고려하여 특별히 마련된 규정으로서, 일반적으로 소년법상의 종국처분에 일사부재리효가 발생함을 전제로, 단순히 주의적으로 기소나 부심판의 금지를 규정한 취지의 것이 아니므로, 동 규정이 보호처분 이외의 종국처분에도 일사부재리효를 인정하는 근거로는 될 수 없다는 판단을 제시하였다.

이상과 같이, 최고재판소는 헌법 39조와 소년법 46조의 어느 쪽을 근거로 삼더라도 심판불개시결정에 일사부재리효는 인정되지 않는다 하여, 결론적으로 가정재판소에서 심판불개시의 결정이 내려진 사실이라도, 소년이 성년에 도달한 후에 그것을 기소하는 데에 아무런 지장이 없다고 보았다.

본 판결이 심판불개시결정에 일사부재리효가 인정되지 않는 근거로서 지적하고 있는 점, 다시 말해, ① 사실상 또는 법률상의 판단이 형사재판의 목적달성을 위해 이루어지는 것이 아니라는 점, ② 그 판단을 행하는 절차가 형사절차와 다르다는 점, ③ 소년법 46조는 보호처분이 내려진 경우에 한하여 적용되는 규정이라는 점은 불처분결정의 경우에도 동일하게 적용되는 것이므로, 본 판결에 의하면 불처분결정에도 일사부재리효는 인정되지 않게 될 것이다. 실제로 그 후에 최고재판소는, 비행사실이 인정되지 않음을 이유로 불처분결정이 내려진 소년이 신병구속 기간에 대한 형사보상을 청구한 사건에서, 그것을 부정하는 이유 중 하나로서 불처분결정은 그것이 있었던 사건에 관하여 형사소추를 하거나 가정재판소의 심판에 부하는 것을 방해하는 효력을 가지고 있지 않다는 점을 지적하고 있는바,[144] 이에 따라 판례상으로는 불처분결정에 관하여도 일사부재리효가 인정되지 않음이 명백해졌다고 할 수 있다.

또한, 1965년 판결은 형사재판과의 관계에서 일사부재리효가 문제되었던 것인데, 동 판결은 소년법 46조의 해석에서 형사소추의 경우와 부심판의 경우를 구별하고 있지 않다. 위의 1991년 결정도 동일하다. 그러므로 그 문언만을 본다면, 판례는 심판불개시 및 불처분 모두 형사소추뿐만 아니라 가정재판소에 재송치·재심판하는 것도 가능하다는 입장을 취하고 있다고 생각된다.[145]

그러나 형사소추와는 달리, 재송치의 경우는 소년보호절차라는 동일한 절차 내에서의 처리가 문제되는 것이므로, 일반적인 재판과 마찬가지로 심판불개시결정 및 불처분결정에도 내용적 확정력(구속력)이 발생함을 인정한다면, 동일한 송치사실에 관하여는 그 전제가 되는 사정에 변화가 없는 이상, 이후의 절차에서도 심판불개시 혹은 불처분하여야 하는 것이 마땅하다.[146] 따라서 판례가 무조건적인 재심판을 인정하는 취지라면, 그 결론에는 의문이 남는다.

여하튼 판례상으로는 적어도 형사소추에 관한 한, 심판불개시결정 및 불처분결정 양자에 대하여 일사부재리효를 부정하는 것으로 굳어졌다고 할 수 있다. 그러나 1965년 판결에는 형사소추를 인정해서는 안 된다는 재판관 3인의 반대의견이 있고, 또한 학설도 그 이유는 다양하지만 판례의 결론에 반대하는 견해가 유력하다.[147]

---

144) 最決 平成3·3·29 刑集 45권 3호 158면(이하 '1991년 결정'이라 한다).

145) 浜井ほか 277면, 廣瀬健二, "少年保護手続における一事不再理の効力", 立教法学 49호, 1998, 190면.

146) 平場 284면, 佐藤道夫, "審判不開始決定と一事不再理", ひろば 18권 7호, 1965, 31면. 오사카가정재판소 결정(大阪家決 昭和46·2·15 家月 23권 10호 109면)은 상해보호사건에 관하여 가정재판소가 보호적 조치를 취한 다음 심판불개시결정을 한 뒤, 검찰관이 고소가 있었음을 이유로 동일사건을 재송치하였던 사안에 있어서, 심판불개시·불처분결정이라는 재판이 확정된 이상, 소년보호절차라는 동일한 절차 내에서는 그 확정력의 작용으로서 확정된 재판내용에 관한 재차의 절차를 금지하는 기판력을 가진다고 한 다음, 요보호성은 비행사실에 의해 특징지워지는 것이므로, 새로운 비행사실이 없는 이상 요보호성도 확정되었다고 보아야 할 것인바, 동일한 비행사실이 재송치되었던 본건에 있어서는, 그 사실을 심판하는 것은 기판력에 저촉되어 허용되지 않는다고 하여 심판불개시결정을 내렸다.

147) 団藤=森田 178, 220면, 平場 286면, 澤登 204면, 田宮裕, "少年審判の不開始決定と一事不再理の効力", 判タ 176호, 1965, 6면, 森田宗一, "家庭裁判所と一事不再理", ジュリ 326호, 1965, 39면, 平野竜一, "家庭裁判所の審判不開始決定と一事不再理", 警研 37권 10호, 1966, 122면, 荒木伸怡, "不処分決定と一事不再理の効力", 立教法学 42호, 1995,

(2) 일사부재리효의 존부

이 문제에 관하여는 심판불개시결정 또는 불처분결정이 비행사실의 부존재를 이유로 하는 경우와, 형사처분상당성 및 요보호성의 부존재를 이유로 하는 경우에서 문제의 상황이 다르기 때문에, 이를 구별하여 생각할 필요가 있다.

(a) 비행 없음을 이유로 하는 경우

이 경우에는 당해 사건에서의 형사소추의 당부에 관해 재판소가 명시적인 판단을 내리고 있는 것은 아니다. 비행사실이 인정되지 않는다는 판단에 형사소추에 관한 부정적인 평가가 포함된다 하더라도, 소년보호절차와 형사절차는 서로 다른 절차인 이상, 소년보호절차에서의 재판소의 판단이 이후 형사절차에서의 판단을 당연히 구속한다고 할 수는 없다. 따라서 이 경우에 일사부재리효가 인정되는지 여부는 형사재판과 소년심판이 서로 다른 절차라 하더라도 양자 사이에 일사부재리효를 인정할 수 있을 만큼의 동질성을 긍정할 수 있을지 여부에 달려있다.

(b) 형사처분상당성 및 요보호성 없음을 이유로 하는 경우

이 경우에는 전건송치주의에 따라 가정재판소에 소년의 처우에 관한 1차적인 판단권을 부여하고 있다는 사실과의 관계를 고려할 필요가 있다. 왜냐하면, 이 경우에 가정재판소는 소년의 개선갱생을 위하여 형사처분과 보호처분 모두 필요하지 않다고 판단한 것이므로, 성인이 되었다고 하여 검찰관이 동일사건을 기소할 수 있다고 한다면, 실질적으로는 검찰관이 가정재판소의 형사처분상당성 및 요보호성에 관한 판단을 무시하는 결과를 초래할 수 있기 때문이다.

물론 이에 대하여는, 전건송치주의 하에서 가정재판소의 선의권이 작동하는 것은, 소년인 동안만이고, 일단 성인이 되고나면 더 이상 타당하지 않다는 반론도 제기될 수 있다. 그러나 소년이 재차 범죄를 저지르지 않도록 하기 위해서 어떠한 처분을 하는 것이 바람직한가라는 가정재판소의 판단은 그 자가 소년인 동안만을 감안하여 내려지는 것이 아니다. 실제로, 1965년 판결의 다수의견도 이 점을 고려하고 있는데, 검찰관에 대하여 가정재판소가 소년사건에서 내린 요보호성의 존부에 관한 판단을 충분히 고려한 다음 적절·타당한 재량을 발

109면, 白取祐司, "少年審判と一事不再理効", 法時 67권 7호, 1995, 28면, 斉藤豊治, 少年法研究 I, 成文堂, 1997, 222면 등.

휘할 것이 기대된다고 하였다.

이에 더하여, 심판불개시결정이나 불처분결정에 일사부재리효를 인정하지 않음은 소년의 지위를 불안정하게 한다. 이 점을 소년법 46조의 해석에 있어 어떻게 고려할 것인지는 또 하나의 문제이다. 대상소년에게 안정감을 부여하여 그 갱생을 도모하는 것도 동조의 근거라고 해석한다면, 이 경우에도 일사부재리효를 인정해야 할 것이다.

(3) 2000년 개정에 의한 일사부재리효의 승인

이상의 점을 고려하면, 심판불개시결정 및 불처분결정에 일사부재리효를 인정하여야 한다는 견해도 상당히 설득력이 있다. 그 때문에, 현행법의 해석으로는 일사부재리효를 인정하지 않는 견해 중에도, 특히 불처분결정에 관하여는 입법론으로서 소년심판에서의 사실인정절차를 정비한 다음 일사부재리효를 인정하여야 한다는 견해가 적지 않았다.[148] 이에 2000년의 개정에 의하여, 일정한 요건 하에서 불처분결정에 일사부재리효를 인정하는 취지의 규정을 신설하게 되었다(少 46조 2항).

이에 의하면, 검찰관관여결정이 내려진 사건에 있어서, 심판에 부해야 하는 사유의 존재가 인정되지 않는 것 또는 보호처분에 부할 필요가 없는 것, 즉 비행사실 또는 요보호성의 부존재를 이유로 하는 불처분결정이 확정된 경우에 일사부재리효가 인정된다. 이와 같이 검찰관관여결정이 내려진 사건에 한정한 것은, 이 경우에는 변호사인 보조인도 반드시 참여하여야 하므로 양자가 관여하는 절차에서 비행사실의 인정이 이루어질 뿐만 아니라, 검찰관이 사실오인 등을 이유로 항고수리의 신청도 할 수 있기 때문에, 동일사건에 대하여 형사소추나 재송치를 인정할 필요가 없다는 이유에 따른 것이다.[149] 1965년 판결에서, 실체판단을 수반하는 심판불개시결정에 형사재판에서의 무죄판결과 같은 일사부재리효가 인정되지 않는 근거의 하나로, 형사소송에서의 사실인정절차와의 차이가 제시되었는데, 검찰관의 관여로 그 차이가 줄어들어 가정재판소의 사실인정절차에 일사부재리효를 인정할 수 있을 만큼의 실질이 보장되었다는 생각에 기

148) 浜井 356면, 廣瀨, 앞의 각주145) 200면, 古田浩, "不処分決定と一事不再理効", 少年法判例百選 145면.

149) 甲斐ほか 213면.

초하고 있다고 볼 수 있다.[150] 그리고 바로 그러한 이유에서, 반대로 검찰관이 관여하지 않은 사건에서의 불처분결정이나 검찰관이 아예 관여하지 않는 심판불개시결정의 경우에는, 개정 후에도 역시 일사부재리효가 인정되지 않는다는 점이 재확인되었다.

4. 촉법소년·우범소년에의 준용

(1) 준용의 가부

소년법 46조 1항의 문언상으로는, 범죄소년에게 보호처분이 내려진 경우에만 일사부재리효를 인정하도록 하고 있다. 그러나 1965년 판결이 설시하듯이, 동조에 따른 일사부재리효의 근거를 신체의 자유 등의 제약이란 의미에서의 보호처분과 형사처분의 유사성으로부터 구하는 것이라면, 촉법소년 및 우범소년에게 보호처분이 부과된 경우를 범죄소년의 경우와 구별할 이유는 없다.

다만, 동 판결은 상기의 점과 아울러, 대상이 되었던 범죄사실이 특정되어 있다는 점을 일사부재리효가 인정되는 또 하나의 근거로 들고 있다. 이 때문에, 범죄소년에 대한 보호처분결정에 있어서 '죄가 되는 사실'의 적시를 요구하고 있는 소년심판규칙 36조에 대응하는 규정이, 촉법소년이나 우범소년에 대한 보호처분결정에 존재하지 않는다는 점을 어떻게 바라볼 것인지가 문제될 수 있다.

이에 관하여는 촉법소년·우범소년에 대하여도 규칙 36조를 유추적용해야 한다는 견해가 유력하고,[151] 실무도 그에 부합하게 운용되고 있다.[152] 그렇다고 한다면, 이러한 관점에서도 소년법 46조 1항은 촉법소년, 우범소년에도 유추적용된다고 볼 수 있다.[153] 판례 중에도 우범소년에 대한 보호처분에 관하여 이를 인정한 것이 있다.[154]

---

150) 田宮＝廣瀬 452면.

151) 田宮＝廣瀬 314면, 平場 308면, 田口守一, "保護処分における事実摘示", 少年法判例百選 116면, 오사카고등재판소 결정(大阪高決 昭和50·10·7 家月 28권 6호 133면)은 우범소년에 대한 보호처분결정에 관하여 규칙 36조의 유추적용을 인정하고 있다.

152) 田宮＝廣瀬 314면.

153) 田宮＝廣瀬 452면, 団藤＝森田 392면, 平場 315면, 澤登 203면, 栃木力, "虞犯事件と少年法46条の類推適用", 家月 38권 2호, 1986, 178면.

154) 仙台家決 昭和59·7·11 家月 37권 4호 68면, 広島高決 平成10·2·17 家月 50권 7호 128면, 東京高決 平成11·9·9 家月 52권 2호 172면, 大阪家決 平成18·3·6 家月 58권 10호

(2) 우범사건에서의 일사부재리효의 범위

우범사건에서 일사부재리효가 어느 범위에서 인정될 것인가에 관하여는, ① 우범사건의 동일성이 어떠한 경우에 인정되는지, ② 우범사실과 범죄사실 간의 동일성이 인정되는 것은 어떠한 경우인지의 문제에 관하여 어떤 입장을 취하는가에 따라(본서 199면 이하 참조) 그 결론이 달라진다. 여기서는 ①에 관하여, 일정한 시점에서는 1개의 우범만이 성립하고 동일성의 기준시는 종국결정시라는 견해를, ②에 관하여, 우범사실과 범죄사실 간에 동일성이 인정되는 것은 범죄사실과 우범을 인정하는 중요한 요소인 사실이 서로 중복되고, 동시에 그 사실이 당해 우범의 우범성 전부를 징표하고 있거나 우범성을 인정하기 위한 상당히 중요한 요소로 되는 경우에 한정된다는 견해를 취한 다음, 우범사건에서의 일사부재리효의 범위에 관하여 검토하고자 한다.

우선, 우범사실 상호간에 있어서는, 문제되는 우범의 우범사유가 최초의 우범사실에 관한 심판의 종국결정 이전에 발생한 것인지 여부에 따라, 일사부재리효의 유무가 결정된다.[155]

다음으로, 범죄사실과의 관계에서는, 본래 이 경우의 일사부재리효의 범위를 우범사실 상호간과 마찬가지로 사건의 동일성을 기준으로 하여 획정할 것인지 여부에 관하여 견해가 대립한다. 이 경우에도 사건의 동일성을 기준으로 해야 한다는 견해에 의하면, 위와 같은 의미에서 우범사실과 범죄사실의 동일성의 기준이 충족됨을 전제로, 문제된 범죄사실이 최초 심판의 종국결정 이전에 저질러졌던 것인지 여부에 따라 일사부재리효가 미치는지가 결정되게 된다.[156]

이에 대하여, 우범사유나 우범성의 기초가 되는 구체적 사실에 관하여는, 비행사실로서 구체적으로 적시된 이상, 그것이 우범성 인정에서 중요한 역할을 하였는지 여부를 불문하고 일사부재리효를 인정하여야 한다는 견해도 유력하다.[157] 예를 들어, 재판소가 보호처분결정의 비행사실의 기재란에 수회의 신나

103면 등. 촉법소년에 관하여는, 직접적으로 이 점이 문제되었던 사안은 아니지만, 도쿄고등재판소 결정(東京高決 平成14・4・3 家月 54권 8호 54면)이 촉법소년에 대하여도 소년법 46조의 규정이 유추적용된다는 취지의 판시를 하고 있다.

155) 田宮＝廣瀬 453면, 浜井ほか 278면.

156) 田宮＝廣瀬 453면, 浜井ほか 278면, 廣瀬, 앞의 각주145) 198면.

157) 栃木, 앞의 각주153) 193면, 古田浩, "少年事件における一事不再理", 判タ家裁実務 375

흡입을 기재한 다음, 소년법 3조 1항 3호 라목 소정의 '자기 또는 타인의 덕성을 해하는 행위를 하는 성벽이 있다'고 인정한 경우, 개개의 신나 흡입행위를 그 후에 독물및극물단속법위반의 범죄사실로 입건하는 경우가 이에 해당한다. 이 견해에 의하면, 위와 같은 의미에서 사건의 동일성이 인정되지 않는 경우라 하더라도, 구체적 사실로서 동일하다면 일사부재리효를 긍정할 수 있다.

면, 山地修, "少年保護事件における一事不再理に関する諸問題", 家月 54권 7호, 2002, 34면. 앞의 각주154)에서 들었던 판례는 모두 이 견해에 입각하고 있는 것으로 생각된다.

제 6 장

상 소

제 1 절 상소제도의 개요

가정재판소의 종국결정에 대한 상소수단으로, 소년, 법정대리인 및 보조인은 보호처분의 결정에 대하여 ① 결정에 영향을 미친 법령의 위반, ② 중대한 사실의 오인, ③ 처분의 현저한 부당을 이유로, 고등재판소에 항고를 제기할 수 있다(少 32조). 나아가 고등재판소의 결정에 대하여는 ① 헌법위반, ② 헌법해석의 오류, ③ 최고재판소 또는 항소재판소인 고등재판소의 판례와 상반되는 판단을 하였음을 이유로, 최고재판소에 재항고할 수 있다(少 35조).[1)]

구 소년법에서는 이른바 국친사상에 기초하여, 보호처분 등을 소년의 복지, 교육을 위한 것으로 파악하고, 국가와 소년이 반드시 대립관계에 서는 것은 아니란 생각에서, 소년심판소의 결정에 대한 불복신청을 인정하지 않았다. 이에 비하여, 현행 소년법은 보호처분이라 하더라도 소년의 권리를 제약하는 점에서

1) 소년법에 형소법 411조의 직권파기에 대응하는 규정은 없으나, 판례는 법 35조에 규정된 재항고의 이유가 인정되지 않는 경우라 하더라도, 원결정에 32조 소정의 사유가 있고, 이를 취소하지 않는다면 현저히 정의에 반하는 때에는, 최고재판소가 직권에 의해 원결정을 취소할 수 있다고 보고 있다(最決 昭和58·9·5 刑集 37권 7호 901면, 最決 平成20·7·11 刑集 62권 7호 1927면).

불이익성을 가진다는 생각을 전제로, 적정절차를 보장함과 동시에 소년이나 보호자의 납득을 얻는다는 관점에서, 위와 같은 항고제도를 인정한 것으로 여겨지고 있다.[2)]

한편, 검찰관은 심판관여결정이 내려진 사건에 있어서, 불처분결정 또는 보호처분의 결정에 대하여 항고가 아닌 항고수리를 신청할 수 있을 뿐이다. 또한 검찰관의 심판관여를 인정한 취지를 반영하여, 그 이유도 '비행사실의 인정에 관하여, 결정에 영향을 미친 법령의 위반 또는 중대한 사실의 오인이 있음'에 한정되고, 처분의 부당을 이유로 신청할 수는 없다(少 32조의4). 나아가 항고가 수리되지 않은 것에 대한 불복신청이나 항고가 수리된 후의 항고심의 결정에 대한 재항고수리의 신청은 인정되지 않는다.

제2절 항 고

Ⅰ. 항고의 대상

조문상 보호처분결정만이 항고의 대상으로 되어 있으나(少 32조), 그 외의 어떠한 경우에 동 규정이 준용되는지가 문제된다.

1. 수용계속결정·재수용결정

수용계속결정(少院 138조·139조) 및 재수용결정(更生 72조)은 일정한 요건하에서 대상자의 신병구속의 계속 또는 재개를 인정하는 것으로, 새로운 보호처분결정으로서의 실질을 가지는 점이나, 조문상으로도 이를 위한 절차는 보호처분의 예에 의하도록 하고 있다는 점(少院 138조 5항·139조 3항, 갱생 72조 5항)에서, 이들 결정에 대한 항고가 인정된다는 점에 다툼이 없다.[3)]

2) 田宮＝廣瀬 373면, 団藤＝森田 311면, 平場 344면, 多田元, "少年事件の上訴", 講座少年保護 330면 이하.

3) 田宮＝廣瀬 376면, 団藤＝森田 468면, 平場 349면. 수용계속결정에 대해 항고를 인정한 판례로 広島高決 昭和38·10·16 家月 16권 2호 102면, 大阪高決 昭和48·11·16 家月 26권

2. 검찰관송치결정·아동복지기관송치결정

역송결정(少 20조)은 사건을 다른 기관에 이전시키는 중간적 처분으로, 이 결정 자체가 소년의 실체적 권리관계를 변동시키는 것이 아니라는 점이나, 역송 후의 형사절차에서 비행사실을 다투거나 형사처분상당성이 없음을 주장하여 소년법 55조에 따른 가정재판소에의 이송을 요구할 수 있다는 점에서, 항고는 인정되지 않는다고 여겨지고 있다.[4)]

이와 같이 중간적 처분이라는 점을 이유로 역송결정에 대한 항고를 인정하지 않는 견해에 의하면, 같은 성질을 가진 아동복지기관에의 송치결정(少 18조)에 대하여도 동일한 결론을 내릴 수 있다.[5)]

3. 심판불개시결정·불처분결정

문제는 비행사실을 인정한 후 요보호성이 없음을 이유로 내려진 심판불개시결정과 불처분결정에 대하여 항고가 인정되는지 여부이다.[6)] 이 중 불처분결정의 경우와 관련된 최고재판소의 결정(最決 昭和60·5·14 刑集 39권 4호 205면)

10호 97면 등이, 재수용결정에 대해 항고를 인정한 판례로 大阪高決 昭和33·7·7 家月 10권 7호 72면, 仙台高決 昭和56·7·20 家月 33권 11호 145면 등이 있다. 또한, 동일한 이유에서, 소년법 27조의2 1항에 따라 보호처분의 취소를 구하는 신청에 대하여, 보호처분을 취소하지 않는다는 취지의 결정을 한 때에도, 소년법 32조의 규정을 준용하여 이에 대한 항고가 인정되고 있다(最決 昭和58·9·5 刑集 37권 7호 901면).

4) 田宮＝廣瀨 376면, 平場 348면, 近藤和義, "少年保護事件における抗告", 家月 30권 4호, 1978, 6면, 秋武憲一, "検察官送致決定に対する抗告の可否", 少年法判例百選 161면. 항고가 인정되지 않는다는 판례로 東京高決 昭和45·8·4 家月 23권 5호 108면이 있으나, 이 문제에 관한 판단을 제시한 최고재판소 판례는 존재하지 않는다. 다만, 최고재판소는 역송결정에 대하여 특별항고(刑訴 433조)를 할 수 없다는 취지의 판시를 하고 있는데(最決 平成17·8·23 刑集 59권 6호 720면), 역송결정에 대한 불복신청이 인정되지 않는다는 그 취지는, 항고에도 그대로 타당한 것으로 여겨지고 있다(山口裕之, 最判解刑事篇平成17年度 324면).

5) 田宮＝廣瀨 376면, 平場 348면.

6) 심판불개시결정과 불처분결정은 그 이유의 기재를 생략할 수 있도록 되어 있지만(少審規 2조 5항), 실무상으로는 '보호적 조치', '별건보호중', '사안경미', '비행 없음', '소재불명 등', '기타' 중 어느 하나의 이유를 붙이는 형태를 취하고 있다(田宮＝廣瀨 202면, 280면). 나아가 실무에서는 소년이 부인하는 사건에서 비행사실을 인정한 다음 불처분하는 경우에는, 소년에 대하여 비행사실을 인정한 이유 및 불처분의 이유를 고지한 후에 그러한 점들을 설시한 결정서를 작성하고 있다(三村善幸, "不処分決定に対する抗告の可否", 少年法判例百選 158면).

이 있다.

이 사안은, 협박의 비행사실로 가정재판소의 심판에 부쳐진 소년이 비행사실을 다툰 것인데, 가정재판소는 증거조사를 실시하여 비행사실을 인정한 다음, 소년에게 훈계를 하고 불처분결정을 하였다. 이에 대하여, 소년이 중대한 사실오인을 이유로 소년법 32조에 따라 항고를 제기하였는데, 항고심은 불처분결정에 대한 항고는 허용되지 않으므로 본건 항고제기는 부적법하다고 하여 항고를 기각하였다. 이에 최고재판소에 재항고가 이루어지자, 최고재판소는 불처분결정에 대하여는, 비록 그것이 비행사실의 인정을 명시한 것이라 하더라도, 항고가 허용되지 않는다는 원심의 판단은 정당하다고 하여 재항고를 기각하였다.[7)]

전술한 것처럼, 소년법 32조에 의한 항고의 대상에는 형식적 의미에서의 보호처분결정뿐만 아니라, 수용계속결정이나 재수용결정도 포함된다고 해석되고 있다. 즉, 어떠한 결정 또는 처분이 항고의 대상이 되는지 여부는 보호처분결정과의 대비라는 관점에서 그 내용을 고려하여 실질적으로 판단된다. 따라서 여기서의 문제는 비행사실을 인정한 후의 불처분결정에 보호처분결정과 동일시할 만큼의 불이익성이 인정되는지 여부에 있다. 그와 같은 불이익으로서 상정할 수 있는 것은 ① 조사와 심판의 과정에서 이루어지는 보호적 조치와 ② 비행사실의 인정에 수반하여 발생하는 명예침해 등의 사실상 불이익이다.

이 중 전자에 관하여는, 소년법 32조가 보호처분결정이라고 명시하고 있는 이상, 권리의 제약이 그 정도에 이르지 않는 보호적 조치의 존재를 근거로 이를 준용하는 것은 문리해석상 곤란하다고 할 것이다. 또한 애당초 보호적 조치는 불처분결정이 내려진 시점에는 이미 종료된 상태이므로, 보호적 조치가 있었다는 사실이 불처분결정을 취소하는 근거가 될 수는 없을 것이다. 문제는 후자인데, 형사절차에서 형을 면제하는 판결(刑訴 334조)에 대해서도 항소를 제기할 수 있는 것[8)]과 마찬가지로, 비행사실을 인정한 후의 불처분결정이 초래하는 사실상의 불이익의 존재를 근거로 이에 대한 항고를 인정하여야 한다는 의견도 있다.[9)] 반면, 항고를 부정하는 견해는, 소년심판은 비공개인 관계로 형사재판과

7) 본 결정의 판시에 따른다면, 비행사실을 인정한 후에 내려지는 심판불개시결정에서도 동일한 결론이 도출될 것이다(安廣文夫, 最判解刑事篇昭和60年度 98면).

8) 大判 大正3·10·14 刑録 20輯 1853면.

9) 澤登俊雄, “少年法23条第2項の不処分決定に対する抗告の許否”, 判評 323호(判時 1170

달리 비행사실의 인정으로 인한 소년의 명예침해의 정도가 낮으므로, 형면제의 경우와 동일시할 수는 없다는 점을 지적하고 있다.[10)]

분명, 불처분결정에 의한 사실상의 불이익이 보호처분결정에 의한 불이익과 동일시할 수 있는 정도라고까지 말하기는 곤란할 것이다. 그러나 한편으로, 심판이 공개되지 않는다 하더라도 재판소에 의하여 비행사실이 인정된다는 사실 자체가 갖는 명예침해의 정도는 경시할 수 없다고 생각되며, 또한 비행사실의 인정에 대하여 불복할 수 없다는 것은 결정에 대한 소년의 납득이란 관점에서도 타당하지 않다. 그러므로 위와 같이 항고를 인정하는 현행법의 취지에 비추어, 입법론으로는 비행사실을 인정한 후에 내려진 불처분결정에 대하여는 항고를 인정하는 방향으로 법을 개정하여야 한다고 생각한다.[11)]

그리고 이러한 점은 비행사실을 인정한 후에 내려지는 심판불개시결정에 있어서도 마찬가지로 타당하므로, 이에 대한 항고도 인정하여야 할 것이다.[12)]

Ⅱ. 항고의 이유

소년법이 규정하는 항고이유는 (1) 결정에 영향을 미친 법령의 위반, (2) 중대한 사실의 오인, (3) 처분의 현저한 부당의 3가지이다.

1. 결정에 영향을 미친 법령의 위반

법령의 위반에는 심판 및 결정에 관한 절차법규의 위반과 비행사실에 관한

호), 1986, 71면.

10) 三村 앞의 각주6) 159면, 内園ほか 154면, 安井久治, “少年法23条2項の不処分決定に対する抗告の可否”, 家月 38권 5호, 1986, 123면.

11) 浜井ほか 341면, 大森政輔, “少年の権利保障強化のための手続改善について”, 家月 29권 9호, 1977, 39면, 豊田健, “少年事件の抗告をめぐる諸問題－抗告の手続·抗告の対象 · 要保護性の基礎事実の誤認と抗告理由”, 判タ家裁実務 391면.

12) 이에 대하여는, 비행사실의 존재를 다투는 사건에서는 심판개시의무를 규정하여 부인사건에서의 심판불개시결정을 금지한 후에, 불처분결정에 대하여만 항고권을 인정하자는 제안도 있다(浜井ほか 342면).

실체법규의 잘못된 적용이 포함된다.[13] 형사절차로 말하자면, 전자가 소송절차의 법령위반(刑訴 379조)에, 후자가 법령적용의 착오(刑訴 380조)에 대응한다.

'결정에 영향을 미친'이라 함은, 법령위반이 없었다면 원결정의 주문이 바뀌었을 것이라는 의미에서, 법령위반과 주문 사이에 인과관계가 있다는 것을 의미한다.[14] 바꾸어 말하면, 법령위반이 결정의 이유에 영향을 미치는 정도로는 부족하다는 것이 된다.

이에 대하여는, 적정절차의 보장을 근거로 '결정에 영향을 미친'이란, 주문에 영향이 있는 경우에 한정되지 않는다는 견해도 있다.[15] 그러나 주문에 영향이 없는 경우에까지 항고이유에 해당한다고 보게 되면, 형사절차와는 달리 소년보호사건에서는 항고재판소에 의한 자판이 인정되지 않기 때문에(少 33조 2항), 항고재판소가 법령위반을 이유로 원결정을 취소하더라도, 결국은 환송을 받은 가정재판소가 동일한 보호처분을 결정할 수밖에 없다. 법령위반을 시정하기 위한 것이라 하더라도, 그것에 의하여 절차의 지연이나 처우의 중단을 발생시키는 것은 소년의 개선갱생이란 관점에서 타당하지 않다고 본다.

이와 같이 법령위반과 주문 사이에 인과관계가 요구되므로, 형사절차에서의 절대적 항소이유(刑訴 377조 · 378조)에 해당하는 항고이유는 존재하지 않는다. 물론, 소년 · 보조인의 입회권에 대한 침해나 가정재판소의 직권증거조사의

13) 田宮＝廣瀨 377면, 平場 356면.

14) 田宮＝廣瀨 377면, 団藤＝森田 315면, 平場 355면, 近藤, 앞의 각주4) 23면.

15) 神作良二, "抗告申立書における抗告の趣意の明示", 判タ少年法 200면. 이러한 입장을 취한 최근의 판례로 후쿠오카고등재판소의 결정(福岡高決 平成18 · 3 · 22 家月 58권 9호 64면)이 있다. 이 사안은, 원심재판소가 우범 및 절도의 비행사실을 인정하여 소년을 초등소년원에 송치하는 결정을 하였으나, 그 중 절도에 관하여는 검찰관으로부터 송치된 것이 아니고, 또한 사법경찰원 작성의 송치서 기재의 우범사실 중에도 구체적 기재가 없었다는 것이다. 후쿠오카고등재판소는, 본건에서는 절도의 사실에 관하여 소년법 7조에 따라 새로운 입건절차가 취해지지 않았고, 또한 원심재판소가 심판에서 동 사실을 우범과는 독립된 별개의 비행사실로 취급한다는 취지를 소년에게 고지하고 변명을 듣지 않았을 뿐만 아니라, 원결정을 고지함에 있어서 송치사실인 우범으로부터 절도에 관한 부분을 분리하여 별개로 동 사실을 인정하였다는 것을 소년에게 고지하지도 않았던 점에서 보면, 이러한 원심에서의 일련의 절차에는, 소년사건에서의 적법절차보장의 취지에 비추어, 결정에 영향을 미친 법령의 위반이 있다고 하여 원결정을 취소하고 사건을 환송하였다. 환송심은, 심판기일에서 소년에게 상기 절도의 사실에 관하여, 우범사실의 일부로서가 아니라 그것과는 별개의 비행사실로서 독립하여 심판의 대상으로 한다는 점을 고지하고, 그 이외의 사실과 함께 소년의 변명을 청취한 후, 소년에 대하여 각 비행사실을 인정하였다는 취지를 고지하고 마찬가지로 초등소년원송치를 결정하였다(熊本家決 平成18 · 4 · 4 家月 58권 9호 69면).

무 위배 등 적정절차의 취지에 반하는 중대한 위법이 있었던 경우에는, 법령위반과 주문 간의 인과관계는 추상적·유형적인 것으로 족하다고 하는 견해[16]나, 결정에의 영향이란 결정의 내용뿐만 아니라 결정의 유효성에 대한 영향도 포함한다고 전제한 다음, 위와 같은 경우에는 결정 자체가 무효로 되므로, 그러한 의미에서 결정에의 영향이 인정된다고 하는 견해[17]도 있다. 이러한 견해에 의하면 일정한 법령위반을 절대적 항고이유로 하는 것과 실질적으로 동일한 귀결이 될 것이다.

2. 중대한 사실의 오인

여기서 말하는 '중대한'이란, 위 법령위반의 경우와 마찬가지로, 사실오인이 주문에 영향을 미치는 경우라고 해석되고 있다.[18] 따라서 예를 들어, 소년이 복수의 비행사실을 근거로 보호처분결정을 받았는데 그 일부에 사실오인이 있었던 경우에는, 그것 이외의 비행사실만으로 본래의 보호처분이 유지될 수 있는지 여부에 따라, 중대한 사실오인에 해당하는지가 결정되게 된다.

사실오인의 대상이 되는 '사실'의 범위에 관하여는, 비행사실뿐만 아니라 요보호성의 기초가 되는 사실도 포함하는지에 관하여 다툼이 있다. 이를 인정하는 견해도 있으나,[19] 그러한 오인은 사실오인에 해당하지 않고, 처분의 현저한

16) 浜井ほか 250면.

17) 田宮＝廣瀬 379면, 小林充, "少年保護事件の抗告理由と決定への影響", 田宮追悼(上) 549면. 후쿠오카고등재판소 결정(福岡高決 平成17·3·10 家月 57권 9호 62면)은, 상해보호사건에서 가정재판소가 심판기일에 소년에 대하여 진술을 강요당하지 않는다는 취지의 설명을 하지 않고 또한 소년이 범죄사실을 부인하고 있음에도 불구하고 인정한 범죄사실을 고지하지 않고 항고권의 고지도 하지 않은 채로 소년을 보호관찰에 부하였다는 사안에 관하여, 원심의 심판절차는 소년심판규칙의 규정이나 취지에 반하는 것으로서, 그 위법은 각각을 개별적으로 검토한다면 결정에 영향을 미칠 정도의 것은 아니지만, 원심의 사실조사의 방법에 문제가 있다는 점 및 원심의 절차가 심판의 공정을 현저히 훼손하는 것이라는 점에서, 각 법령위반을 합쳐서 본다면, 소년사건에서의 적정절차보장의 취지에 비추어, 위법의 정도가 결정의 유효성에 영향을 미치는 것이라 하여, 원결정을 취소하였다.

18) 平場 358면, 内園ほか 158면, 浜井ほか 247면, 近藤, 앞의 각주4) 64면. 이에 대하여, 소년심판에 있어서 비행사실인정의 중요성을 근거로, 이유 중의 비행사실의 인정에 관하여 그 구성요건적 평가에 중대한 잘못이 있는 경우에는, 주문에 영향이 없는 때에도 중대한 사실오인을 인정하는 견해도 있다(小林, 앞의 각주17) 565면, 植村 293면).

19) 近藤, 앞의 각주4) 64면, 若穂井透, "要保護性の基礎事実と「事実の誤認」", 少年法判例百選

부당을 판단하는 요소 중 하나로 고려하면 족하다는 견해가 다수를 차지하고 있다.[20] 요보호성의 기초가 되는 사실은 그 자체가 심판의 대상이 아니라 요보호성의 판단요소에 그친다는 점, 중대한 사실오인과 함께 요보호성의 판단을 문제 삼는 '처분의 현저한 부당'이 항고이유로 규정되어 있는 점에 비추어, 이 견해가 타당하다고 생각한다.

3. 처분의 현저한 부당

소년에 대한 보호처분은 요보호성에 대응하여 결정된다. 소년의 개선교육에 있어서 무엇이 가장 적합한 처분인지에 관한 판단은 장래예측을 포함하는 것으로서, 여기에는 가정재판소의 재량적 판단이 개입하지 않을 수 없다. 처분의 현저한 부당이란 이러한 점을 전제로, 가정재판소의 판단이 합리적인 재량의 범위를 현저히 일탈한 것을 의미한다.[21] 처분의 단순한 부당이 아닌 현저한 부당이 요구되는 것은 가정재판소의 전문적 판단을 존중한다는 취지에 따른 것이다.

처분의 현저한 부당이 발생하는 원인으로는, 요보호성의 인정 자체의 잘못과 인정된 요보호성에 대응하는 보호처분의 선택의 잘못이 있을 수 있다. 그리고 처분의 현저한 부당에 해당하는 유형으로서는, ① 보호처분의 필요가 없음에도 보호처분을 부과한 경우, ② 보호처분의 종류를 잘못 선택한 경우, ③ 소년원송치결정에서 소년원의 종류를 잘못 선택한 경우가 있다.[22] 어느 것이나 주문에 기재된 처분의 내용이 바뀌는 경우이다.

그 외에, 소년원송치를 결정하면서 가정재판소가 단기처우의 권고를 하지 않은 것이 '처분의 현저한 부당'에 해당할 것인지에 관하여 다툼이 있다. 장기처우인지 단기처우인지는 실제의 처우에 있어서 소년원의 종류만큼 중요하다는 점, 실무상 처우권고가 내려지면 교정기관이 그 권고에 그대로 따른다는 점에

167면, 広島高決 昭和59・12・27 家月 37권 8호 102면.

20) 田宮＝廣瀨 382면, 団藤＝森田 318면, 平場 358면, 豊田, 앞의 각주11) 393면, 小林, 앞의 각주17) 561면, 永山忠彦, "要保護性の基礎事実の誤認", 判タ少年法 201면 등. 東京高決 昭和57・5・18 家月 34권 10호 105면, 大阪高決 平成6・3・18 家月 46권 5호 81면.

21) 田宮＝廣瀨 382면.

22) 田宮＝廣瀨 382면, 平場 358면.

서, 이를 소년원의 종류지정에 준하는 것으로 보아 항고를 인정하는 견해도 있다.[23] 그러나 단기처우는 운용상의 처우과정에 불과하다는 점, 교정기관이 처우권고에 따른다 하더라도 그것은 사실상의 문제에 불과하고 교정기관이 분류권한을 가지고 있다는 점을 이유로, 단기처우의 권고를 하지 않더라도 처분의 현저한 부당에는 해당되지 않는다는 견해가 다수를 차지하고 있다.[24] 다만, 실무상으로는 후자의 견해를 취하면서도, 단기처우의 권고가 없음을 이유로 제기된 항고에 대하여는, 소년원송치 자체에 대한 불복신청으로 해석하여 이를 적법하게 취급한 다음, 심리의 결과 단기처우가 상당하다는 판단에 도달한 경우에는 항고를 기각한 후, 그 이유 중에서 단기처우가 상당하다는 취지의 판단을 제시하는 사례가 많다고 한다.[25]

Ⅲ. 항고의 이익

항고는 보호처분이 소년의 권리를 제약하는 불이익성을 가진다는 점을 근거로, 그것에 대한 불복신청의 수단으로서 인정되는 것이다. 따라서 소년이 자기에게 불이익한 처분을 구하는 항고를 인정하는 것은 그 취지에 반한다. 그러한 의미에서는 소년보호사건의 항고에 관하여도 형사사건에서의 상소의 이익과 동일한 의미에서 항고의 이익이 관념될 수 있다.

물론, 보호처분은 형벌과 달리, 제재로서의 측면뿐만 아니라 소년의 이익을 도모한다는 측면도 가지고 있다. 그러한 까닭으로 소년이나 그 외의 항고권자가, 가정재판소가 결정한 보호처분보다 소년의 개선교육에 적합하다는 주장하에 권리제약의 정도가 더욱 강한 보호처분을 구하면서 처분의 현저한 부당을 이유로 항고하는 경우에는, 항고의 이익이 인정되므로 결국 그러한 항고는 허용될 수 있을 것이다. 그것은 보호처분 상호간에는 법률상 이익·불이익이란 관계

---

23) 多田, 앞의 각주2) 342면, 飯田喜信, "短期処遇勧告と抗告", 家月 36권 6호, 1984, 11면, 条解 228면.

24) 平場 359면, 近藤, 앞의 각주4) 69면, 波床昌則, "少年事件の抗告をめぐる諸問題－少年院の短期処遇をめぐる抗告問題", 判タ家裁実務 394면, 荒井史男, "家庭裁判所の短期処遇の勧告と抗告理由", 判タ少年法 266면, 東京高決 平成6·8·10 家月 46권 12호 79면.

25) 田宮＝廣瀬 383면, 波床, 앞의 각주24) 396면.

가 성립되지 않기 때문[26]이 아니라, 이익인지 불이익인지가 권리제약의 정도만으로 결정되는 것이 아니기 때문이다.

그렇다면 이와 달리, 보호처분결정을 고지받은 소년이 역송결정을 구하면서 처분의 현저한 부당을 이유로 항고할 수 있을 것인가? 보호처분은 요보호성에 대응하여 결정되기 때문에 가벼운 비행사실로도 중한 보호처분이 부과될 가능성이 있는 반면, 형벌의 경우 죄형균형의 원칙이 작동한다. 그러므로 역송되어 형벌을 받는 편이 보호처분을 받는 것보다도 실질적으로는 가벼운 처분으로 끝날 가능성이 있다는 점에서, 실무상으로는 소년 측이 이와 같은 항고를 제기하는 일이 결코 드물지 않다고 한다.

이 문제에 관하여는, 형사처분은 보호처분보다 유형적으로 불이익한 것이므로 그와 같은 항고는 항고의 이익을 결하여 인정할 수 없다는 견해가 다수를 차지하고 있고,[27] 이와 동일한 판단을 보인 판례도 있다.[28] 그러나 이에 대하여는, 현실적인 불이익을 생각한다면 형사처분이 보호처분보다 일률적으로 그 정도가 높다고 할 수는 없으므로, 당연히 항고의 이익이 없다고 단정할 수는 없다는 견해도 있다.[29] 판례에도 역송결정을 구하는 항고를 일단 적법한 것으로 취급한 다음, 실질적 판단을 하여 항고를 기각하고 있는 것이 많이 발견될 뿐만 아니라,[30] 실무상은 오히려 이러한 취급을 하는 것이 다수라는 지적도 있다.[31]

이와 같이 종래까지는 이 문제가 항고의 이익과의 관계에서 문제되어 온 경위가 있었기 때문에, 보호처분과 형사처분의 불이익성을 어떻게 비교해야 할 것인가라는 관점에서 논의가 이루어져 왔다. 그러나 이 문제의 본질은 그 점이

26) 近藤, 앞의 각주4) 71면, 篠清, "少年保護事件と上訴の利益", 判タ少年法 208면. 소년심판제도의 목적이 소년의 요보호성에 맞는 교육적 조치를 합목적적으로 취하는 것에 있다는 점을 근거로, 권리제약이 보다 큰 보호처분을 구하여 항고하는 것도 허용된다는 견해(平場 361면)도 같은 취지의 것으로 생각된다. 이러한 견해에 의하면, 보호처분 사이에는 애당초 항고의 이익의 존재 자체가 관념되지 않게 될 것이다.

27) 団藤=森田 320면, 平場 361면, 近藤, 앞의 각주4) 71면, 神作, 앞의 각주15) 200면.

28) 広島高決 昭和55・10・20 家月 33권 6호 60면.

29) 篠, 앞의 각주26) 208면, 森野嘉郎, "保護処分決定に対して検察官送致を求める抗告の適否", 少年法判例百選 165면.

30) 高松高決 昭和58・12・16 家月 36권 5호 119면, 大阪高決 昭和59・8・3 家月 37권 2호 166면, 東京高決 平成9・5・8 家月 49권 10호 105면, 広島高決 平成9・9・18 家月 50권 5호 87면, 東京高決 平成17・2・14 家月 57권 10호 104면 등.

31) 田宮=廣瀬 384면, 北村和, "抗告, 一事不再理効, 保護処分の取消し", 重判50選 235면.

아니라 보호처분과 형사처분의 관계를 어떻게 볼 것인가 하는 점에 있다. 다시 말해, 소년의 개선교육에 있어서 보호처분은 형사처분보다 유효하므로 가정재판소는 우선적으로 보호처분의 선택을 고려하여야 하고, 형사처분은 보호처분으로는 소년의 개선갱생이 불가능한 경우(保護不能)이거나 소년의 개선갱생과는 이질적 근거에 의한 경우(保護不適)에 한하여 선택되는 것이라고 한다면, 보호처분의 고지를 받은 소년이 형사처분을 구하여 항고한다는 것은, 보호처분이라는 특별한 처분을 규정한 소년법의 취지에 반하므로 인정되지 않는다고 해야 한다. 형사처분이 보호처분보다 유형적으로 불이익한 것이므로 항고가 인정되지 않는다는 견해는, 이러한 취지에서 나온 것이라고 이해하여야 할 것이다.

이에 비하여, 소년의 개선갱생의 측면에서의 유효성이란 관점에서도 형사처분의 선택을 인정하는 견해라면, 그러한 한도에서 형사처분과 보호처분의 목적은 동일한 것이 되므로, 각 처분의 불이익성을 구체적으로 비교하는 것이 가능해진다. 그리고 이러한 입장이라면, 소년이 그 요보호성에 맞는 처분으로 형사처분이 보호처분보다 적합하다고 주장하는 경우로서, 동시에 형사처분이 보호처분보다 현실적으로 덜 불이익한 경우에 한하여 항고가 허용될 수 있을 것이다.

Ⅳ. 항고심에서의 심리

1. 심리의 범위와 방법

(1) 조사의 범위

항고심에서의 조사범위는 원칙적으로 항고이유서에 포함되어 있는 사항으로 한정되는데(少 32조의2 1항), 항고재판소는 그 이외의 사항에 관하여도 항고이유에 해당하는 한, 직권으로 조사할 수 있다(同 2항). 그 다음으로, 항고재판소가 어느 시점을 기준으로, 어떠한 자료에 기초하여 원결정을 심사할 것인가에 관하여는, 항고심이 사후심이란 점을 전제로, (a) 원심에서 조사한 자료만을 판단의 기준으로 삼아야 한다는 견해,[32] (b) 원재판시에 객관적으로 존재하였던 자료라면 원심에서 조사하지 않았더라도 판단대상으로 할 수 있다는 견해,[33]

---

32) 田宮＝廣瀨 327면.

33) 伊藤政吉, "少年保護事件の抗告", 家月 10권 3호, 1958, 5면.

(c) 원재판 후의 사정까지도 고려할 수 있다는 견해[34]로 나뉘고 있다. 그 중에서 (c)는 조문상으로 사실조사의 범위가 한정되어 있지 않다는 점, 소년의 요보호성이 변하기 쉬워 항고심 재판시점의 요보호성에 대응하여 판단하는 것이 보호처분의 본질에 합치한다는 점 등을 근거로 하고 있다. 현재의 실무에서는 이 견해를 채용하고 있는바, 항고심이 비행사실의 인정과 요보호성의 판단의 양면에 있어서 원재판 후의 사정까지도 고려하여 원결정을 유지할 것인지 여부를 판단하고 있다.[35]

(2) 사실의 조사

원결정의 심사에 있어서, 항고재판소는 원재판소로부터 송부된 일건기록 및 증거물을 조사할 뿐만 아니라, 필요한 때에는 스스로 사실을 조사할 수 있다(少 32조의3 1항). 사실조사의 범위나 방법에 관하여 법률상 특별한 규정이 없으므로 이는 기본적으로 항고재판소의 재량에 맡겨져 있다 할 것인데, 그 재량에 어떠한 한계가 있는지가 문제된다. 이 점에 관한 판단을 제시한 판례로 최고재판소 결정(最決 平成17·3·30 刑集 59권 2호 79면)이 있다.

이는 소년 A가 9명의 소년과 공모하여 소녀에 대한 강간미수의 비행사실을 저질렀다는 이유로 가정재판소에 송치된 사안이다. A가 비행사실을 다투었기에, 가정재판소(원원심)는 검찰관을 출석시켜 심리한 후, 피해자의 진술 및 A의 자백의 신용성에 의심이 있다 하여 A를 불처분결정하였다. 이에 대하여, 검찰관은 중대한 사실오인을 이유로 항고수리를 신청하였고 그것이 수리되었다. 항고재판소(원심)는, 가정재판소로부터 송부된 일건기록을 검토하는 한, 피해자 진술 등의 신용성을 부정한 동 재판소의 판단은 수긍할 수 없으나, 다만 이를 최종적으로 신용할 수 있으려면 공범들의 알리바이진술 등의 신용성에 관하여 더욱 심리를 다할 필요가 있다면서, 항고재판소 스스로 그 점에 관한 사실조사를 실시한 다음, 피해자진술 등의 신용성을 부정한 가정재판소의 증거평가에는 잘못이 있고, 그 잘못된 증거평가를 전제로 A의 비행사실을 부정한 원원심의 결정에는 중대한 사실의 오인이 있다고 하여, 원원심의 결정을 취소하고 사건을

34) 平場 363면, 浜井ほか 252면, 近藤, 앞의 각주4) 76면.

35) 田宮＝廣瀬 389면. 다만, 연령의 기준시는 원재판시로서, 소년이 원결정 후에 20세가 되었다 하여, 원결정이 소급하여 법령위반이 되는 것이 아니다(最決 昭和32·6·12 刑集 11권 6호 1657면).

가정재판소에 환송하는 결정을 하였다.

이에 대하여, A의 보조인이 재항고하면서, 원원심이 검토하지 않은 점까지 파고 들어간 원심의 사실조사나 판단방법은, 사후심인 항고재판소로서의 합리적인 재량의 범위를 일탈한 것이라고 주장하였다.

최고재판소는, 우선 소년보호사건에서의 비행사실의 인정에 관한 증거조사의 범위, 한도, 방법의 결정은 가정재판소의 완전한 자유재량에 속하는 것이 아니라 그 합리적인 재량에 맡겨져 있는 것이란 판례(最決 昭和58 · 10 · 26 刑集 37권 8호 1260면)를 인용한 후에, 항고재판소에 의한 사실조사도 소년보호사건의 항고심으로서의 성격을 감안하여 합리적인 재량에 의해 이루어져야 한다고 하였다. 그러한 다음, 본건에 있어서는 원원심이 조사한 증거를 전제로 하는 한, 피해자진술 등의 신용성에 관한 원원심의 소극적 평가는 수긍할 수 없지만, 알리바이진술 등에 관한 신용성의 검토를 하지 않는 이상, 피해자진술 등에 관하여 최종적인 신용성을 판단할 수 없었다는 것이므로, 원심이 알리바이진술 등의 신용성에 관하여 필요한 사실조사를 하여 이를 검토한 다음, 원원심의 결정을 취소하고 사건을 환송한 것은 합리적인 재량의 범위 내의 것으로서 시인할 수 있다고 판시하였다.

항고심의 심리에 관하여는 그 성질에 반하지 않는 한, 가정재판소의 심판에 관한 규정이 준용된다(少 32조의6). 따라서 항고심에서의 사실조사도 가정재판소의 심판에서의 증거조사에 준하게 되므로, 본 결정이 설시하듯이 최고재판소 昭和58(1983)년 결정의 취지에 비추어 보면, 항고심에서의 사실조사도 합리적인 재량에 의하여 실시되어야 한다는 것이 된다.[36]

본 결정은, 여기서 한 걸음 더 나아가, 그 합리적인 재량이 소년보호사건의 항고심으로서의 성질을 감안하여 행사되어야 한다고 판시하고 있다. 이는 소년보호사건의 보호 · 교육주의 이념에 기초한 신속심리의 요청이나 합목적성을 고려한 직권주의적 성질 등 소년보호사건에 특유한 사정이 항고심에도 미친다는 것을 표현한 것으로 여겨지고 있다.[37] 그러한 이유에서 항고심에서 비행사실이 다투어지는 경우, 당사자주의의 이념에서 도출되는 심리상의 제약은 존재하지

36) 田宮＝廣瀨 392면.

37) 藤井敏明, 最判解刑事篇平成17年度 83면.

않는다는 전제 하에서, 위와 같은 의미에서의 신속처리의 요청과 적정한 사실인정을 위한 신중한 심리의 요청 사이에서 조화를 도모하는 것이 요구된다 할 것이다.

본건에서는, 가정재판소가 조사한 증거에 의하는 한, 피해자진술 등의 신용성에 관한 판단은 수긍할 수 없으나, 가정재판소가 아직 조사하지 않은 증거를 조사한다면 그 결론을 수긍할 가능성이 있었다는 것이므로, 적정한 사실인정이란 관점에서 그것을 조사할 필요성이 인정된다. 한편, 신속심리의 요청이라는 관점에서 보면, 본건은 가정재판소의 심리미진이 인정되는 사안이므로, 항고심이 사실조사를 하지 않고 그 즉시 심리미진을 이유로 원결정을 파기하고 가정재판소에 사건을 환송하는 방법도 생각할 수 있다. 그러나 가령 항고심이 사실조사를 한 후에 가정재판소의 판단을 수긍할 수 있게 되었다면 그것으로 사건은 종결되는 것이고, 반대로 그것을 수긍할 수 없다 하여 중대한 사실오인을 이유로 원결정을 파기하고 환송한 경우에도, 환송을 받은 가정재판소는 항고심의 판단을 사실상 존중해야 하는 것이므로, 항고심이 판단을 제시하는 편이 더욱 신속한 심리를 기대할 수 있다고 생각된다.[38] 따라서 어느 쪽의 요청에 비추어 보더라도, 본건의 항고심에 의한 사실의 조사는 합리적인 것이었다고 평가할 수 있다.[39]

(3) 검찰관의 관여와 보조인의 선정

전술한 대로, 항고심에서의 심리에 관하여는 그 성질에 반하지 않는 한, 가정재판소의 심판에 관한 규정이 준용되므로, 항고심에서도 가정재판소에서의 심판의 경우와 동일한 요건 하에서 검찰관의 관여가 인정되고(少 22조의2), 그 경우에는 필요적으로 보조인이 선정된다(少 22조의3).

38) 藤井, 앞의 각주37) 85면.

39) 동일한 요청은 환송을 받은 환송심의 심리에서도 타당하다. 최고재판소 결정(最決 平成20·7·11 刑集 62권 7호 1927면)은, 강도치상의 비행사실을 인정하여 소년을 중등소년원에 송치한 가정재판소의 결정이, 항고심에서 사실오인을 이유로 취소, 환송된 사건에 있어서, 이를 받은 환송심인 가정재판소가 검찰관이 신청한 증거를 조사하지 않았던 조치에 관하여, ① 상기 항고심의 결정이 환송심에 추가적인 증거조사를 요구하였던 것은 아니고, ② 상기 증거를 조사함으로써 동 결정의 결론이 바뀔 개연성도 인정되지 않는다는 점에 더하여, ③ 본건의 진행경과나 조기의 신속한 처리가 요청되는 소년보호사건의 특질까지도 고려하면, 합리적인 재량의 범위 내의 것이라고 판시하고 있다.

보조인의 선정에 관하여는, 항고심에 있어서 가정재판소에서의 절차의 경우보다 두터운 보장이 이루어진다. 우선, 항고재판소는 소년법 22조의3 2항에 규정된 사건에 있어서, 가정재판소에서 관호조치가 취해졌던 때에는 항고심의 단계에서 신병구속이 없다고 하더라도, 직권으로 국선보조인을 선정할 수 있다(少 32조의5 2항). 또한 검찰관이 항고수리신청을 하여 수리결정이 이루어진 경우에는, 항고심의 심리에 검찰관이 관여하지 않는 경우라 하더라도 필요적으로 보조인을 선정하여야 한다(同 1항).

2. 항고심의 판단

항고재판소는 항고의 절차가 그 규정에 반하여 부적법한 때 또는 항고이유가 인정되지 않는 때는 항고를 기각하고(少 33조 1항), 항고에 이유가 있는 때는 원결정을 취소하고 사건을 가정재판소에 환송 또는 다른 가정재판소로 이송하여야 한다(同 2항). 이와 같이 소년법은 항고재판소가 원결정을 취소한 경우에 사건의 자판을 인정하지 않는다. 이는 소년에 대하여 최종적으로 어떠한 처분을 할 것인가는 고등재판소가 아닌 가정재판소가 그 전문적 판단에 기초하여 결정하여야 한다는 생각에 따른 것이다.[40]

분명, 처분부당이나 비행사실의 일부오인을 이유로 원결정이 취소된 경우에는 이러한 생각이 그대로 타당하다. 또한 비행사실의 전부가 인정되지 않는다는 이유로 원결정이 취소된 경우에도, 예를 들어, 범죄는 성립하지 않지만 그것과 동일성이 있는 사실에 관하여 우범이 성립하는 경우도 있으므로, 사건을 환송한 후에 가정재판소로 하여금 다시 심리하게 할 필요성이 인정되는 사례도 있을 것이다.[41] 그러나 그런 가능성이 없는 사안에 대해서까지 일률적으로 사건을 가정재판소에 환송할 필요는 없고, 그것은 소년을 조기에 절차로부터 해방한다는 관점에서도 바람직하지 않다. 따라서 입법론으로는 항고재판소에 의한 자판을 인정하여야 한다고 생각한다.[42]

40) 平場 365면.

41) 田宮＝廣瀬 403면.

42) 田宮＝廣瀬 403면, 平場 365면, 豊田, 앞의 각주11) 384면.

제 3 절 불이익변경금지의 원칙

Ⅰ. 문제의 소재

형사절차에서는 피고인이 상소하거나 피고인을 위하여 상소가 이루어진 사건에 관하여, 원판결의 형보다 중한 형을 선고할 수 없다(刑訴 402조 · 414조). 중형선고를 금지함으로써 피고인이 상소권의 행사를 주저하는 일이 없도록 하여 상소권행사를 실질적으로 보장하려는 정책적인 근거에 기초한 것이다.[43] 통상 불이익변경금지의 원칙이라 불린다. 그러한 취지에서, 이 원칙은 상소심 재판소가 자판하는 경우뿐만 아니라 환송이나 이송 후의 재판소의 판단에도 적용된다.[44] 그러나 소년법에는 이것에 대응하는 명문규정이 존재하지 않는다. 그 때문에, 소년보호절차에서도 이 원칙이 적용되는지 여부가 이른바 쵸후(調布)역전사건에서 문제되어, 최고재판소의 판단이 내려지게 되었다.

이는 7명의 소년(A~G)이 쵸후역전에서 피해자 5명을 공동으로 폭행하고 그 중 1명에게 상해를 입혔다고 하여, 폭력행위등처벌법위반 및 상해의 비행사실로 심판에 부해진 사안이다. 사건관여가 의심되는 7명 중, A는 비행사실을 인정하여 보호관찰에 처해졌으나, 나머지 6명은 이를 부인하였다. 가정재판소는 그 6명 중 G에 대하여 비행 없음의 불처분을 하고, 다른 5명(B~F)에 대하여는 비행사실을 인정하여 중등소년원에 송치하는 결정을 하였다. 소년원송치결정을 받은 5명이 항고하자, 도쿄고등재판소는 원결정에는 중대한 사실오인이 있다고 하여 이를 취소하고 사건을 가정재판소에 환송하였다.

환송을 받은 가정재판소는 5명 중에서 F에 대하여는 환송 시점에 성년에 도달하였기 때문에 연령초과로 검찰관에게 송치하고, C에 대하여는 성년 도달 시기가 임박하고 새로운 증거자료가 송부될 전망이 없다 하여 불처분하였다. 그리고 나머지 3명(B, D, E)에 대하여는 수사기관에 보충수사를 의뢰함과 동시에 새로운 증거조사를 실시한 다음, 위 비행사실이 인정된다고 보고 이번에는 역송결정을 하였다.

43) 田宮 469면, 松尾(下) 240면.

44) 最大判 昭和27 · 12 · 24 刑集 6권 11호 1363면.

그 후 검찰관은 역송된 B, D, E와 연령초과로 인해 검찰관송치되었던 F뿐만 아니라, 가정재판소가 불처분한 C에 대하여도 위 비행사실로 기소하였다. B, C, D는 기소시점에서 이미 성인이 되어 있었기에, 본건은 기소시점에서 아직 소년이었던 E에 관한 사건이다.

본건에 있어서, E는 항고하지 않았다면 보호처분(소년원송치)으로 끝났을 것인데, 항고한 탓에 결과적으로 환송 후의 가정재판소의 심판에서 역송결정을 받아, 형사처분을 받을 위험에 처해지게 되었다. 이러한 가정재판소의 역송결정이 당초의 소년원송치결정과의 관계에서 불이익변경금지의 원칙에 반하는 것이 아닌지가 본건의 쟁점이다. 또한 그 전제로서, 애당초 소년법에 명문규정이 없는 불이익변경금지의 원칙이 소년보호절차에 있어서도 적용되는 것인지가 문제되었다.

제1심인 도쿄지방재판소 하치오지지부는, 소년법상 명문규정은 없지만 불이익변경금지의 원칙은 그 취지로 보아 소년보호사건에도 적용된다고 한 다음, 검찰관송치(역송)는 보호처분과 비교하면 불이익한 처분이라고 할 수 있으므로, 본건의 검찰관송치결정은 불이익변경금지의 원칙에 반하는 위법, 무효의 것이고, 역송결정에 따라 기소가 강제되어 이루어진 본건 기소도 위법, 무효라고 하여, 형소법 338조 4호에 따라 공소를 기각하였다.[45)]

이에 대하여, 검찰관의 항소를 제기받은 도쿄고등재판소는, 소년보호절차에서도 불이익변경금지의 원칙이 적용된다는 점에서는 제1심과 동일한 입장을 취하면서도, 검찰관송치결정은 사건을 가정재판소로부터 검찰관에게 송치하는 절차상의 중간적 처분으로서, 그것 자체로 인해 소년의 실체적 처우에 변동을 가져오는 것이 아니고, 소년에 대한 신체적 자유의 제약 등 권리침해가 이루어지는 것도 아니므로, 검찰관송치를 중등소년원송치와 비교하여 불이익한지 여부를 논하는 것은 상당하지 않다고 하였고, 그러한 이상, 본건의 검찰관송치결정은 적법하고 이를 받아 이루어진 공소제기도 유효하다고 하여 원판결을 파기하였다.[46)]

이에 피고인이 상고하자, 최고재판소는, 고등재판소판결을 파기하고 결론

---

45) 東京地八王子支判 平成7·6·20 判時 1536호 27면.

46) 東京高判 平成8·7·5 高刑集 49권 2호 344면.

적으로는 제1심판결을 지지하는 판단을 내렸다.[47] 동 판결은, ① 소년법은 소년에 대한 처우로서 보호처분을 원칙으로 하면서, 형벌에 의해 책임을 추궁하는 것은 보호처분 등의 교육적 수단에 의하는 것이 부적당한 경우로 한정하고 있는데, 그러한 의미에서 형사처분을 보호처분보다도 일반적, 유형적으로 불이익한 것으로 보고 있고, ② 소년 측에게만 항고권을 인정하는 점으로 미루어 소년법상의 항고는 전적으로 소년의 권리보호를 목적으로 하는 것이라는 2가지 전제에 선 다음, 그러한 이상은 소년 측의 항고에 의하여 항고심에서 원보호처분결정이 취소된 경우에는, 환송을 받은 가정재판소는 보호처분 기타 소년법의 범주 내에 있는 처분을 하여야 하고, 그것보다 불이익한 형사처분이 상당하다 하여 역송결정을 하는 것은 허용되지 않는다는 결론을 도출하였다.

Ⅱ. 소년보호절차와 불이익변경금지의 원칙

소년보호절차에도 불이익변경금지의 원칙이 적용된다는 입장을 취하는 경우, 본건에서 문제해결의 열쇠가 되는 것은, 보호처분과 형사처분의 불이익성을 비교하는 방법이다. 양자를 일반적, 유형적으로 비교한다면, 형사처분이 보호처분보다도 불이익한 처분이라는 점은 분명하다. 그리고 여기서는, 소년에게 항고권의 행사를 주저하게 하는 것과 같은 불이익성이 문제되므로, 그러한 형사처분을 과할 가능성을 여는 역송결정 역시, 비록 그것이 중간적 처분이라 하더라도 그것 자체로서 보호처분보다 불이익하다고 할 수 있을 것이다. 이에 대하여, 항고심판결과 같이 불이익성을 구체적, 실질적으로 비교하여야 한다는 입장을 취하는 경우에는, 예를 들어, 벌금과 소년원송치와 같이, 형사처분보다 보호처분이 실제로 더 불이익한 경우도 있을 수 있으므로, 구체적인 형사처분이 선고되지 않는 한, 그것이 당초의 보호처분과 비교하여 불이익한지 여부를 판단할 수 없다. 따라서 가정재판소가 결정한 보호처분과 비교되어야 할 것은 실제로 선고된 형사처분이지, 그 이전의 중간적 처분인 역송결정은 비교의 대상이 되지 않는다고 보아야 할 것이다.

---

47) 最判 平成9·9·18 刑集 51권 8호 571면.

형사절차에 있어서 불이익변경에 해당하는지 여부는 형을 선고한 주문을 전체로서 구체적·종합적으로 고려하고 실질적으로 비교하여 판단한다는 것이 판례의 입장으로 여겨지고 있는데,[48] 그와 같은 입장을 위 장면에도 적용한다면 항소심판결의 결론에 도달하게 된다. 이에 반하여, 최고재판소는, 형사처분이 보호처분과 비교하여 일반적, 유형적으로 불이익하다는 점을 지적한 후에 역송결정이 허용되지 않는다고 하고 있으므로, 종래의 판례와는 다른 입장을 취하고 있는 것처럼 보이기도 한다.

그러나 전술한 대로, 최고재판소는, 소년법이 보호처분보다 형사처분을 일반적, 유형적으로 불이익한 것으로 하고 있다는 점과 소년법의 항고제도가 오로지 소년의 권리보호를 목적으로 하고 있다는 점을 전제로, 환송심인 가정재판소가 형사처분이 상당하다 하여 역송결정을 하는 것은 허용되지 않는다고 하였다. 또한 이러한 결론은 형사절차상 불이익변경금지의 원칙이 소년보호절차에도 그대로 적용되기 때문이 아니라, 소년법 자체의 목적이나 구조로부터 나오는 것이라고 판시하고 있다. 최고재판소가 1심 및 항소심판결과 달리, 소년보호절차에도 불이익변경금지의 원칙이 적용된다는 취지를 일반적으로 설시하지 않은 것은 바로 그러한 이유에서라고 생각된다.[49] 그렇다고 한다면, 불이익성을 비교하는 방법이 형사절차의 경우와 달리, 일반적, 유형적이라 하더라도 이를 모순이라고 할 수는 없을 것이다.

III. 본 판결의 적용범위와 남겨진 문제

본 판결은, 항고심에서 보호처분이 취소된 경우에 환송심이 역송결정을 할 수 없다고 하여, 그러한 한도에서는 지극히 명쾌한 판단을 제시하였다. 그러나 여전히 해결되지 않은 상태로 남겨진 문제도 적지 않다.

---

48) 河上和雄ほか編, 大コンメンタール刑事訴訟法(9) [第2版], 青林書院, 2011, 508면 [原田国男].

49) 池田修＝中谷雄二郎, 最判解刑事篇平成9年度 155면.

1. 보호처분 사이에서의 불이익변경의 가부

첫 번째는, 보호처분 사이에서도 불이익변경금지의 의도가 그대로 타당한 것인가이다. 예를 들어, 보호관찰결정을 받은 소년이 항고하고, 항고심에서 그것이 취소된 경우에, 환송을 받은 가정재판소가 소년원송치결정을 할 수 있을 것인가? 본 판결은 이 점에 관하여 명시적인 판단을 내리지 않았고, 또한 전술한 것처럼 본 판결은 소년법이 형사처분을 보호처분보다 일반적, 유형적으로 불이익하다고 보고 있음을 전제로, 불이익변경의 금지를 도출하고 있으므로, 보호처분 사이에서는 그 전제가 타당하지 않다. 따라서 본 판결로부터 이 문제에 대한 결론을 이끌어낼 수는 없다.[50)]

학설상으로는, 소년보호절차에도 형사절차와 동일한 의미에서의 불이익변경금지의 원칙이 적용됨을 전제로, 보호처분 간이라 하여도 사실상의 불이익성이 큰 처분으로 변경하는 것은, 그것이 소년에 의한 항고권의 행사를 위축시키는 효과를 가지는 이상, 불이익변경의 금지에 반한다고 보는 견해가 다수를 차지하고 있다.[51)] 따라서 위의 예에서 환송을 받은 가정재판소는 소년원송치를 결정할 수 없게 된다.

그러나 이 장면에서도 불이익변경금지의 원칙이 적용된다고 한다면, 환송을 받은 가정재판소가 소년의 요보호성에 맞지 않는 처분의 결정을 강요당하는 경우가 생길 수 있다. 이는 소년의 개선교육을 위하여 최적의 처분을 결정하려는 소년보호절차의 목적에 정면으로 반하는 것이 되며, 불이익변경금지의 원칙이 정책적인 것이라는 점을 고려하면, 이 장면에서까지 그것을 적용하는 것에는 의문이 남는다.[52)]

---

50) 池田＝中谷, 앞의 각주49) 154면, 河上和雄, “少年の保護処分は, 刑事責任の追及を排除するか”, 判評 478호 (判時 1652호), 1998, 22면.

51) 浜井ほか 264면, 秋武憲一＝大串真喜子, “少年事件の抗告をめぐる諸問題－差戻審と検察官送致”, 判タ家裁実務 401면, 斎藤豊治, “少年司法と適正手続”, 法時 67권 7호, 1995, 10면, 小泉祐康, “少年保護事件と不利益変更禁止原則との関係”, 法の支配 104호, 1997, 85면, 猪瀬慎一郎, “少年審判手続と不利益変更禁止の原則”, 平成9年度重判解 (ジュリ 1135호) 197면, 鈴木茂嗣, “少年保護事件と不利益変更の禁止”, 少年法判例百選 175면.

52) 川出俊裕, “少年保護手続と不利益変更禁止の原則”, 研修 595호, 1998, 19면.

2. 연령초과로 인한 검찰관송치의 가부

두 번째의 문제는, 성인이 되었음을 이유로 하는 검찰관송치를 어떻게 취급할 것인가이다. 항고한 결과 불이익한 형사처분이 과해질 가능성이 발생하는 것을 문제 삼는다면 이것도 허용되지 않는다고 해야 할 것이고, 실제로 그러한 견해도 있다.[53] 그러나 그렇게 되면, 가정재판소가 성인에 대한 관할권을 갖고 있지 않으므로, 어떠한 경우에도 심판불개시밖에 할 수 없다는 불합리한 결과가 발생한다. 이 점에 더하여, 연령초과로 인한 검찰관송치는 환송심인 가정재판소가 보호처분이 아닌 형사처분이 상당하다는 판단을 적극적으로 내린 것이 아니므로, 본 판결의 적용범위에서 벗어나 있다.[54] 따라서 본 판결을 전제하더라도 검찰관송치는 인정되게 될 것이다.

다만, 실질적으로 본다면, 역송이든 연령초과로 인한 검찰관송치이든, 소년의 입장에서는 항고한 탓에 결과적으로 형사절차의 대상이 된다는 의미에서는 다를 것이 없다. 그 점을 고려하였기 때문인지 아닌지는 분명하지 않으나, 본건에서 검찰관은 최고재판소의 판결 후에 E와 마찬가지로 역송된 B, D뿐만 아니라, 연령초과로 인해 검찰관에게 송치된 F에 대하여도 공소를 취소하였다.

3. 그 밖의 문제

이상이 본 판결의 적용범위와 관계되는 문제인데, 본건은 그 외에도 여러 가지 문제를 제기하고 있다. 우선, 위에서 다룬 것과도 관련되지만, F에 대하여는 환송 후에 성년에 도달하였기 때문에 검찰관송치가 되었는데, 그 결과, 그때까지의 절차가 완전히 소용없게 되어 버렸다. 그런 까닭으로, 이와 같은 경우에는 소년이 성인이 되었더라도 가정재판소가 심판을 계속할 수 있도록 심판권의 유보규정을 두어야 한다는 의견이 있다.[55] 다만, 그러한 규정을 두는 경우, 심판의 결과, 비행 없음의 불처분결정이 내려지면 문제가 없지만, 반대로 비행사

53) 伊藤政吉, “少年保護事件の差戻と年齢超過の問題”, 家月 7권 6호, 1955, 127면, 高田昭正, “少年保護事件における不利益変更禁止”, 判評 449호 (判時 1564호), 1996, 76면.

54) 池田＝中谷, 앞의 각주49) 157면, 猪瀬, 앞의 각주51) 197면.

55) 猪瀬, 앞의 각주51) 197면.

실이 인정되는 경우도 있을 수 있고, 그 경우에 그때까지의 심리가 헛되지 않으려면 가정재판소가 성인에 대하여도 일정한 범위에서 보호처분결정을 내릴 수 있도록 하는 개정을 동시에 할 필요가 있다. 더욱이 소년이 성인연령에 도달함으로 인하여 그때까지의 절차가 소용없게 된다는 문제는, 항고가 제기되기 전의 가정재판소에서의 조사, 심판의 단계에서도 발생하므로, 그러한 점까지 감안하여 조치할 필요가 있을 것이다.[56)]

다음으로, 본 판결이 결론을 이끌어내는 과정에서 제시한 판단이 그 외의 다른 문제의 해결에 대하여 어떠한 영향을 미칠 것인가 하는 것도 문제된다. 그 중 하나가 보호처분의 고지를 받은 소년이 역송결정을 구하면서 처분의 현저한 부당을 이유로 항고할 수 있는가라는 문제이다.

전술한 대로, 이것은 보호처분과 형사처분의 관계를 어떻게 볼 것인지와 관계되는 문제이다. 이 점에 관하여, 본 판결은, 소년법은 소년에 대한 처분으로서 보호처분을 원칙으로 하고, 형벌로 책임을 추궁하는 것은 보호처분 등의 교육적 수단에 의하는 것이 부적당한 경우에 한정된다는 이해를 보이고 있어, 소년의 개선교육에 있어서의 유효성이란 관점에서 보호처분이 아닌 형사처분이 선택되는 경우는 상정하고 있지 않는 것으로 생각된다. 만약 그렇다고 한다면, 소년이 역송결정을 구하여 항고하는 것은 일률적으로 허용되지 않고, 항고심이 그것을 이유로 보호처분을 취소할 수도 없을 것이다.

이에 비하여, 일정한 조건 하에서 소년이 역송결정을 구하여 항고함도 허용된다는 견해에 의하면, 이를 이유로 항고심이 보호처분결정을 취소한 경우에, 환송심이 역송결정을 내리는 것은 소년의 의사에 부합하는 것으로서 하등 불이익을 주는 것이 아니므로 허용될 수 있을 것이다.[57)] 이 견해에 의하면, 본 판결은 어디까지나 사실오인을 이유로 보호처분결정에 대한 항고가 제기된 사안에 관한 것이고, 역송결정을 구하여 항고가 제기된 경우에 관하여는 아무런 판단도 하지 않은 것으로 해석하게 될 것이다.

---

56) 소년법개정에 관한 법제심의회의 중간답신(1997년)에는, '송치의 때에 20세 미만의 소년에 관하여는, 20세에 도달한 후에도 일정기간 내에는 가정재판소에서 심판할 수 있다.'라는 항목이 포함되어 있었다.

57) 篠, 앞의 각주26) 208면.

제 7 장

보호처분의 취소

제 1 절 제도의 취지

형사소송법에는 유죄판결의 확정 후에 그것을 재검토하는 재심절차가 정해져 있으나, 소년법에는 재심에 상당하는 절차에 관한 직접적인 규정은 존재하지 않는다. 이는 보호처분이 형벌과 달리, 소년의 건전육성을 목적으로 한다는 의미에서 소년에게 이익인 처분이라는 점을 중시하였기 때문으로 생각되고 있다.[1] 그러나 보호처분이라 하더라도 소년의 자유를 제약한다는 점에서 사실상의 불이익성을 가진다는 것을 부정하기 어렵고, 또한 저지르지도 않은 비행사실을 이유로 보호처분을 부과하게 되면 소년이 이를 납득하고 받아들일 리가 없기 때문에, 그와 같은 경우에는 보호처분에 의한 개선교육의 효과도 기대할 수 없다.[2]

그 때문에 실무에서는 일찍부터 보호처분의 취소에 관한 규정인 소년법 27조의2 1항을 적용하여 왔다. 이는 원래 성인이 연령사칭 등을 하여 소년으로 오인하고 보호처분을 부과한 경우를 염두에 두고 입안된[3] 규정이지만, 비행사실

1) 肥留間健一＝土屋信, “保護処分の取消しをめぐる諸問題”, 判タ家裁実務 376면.

2) 廣瀬健二, “保護処分の取消”, 中山退官 396면.

3) 最高裁判所事務總局家庭局, “少年法および少年審判規則改正経緯” 家月 5권 8호, 1953, 118면.

을 저지르지 않았음에도 불구하고 보호처분에 잘못 부해진 소년을 구제하는 근거로도 운용해 왔던 것이다. 최고재판소도 이른바 카시와(柏)시 소녀살해사건에서 이러한 운용을 시인하기에 이르렀다(最決 昭和58·9·5 刑集 37권 7호 901면).

이는 14세의 소년 A가 11세의 소녀를 살해하였다는 비행사실로 가정재판소에서 초등소년원송치결정을 받은 사안이다. A는 심판에서 비행사실을 인정하고 가정재판소의 소년원송치결정에 대해 항고하지 않았기 때문에, 그 결정은 그대로 확정되었다. 그런데 A는 소년원에 송치되고 1년 가까이 지난 시점에서 자신은 범인이 아니라고 주장하였고 그에 부합하는 사실도 인정되었기에, A의 보조인은 소년에 대해 심판권이 없었음에도 보호처분을 부과하였다고 인정할 만한 명백한 자료를 새로이 발견하였다는 이유로, 소년법 27조의2 1항에 근거하여 보호처분의 취소를 신청하였다.

원원심인 치바가정재판소 마츠도지부는 신청을 적법한 것으로 인정하고 심리한 다음, 보조인이 제출한 신증거로는 보호처분취소의 요건이 아직 충족되지 않는다고 하여, 소년원송치결정을 취소하지 않는다는 결정을 내렸다. 이에 대해 보조인이 항고하자, 원심인 도쿄고등재판소는 소년법 27조의2 1항에 따른 보호처분을 취소하지 않는다는 취지의 결정에 대해서는 소년법상 항고를 제기할 수 없다고 하면서, 보조인의 항고는 부적법하다 하여 기각하였다. 그 때문에 보조인이 최고재판소에 재항고를 하였다.

이상과 같은 경위로 이루어진 본건 재항고의 인정여부를 판단하기 위하여 검토할 문제는 다음의 3가지로 정리할 수 있다. 첫 번째는 소년법 27조의2 1항에 규정된 '심판권' 안에 비행사실의 존재가 포함되는지 여부이다. 두 번째는 만약 그것이 포함된다고 보았을 때, 동항에 근거한 신청에 대하여 가정재판소가 보호처분을 취소하지 않겠다는 결정을 내린 경우, 그 결정에 대하여 소년법 32조에 근거하여 항고할 수 있는지 여부이다. 그리고 세 번째는 만일 가정재판소의 불취소결정이 항고의 대상이 된다고 보았을 때, 최고재판소가 소년법 35조에 규정된 재항고사유 이외의 사유로 항고심의 결정을 취소할 수 있는지 여부이다.

먼저 첫 번째에 관하여, 최고재판소는 보호처분이 소년의 신체구속 등 불이익을 수반하는 것인 이상, 비행사실이 존재하지 않음에도 불구하고 잘못하여 소년에게 보호처분을 부과하는 것은 허용되지 않는다고 한 다음, 잘못하여 보호처분에 부해진 소년을 구제하는 수단으로서 소년 측에 보장된 항고권만으로는 불충분하고, 보호처분결정이 확정된 후에 보호처분의 기초가 된 비행사실의 부존재가 분명하게 된 경우에도, 어떠한 형태로든 구제의 길이 열려 있어야 한다고 하였다. 그리고 그와 같은 전제에서, 소년법 27조의2 1항에서 말하는 '본인에 대해 심판권이 없었음…을 인정할 만한 명백한 자료를 새로이 발견하였을 때'란 소년의 연령초과 등이 사후적으로 분명해진 경우뿐만 아니라, 비행사실이 없었음을 인정할 만한 명백한 자료를 새로이 발견한 경우를 포함하는 것이므로, 소년법 27조의2 1항은 보호처분의 결정이 확정된 후에 처분의 기초가 된 비행사실의 부존재가 명백해진 소년을 장래 보호처분으로부터 해방하는 절차까지도 규정한 것으로 해석된다고 하였다.

다음으로 두 번째에 관하여, 소년법 27조의2 1항에 따라 보호처분의 취소를 구하는 신청에 대하여 가정재판소가 보호처분을 취소하지 않는다는 취지의 결정을 내린 경우, 이는 소년에 대한 보호처분을 앞으로도 계속한다는 내용의 가정재판소의 결정이므로, 소년법 24조에 의한 보호처분의 결정과 실질적으로 다르지 않다는 이유를 들어, 소년법 32조를 준용하여 이에 대한 항고가 인정된다고 하였다.

마지막으로 세 번째에 관하여, 소년법 35조 소정의 사유가 인정되지 않는 경우라 하더라도, 원결정에 동법 32조 소정의 사유가 있고 이를 취소하지 않으면 현저히 정의에 반한다고 인정되는 때에는, 최고재판소가 최종심재판소로서의 책무에 비추어 직권으로 원결정을 취소할 수 있다고 하였다.

이상과 같이 본 결정은 문제된 3가지의 점에 관해 모두 긍정하는 판단을 한 다음, 원결정에는 소년법 32조의 해석적용을 그르쳐 불취소결정에 대한 항고를 인정하지 않았던 점에서 결정에 영향을 미친 법령의 위반이 있고 이를 취소하지 않으면 현저히 정의에 반한다고 하여, 원결정을 취소하고 사건을 도쿄고등재판소로 환송하였다.

본 결정의 판단 중, 첫 번째는 전술한 것처럼 종래의 실무운용에서 거의 확립된 해석을 다시 확인한 것이고, 세 번째에 대한 결론도 형사절차상의 특별항고에 관해 형소법 411조의 준용을 인정하는 판례의 입장[4]에서 보면 무리 없이

---

4) 最決 昭和26·4·13 刑集 5권 5호 902면, 最大決 昭和37·2·14 刑集 16권 2호 85면.

도출될 수 있는 것이었다.[5)] 이에 비하여 두 번째의 경우, 본건의 원심을 포함하여 그때까지의 판례 및 학설은 거의 일치하여 불취소결정에 대한 항고를 인정하지 않는 입장에 있었기 때문에, 본 결정은 이 문제에 관하여 새로운 해석을 제시한 것이라고 할 수 있다.

종래 불취소결정에 대한 항고가 인정되지 않는 이유로서 다음의 2가지가 거론되어 왔다.[6)] 먼저, 첫 번째로 보호처분결정이 아님에도 불구하고 별다른 이론 없이 소년법 32조의 준용이 인정되는 수용계속결정(少院 138조 · 139조) 및 재수용결정(更生 72조)과 달리, 불취소결정은 재판소가 단지 그때까지의 보호처분을 취소하지 않는다는 선언을 할 뿐이므로 보호처분결정과 동일시할 수 있는 실질을 갖지 않는다는 점이다. 두 번째로 보호처분의 취소결정은 가정재판소의 직권에 의한 것으로서, 소년 측에 신청권이 없고 가정재판소가 이에 응답할 의무도 없으므로, 가정재판소가 불취소결정을 했다 하여 그에 대한 상소를 인정할 수는 없다는 점이다.

이에 대하여, 본 결정은 첫 번째의 점에 관하여, 불취소결정이 보호처분을 앞으로도 계속한다는 내용의 결정이란 점을 들어, 보호처분결정과 실질적으로 다르지 않다고 하였다. 이는 비행사실의 인정에 잘못이 있었던 경우 본래 그 보호처분은 취소되어야 하는 것이므로, 그럼에도 불구하고 이를 취소하지 않는 부작위의 결정은 적극적으로 보호처분을 계속시키는 결정과 동일시할 수 있다는 사고에 따른 것이다.[7)]

또한 두 번째의 점에 관하여, 본 결정은 소년 측에 신청권이 있는지 여부를 분명히 하고 있지 않지만, 불취소결정에 대해서 항고를 인정하는 이상 그 대상이 만들어져야 한다는 의미에서, 가정재판소가 신청에 대한 응답의무를 부담함을 전제로 하는 것이므로, 이는 사실상 소년 측에 신청권을 인정한 것으로 해석해도 좋을 것이다.[8)]

---

5) 門馬良夫＝向井千杉 "少年法27条の2第1頁による保護処分の取消しをしない旨の決定に対する抗告の可否等" 家月 35권 11호, 1983, 157면.

6) 木谷明, 最判解 刑事編 昭和58年度 238면.

7) 木谷, 앞의 각주6) 239면.

8) 門馬＝向井, 앞의 각주5) 152면, 木谷, 앞의 각주6) 241면, 田宮＝廣瀬 355면, 平場 397면, 内園ほか 187면, 浜井ほか 286면.

이상과 같이, 본 결정으로 잘못된 비행사실의 인정에 대한 구제의 여지는 크게 확대되었으나, 한편으로 본 결정은 규정의 불비를 해석으로 보충한 것이었기 때문에, 그 적용범위에 관해 논란이 생기게 되었다. 이는 소년법 27조의2 1항이 '보호처분의 계속 중'이라고 규정하고 있고, 이를 반영하여 본 결정이 동항은 '보호처분의 결정이 확정된 후에 처분의 기초가 된 비행사실의 부존재가 명백해진 소년을 장래 보호처분으로부터 해방하는 절차까지도 규정한 것'으로 해석된다고 설시하였던 점에 기인한다. 즉, 본건과 달리 보호처분의 집행이 종료된 경우에도 동항에 근거하여 보호처분을 취소할 수 있는지의 문제가 남게 되었던 것이다.

제 2 절 보호처분종료 후의 취소

이 점에 관해서는 최고재판소 결정(最決 昭和59·9·18 刑集 38권 9호 2805면)이 다음과 같은 판단을 제시하였다. 이는 절도의 비행사실로 소년원송치결정을 받았던 신청인이 그 집행이 종료된 후 송치결정시로부터 약 24년이 경과한 시점에서 소년법 27조의2 1항에 근거하여 소년원송치결정의 취소를 구한 사안이다. 최고재판소는 소년법 27조의2 1항에 따른 보호처분의 취소는 보호처분이 현재 계속 중인 경우에 한해 허용되는 것으로, 당해 처분의 집행이 종료한 뒤에는 이를 취소할 여지가 없다고 하여 신청을 기각하였다.

본 결정에 따르면, 소년법 27조의2 1항은 잘못된 보호처분의 집행으로부터 소년을 해방시킴을 목적으로 하는 것으로, 그 집행이 종료된 후에 보호처분을 취소함으로써 소년의 명예를 회복시킴까지도 목적으로 하는 것은 아니게 된다. 이러한 점은 그 후 이른바 소카(草加)사건에 관한 최고재판소의 결정(最決 平成3·5·8 家月 43권 9호 68면)이 '소년법 27조의2 1항…에 의한 보호처분의 취소는 보호처분이 현재 계속 중인 경우에 한해 허용되고, 소년의 명예회복을 목적으로 하는 것은 아니라고 한 원판단은 정당(하다)'고 명확하게 설시함으로써 판례상 확립되었다. 그리고 이를 전제로 하는 한, 보호처분의 취소가 재심적 기능을 수행한다 하더라도, 대상자의 명예회복 등의 이익을 이유로 형의 집행종료 후의 청구도 인정되는(刑訴 441조) 형사절차상의 재심과는 상이한 제도가 된다.

여기서 문제되는 것은, 이와 같이 잘못된 범죄사실 내지 비행사실의 인정에 근거하여 처분이 내려진 경우에, 이를 취소함으로써 명예회복을 도모한다는 점에서, 형벌과 보호처분을 구별할 합리성이 인정되는가 하는 점이다. 이 점에 관해서 판례의 결론을 지지하는 견해는 형사절차상의 재심과 동일한 범위에서 보호처분의 취소를 인정해야 하는 것은 아니라고 하면서, 그 이유로 보호처분 자체가 불이익성이 낮을 뿐만 아니라, 심판의 비공개(少 22조 2항)와 추지보도의 금지(少 61조) 등 절차상 배려를 통해, 보호처분에 의한 명예침해의 정도가 형벌이 과해진 경우와 비교하여 현저히 낮다는 점을 들고 있다.[9]

그러나 명예침해의 정도에 차이가 있다고 해도 보호처분에 잘못 부해진 경우에는 명예회복을 도모할 필요가 없다고 단정할 수는 없다. 더욱이 보호처분결정에는 집행력이 있고 항고 및 보호처분의 취소신청에도 집행을 정지시키는 효력이 없기 때문에, 판례의 입장에 따르면 소년 측이 항고, 재항고에 이어 보호처분의 취소를 신청하더라도, 그 심리가 이루어지는 사이에 보호처분의 집행이 종료해 버리면 신청은 각하될 수밖에 없다. 실제로 전술한 平成3(1991)년의 최고재판소 결정사안에서는 공범 중 1인인 소년이 그와 같은 경과를 거친 다음에 보호처분취소의 신청이 각하되었다.

이와 같이 보호처분종료 후의 취소를 인정하지 않으면 이론상 및 실제상의 문제가 발생하고, 이러한 이유에서 학설 중에는 소년법 27조의2 1항을 보호처분이 종료한 경우에도 적용 내지 유추적용하여 그 취소를 인정해야 한다는 견해도 유력하였다.[10] 그러나 그러한 해석은 '보호처분의 계속 중'이라는 조문의 문언을 완전히 무시하는 것으로, 해석의 한계를 일탈하는 것이라는 의문이 제기되었다. 그 때문에 현행법의 해석상 판례를 지지하면서도, 입법론으로는 보호처분 종료 후의 취소를 인정해야 한다는 의견이 적지 않았다.[11]

---

9) 肥留間＝土屋, 앞의 각주1) 380면, 廣瀬, 앞의 각주2) 398면, 門馬＝向井, 앞의 각주5) 146면, 内園ほか 176면, 井上廣道, 最判解 刑事編 昭和59年度 378면.

10) 若穂井透, 子どもたちの人権, 朝日新聞社, 1987, 264면, 山口直也, "少年保護事件の"再審"に関する一考察", 一橋研究 17권 1호, 1992, 115면, 大出良知, "少年審判手続における『再審』", 法時 67권 7호, 1995, 37면, 田中輝和, "少年保護事件と再審", 東北学院大学論集(法律學) 48호, 1996, 81면, 斉藤豊治, 少年法研究 I, 成文堂, 1997, 183면 등.

11) 廣瀬, 앞의 각주2) 412면, 浜井ほか 359면, 寺崎嘉博, "少年法27条の2第1頁にいう『本人に

이에 따라 2000년 개정에서는 이를 인정하는 규정을 도입하였다. 즉, 소년법 27조의2 2항을 신설하여, 가정재판소는 보호처분의 종료 후에도 심판에 부할 사유의 존재, 즉 비행사실의 존재가 인정되지 않음에도 불구하고 보호처분을 하였다고 인정할 만한 명백한 자료를 새로이 발견한 때는 보호처분을 취소해야 한다고 규정하였다. 이에 따라 보호처분의 취소제도는 재심과 거의 같은 기능을 하게 되었다. 다만, 본인이 사망한 경우에는 취소가 인정되지 않는다고 규정하고 있어(동항 단서), 피고인의 사후에도 인정되는 재심과는 차이가 있다. 이는 보호처분의 취소제도가 잘못된 비행사실의 인정에 근거하여 보호처분에 부해진 소년의 명예회복을 목적으로 하는 것은 아니라, 어디까지나 소년의 건전육성이라는 취지에 비추어 잘못된 보호처분으로 상처를 입은 본인의 정서보호와 회복의 도모를 목적으로 한다는 사고에 기초하고 있기 때문이다.[12] 이러한 사고방식에 의하면 본인이 사망한 경우에는 그 건전육성은 있을 수 없으므로, 취소의 대상에서 제외되게 된다. 결국 개정법에서도 보호처분 취소제도의 목적에 관하여 앞서 제시한 판례의 이해는 유지되고 있는 것이다.[13]

제 3 절 취소의 범위

Ⅰ. 비행사실의 일부오인

비행사실이 존재하지 않는 경우도 소년법 27조의2 1항에서 말하는 '심판권이 없었음'에 해당한다는 판례의 입장을 전제로 하는 경우, 가정재판소가 인정

対し審判権がなかったこと……を認め得る明らかな資料を新たに発見したとき』の意義", 刑事判例評釈集 第44 · 45巻, 有斐閣, 1997, 329면.

12) 甲斐ほか 169면.

13) 이 사고에 따르면 본인이 사망한 경우뿐만 아니라 보호처분이 종료되고 나서 오랜 기간이 경과한 경우에도 동일하게 소년의 건전육성에 도움이 된다는 근거가 들어맞지 않기 때문에, 취소의 대상에서 제외해야 하는 것은 아닌가 하는 의문이 생길 수 있다. 실제로도 입법과정에 있어서 신청기간을 한정하려는 안도 있었다. 그러나 그 기간을 한정하는 경우 어디서부터 한정할 것인지 그 기준을 세우기 어렵다는 이유에서, 결국 그러한 한정은 하지 않게 되었다. 그 경위에 관해서는 川出敏裕 "保護処分終了後の救済手続", ジュリ 1152호, 1999, 87면 이하 참조.

한 비행사실의 일부에 관해 오인이 있었던 경우에도 본조에 의한 취소의 대상이 되는 것인지가 문제된다. 이 점에 관해 도쿄고등재판소 결정(東京高決 平成2·11·20 高刑集 43권 3호 191면)은 다음과 같이 판단하였다.

이는 전술한 소카(草加)사건에 관계되는 것으로, 강간, 살인, 강제추행 등의 비행사실로 소년원송치결정이 확정된 소년들 5명이 보호처분의 취소를 신청한 사안이다. 원심은 5명 중에서 이미 보호처분이 종료된 2명에 대해서는 종료를 이유로 취소가 인정되지 않는다고 하였다. 다른 3명에 대해서는 원래의 보호처분결정이 강간, 살인 이외에 절도도 비행사실로 인정하고 내려졌다는 점을 감안하여, 설사 강간, 살인의 비행사실이 인정되지 않는다 하더라도, 소년들에게 절도의 비행사실이 있고 그들의 요보호성을 고려할 때 소년들에게는 어떤 형태로든 보호처분이 필요하다고 하였다. 따라서 이러한 점을 포함하여 내려진 본건 소년원송치결정 전체를 취소하는 것은 의문이라고 하면서 모든 신청을 각하하였다.

소년은 항고하였고 도쿄고등재판소는 보호처분이 종료된 2명에 관해서는 원심판단을 지지하였다. 또한 다른 3명에 대해서는 우선 소년법 24조 1항에 규정된 보호처분은 각각 소년에 대한 자유의 구속, 생활상의 속박 등의 점에서 불이익의 정도가 크게 다르기 때문에, 보호처분취소의 요부를 판단함에 있어서는 보호처분 일반이 아니라 그 종류까지도 고려하여 당해 보호처분에서 해방시켜야 할지 여부를 판단해야 하고, 당해 보호처분의 기초가 된 복수의 비행사실 중 일부의 사실이 존재하지 않는 것으로 판명된 경우, 나머지 비행사실만으로는 당해 보호처분에 부할 만큼의 요보호성이 결여되어 당해 보호처분을 유지할 수 없을 때에, 비로소 전부에 대해 심판권이 없었던 것이 되어 보호처분을 취소할 수 있다고 하였다. 그리고 이를 본건 사실관계에 비추어 보건데, 소년들의 비행성, 자질 및 성격, 교우관계, 가정 그 밖의 보호환경 등을 종합하면 소년들에 대해서는 절도의 비행사실만을 기초로 하여도 소년원에 수용할 필요가 있었다는 점이 인정되므로, 소년원송치결정을 취소하여 보호처분에서 해방시켜야 한다고는 인정되지 않고 보호처분을 유지하는 것이 상당하다 하여, 결론적으로 모든 항고를 기각하였다.

소년법 27조의2 1항이 심판권이 없었던 경우에 적용되는 것인 이상, 비행사실을 일부 오인한 경우가 그 대상이 된다 하더라도, 이는 나머지 비행사실로는 어떠한 종류의 보호처분결정도 할 수 없었던 경우에 한정된다는 견해[14]도 있을 수 있다. 그러나 보호처분의 취소제도에 잘못된 비행사실의 인정으로 인한 잘못된 보호처분으로부터 소년을 해방하는 기능이 있음을 인정한다면, 본 결정이 설시하는 것처럼, 비행사실의 일부에 오인이 있고 나머지 비행사실만으로는 당해 보호처분을 유지할 수 없는 경우에는 취소가 인정되어야 할 것이다.[15] 그리고 이러한 점은 잘못된 보호처분으로 상처를 입은 본인의 정서보호와 회복의 도모를 목적으로 하는 보호처분종료 후의 취소에도 마찬가지로 타당하다고 생각된다.[16]

Ⅱ. 비행사실의 대체인정

비행사실이 존재하지 않는 경우에는 소년법 27조의2에 의거하여 보호처분이 취소된다. 그렇다면 보호처분결정의 기초가 된 비행사실은 인정할 수 없지만, 그와 동일성을 가지는 사실을 인정할 수 있는 경우에도 보호처분을 취소해야 하는 것인가? 이 점이 보호처분종료 후의 취소와의 관계에서 문제되었던 것으로 최고재판소 결정(最決 平成23·12·19 刑集 65권 9호 1661면)이 있다.

이는 강간미수의 보호사건으로 중등소년원송치결정을 받은 소년이, 동 결정의 확정 후에 진행된 공범에 대한 형사공판절차에서 피해자가 본건 피해를 당한 것은 틀림없지만 피해일이 당초 진술하였던 2001년 9월 16일이 아니라 그보다 1주 전인 같은 달 9일이라고 진술을 바꾸자, 위 소년원송치결정에서 인정된 강간미수의 비행사실은 존재하지 않고 또한 9일에는 알리바이가 있다고 주장하면서 그 결정의 취소를 신청한 사안이었다. 원원심은, 신청인의 주장을 검토하여, 제1회 심판기일의 모두절차에서 신청인에게 본건 보호처분결정에서 인정된 비행사실에 더하여 9일을 범행일로 하는 동일한 내용의 강간미수사실에 관하여 각각 요지를 고지하고 진술의 기회를 준 다음, 그 후에도 신청인에게 9

14) 門馬＝向井, 앞의 각주5) 148면, 藤田昇三, “少年保護事件における再審” 警論 38권 1호, 1985, 44면.

15) 田宮＝廣瀬 353면, 平場 400면, 内園ほか 193면.

16) 甲斐ほか 172면.

일의 알리바이입증을 포함하여 반증의 기회를 부여하는 등 심리를 진행하였다. 그 결과 피해자에 대한 16일의 강간미수사실은 인정되지 않으나, 동일한 내용인 9일의 강간미수사실을 인정할 수 있다 하여 신청을 기각하였다. 이에 대한 항고도 기각되어, 신청인은 재항고를 제기하였다.

최고재판소는 우선 소년법 27조의2 2항의 '심판에 부할 사유'란 보호처분결정에서 인정된 비행사실과 사실의 동일성이 있고 구성요건적 평가가 다르지 않은 사실도 포함한다고 판단하였다. 그리고 보호처분결정에서 인정된 비행사실에 기재된 범행일에 그 비행사실이 저질러졌음이 인정되지 않는다 하더라도, 그와 다른 날에 동일한 내용의 비행사실이 인정되고, 양 사실이 서로 양립할 수 없는 관계로서 기본적 사실관계가 동일하여 사실의 동일성이 인정되는 경우에는, 심판에 부할 사유가 존재하였던 것이라 할 수 있으므로, 본건은 동 조항에 따라 보호처분을 취소하여야 하는 때에 해당하지 않는다고 판시하였다.

심판에서는 이른바 대체인정을 통해 송치사실과 동일성이 있는 범위 내의 비행사실을 인정할 수 있고(본서 196면 이하), 보호처분에 부해진 경우에 일사부재리효가 생기는 '심판을 거친 사건'의 범위도 그와 일치한다고 여겨지고 있다(본서 269면). 그렇다면 보호처분의 취소에서 '심판에 부할 사유'가 존재하였는지 여부에 관해서도 이와 마찬가지로 보호처분의 기초가 된 비행사실과 동일성이 인정되는 사실이 존재하였는지 여부에 따라 결정되어야 할 것이다. 이와 달리, 당초의 비행사실의 존재가 부정되기만 하면 그 즉시 보호처분의 취소가 인정된다고 보게 되면, 동일성이 있는 사실에 대한 재차의 보호처분을 인정할 수밖에 없어, 일사부재리효의 범위에 관한 위 해석과 모순되기 때문이다. 이에 더하여, 보호처분의 취소를 인정하는 취지가 잘못된 보호처분으로 상처를 입은 본인의 정서보호와 회복을 도모하려는 데에 있다는 점에 비추어, 당초의 인정사실과 동일성이 있는 범위 내의 비행사실이 인정되고, 그것에 의하더라도 동일한 보호처분을 내릴 수 있는 경우에는, 당초의 보호처분은 본래 적법하게 내려질 수 있었던 것으로서 전혀 부당한 것이 아니므로, 그 취소를 인정할 필요성은 없다고 할 수 있다.[17] 따라서 본 결정의 결론은 정당하다고 생각된다.

---

17) 廣瀬健二, "少年法27条の2第2頁による保護処分取消事由である『審判に付すべき事由の存在が認められない』の意義及び同条による保護処分取消申立事件における非行事実認定手続の在り方", 判評 659호(判時 2202호), 2014, 47면. 본 결정은 대체인정이 허용되는 경

이와 같이 본 결정은 보호처분의 취소신청에 관계되는 심리에서 비행사실의 대체인정을 수긍하였던 것인데, 심판에서의 비행사실의 대체인정에 있어서는 소년에게 불의의 타격을 가하지 않도록 방어의 기회를 부여할 것이 요구된다. 본 결정도 보호처분의 취소신청사건에서 사실의 동일성이 있는 범위 내에서 보호처분결정과 다른 비행사실을 인정하기 위해서는 신청인에게 방어의 기회를 부여할 필요가 있다고 하면서, 본건에서는 원원심이, 전술한 바와 같이 심판기일에 신청인에게 9일의 강간미수사실의 요지를 고지하고 진술을 청취한 다음, 9일의 알리바이입증을 포함하여 반증하도록 하는 등 신청인에게 충분한 방어의 기회를 주고 있으므로, 그 심판절차는 적법하다고 판시하였다.

제 4 절 취소의 효과

Ⅰ. 취소결정의 소급효

1. 소급효의 유무

2000년 개정 이전에는 보호처분이 취소된 경우에 보호처분의 효력이 장래를 향하여 상실되는지 그렇지 않으면 소급하여 상실되는지 여부가, ① 취소의 대상이 보호처분의 집행인지 아니면 보호처분결정인지, ② 가정재판소가 보호처분을 취소한 경우에 재차 어떠한 결정을 해야만 하는지의 문제와 관련하여 논의되어 왔다. 그리고 이 점에 관하여 최고재판소가 전술한 1983년 결정(最決昭和58·9·5)에서, 소년법 27조의2 1항은 '보호처분의 결정이 확정된 후에 처분의 기초가 된 비행사실의 부존재가 명백해진 소년을 장래 보호처분으로부터 해방하는 절차'를 규정한 것이라고 함으로써, 소급효를 부정하는 견해가 유력하였다.[18] 이러한 이해에 따르면, 취소의 대상은 보호처분의 집행이고, 또한 보호처

우로 사실의 동일성에 더하여 구성요건적 평가가 같아야 한다는 점도 지적하고 있다. 그러나 이는 그 자체보다도 그러한 경우에는 보호처분결정의 주문에 영향이 없다는 것을 의미한다고 생각된다(野原俊郎, 最判解 刑事編 平成23年度 432면).

18) 肥留間＝土屋, 앞의 각주1) 377면, 平場 401면, 内園ほか 197면. 이에 대해 소급효를 인정하는 견해로는 廣瀬, 앞의 각주2) 406면, 斉藤, 앞의 각주10) 195면이 있다.

분결정이 취소되지 않는 이상 가정재판소가 재차 어떠한 결정을 할 필요는 없게 된다.

그러나 그 후 2000년 개정에 의하여 보호처분종료 후의 취소가 인정됨에 따라, 취소결정에 소급효가 인정된 것으로 보인다. 왜냐하면 보호처분이 종료된 후에는 장래를 향하여 그 효력을 상실시키더라도 아무런 의미가 없을 뿐만 아니라, 보호처분의 계속 중이라는 제한을 두지 않음으로써 원래의 전제 자체가 바뀌었기 때문에, 더 이상 1983년 결정에 구속될 이유도 없어졌기 때문이다.[19]

2. 취소의 대상

취소결정에 소급효를 인정한다면, 취소의 대상은 보호처분의 집행이 아니라 보호처분결정이 된다. 이 점은 보호처분종료 후의 취소에서 더욱 명확하다. 다만, 취소의 대상이 무엇인지의 문제는 취소결정의 소급효의 유무와 반드시 직접적인 대응관계를 가지는 것은 아니다. 실제로도 실무에서는 이미 2000년 개정 전부터, 취소결정의 주문을 '보호처분결정을 취소한다'고 기재하는 것이 지배적이었다.[20]

3. 취소 후의 절차

형사절차에서 재심의 경우, 재심개시결정의 확정 후에 그 사건에 관해 다시 공판이 열리고 통상 무죄판결이 선고된다. 이와 마찬가지로, 심판에 부할 사유가 없음에도 불구하고 보호처분을 하였다고 인정할 만한 명백한 자료를 새로이 발견한 때는 가정재판소가 보호처분을 취소한 다음, 나아가 비행사실 없음을 이유로 하는 불처분결정을 해야 하는지 여부가 문제된다.

보호처분의 취소결정에 소급효가 없다고 한다면, 원사건이 부활하지 않으므로 가정재판소가 비행없음을 이유로 새로이 불처분결정을 할 필요는 없고, 오히려 이는 적당하지 않을 것이다.[21] 반대로, 취소결정에 소급효를 인정한다면,

---

19) 田宮＝廣瀬 357면.

20) 内園ほか 150면, 浜井ほか 292면.

21) 平場 401면, 内園ほか 195면.

원사건이 부활하므로 다시 불처분결정을 하여야 한다는 결론이 된다.[22)]

Ⅱ. 일사부재리효

2000년 개정 전의 소년법 46조는 '보호처분이 내려진 때는 심판을 거친 사건에 대하여 형사소추를 하거나 가정재판소의 심판에 부할 수 없다'고 하여 일사부재리효를 인정하면서도, 단서에서 27조의2 1항에 따라 보호처분이 취소된 경우는 그 예외로 하고 있었다. 이는 전술한 것처럼, 27조의2 1항이 본래 연령사칭에 의해 성인을 소년으로 오인하고 보호처분에 부한 경우를 상정한 것이었기에, 그와 같은 경우에는 다시 그 자를 동일사실로 기소할 가능성을 남겨 둘 필요가 있었기 때문이다. 그러나 보호처분의 취소가 비행사실의 부존재의 경우에도 인정됨에 따라, 법의 문언만으로는, 소년이 비행사실을 저지르지 않았음을 이유로 보호처분이 취소되었음에도, 동일사실에 대해 공소를 제기하거나 재차 심판에 부하는 것이 인정되는 사태가 발생할 가능성이 생기게 되었다.

이에 이와 같은 사태의 발생을 막기 위하여, 2000년 개정을 통해, 27조의2 1항에 따른 보호처분의 취소결정이 내려진 경우 중 취소의 이유가 심판에 부할 사유의 부존재를 이유로 하는 경우에는 예외적으로 일사부재리효를 인정하게 되었다(少 46조 3항). 다만, 일사부재리효를 인정하기 위해서는 취소절차에 검찰관이 관여하였을 것[23)]을 조건으로 한다. 이는 비행사실의 부존재를 이유로 하는 보호처분의 취소결정은 비행사실의 부존재로 인한 불처분결정과 실질적으로 동일시할 수 있다는 점에서, 이와 동일한 요건(少 46조 2항) 하에서 일사부재리효를 인정한 것이다.[24)]

한편, 46조 3항은 27조의2 1항에 의한 취소, 즉 보호처분의 계속 중에 취소

22) 2000년 개정 이후 재판소의 대응은 나뉘고 있다. 보호처분의 계속 중에 27조의2 1항에 근거하여 보호처분결정을 취소한 판례 중에는, 취소와 함께 불처분결정을 한 것(千葉家決 平成26・6・30 判タ 1410호 397면)과 취소만을 한 것(大阪家決 平成17・12・16 家月 59권 7호 152면, 那覇家決 平成19・12・21 家月 60권 6호 71면)이 있다.

23) 보호처분취소사건의 절차는 그 성질에 반하지 않는 한 보호사건의 예에 따르게 되어 있고(少 27조의2 6항), 따라서 보호처분의 취소절차에도 검찰관이 관여할 수 있다(甲斐ほか 216면).

24) 甲斐ほか 216면.

된 경우에 관한 규정이다. 이에 비하여, 27조의2 2항에서 규정하는 보호처분종료 후의 취소의 경우에는, 보호처분이 이미 끝난 상태이므로 46조 1항이 그대로 적용되어, 그 취소절차에 검찰관의 관여 여부를 불문하고 일사부재리효가 인정된다.[25] 그 때문에, 이 경우에는 보호처분취소결정의 효력이 아니라 원래의 보호처분의 효력으로서 일사부재리효가 발생하게 된다.

제 5 절 심판불개시·불처분결정의 취소

보호처분 외에, 비행사실을 인정한 후에 내리는 심판불개시결정 및 불처분결정에 관하여도, 27조의2 1항을 유추적용하여 그 결정을 취소할 수 있는지가 문제된다. 과거 하급심 판례에는 이를 인정한 것이 있고,[26] 학설에도 이를 지지하는 견해가 있다.[27]

그러나 최고재판소가 전술한 1991년 결정(最決 平成3·5·8)에서, 보호처분종료 후의 취소를 부정하는 전제로, 27조의2 1항에 의한 보호처분의 취소는 소년의 명예회복을 목적으로 하는 것이 아니라고 함으로써, 이와 같은 해석은 취할 수 없게 되었다고 생각된다. 왜냐하면 비행사실을 인정한 후에 내려진 심판불개시결정 및 불처분결정을 취소하는 근거는, 그야말로 취소를 통한 소년의 명예회복에 있기 때문이다. 그리고 전술한 것처럼, 보호처분취소제도에 관한 이러한 이해는 2000년 개정에서도 그대로 유지되고 있다.

나아가 최고재판소는 비행사실을 인정한 후에 내린 불처분결정에 대한 항고는 인정되지 않는다고 판시한 바 있다.[28] 통상의 구제절차인 항고의 대상이 될 수 없다면, 하물며 확정 후의 비상구제절차의 대상은 더욱 될 수 없는 것이

---

25) 甲斐ほか 217면.

26) 岡山家決 昭和35·9·26 家月 12권 12호 147면, 新潟家決 昭和57·3·31 家月 34권 8호 132면.

27) 斉藤, 앞의 각주10) 156면, 白取祐司, "非行事実を認定したうえでの不処分決定に対する抗告の許否", 法教 62호, 1985, 98면.

28) 最決 昭和60·5·14 刑集 39권 4호 205면.

기에, 비행이 있음을 인정하고 내린 불처분결정이 27조의2 1항에 따른 취소의 대상이 될 수 없다는 것은 이 점에서도 분명하다고 할 수 있다.[29)]

---

29) 肥留間=土屋, 앞의 각주1) 379면, 田宮=廣瀨 355면, 内園ほか 174면, 浜井ほか 295면.

제 8 장

소년보호사건의 보상

제 1 절　보상의 요부

헌법 40조는 '누구든지 억류 또는 구금된 후에 무죄의 재판을 받았을 때는, 법률이 정하는 바에 따라 국가에 그 보상을 청구할 수 있다'고 규정하고 있다. 이 규정에 따라 형사보상법이 제정되어 있고, 형사절차에서 무죄판결을 받은 자가 체포·구속 등에 의해 신병이 구속되었던 경우 동법에 의거하여 형사보상이 이루어진다. 소년보호사건에서도 비행사실이 인정되지 않는다는 이유로 심판불개시 내지 불처분된 소년이 체포·구속 혹은 관호조치에 의해 신병이 구속되었던 경우가 있을 수 있다. 그러나 형사재판에서 무죄판결을 받은 경우와 달리, 종래까지 이러한 사례에서의 보상조치를 직접 정하고 있는 규정이 없었다. 따라서 이러한 경우도 형사보상의 대상이 되는지가 문제되었다. 이 점에 관하여 최고재판소 결정(最決 平成3·3·29 刑集 45권 3호 158면)은 다음과 같은 판단을 제시하였다.

이는 업무상과실치상 및 도로교통법위반의 비행사실로 심판에 부해진 소년에 대해 가정재판소가 비행사실이 인정되지 않는다는 이유로 불처분결정을 한 사안이다. 소년은 체포부터 소년감별소 수용까지 7일간 신병이 구속되어 있었고, 이를 이유로 형사보상을 청구하였다.

제1심은 불처분결정은 비행사실의 부존재를 이유로 하는 것이라 하더라도 형사보상의 대상이 되지 않는다고 하여 청구를 기각하였고, 항고심도 이를 지지하였던 관계로, 소년은 최고재판소에 특별항고를 제기하였다. 최고재판소는 다음과 같이 판시하여 특별항고를 기각하였다.

"형사보상법 1조 1항에서 말하는 '무죄의 재판'이란, …형사소송절차에서의 무죄의 확정재판을 말하는 것인바, 불처분결정은 형사소송절차와는 성질을 달리하는 소년심판절차에서의 결정일 뿐만 아니라, 불처분결정을 거친 사건에 대하여 형사소추를 하거나 가정재판소에의 부심판을 방해하는 효력을 갖지 않으므로, 비행사실이 인정되지 않음을 이유로 하는 것이라 하더라도, 형사보상법 1조 1항에서 말하는 '무죄의 재판'에는 해당하지 않는다고 해석하여야 하고, 이와 같이 해석하더라도 헌법 40조 및 14조에 위반하지 않는다."

이와 같이 본건 청구는 기각되었으나, 본 결정에는 입법론으로 본건과 같은 경우에 보상을 인정하는 것이 바람직하다는 재판관 2명의 보충의견 등이 붙어 있다.

형사재판절차와 소년심판절차가 그 목적 및 성질을 달리한다는 점은 본 결정이 지적하는 바와 같다. 그렇다고 한다면, 헌법 40조 및 형사보상법 1조 1항 소정의 '무죄의 재판'이란 형사절차에 따른 무죄의 재판을 의미한다는 전제에서,[1] 소년법을 이른바 형소법의 특별법으로 보아 불처분결정을 '무죄의 재판'과 동일시하는 해석은 곤란하다. 따라서 현행법의 해석으로는 본 결정이 제시하는 결론에 이를 수밖에 없을 것이다.

반면, 보호처분이 제재로서의 측면을 가지는 이상, 범죄사실을 전제로 제재를 과할지 여부를 결정하는 절차라는 의미에서 형사재판절차와 소년심판절차에는 공통성이 있다는 점도 부정할 수 없다. 또한 본 결정이 형사보상을 부정하는 또 하나의 이유로 들었던 불처분결정에는 일사부재리효가 없다는 점도, 당시

1) 헌법 40조에서 규정하고 있는 '무죄의 재판'의 의미에 관해서는, 이를 형식적으로 무죄판결이 있었는지 여부에 상관없이, 근거 없는 자유의 구속이 명백하게 된 때라고 넓게 해석하는 견해도 있으며(樋口陽一ほか, 注釈日本国憲法上巻, 青森書院, 1984, 807면), 본 결정에서 소노베이츠오(園部逸夫)재판관의 의견도 같은 입장에 서있다. 다수의견은 이 점에 관하여 명시적으로 언급하고 있지 않지만, 소노베재판관의 의견과 대비하면, 최대한 이를 넓게 해석한다고 해도 형사소송법에 근거한 무죄판결 및 그와 동일시할 수 있는 것으로 이해하고 있다고 할 수 있을 것이다(吉本徹也, 最判解 刑事編 平成3年度 100면).

의 소년법에서 그러했다는 것에 불과하고 이는 입법에 의해 얼마든지 바뀔 수 있는 것이다. 실제로 2000년 개정을 통해, 현재는 일정한 요건 하에서 불처분결정에 일사부재리효가 인정되고 있다(少 46조 2항). 그리고 다수의견도 형사보상법상의 '무죄의 재판'에 불처분결정이 포함되지 않고, 또한 그와 같이 해석하더라도 헌법위반이 아니라고 설시하고 있을 뿐이므로, 새로운 보상제도를 마련한다 하여 다수의견의 입장과 모순되는 것은 아니다.

이에 본 결정을 계기로 1992년 '소년의 보호사건에 관계되는 보상에 관한 법률'(이하 '소년보상법'이라 한다)이 제정됨으로써 이 문제는 입법적으로 해결되었다.

제 2 절 소년보상법

Ⅰ. 보상의 요건

소년보상법에 의하면, ① 보호사건의 종국결정에서 비행없음을 이유로 하는 심판불개시 또는 불처분의 판단이 내려져 그 결정이 확정되거나, 또는 비행없음을 이유로 하는 보호처분의 취소결정(少 27조의2 1항 · 2항)이 확정된 경우에, ② 소년이 그 비행없음으로 되었던 사실에 관하여 신체의 자유의 구속[2]을 받았던 때에(少補 2조 1항 · 2항), 위 결정을 내린 가정재판소의 결정에 따라(少補 5조 1항) 보상이 이루어진다.

소년이 복수의 비행사실(심판사유)로 조사 · 심판에 부해져, 그 일부의 존재가 인정되지 않는다고 하여 위 결정이 내려진 경우에도 보상이 이루어진다. 다만, 이 경우에는 ① 본인이 받은 신체의 자유의 구속이 동시에 다른 심판사유도 이유로 하는 것인 때, 또는 ② 당해 신체의 자유의 구속이 없었다고 한다면, 다른 심판사유를 이유로 신체의 자유를 구속할 필요가 있었다고 인정되는 때에는 보상을 하지 않을 수 있다고 되어 있다(少補 3조 2호).

---

2) 소년법 규정에 의한 동행, 관호조치에 의한 감별소에의 수용, 보호처분인 소년원에의 수용 외에 형사소송법에 근거한 체포, 구속 등이 포함된다.

Ⅱ. 형사보상과의 차이

소년보상법의 제정으로 보상을 할 것인지 여부의 점에서는 입법적 해결이 이루어졌다. 그러나 전술한 최고재판소 결정을 전제로 하는 한, 소년사건에서의 보상은 헌법상의 요청이 아니다. 그리고 본래 소년보호절차와 형사절차는 그 목적이 동일하지 않다는 점에서, 소년보상법에 규정된 보상제도는 형사보상제도와는 성격을 달리하고 있다. 이러한 차이는 형사보상은 대상자에게 청구권이 인정되는 데에 반해(刑補 1조), 소년보상은 가정재판소가 직권으로 이를 판단하게 되어 있는 점(少補 5조 1항)을 보면 단적으로 알 수 있다.

또한 이와 관련하여, 형사보상에서는 보상에 관한 결정에 대해 상소(즉시항고)가 인정되지만(刑補 19조), 소년보상에서는 가정재판소의 직권발동을 촉구하는 제도인 변경신청만이 인정된다(少補 5조 3항). 이 점에 관하여, 최고재판소는 소년보상법에 의한 보상결정은 가정재판소가 직권으로 보상요부 및 보상내용을 판단하는 것으로서, 형사보상법상의 재판과는 성질을 달리하므로, 동법의 취지를 준용 내지 유추적용하여 항고를 제기하는 것은 허용되지 않고, 보상결정의 성질에 비추어 이와 같이 해석하더라도 헌법 14조, 32조에 반하지 않는다고 하였다.[3)]

---

3) 最決 平成13·12·7 刑集 55권 7호 823면. 이는 3건의 절도로 가정재판소에 송치된 소년이 그 일부의 비행사실이 인정되지 않는다 하여 불처분결정을 받았는데, 그 후 소년이 37일간의 구속에 대해 소년보상법에 근거하여 11만 1,000엔의 보상결정을 받았으나, 그 액수가 너무 적다면서 항고를 제기한 사안이다.

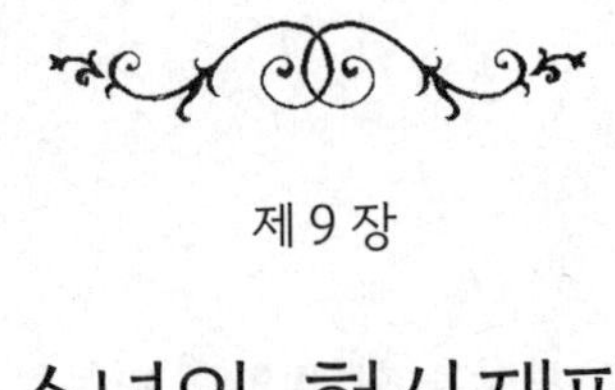

제 9 장

소년의 형사재판

제 1 절 공판절차

Ⅰ. 소년사건의 특칙

가정재판소의 역송결정에 따라 검찰관이 공소를 제기하면 공판심리가 진행된다. 소년의 형사사건에 관해서는 소년법에 특별한 규정이 없는 한 형사소송법의 규정이 적용되기 때문에(少 40조), 피고인이 소년인 경우의 공판절차도 기본적으로는 형사소송법에 의거하여 실시된다. 다만, 소년법은 다음과 같이 공판절차에 관한 특별한 규정을 두고 있다.

우선 소년사건의 공판심리는 소년법 9조의 취지에 따라 진행되어야 한다(少 50조). 즉, 소년, 보호자 또는 관계인의 행상, 경력, 소질, 환경 등에 관하여 의학, 심리학, 교육학, 사회학 그 밖의 전문적 지식을 활용하여 심리를 진행하여야 한다. 이는 가정재판소가 소년보호사건에 대하여 취하고 있는 과학적 조사의 방법 및 교육적인 취급을 형사재판소의 공판심리에도 도입하려는 것으로,[1] 그 의미에서 소년의 형사재판에도 소년을 개선교육하여 건전육성을 도모한다는 소

1) 団藤＝森田 402면.

년법의 기본이념이 적용된다는 점을 보여주는 것이라고 할 수 있다.[2)]

이러한 취지에 부합하는 공판심리를 실현하기 위해 재판소가 어떠한 조치를 취할지는 그 재량에 맡겨져 있으나,[3)] 형사재판소에는 가정재판소 조사관에 대응하는 조사기관이 존재하지 않고, 형사재판에서의 정상감정의 실시도 아직 일반화된 것이 아니다. 그러므로 본조의 취지에 부합하는 실제상의 조치는, 형사재판소가 가정재판소의 소년조사기록(사회기록)을 양형이나 소년법 55조에 따른 이송의 당부를 판단할 때의 자료로써 활용하는 것이다.[4)] 형사소송규칙에도 소년사건의 심리는 친절하고 온화하게 하는 동시에, 사안의 진상을 명확하게 하기 위하여 가정재판소가 조사한 증거를 가급적 조사해야 한다고 규정되어 있다(刑訴規 277조).

실무에서는 지방재판소와 가정재판소의 협의에 기초하여, 가정재판소의 역송결정에 따라 기소된 소년의 형사사건에서, 지방재판소가 검찰관·변호인의 신청 또는 직권으로 사회기록에 대한 송부촉탁을 결정하고, 가정재판소도 이에 응하는 방식으로 운용하고 있다. 그 후 송부된 기록 중 필요한 부분이 공판에 현출되고, 이에 대한 조사를 실시하게 된다.[5)]

한편, 사회기록은 소년이나 관계자의 프라이버시에 깊게 관계되는 정보를 포함하고 있을 뿐만 아니라, 원래 사회조사는 조사결과를 외부에 유출하지 않음을 전제로 조사자와 피조사자의 신뢰관계에 기초하여 이루어지는 것이다. 그러므로 이를 공개법정에서 조사할 때에는 이러한 점을 배려할 필요가 있다. 이에 사회기록을 조사할 때에는 법정에서의 낭독(刑訴 305조)을 가능한 피하는 동시

---

2) 田宮＝廣瀨 461면.

3) 본조는 훈시규정으로 해석되고 있으므로(最判 昭和24·8·18 刑集 3권 9호 1489면), 재판소가 특별한 조치를 취하지 않았다고 하여 그것만으로 즉시 위법하게 되는 것은 아니다.

4) 団藤＝森田 403면, 池田眞一, “少年の刑事事件の審理方針, 取扱い”, 少年法判例百選 221면, 横田信之, “刑事裁判における少年調査記録の取扱いについて”, 家月 45권 11호, 1993, 5면.

5) 川口宰護, “少年法改正後の刑事裁判の対応”, 法の支配 131호, 2003년, 33면, 角田正紀, “少年刑事事件を巡る諸問題”, 家月 58권 6호, 2006년, 36면. 사회기록을 양형자료로 이용하는 경우에 엄격한 증명을 요하는지 여부에 관해서는 다툼이 있는데(横田, 앞의 각주4) 22면 이하), 실무상으로는 재판소가 송부받은 사회기록을 변호인 및 검찰관으로 하여금 열람하도록 한 다음, 증거조사를 할 부분에 관해 재판소도 관여하여 협의를 하고, 양 당사자가 합의한 부분에 대해 공판정에서 조사하는 방식으로 운용하고 있다.

에, 요지의 고지(刑訴規 203조의2)도 필요최소한도에 그쳐야 한다고 여겨지고 있고,[6] 실무도 이에 부합하게 운용되어 왔다.[7]

가정재판소의 사회조사결과를 형사재판에 이용하는 방법으로는 그 외에 조사관과 감별기관(鑑別技官)을 증인신문하는 것도 고려해 볼 수 있다. 그러나 조사관이나 감별기관은 증인신문을 받더라도, 조사나 감별의 과정에서 알게 된 소년의 요보호성에 관한 사실에 대해서는 공무상 비밀을 이유로 증언을 거부할 수 있다고 해석되고,[8] 나중에 증인으로 증언을 요구받게 된다는 점을 전제로 하면 조사나 감별의 실시가 곤란해진다는 점에서, 이들을 증인으로 조사하는 것은 피해야 한다고 여겨지고 있으며,[9] 실무에서도 이들에 대한 신문을 인정하지 않는 것이 통상적이다.[10]

공판절차에 관한 또 하나의 특별규정으로, 소년에 대한 피고사건은 다른 사건과 관련된 경우에도 심리에 지장이 없는 한 절차를 분리해야 한다는 규정을 두고 있다(少 49조 2항). 소년의 피고사건을 다른 피고사건과 병합심리하면, 다른 피고인으로부터 악영향을 받거나 소년이 위축되어 사안의 진상을 진술할 수 없게 되는 폐해가 발생할 수 있다는 점을 고려한 것이다.[11] 소년인 피의자·피고인에 대해서는 다른 피의자·피고인과 분리하고 그 접촉을 피해야 한다는 원칙(少 49조 1항)의 발현이라고 볼 수 있다. 절차를 분리하면 심리에 지장을 초래하는지 여부의 판단은 재판소의 재량에 맡겨져 있으나, 실무상 단순한 소송경제상의 이점이나 공범자간의 양형의 균형을 도모한다는 관점에서 병합심리를 하는 경우는 없다.[12]

---

6) 平場 440면, 早川義郎, "少年の刑事被告事件の取扱いについて", 家月 25권 8호, 1973, 20면, 仲家暢彦, "若年被告人の刑事裁判における量刑手続", 中山退官 342면.

7) 田宮＝廣瀨 462면, 角田, 앞의 각주5) 38면.

8) 田宮＝廣瀨 462면, 平場 78면.

9) 池田, 앞의 각주4) 221면, 早川, 앞의 각주6) 21면, 和田真＝延廣丈嗣, "少年の裁判員事件における審理等のあり方", 判タ 1410호, 2015, 9면.

10) 手崎正人 "少年の裁判員裁判について", 判タ 1353호, 2011, 46면.

11) 田宮＝廣瀨 460면.

12) 角田正紀, "刑事公判", 重判50選 254면.

Ⅱ. 앞으로의 과제

소년의 건전육성이 역송 후의 형사재판까지도 포섭하는 이념이라고 한다면, 형사재판의 심리에서도 특별한 배려가 이루어짐이 당연하다. 그러나 소년법은 위와 같이 50조에 추상적인 규정을 두고 있을 뿐이고, 기본적으로는 성인의 경우와 동일한 절차 하에서 심리가 진행된다. 지금까지는 소년의 형사사건 자체가 적었던 탓도 있어, 그 당부가 정면에서 논해지는 일은 거의 없었으나, 최근 주로 아래의 두 가지 관점에서 그 절차의 운영이 문제되고 있다.

1. 심리방식의 개혁

첫 번째 문제는 소년의 특성을 배려한 심리방식에 관한 것으로, 이 문제는 2000년 개정으로 역송규정이 개정됨에 따라 표면으로 부상하였다. 즉, 원칙역송제도의 도입으로 대상사건에서 소년이 형사재판을 받는 사례가 증가하였다는 점에 더하여, 역송가능연령이 14세 이상으로 낮춰짐에 따라 당시까지는 형사재판을 받지 않았던 연소소년[13]이 피고인이 되는 사례가 발생하였다. 그러나 특히 연소소년과 중간소년에 관하여는, 공개된 법정에서 방청에 노출된 상태에서 심리를 진행하는 것은 소년의 정서보호라는 관점에서 문제가 있을 뿐만 아니라, 그러한 상황에서는 소년이 위축되어 공판에서 자신이 말하고 싶은 바를 충분히 진술할 수 없게 된다는 우려가 제기되었다.[14]

이러한 문제가 있다는 것은 분명하므로, 이에 대응하기 위하여 실무에서는 피고인인 소년이 입·퇴정할 때에 가림막을 세워 방청인에게 모습이 보이지 않도록 하거나, 심리 중에 방청인으로부터 등을 돌리는 형태로 피고인의 착석위치를 잡아 방청인이 얼굴을 볼 수 없도록 하는 조치를 취한 사례가 있다. 또한 인정신문을 포함하여 심리 중에 피고인을 익명으로 처리하고, 주소 등 본인을 특정할 수 있는 정보를 밝히지 않는 형태로 심리하는 방법도 채택하고 있다.[15]

---

13) 통계상으로 소년은 연소소년(14세·15세), 중간소년(16·17세), 연장소년(18세·19세)으로 구분되고 있다.

14) 角田, 앞의 각주5) 32면.

15) 角田, 앞의 각주5) 30면, 手崎, 앞의 각주10) 43면, 川村百合, “少年の裁判員裁判の問題点

실무상 이와 같은 대응이 이루어지고 있기는 하나, 이러한 조치를 취하는 것만으로는 전술한 문제를 근본적으로 해결할 수는 없다. 이에 한걸음 더 나아가, 공판 중에 피고인인 소년을 방청인으로부터 차폐하는 조치나 심리 자체의 비공개를 인정하는 등 법개정을 추진해야 한다는 제안도 나오고 있다.[16]

2. 사회기록의 취급

두 번째 문제는 재판원재판(역주 – 특정한 형사재판에서 사건별로 선정된 시민재판원이 직업재판관과 함께 심리에 참가하는 재판형태로 2009년부터 시행)의 도입에 따라 발생한 것이다. 재판원재판의 대상사건은 ① 사형, 무기의 징역 또는 금고에 해당하는 죄에 관계되는 사건 및 ② 법정합의사건으로, 고의의 범죄행위로 인하여 피해자를 사망하게 한 죄에 관계되는 것인데, 소년사건도 그 대상에서 제외되지 않을 뿐만 아니라, 원칙역송대상사건은 그 대부분이 재판원재판의 대상사건이 된다. 소년사건을 재판원재판에서 처리하는 데에 있어서 가장 문제되는 것은 사회기록의 취급이다.

전술한 것처럼, 지금까지 사회기록을 조사하는 경우에는 가급적 낭독을 피하는 동시에, 요지의 고지도 최소한에 그치는 식으로 운용해 왔다. 그러나 재판원재판에서는 공판심리에서 직접주의, 구두주의를 철저히 지키고, 증거조사는 재판원이 공판정에서 심증을 형성할 수 있는 방법으로 실시해야 한다는 관점에서, 서면을 증거로 하는 경우에는 원칙적으로 그 전문을 낭독해야 한다고 여겨지고 있다.[17] 이를 사회기록의 조사에도 적용하면 지금까지의 운용은 유지할 수 없게 되고, 소년과 가족의 프라이버시에 깊게 관계된 정보가 공개법정에서 그대로 현출되는 문제가 발생한다. 그렇게 되면 소년의 프라이버시와 정서의 보호라는 관점에서 문제가 생길 뿐만 아니라, 조사관의 사회조사에 제공되는 정보

と解決策を考える", 自由と正義 59권 14호, 2008, 89면.

16) 角田, 앞의 각주5) 34면, 川村, 앞의 각주15) 92면, 廣瀬 130면, 笹倉香奈, "裁判員裁判と少年のプライバシー·情操保護", 季刊刑事弁護 57호, 2009, 50면. 이 외에 소년심판규칙 31조 2항과 같이 소년인 피고인의 정서보호를 이유로 피고인을 일시적으로 공판정으로부터 퇴정시키는 규정을 두는 것도 제안되고 있다.

17) 角田正紀ほか, "裁判員制度の下における大型否認事件の審理の在り方", 司法研究報告書 60집 1호, 2008년, 33면.

는 비밀이 지켜진다는 전제가 성립하지 않게 되므로, 사회조사 자체가 곤란해지는 사태도 발생할 수 있다.

이 문제에 대한 대응책의 하나는, 공개법정에서의 조사를 상정하여 사회기록 자체를 이에 적합하게 작성하는 것인데, 그렇게 되면 형사재판소가 얻을 수 있는 정보가 한정되게 된다. 이는 소년사건의 공판심리가 소년법 9조의 취지에 따라 이루어져야 한다는 법의 취지에 반하는 결과가 될 것이다. 또한 사회조사를 충분히 하는 것은 가정재판소에서 소년보호사건을 처리할 때의 대전제라고도 할 수 있는데, 이후에 역송되어 형사재판이 진행될 가능성이 높다는 이유로 사회조사의 방식을 변용시키는 것이 과연 타당한가라는 의문도 있다.

이에 사회조사 자체는 종래와 같은 방식으로 실시하면서, 형사재판소에서 조사하는 사회기록의 범위를 제한하는 방안도 생각해 볼 수 있다. 예를 들어, 소년법 55조에 따른 가정재판소로의 이송의 당부를 판단함에 있어서, 원칙역송대상사건에서 보호처분상당성이 긍정되기 위해서는 우선 범죄행위 자체에 관한 '특단의 사정'의 존재가 긍정되어야 한다는 견해를 취한 다음, 그러한 '특단의 사정'이 존재하는지 유무는 통상 일반적인 형사재판과 동일한 증거로 충분히 판단할 수 있고, 설사 사회기록이 필요한 경우라 하더라도 기본적으로 소년조사표의 '조사관의 의견'란을 증거로 하면 충분하다는 지적이 있다.[18] 그러한 한도 내에서 사회기록을 이용하는 것에 그친다면, 확실히 소년과 관계자의 프라이버시에 깊게 관계되는 부분을 명확하게 하지 않고도 심리를 진행할 수 있게 된다.

다만, 위 견해가 전제로 하고 있는 법 55조의 보호처분상당성의 판단방법에 관해서는 이론이 있고(본서 336면), 설령 이 견해에 따른다 하더라도, 이는 원칙역송대상사건 이외의 역송사건에는 타당하지 않으므로 여전히 문제는 남게 된다. 그러한 점에서, 사회기록 전체에 대해 증거조사를 실시함을 전제로 하되, 그 증거조사방법은 재판원재판에서도 종래와 같이 요지의 고지로 하고(刑訴規 203조의2), 재판원 및 재판관이 이를 정독할 시간을 확보해야 한다는 의견도 제시되고 있다.[19] 소년 및 관계자의 프라이버시를 보호하고 사회조사의 실효성을 확보할 필요성은 의심의 여지없이 인정되는 것이므로, 비록 재판원재판이라 하

18) 佐伯仁志ほか, "難解な法律概念と裁判員裁判", 司法研究報告書 61집 1호, 2009, 65면.
19) 加藤学, "保護処分相当性と社会記録の取扱い", 植村退官 492면.

더라도 예외적으로 요지를 고지한 후 법정에서 사회기록을 묵독하는 방식의 운용도 허용되어야 할 것이다.[20]

한편, 이러한 증거조사방법에 수반하는 문제와 함께, 애당초 사회기록이 재판원재판에서의 증거로서 적절한 것인가 하는 의문도 제기되고 있다. 다시 말해, 재판원재판에서는 증거의 총량을 재판원이 충분히 이해하고 평가할 수 있을 정도로 압축함과 동시에, 개별적인 증거도 알기 쉬운 내용으로 만들 것이 요구된다. 그러한 점에서, 서증에 관하여는 그 내용을 간소화하고 요령 있게 구성할 필요가 있다고 여겨지고 있다. 그러나 사회기록은 다양한 사정을 고려하여 종합적으로 결정되는 소년의 요보호성을 판단하기 위한 자료로서 작성되는 것이기 때문에, 그 성질상 상세한 것이 될 수밖에 없다. 그리고 형사재판소가 보호처분 상당성을 판단하거나 양형을 실시하기 위해서는 사회기록에 기재된 구체적인 사실이 중요한 것이지, 이와 달리 조사관이 작성한 소년조사표의 결론 부분만을 추출하거나 사회기록의 필요한 부분을 요약하여 이를 조사하는 방법으로는, 애당초 사회기록을 조사하는 의미가 크게 상실되어 버릴 것이다.[21] 그렇다면 결국 사회기록 전체를 조사해야 하는데, 그렇게 하는 것은 질과 양의 모든 측면에서 재판원에게 지나친 부담을 주는 것은 아닌지 하는 의문이 생기는 것이다.[22]

이상과 같은 문제가 있다는 점에서, 애당초 소년사건의 전부 혹은 일정한 연령 이하의 소년사건에 관해서는 재판원재판의 대상에서 제외하는 것을 검토해야 한다는 의견도 있었다.[23] 그러나 재판원제도의 이른바 3년 후 재검토를 위해 법무성에 설치된 검토회의에서는, 소년사건을 제외하는 의견을 채택하지

---

20) 相川裕, "裁判員裁判における社会記録の取扱いの問題点", 季刊刑事弁護 57호, 2009, 58면, 斉藤豊治, "少年法55条の保護処分相当性", 犯罪と刑罰 21호, 2011, 94면, 葛野尋之, "社会記録の取調べと作成者の証人尋問", 裁判員裁判 282면.

21) 相川裕, "裁判員裁判における社会記録の取扱いの問題点", 季刊刑事弁護 57호, 2009, 58면. 소년조사표나 감별결과보고서는 각각 전체가 일체로서 판단을 형성하고 있기 때문에, 취사선택적인 증거청구나 채용은 소년법 50조의 취지에 반한다는 지적도 있다(加藤, 앞의 각주 19) 491면)

22) 이에 대하여는, 본래 소년조사표는 가정재판소의 처우선택과 심판운영을 위해 필요한 사항을 정리한 간결하고 요령 있는 것이어야 하고, 그렇게 하면 저절로 적절한 양이 될 것이므로, 그러한 소년조사표는 시간적으로나 이해가능성의 측면으로나 재판원이 읽기에 적합한 것이 된다는 지적도 있다(加藤, 앞의 각주19) 492면).

23) 角田, 앞의 각주5) 39면, 八木正一, "少年の刑事処分に関する立法論的覚書", 判タ 1191호, 2005, 70면.

않았다.[24] 다만, 그 문제점을 지적하는 의견이 적지 않은 것도 사실이므로, 소년사건을 재판원재판의 대상사건으로 남겨둔 상태에서의 절차적 개선필요성까지 포함하여, 앞으로도 계속 실무운용을 검증해 나갈 필요가 있을 것이다.

제 2 절 소년에 대한 처분

소년사건의 공판절차에 관한 특칙은 거의 없는 반면, 공판에서 선고하는 처분에 관하여는 비교적 많은 '특별규정'이 마련되어 있다. 이들 규정 중 몇 가지는 2014년 개정으로 변경이 이루어졌다.

Ⅰ. 형벌에 관한 특칙

1. 형의 감경규정

범죄행위 당시 18세 미만이었던 자에 대하여는 사형을 과할 수 없다. 사형으로 처단해야 하는 경우에는 무기형이 선고된다(少 51조 1항). 일본이 비준하고 있는 '아동의 권리에 관한 조약'에서는 범행시 18세 미만의 소년에 대한 사형을 금지하고 있는데(37조(a)), 본 규정은 이 조약에 합치되는 것이다.

또한 동일하게 범행시 18세 미만이었던 자를 무기형으로 처단해야 하는 경우에는 재판소의 재량으로[25] 유기의 징역 또는 금고를 과할 수 있다(少 51조 2항). 감경된 경우의 선고형은 당시까지는 10년 이상 15년 이하의 범위 내에서 정해지는 정기형이었다.[26] 그러나 2014년 개정으로 유기형인 부정기형의 장기

24) "『裁判員制度に関する検討会』取りまとめ報告書", 2013年 6月.

25) 2000년 개정 전에는 무기형으로 처단하는 경우에도 감경이 필요적인 것으로 규정되어 있었으나, 본래 무기형이 상당한 사안에 대하여 반드시 유기형으로 감경하는 것은 적당하지 않다는 이유에서, 무기형을 과할지 유기형을 과할지 여부를 재판소가 선택하도록 개정하였다(甲斐ほか 219면).

26) 最判 昭和25·11·9 刑集 4권 11호 2227면. 田宮=廣瀬 464면, 平場 443면. 이에 비하여, 무기징역형을 선택한 다음 51조 2항을 적용하지 않고 일반 작량감경을 하는 경우에는 단기 5년 이하, 장기 10년 이하의 부정기형이 과해진다(田宮=廣瀬 464면). 이는 범행시 18세 이상의 소년에 대해 무기징역형을 선택한 다음 작량감경을 하는 경우도 같다(大阪高判 平成17·

의 상한이 10년에서 15년으로 인상되었던 관계로, 무기형의 완화형으로서 과할 수 있는 형의 상한을 15년인 채로 놔두면, 무기형의 완화형보다 책임이 가벼운 부정기형과 무기형의 완화형의 상한이 같아진다는 불합리한 결과가 발생한다.[27] 이에 부정기형의 장기의 상한을 인상시킨 것에 대응하는 형태로, 무기형의 완화형의 상한도 15년에서 20년으로 인상시켰다. 한편, 하한에 관하여는 지금까지 무기형의 완화형으로서 15년 미만의 형이 선고된 사안이 있고 그러한 양형을 부정할 이유는 없다는 점에서, 인상 없이 10년을 그대로 유지하였다. 그 결과 앞으로 무기형의 완화형은 10년 이상 20년 이하의 범위 내에서 정기형으로 선고하게 되었다.[28]

이러한 감경규정을 둔 주된 취지는 소년에 대한 은혜적인 조치로서 인도적인 견지에서 가혹한 형을 회피한다는 점에 있다. 또한 가소성이 풍부하고 교육을 통한 개선가능성이 높은 소년에 대하여는, 보다 교육적인 처우와 조기의 사회복귀가능성을 부여하는 것이 필요하고 유효하다는 점도 그 이유로 들 수 있다. 이에 더하여, 소년은 인격이 미숙하여 반대동기를 형성하는 힘이 약하기 때문에, 유형적으로 성인보다 책임비난의 정도가 작다는 것을 이유로 드는 견해가 적지 않다.[29] 그러나 소년인 점이 책임비난의 정도에 영향을 준다는 일반론을 고려한다고 해도, 2000년 개정을 통해 무기형인 경우의 감경이 필요적에서 재량적으로 바뀐 이후에도, 이것이 본조에 의한 감경의 근거로서 타당한 것인가는 의문이다.

여하튼 본조는 피고인이 범행시 18세 미만이었던 점에 착안한 특별한 감경규정이므로, 형법에 규정된 법률상의 감경과 작량감경의 적용을 배제하는 것은 아니다. 따라서 예를 들어, 사형이 처단형인 경우에 법률상의 감경이나 작량감

9·7 家月 58권 3호 149면).

27) 中村＝檞 59면.

28) 무기형의 완화형으로 유기형이 선고된 자에 대해 가석방이 가능하게 되는 기간은 지금까지 일률적으로 3년으로 해왔다. 그러나 부정기형의 단기의 상한이 10년으로 인상됨에 따라, 이보다도 짧은 기간에 가석방이 인정되는 것은 상당하지 않다는 점에서, 무기형의 완화형에 관해서도 일반원칙에 따라, ‘형기의 3분의 1’ 경과시로 개정하였다(少 58조 1항 2호).

29) 田宮＝廣瀬 463면, 平場 443면, 本圧 198면, 団藤重光, 刑法綱要総論[第3版], 創文社, 1990, 598면, 井田良ほか, “裁判員裁判にける量刑評議の在り方にいて”, 司法研究報告書 63집 3호, 2012, 70면.

경을 통해 무기형으로 한 다음, 다시 본조 2항을 적용하여 유기형을 선고할 수도 있다.[30]

2. 부정기형

(1) 제도의 취지와 내용

소년의 경우 성인에게는 없는 부정기형이 규정되어 있다(少 52조).[31] 그 취지는 소년은 가소성이 풍부하고 교육에 의한 개선갱생이 더욱 기대된다는 점에서, 형의 집행 중인 소년의 개선정도에 따른 대응을 가능하도록 하기 위하여, 형기에 폭을 둠으로써 처우에 탄력성을 기하려는 데에 있다.[32]

종전에는 장기 3년 이상의 유기의 징역 또는 금고로 처단해야 하는 때는 그 형의 범위 내에서 장기와 단기를 정하여 형을 선고해야 하고, 이때에 단기는 5년, 장기는 10년을 초과할 수 없었다. 따라서 '5년 이상 10년 이하'의 형이 부정기형의 상한이었다. 이러한 종전의 제도에 대하여 2014년 개정은 다음과 같이 4가지를 개정하였다.

첫 번째로 처단형이 장기 3년이라는 제한이 철폐되어, 유기징역·금고를 처단형으로 하는 모든 경우에 부정기형을 선고할 수 있게 되었다(少 52조 1항 1문). 종전에 부정기형의 선고를 처단형이 장기 3년 이상인 경우로 한정하였던 것은, 형기가 그보다 짧아서는 부정기형으로 할 의미가 별로 없다는 이유에서였다. 그러나 그와 같은 이유라면, 본래 선고형이 기준이 되어야 하는데 처단형을 기준으로 적용을 한정하는 것은 합리적이지 못할 뿐만 아니라, 전술한 부정기형의 취지는 처단형이 장기 3년 미만의 죄를 범한 소년에게도 역시 타당하다는 점에서 그 제한을 철폐하였던 것이다.[33]

두 번째로 부정기형의 단기와 장기의 상한이 각각 5년씩 인상되어 10년과

---

30) 田宮＝廣瀬 464면.

31) 부정기형을 선고하기 위해서는 판결선고시에도 소년일 것이 필요하다(最判 昭和24·9·29 刑集 3권 10호 1620면. 団藤＝森田 409면, 田宮＝廣瀬 467면). 따라서 범행시에 소년이었다 하더라도 판결시에 성년에 도달한 경우에는 정기형이 선고된다.

32) 田宮＝廣瀬 466면, 小林充, "少年に対する不定期刑の言渡基準について", 家月 25권 12호, 1973, 7면.

33) 中村＝榊 62면.

15년이 되었다(少 52조 1항 2문). 이에 의하여 소년에게 과할 수 있는 가장 무거운 부정기형은 '10년 이상 15년 이하의 징역'이 되었다. 이와 같이 인상한 이유로는, 소년이 피해자의 생명을 빼앗는 흉악·중대한 범죄행위를 저지른 경우에 소년에게 무기형을 과하는 것은 가혹하지만 5년 이상 10년 이하의 부정기형은 너무 가볍다고 볼 수 있는 사안[34]이나 공범사건에서 20세를 조금 밑도는 소년이 주범이고 20세를 조금 넘은 성인이 종범의 역할을 수행한 사안 등 5년 이상 10년 이하의 부정기형으로는 재판소의 적정한 양형이 곤란한 사안이 존재한다는 점이 제시되고 있다.[35]

세 번째로 장기와 단기를 정하는 방법에 관하여, 우선 장기를 정한 다음 장기의 2분의 1(장기가 10년을 하회할 때는 장기에서 5년을 뺀 기간)을 하회하지 않는 범위 내에서 단기를 정한다는 명문규정을 신설하였다(少 52조 1항 1문). 이와 같이 부정기형의 장기와 단기의 폭에 관하여 제한규정을 둔 것은, 부정기형의 장기와 단기가 모두 형이라는 점을 전제로 할 때, 양자의 폭이 지나치게 커지면 재판소가 피고인이 받을 불이익의 한계를 획정한다는 기능이 충분히 발휘될 수 없을 뿐만 아니라, 단기의 경우에도 행위책임의 관점에서 볼 때, 장기에 비해 지나치게 단기간으로 정하는 것은 상당하지 않다는 점도 고려하였기 때문이다.[36]

네 번째로 단기에 관하여는, 소년의 개선갱생의 가능성 그 밖의 사정을 고려하여, 특히 필요한 때에는, '처단해야 하는 형의 단기의 2분의 1을 하회하지 않고', 동시에 '장기의 2분의 1(장기가 10년을 하회할 때는 5년을 뺀 기간)을 하회하지 않는' 범위 내에서 정할 수 있다는 특칙이 신설되었다(少 52조 2항). 이를 통해 단기에 관해서는 처단형의 하한을 하회하는 기간을 정할 수 있게 되었다.

이 규정은 소년에 따라서는 처단형의 하한보다 짧은 기간 내에 개선갱생하

---

34) 소년법 51조 2항은 무기형이 상당한 경우에 형을 감경하는 규정이므로, 처음부터 10년이 넘는 정기형의 선고를 의도하여 무기징역을 선택한 다음 51조 2항을 적용하는 것은 허용되지 않는다(東京高判 平成19·12·17 高刑速[平成19年] 360면).

35) 中村=檞 63면.

36) 中村=檞 65면. 구법에서 장기가 길게 되면 될수록 단기와의 형기 폭이 넓게 되었던 것을 참고로, 우선 장기의 2분의 1이란 기준을 정했는데, 이에 의하면 장기가 그다지 무겁지 않은 경우는 단기로 선고할 수 있는 형이 너무 제한되기 때문에, 장기가 10년을 하회하는 경우에는 그로부터 5년을 감한 기간이라는 별도의 제한을 마련하였다. 이에 따라 예를 들면, '1년 이상 3년 이하'라는 형을 선고할 수 있게 되었다.

였다고 인정되고, 동시에 행위책임의 관점에서도 그와 같은 기간으로 형의 집행을 종료시키는 것이 허용되는 경우도 있을 수 있다는 사고를 전제로 한 것이다. 한편으로 만약 처단형의 범위 내일 것을 조건으로 할 경우, 예를 들어 장기를 처단형의 하한으로 정한 경우에는 단기를 정할 수 없게 된다는 문제가 있다. 또한 처단형의 범위 내라는 것을 유지하여 가벼운 형을 선고하려고 하면, 작량감경을 하여 하한을 낮출 수밖에 없는데, 그렇게 하면 행위책임의 정도까지 가볍게 되었다는 잘못된 평가를 수반하게 될 뿐만 아니라, 상한이 너무 낮아져 적정한 기간의 장기를 결정할 수 없게 된다는 불합리가 생기기 쉽다. 그래서 위와 같은 전제에서 처단형의 하한을 하회하는 것을 인정하기로 한 것이다. 다만, 단기도 형인 이상, 처단형의 하한과 관계없이 현저하게 낮은 형기를 정하는 것은 상당하지 않다는 점에서, 위와 같이 일정한 제한을 두었다.[37]

그러한 의미에서 본항은 소년에 대하여 특별한 형의 감경사유를 규정한 것으로 볼 수도 있을 것이다. 그 때문에 본항과 형법 66조의 작량감경규정은 서로 배척하는 것이 아니라 양쪽을 모두 적용할 수도 있다. 적용순서로는 우선 행위책임의 견지에서 작량감경을 하는 것이 상당한지 여부를 판단하여 그에 기반한 처단형을 결정한 다음, 본항이 정하는 사정을 고려하여 특별예방의 견지에서 본항을 적용할지 여부를 판단하는 순서가 될 것이다.[38]

한편, 부정기형의 선고는 실형의 경우에 한하고 형의 집행유예가 선고되는 경우에는 통상의 정기형이 선고된다(少 52조 3항). 부정기형이 형사시설에서의 처우를 전제로 한 것이기 때문이며,[39] 이러한 점은 2014년 개정에서도 바뀌지 않았다.

(2) 부정기형의 선고기준

부정기형에서 형의 장기와 단기의 법적 의미를 어떻게 볼 것인지에 대해서는, 책임형과의 대응관계를 어떻게 파악할 것인가에 따라 다음의 4가지 견해가 있다. 첫 번째는 책임형을 단기에 대응시켜 이를 초과하는 부분은 보안처분으로

37) 中村＝檞 67면.

38) 中村＝檞 69면.

39) 田宮＝廣瀨 469면, 平場 445면. 다만, 집행유예가 취소된 경우에는 그대로 정기형이 집행되게 되고, 새로이 부정기형을 선고할 수 없다는 문제가 있다. 그래서 입법론으로는 집행유예의 경우에도 부정기형을 선고하는 것을 인정해야 한다는 의견도 있다(団藤＝森田 413면).

보는 견해(단기설),[40] 두 번째는 반대로 장기를 책임형으로 보고 단기는 형을 집행하면서 소년의 개선정도에 따라 형기를 단축하기 위한 것으로 보는 견해(장기설),[41] 세 번째는 단기와 장기의 중간에 책임형이 위치한다는 견해(중간위설), 네 번째는 단기부터 장기까지의 기간 전체가 책임형으로서의 의미를 가짐과 동시에 보안적, 교육적 의미도 가진다고 하는 견해(전체기준설)[42]이다. 실무에서는 세 번째인 중간위설이 비교적 유력하지만, 이 중 어느 견해가 지배적이라고 보기는 어려운 현실이다.[43]

부정기형도 형벌인 이상, 책임을 초과한 형벌을 긍정하는 단기설 및 중간위설은 채택할 수 없을 것이다. 또한 전체기준설은 이른바 폭의 이론에 따른 것이지만, 책임에 폭이 있다는 사고방식을 승인한다고 해도, 소년법 52조에 규정된 단기와 장기의 폭에 대응하는 책임의 폭을 상정할 수 있을지는 의문이다.[44] 따라서 장기설이 타당하다고 본다.

2014년 개정에서는 전술한 것처럼 장기와 단기를 정하는 방식에 있어서, 우선 장기를 정하고 다음으로 일정한 범위 내에서 단기를 정하도록 하고 있다. 이는 우선 행위책임의 관점을 중시하여 장기를 정하고, 다음으로 특별예방의 관점을 중시하여 단기를 정한다는 것을 보여주는 것으로,[45] 장기설에 친화적이라

---

40) 森下忠, “不定期刑運用上の諸問題”, 刑法雑誌 3권 4호, 1953, 116면, 柳原嘉藤, “不定期刑運用についての実務上の諸問題”, 司法研修所報 21호, 1958, 71면.

41) 早川, 앞의 각주6) 28면, 小林, 앞의 각주32) 5면, 坂井智, “少年に対する刑事裁判における若干の問題”, 中野還暦 287면, 城下裕二, 量刑理論の現代的課題[増補版], 成文堂, 2009, 204면.

42) 山崎学, “不定期刑と定期刑の軽重”, 判タ少年法 252면.

43) 角田, 앞의 각주5) 20면.

44) 이에 대하여, 소년이 수형을 통해 자신의 죄를 깊이 수용한다는 의미에서 정신적으로 속죄한 경우에는, 사후적인 책임비난의 감소가 인정되고, 부정기형의 단기는 이에 따른 형의 조기종료의 한계를 제시한 것이라는 견해도 있다(樋口亮介, “少年刑の改正”, 刑ジャ 41호, 2014, 114면). 소년에 대해서는 책임의 내용으로 형벌의 고통을 감수함으로써 수동적으로 책임을 이행할 뿐만 아니라, 수형 중에 성장발달하여 자율적으로 범죄를 극복함으로써 능동적으로 책임을 이행하는 것도 인정되므로, 단기는 후자의 의미에서 책임이행을 예상하고 형성된 것이라는 견해(本庄 249면)도 사후적인 책임감소를 인정하는 점에서 같은 발상에 입각한 것이다. 이들 견해에 따르면 장기와 단기는 둘 다 책임에 대응하는 것이기는 하나, 그 의미가 다르므로 종래의 비판은 타당하지 않게 될 것이다.

45) 中村＝檞 64면. 장기의 결정은 통상의 정기형과 마찬가지로, 행위책임을 기초로 정해진 일정한 형의 폭의 범위 내에서 피고인의 성격, 연령, 처지 등 협의의 정상을 고려한 다음 결정되는 것으로, 이 단계에서도 특별예방의 고려가 배제되는 것은 아니다(樋口, 앞의 각주44) 113면).

고 할 수 있다.

(3) 형의 종료와 가석방

부정기형이 선고된 경우 형의 종료시기는, 가정재판소가 아니라 지방갱생보호위원회가 형사시설 또는 소년원의 장의 신청에 따라 결정한다(更生 44조 1항). 형사시설 등의 장은 피수용소년의 형의 단기가 경과하고 동시에 형의 집행을 종료하는 것이 상당하다고 인정하는 때에, 지방갱생보호위원회에 형의 종료를 신청해야 한다고 되어 있다(更生 43조). 또한 가석방은 형의 단기의 3분의 1을 경과한 시점부터 가능하다고 규정되어 있다(少 58조 1항 3호).

(4) 부정기형의 폐지론

부정기형에 대하여는, 실무에서도 아직 그 선고기준이 확립되어 있지 않고, 재판원제도 하에서 복잡하고 기술적인 요소를 포함하는 부정기형의 양형은 곤란할 수 있다[46]는 의문이 있다. 또한 소년에 대한 형의 감경규정이 이미 있는데 굳이 단기를 정하여 형의 종료를 앞당기는 제도가, 범죄자의 속죄를 강하게 요구하는 최근의 국민여론으로부터 지지를 받을 수 있을 것인지[47]에 대한 의문도 제기되고 있다. 나아가 부정기형의 경우 가석방요건이 완화됨과 동시에 특별한 형의 종료사유가 정해져 있음에도 불구하고, 교정보호의 실무에서는 대부분의 경우 부정기형의 장기를 형기로 하는 정기형에 가까운 취급이 이루어지고 있어, 그 실제적인 의미가 상실된 것은 아닌가 하는 지적도 있다.[48] 부정기형의 당부에 대해서는 일찍부터 논의가 있었지만[49] 최근에는 위와 같은 이유에서 다시 그 폐지론이 주장되기에 이르렀다.[50]

그러나 2014년 개정에서는 부정기형의 폐지라는 선택은 이루어지지 않았고, 반대로 그 적용범위가 확대되었다. 소년은 가소성이 풍부하고 교육에 의한

46) 角田, 앞의 각주5) 21면.

47) 八木, 앞의 각주23) 67면.

48) 八木, 앞의 각주23) 68면. 법제심의회 소년법부회 제1회 회의(2012년 10월 15일)에서 배부된 자료("소년에 대한 형의 집행상황[개정판]")에 따르면, 2011년 중에 가석방이 허가된 부정기형 수형자 46명 중 단기의 경과 전에 가석방이 인정된 자는 1명뿐이다. 또한 46명 중에 장기를 기준으로 하는 경우, 형의 집행율이 80% 이상인 자가 80.4%를 차지하는 한편, 70% 미만의 자는 6.5%에 그치고 있다.

49) 大谷実, 刑事政策講義 [新版], 弘文堂, 2009, 133면 이하 참조.

50) 八木, 앞의 각주23) 68면.

개선갱생을 보다 많이 기대할 수 있으므로, 처우에 탄력성을 기한다는 부정기형의 취지는 긍정적으로 평가할 만한 것이기에, 이를 유지하고 적용범위를 확대한 개선의 방향성은 타당하다고 할 수 있다. 그러나 만약 앞으로도 위와 같은 교정보호의 실무운용이 계속된다면, 부정기형의 선고범위를 넓혔다고 해도 결국 유기형의 상한을 인상했을 뿐이라는 비판을 면치 못할 것이다. 이를 계기로 현재와 같이 운용되는 원인에 대한 조사와 함께, 부정기형에서의 가석방의 실시방안에 관하여 재검토할 필요가 있을 것이다.

Ⅱ. 환형처분의 금지

벌금 또는 과료를 선고받은 자가 자력이 없어 이를 완납할 수 없는 경우에는 형사시설에 부설된 노역장에 유치하고 벌금·과료의 납부에 대신하여 작업을 시킨다(刑 18조). 그러나 노역장유치에 대해서는 실질적으로 단기자유형과 다를 바 없다는 폐해가 지적되고 있다.[51] 소년에 대해서는 그것이 교육을 목적으로 하지 않는 단기의 신체구속이라는 점에서 특히 폐해가 크다. 따라서 소년에 대해서는 일률적으로 노역장유치를 선고하지 않도록 하고 있다(少 54조).[52]

다만, 이러한 제도에는 소년이 벌금·과료를 납부하지 않아도 별다른 조치를 취할 수 없다는 문제가 있다. 이 점에 관하여, 외국에서는 벌금을 낼 수 없는 경우 노역장유치가 아니라, 예를 들어 선택적으로 사회봉사활동을 명할 수 있는 제도를 도입한 곳도 있다. 일본에서도 그러한 제도의 일환으로 소년에게 적합한 대체수단의 신설을 검토할 필요가 있을 것이다.

Ⅲ. 가정재판소에의 이송

1. 제도의 취지

재판소는 사실심리의 결과, 소년인 피고인을 보호처분에 부하는 것이 상

51) 岩井宜子, 刑事政策 [第6版], 尚学社, 2014, 220면.

52) 田宮=廣瀬 471면, 平場 446면.

당하다고 인정하는 때는 결정으로 사건을 가정재판소에 이송해야 한다(少 55조). 이는 역송결정에 따라 형사재판에 기소된 소년의 경우에도 그 후에 요보호성에 변화가 생길 수 있고, 원래 가소성이 풍부한 소년의 사건에서는 소년을 둘러싼 상황변화에 대응하여 절차·처분의 선택을 변경할 수 있도록 하는 것이 바람직하다는 관점에서, 재차 소년보호절차에서 처리하도록 돌려보냄을 인정한 것이다.[53]

2. 이송판단의 구조

이송할지 여부는 공판절차에서 조사된 증거에 기초하여 판단된다.[54] 이때 전제가 되는 범죄사실의 인정을 위해 어느 정도의 심증이 필요한지에 대해서는 다툼이 있지만, 실무상 합리적 의심을 넘는 정도의 심증으로 공소사실을 인정한 다음 이송을 하는 것이 통례로 보인다.[55]

다음으로, 형사재판소가 소년피고인을 보호처분에 부하는 것이 상당한지 여부를 판단함에 있어서는, 전문적 검토를 거쳐 형사처분이 상당하다고 한 가정재판소의 판단을 존중해야 한다고 여겨지고 있다.[56] 다만, 가정재판소의 판단이 형사재판소에 대해 법적 구속력을 가지는 것은 아니다.[57] 구속력을 인정한 명문규정이 없고, 역송결정에 대한 항고는 그것이 중간결정임을 이유로 부정되고 있어 55조 이송을 통해 부당한 역송결정을 시정할 필요가 있기 때문이다.[58] 그 때문에 역송 후에, 가정재판소가 내린 판단을 뒤집을 만한 새로운 사정이 판명되는 등 사정변경이 없더라도, 형사재판소는 역송결정시에 존재하였던 사정에 기초하여 독자적으로 평가한 후 이송을 결정할 수 있다.

---

53) 田宮＝廣瀬 472면, 角田, 앞의 각주5) 8면.

54) 田宮＝廣瀬 473면, 早川, 앞의 각주6) 30면.

55) 田宮＝廣瀬 473면.

56) 団藤＝森田 419면, 田宮＝廣瀬 475면.

57) 団藤＝森田 419면, 田宮＝廣瀬 475면, 大野市太郎, “法55条の移送と事実審裁判所の裁量権”, 判タ少年法 255면.

58) 加藤, 앞의 각주19) 485면.

3. 보호처분상당성의 내용

소년피고인을 보호처분에 부하는 것이 상당한지 여부는, 역송결정에서 형사처분상당성을 판단하는 것과 표리관계에 있다. 그 때문에 형사처분상당성에는 보호불능(保護不能)과 보호부적(保護不適)의 양자가 포함된다는 견해에 따르면, 보호처분상당성이 인정되는 것은 형사재판소의 증거조사를 거친 단계에서 그 양자 모두가 부정되는 사정이 있는 경우라고 할 수 있다.

또한 실무상 이루어지는 형사처분상당성의 판단은, 소년에게 보호처분과 형벌 중 무엇이 보다 성격교정 등 교육효과를 올릴 수 있는가라는 처우상 유효성의 관점과, 그 소년의 범죄가 타인이나 사회에 심대한 피해나 위협·불안 등을 주었는지 여부 및 그러한 범죄의 재발방지가 강력히 요청되는지 여부라는 사회감정, 사회방위의 관점을 함께 고려한 후, 어느 쪽이 소년에 대한 처우로서 보다 적합한 것인지를 종합적으로 판단하는 것이란 지적도 있다.[59] 이러한 입장에 따르면, 소년법 55조의 보호처분상당성은 당해 사건의 형사절차에서 예상되는 구체적 형벌보다 이송 후의 보호절차에서 예상되는 구체적 처분 쪽이 소년의 개선갱생을 위해 유효한 동시에, 형벌이 아닌 보호처분의 선택이 피해감정·정의관념 등에 비추어 사회적으로 용납·허용되는 경우에 인정될 수 있을 것이다.[60] 그 판단에 있어서는, 소년의 연령, 인격적 성숙도, 비행·보호처분의 전력, 범죄정상의 경중, 범행 후의 정상, 성장과정의 문제점, 과형으로 인한 폐해와 영향, 공범자와의 처우균형 등의 요소가 종합적으로 고려된다.[61]

4. 원칙역송대상사건에서의 이송

소년법 20조 2항에 근거하여 역송된 소년에 대해서도 55조에 따른 가정재판소에의 이송규정의 적용이 배제되는 것은 아니다.[62] 문제는 그 적용기준이 어떠한가에 있다. 이에 관하여는, 원칙역송제도를 마련한 이상, 이에 근거하여

59) 田宮＝廣瀬 209면.
60) 田宮＝廣瀬 474면.
61) 田宮＝廣瀬 474면.
62) 甲斐ほか 108면.

역송된 소년을, 형사재판소가 종전과 동일한 기준으로 형사처분보다 보호처분이 상당하다고 하여 가정재판소에 이송해서는 원칙역송제도의 취지를 훼손하게 되므로, 역송결정 당시의 기준이 보호처분상당성의 판단에도 반영되어야 할 것이다.[63] 그 때문에 원칙역송대상사건에 있어서의 형사처분상당성의 판단기준, 구체적으로는 소년법 20조 2항 단서의 적용기준을 어떻게 볼 것인가(본서 229면 이하)에 따라 그 결론이 달라질 수 있다.

즉, 단서의 적용을 2단계의 구조로 판단하면서, 단서가 적용되기 위해서는 우선 범죄행위 자체에 관한 사실에서 그 악질성을 크게 감소시키는 '특단의 사정'이 필요하다는 견해[64]를 취하는 경우에는, 특단의 사정이 존재하지 않는다고 하여 역송된 사안에 있어서는 범죄사실에 관한 인정이 변경되든지 아니면 범죄사실 자체에 대한 평가가 달라지지 않는 한, 형사재판소가 55조에 따라 이송할 여지는 없을 것이다.[65] 이에 대하여, 원칙역송대상사건에서도 형사처분상당성은 처우상 유효성의 관점과 사회감정, 사회방위의 관점을 함께 고려하여 종합적으로 판단한다는 입장에서는, 위와 같은 사정이 인정되지 않더라도 형사재판절차를 통해 소년에게 깊은 반성이 나타나는 등 요보호성의 변화를 고려요소로 삼아 55조의 이송을 선택할 가능성이 남게 된다.[66]

실무의 운용은 아직 확립되지 않았고 판례에서 제시되는 판단도 갈리고 있지만, 공개된 판례만을 보면 후자의 견해에 따르는 것이 많다.[67] 다만, 2000년 개정법 시행 후 5년 동안 소년법 20조 2항에 근거하여 역송된 사건의 형사재판 결과를 보면, 총인원 195명 중에서 55조에 따라 이송된 인원은 11명뿐으로,[68]

---

63) 田宮＝廣瀬 475면, 角田, 앞의 각주5) 9면. 加藤, 앞의 각주19) 483면, 植村 375면. 이에 비하여, 원칙역송대상사건도 그 밖의 역송사건과 55조의 판단기준이 다를 바 없다는 견해로, 正木祐史, "逆送裁判員裁判における55条移送『保護処分相当性』の提示", 季刊刑事弁護 57호, 2009, 77면, 日本弁護士連合会, "裁判員制度の下での少年逆送事件の審理のあり方に関する意見書", 2008年 12月이 있다.

64) 北村和, "検察官送致決定を巡る諸問題", 家月 56권 7호, 2004, 70면 이하, 下坂節男, "原則検送と社会調査", 課題と展望(1) 223면.

65) 北村, 앞의 각주64) 87면.

66) 加藤, 앞의 각주19) 483면.

67) 本圧 109면 이하.

68) 法務省, "少年法等の一部を改正する法律の改正後の少年法等の規定の施行状況に関する報告", 2006년 6월. 11명의 내역은 상해치사가 10명, 강도살인·강도치사가 1명이다.

그 비율은 상당히 낮다고 할 수 있다.

5. 이송판단에 대한 불복신청

이송결정은 중간결정이므로 이에 대해서는 보통항고, 즉시항고, 특별항고 중 어느 것도 제기할 수 없다고 해석되고 있다.[69] 반대로, 이송결정을 하지 않은 경우에 이를 양형부당의 내용으로 삼아 항소할 수 있는가에 관하여는 다툼이 있고 판례의 입장도 나뉘고 있다. 일부에서는 소년법 55조를 적용하여 소년을 이송할지 여부는 사실심재판소의 자유재량에 맡겨져 있다는 것이 판례의 입장이므로,[70] 그 판단에 대해서는 항소심의 심사권이 미치지 않기 때문에, 이송하지 않은 것을 양형부당으로 주장할 수는 없다는 견해가 있다.[71] 이 견해에 의하면 항소심이 이송을 상당하다고 판단한 경우에는, 원판결의 파기 없이 스스로 사실심으로서 55조에 따라 이송을 결정해야 할 것이다.[72] 반면, 일정한 경우에는 양형부당이 된다는 견해도 있고,[73] 판례 중에도 원판결을 양형부당으로 파기한 다음 판결로써 55조에 따라 이송한 것이 있다.[74]

Ⅳ. 형의 집행의 특칙

1. 집행장소의 분리

징역 또는 금고를 선고받은 소년에 대하여는 특별한 형사시설 또는 형사시설·유치시설 내의 특별히 분계된 장소에서 그 형을 집행하는데(少 56조 1항), 소년이 20세에 도달한 후에도 26세까지는 그 장소에서 계속 집행할 수 있다(동

---

69) 大阪高決 昭和30·3·31 家月 7권 8호 92면. 団藤＝森田 420면, 平場 448면.

70) 最判 昭和25·10·10 刑集 4권 10호 1957면. 학설상으로도 이를 지지하는 견해가 다수를 차지하고 있다(団藤＝森田 420면, 平場 447면).

71) 廣瀬健二, "保護処分相当性と刑事処分相当性" 家月 41권 9호, 1989, 61면.

72) 이 입장을 취한 것으로 보이는 판례로서, 名古屋高決 昭和25·6·1 家月 2권 6호 232면, 大阪高決 昭和40·6·5 家月 19권 1호 87면, 札幌高決 昭和43·3·29 家月 20권 10호 110면 등이 있다.

73) 早川, 앞의 각주6) 30면.

74) 高松高判 昭和34·10·15 家月 11권 12호 154면. 東京高判 昭和39·12·25 家月 17권 8호 85면, 福岡高判 平成5·11·1 家月 46권 6호 98면.

2항). 1항의 규정에 따른 '특별한 형사시설'로서 전국에 7개소의 소년형무소가 설치되어 있다. 소년형무소에는 소년수형자 외에 26세 미만의 청년수형자도 수용되어 있는데, 이 때문에 2항에 근거한 계속집행이 가능한 것이다. 다만, 소년형무소에 수용되어 있는 청년수형자의 대다수는 수용시에 이미 성인이었던 데다가 소년수형자의 입소인원이 매년 50명 전후에 불과하기 때문에, 소년형무소의 수형자 대부분은 청년수형자이다.

2. 소년원에서의 형의 집행

2000년 개정으로 형사처분이 가능한 연령이 16세 이상에서 14세 이상으로 인하됨에 따라, 16세 미만의 소년이 징역·금고를 선고받은 경우에는 16세가 될 때까지 형사시설이 아닌 소년원에서 집행할 수 있도록 하고, 그 경우 징역수형자에 대해서도 형무작업의 부과 대신 교정교육을 받도록 하는 특칙이 마련되었다(少 56조 3항). 이는 16세 미만의 소년수형자에 대해서는 그 연령과 심신발달의 정도를 고려하면, 형의 집행에서 교육적 측면을 중시해야 하는 경우가 많고, 특히 의무교육연령에 있는 자는 교과교육을 중시해야 한다는 점에서, 이 연령층의 소년에 대해서는 형무소가 아닌 소년원에 수용하여 교육에 중점을 두고 처우함이 상당한 경우가 있다는 사고에 기반한 것이다.[75] 56조 3항은 새로운 형종을 창설한 것이 아니라 형의 집행방식에 관한 특칙이므로, 16세 미만의 소년수형자를 소년원에 수용할 것인지 아니면 형무소에 수용할 것인지는 재판소가 아니라 형의 집행을 담당하는 교정당국이 판단한다.[76]

3. 앞으로의 과제

이 외에 징역·금고형의 집행에 있어서 소년을 대상으로 하는 특별한 규정은 없다. 이는 2005년 '형사시설 및 피수용자의 처우에 관한 법률'이 제정된 후에도 동일하다. 다만, 실무에서는 2000년 개정으로 역송규정이 개정(본서 222면

75) 甲斐ほか 224면.

76) 甲斐ほか 227면.

이하)됨에 따라 소년수형자의 증가가 예상되었던 점에서, 2001년에 새로운 통달을 하달하였다.[77] 여기서는 소년수형자에 대한 처우의 기본이념으로 '처우의 개별화'와 '처우내용·방법의 다양화'가 제시되었고, 이를 반영하여 소년형무소에서는 개별적 처우계획의 작성, 개별담임제의 실시, 성적평가의 실시, 개별면접과 일기지도, 각종 처우기법의 도입, 작업시간 중의 교육활동의 실시, 의무교육연령 수형자에 대한 교과교육의 중점적 실시, 직업훈련의 적극적 실시 등의 시책을 계획·시행하고 있다.[78] 또한 소년원과 소년감별소가 보유한 비행소년의 처우에 관한 지식과 경험을 활용하기 위해, 소년형무소의 직원연수나 소년교정시설과 소년형무소 간의 인사교류도 적극적으로 실시하고 있다.[79]

이와 같이 소년수형자의 특성을 배려하여 일반수형자와는 다른 처우를 실시하고 있다고는 하나, 형무소에서 이루어지는 것은 어디까지나 징역·금고형의 집행이다. 그 때문에 그 대부분을 차지하는 징역수형자들은 정해진 작업을 해야 한다(刑 12조 2항)는 제약이 걸려 있다. 이러한 이유로 개선지도와 교과지도는 형무작업과 병행하여 실시하는 것이 고작이고, 형무작업을 개선지도와 교과지도로 완전히 대체하거나 처우시간의 대부분을 작업 이외의 내용들로 채우는 형태로 운용하는 것은 곤란하다. 그러나 정도의 차이는 있을지언정, 소년의 개선갱생이란 관점에서 형무작업보다 교육적 처우가 유효하다는 것은 모든 소년에게 일반적으로 타당하므로, 소년법 56조 3항의 취지를 소년수형자 전체로 확대하는 규정의 신설을 검토해야 할 것이다.

---

77) "少年受刑者処遇の充実について"(平成13年3月22日付け矯保第650号, 矯正局長通達) 家月 53권 8호 124면. 위 통달은 "少年受刑者等の処遇の充実について"(平成18年5月23日付け矯成第3352号, 矯正局長依命通達)에 의해 그 내용이 승계되는 형태로 폐지되었다.

78) 이러한 특별처우는 원칙적으로 20세에 도달할 때까지 실시되고, 다만 20세에 도달할 때까지 3년이 남지 않은 자에게는 3년간을 목표로 실시된다(花村博文, "法制審議会少年法部会と少年受刑者処遇", 刑政 124권 6호, 2013, 104면).

79) 浜井浩一 "少年刑務所における処遇", 課題と展望(1) 258면 이하, 宮川義博 "少年刑務所における処遇の実情", 家月 57권 4호, 2005, 1면 이하.

Ⅴ. 가석방의 특칙

소년이 징역·금고형을 선고받은 경우에는, 가석방이 가능해지는 기간도 성인에 비하여 단축된다. 이는 소년에 대한 형의 감경의 일환으로서, 소년이 가소성이 풍부하고 시설 내에서의 교육효과도 더욱 기대할 수 있다는 점을 근거로 한다.80)

우선, 무기형에 관하여는 일반적으로 10년인데 비하여(刑 28조), 소년에 대해서는 원칙적으로 7년이다(少 58조 1항 1호). 다만, 소년법 51조 1항에 따라 사형으로 처단해야 하지만 감경하여 무기형이 된 경우에는 통상대로 10년이다(동 2항). 이는 사형을 감경하여 무기형으로 한 다음 가석방에 대해서도 다시 완화하게 된다면, 이른바 이중적 형의 완화가 되므로, 죄형균형의 관점은 물론 피해자감정, 국민감정의 관점에서도 적당하지 않다는 이유에 따른 것이다.81)

소년법 51조 2항에 따라 무기형으로 처단해야 하나 감경되어 유기형을 선고받은 경우에는 가석방까지의 기간은 그 형기의 3분의 1(少 58조 1항 2호), 부정기형의 경우에는 형의 단기의 3분의 1이다(동 3호).

Ⅵ. 자격제한

어떤 자에 대하여 형벌이 선고된 경우, 각종 법령에 따라 형의 선고가 자격제한의 사유로 되는 경우가 있다. 예를 들어, 공직 그 밖의 업무에 관한 자격의 제한사유(國公 38조, 辯護 7조)가 되거나, 선거권 등 공민권의 상실·정지사유(公選 11조)가 되는 경우가 그러하다. 이에 비하여, 소년이었을 때 범한 죄에 의하여 형을 선고받은 자가 그 집행을 종료하거나 집행을 면제받은 경우에는, 자격제한을 정한 법령과의 관계에서는, 장래에 향하여 형의 선고를 받지 않았던 것으로 본다(少 60조 1항). 또한 형의 집행유예를 선고받은 자에 대해서는 그 집행유예기간 중 형의 집행을 종료한 것으로 간주하므로(동 2항) 그 기간 동안 자격

---

80) 田宮＝廣瀬 482면.

81) 甲斐ほか 233면.

제한이 발생하지 않고, 나아가 집행유예의 선고가 취소됨이 없이 유예기간이 경과하면 형의 선고가 효력을 상실하므로(刑 27조) 그 이후에도 자격제한은 발생하지 않게 된다.[82] 이를 통해 소년에게 갱생의 기회를 폭넓게 부여하여 사회복귀를 용이하게 하려는 것이다.[83]

제 3 절 소년의 형사재판에서의 양형

Ⅰ. 양형기준

소년피고인에 대한 양형기준의 고려에 있어서, 그 전제로서 소년에 대한 형벌의 목적과 성격이 성인에 대한 형벌과 상이한 것인지가 문제된다. 이 점에 관하여, 소년의 건전육성이란 기본이념이 소년의 형사절차에도 타당함을 근거로, 형벌의 목적도 형벌에 의한 소년의 개선갱생이란 특별예방목적에 순화된다는 견해도 있을 수 있다. 다만, 이 견해는 역송의 요건인 형사처분상당성도 형벌의 부과가 보호처분의 부과보다 소년의 개선갱생에 있어 유효한 경우에만 인정된다는 이해를 전제로 하는 것인데, 이러한 견해는 소수에 불과하다. 형사처분상당성에 관하여 실무 및 다수설이 취하는 견해에 따르면, 형사처분은 소년의 개선갱생과는 질적으로 다른 목적을 가지는 것임을 전제로 하고 있다. 또한 소년에 대한 형벌에 관하여는 감경규정을 비롯하여 몇 가지 특칙이 마련되어 있는데, 이들은 모두 형벌 자체의 목적과 성격은 성인의 경우와 동일함을 전제로, 교육가능성 등 소년의 특성을 반영하여 수정을 가한 것이다. 그러한 의미에서 소년의 건전육성이란 이념은 소년에 대한 형벌의 목적과 성격까지 변용시키는 것이 아니라, 기존 형벌목적의 범주 내에서 수정기능을 담당하는 것이라고 할 수 있다.

이와 같이 소년에 대한 형벌도 성인에 대한 형벌과 그 목적과 성격이 다르지 않다고 본다면, 그 양형기준도 기본적으로는 일반사건의 경우와 동일하게 된

---

82) 반대로, 형의 집행유예의 선고가 취소된 경우에는 그 취소시에 형의 선고가 있었던 것으로 간주되어(少 60조 3항) 자격제한에 관한 법령이 적용된다.

83) 田宮＝廣瀨 484면.

다.[84] 현재의 양형실무에서는, 우선 피고인의 행위책임에 대응하여 범죄행위 자체의 정상(범정)에 따라 일정한 형의 폭을 정하고, 그 폭의 범위 내에서 피고인의 성격, 연령, 처지 등 협의의 정상을 고려하여 재판소가 구체적인 선고형을 결정하고 있는데,[85] 이는 소년피고인에 대하여도 동일한 것이다.[86] 그 때문에 소년사건이라 하더라도 양형의 주축이 되는 것은 행위책임이고, 피고인이 소년이란 이유만으로 교육적 고려를 우선하여 행위책임의 범위를 벗어난 가벼운 형이 선고되지는 않는다.

다만, 소년의 경우 인격이 미숙하고 피영향성이 높다는 이유로 책임비난 자체가 감소할 가능성이 있을 뿐만 아니라, 가소성이 높아 개선갱생의 가능성이 성인에 비하여 일반적으로 인정되기 쉽다고 할 수 있다.[87] 나아가 소년법 50조의 취지에 따라 소년의 개인적 성격, 성장환경 등 협의의 정상에 관한 자료가 풍부하게 준비되므로, 그 개선가능성 등의 판단이 세밀하게 이루어진다는 차이도 있다.[88]

소년사건에서의 양형기준에 관한 판례로 도쿄고등재판소 판결(東京高判 平成3·7·12 高刑集 44권 2호 123면)이 있다. 이는 15세부터 18세의 소년 4명(A~D)이 아르바이트를 끝내고 귀가 중이던 여고생 V를 추행목적으로 약취하여 C의 집 거실에 40일간에 걸쳐 감금한 다음, 그 사이에 집단으로 V를 강간하고 여러 차례 폭행하여 살해한 후에, 그 시체를 드럼통에 넣고 콘크리트로 메워 공터에

84) 小林, 앞의 각주32) 3면.

85) 岡田雄一, "量刑ー裁判の立場から", 三井誠ほか編, 新刑事手続Ⅱ, 悠々社, 2002, 486면.

86) 横田, 앞의 각주4) 11면, 和田=延廣, 앞의 각주9) 15면.

87) 井田ほか, 앞의 각주29) 70면, 樋口, 앞의 각주44) 112면, 米山正明, "被告人の属性と量刑", 量刑実務大系(3)ー一般情状等に関する諸問題, 判例タイムズ社, 2011, 97면.

88) 이에 대해서는, 소년의 건전육성의 이념과 함께 소년법 50조의 존재를 근거로, 소년에 대한 양형에서는 그 교정가능성이란 의미에서의 특별예방적 고려가 양형기준의 주축이 되어야 한다는 요청이 있으므로, 책임 내지 일반예방의 관점에서 필요한 형량보다 교정가능성의 관점에서 필요한 형량이 낮은 경우에는, 전자를 밑도는 형의 양정을 해야 한다는 견해도 있다(城下, 앞의 각주41) 200면). 특별예방의 관점에서 책임에 대응하는 형을 밑도는 형을 선고하는 것은 성인의 경우에도 책임주의의 해석 여하에 따라 불가능한 것이 아니므로, 소년의 경우에는 이것이 의무화된다는 점에서 성인의 경우와 차이가 있게 될 것이다. 그러나 소년의 경우로 한정해서 그러한 의무를 지우게 된다면, 소년에 대한 양형은 책임에 의한 상한은 있지만, 최종적으로는 특별예방의 관점에서 이루어지게 되므로, 그것은 결국 형벌의 목적 자체가 다르다는 귀결에 이를 수밖에 없다고 본다.

투기하는 방법으로 사체를 유기한 사안이다. 제1심이 A를 징역 17년, B를 징역 5년 이상 10년 이하, C를 징역 4년 이상 6년 이하, D를 징역 3년 이상 4년 이하에 처하는 판결을 선고하자, 검찰관과 피고인 모두 항소하였다. 도쿄고등재판소는 검찰관의 양형부당의 주장을 받아들여 피고인 A, C, D에 관한 부분을 파기하고, A를 징역 20년, C를 징역 5년 이상 9년 이하, D를 징역 5년 이상 7년 이하에 각각 처하는 취지의 판결을 선고하였다. 그리고 동 판결은 본건에서의 판단의 전제로서, 현재 소년이거나 범행 당시 소년이었던 자에 대한 형사처벌에 관하여 다음과 같이 판시하였다.

"(범죄소년에 대해서는 소년법에 특별한 절차가 정해져 있고 형사처분에 관하여도 특칙을 두고 있는데), 이는 소년에 대해서는 성인에 비하여 항상 일률적으로 가벼운 양형을 하면 족하다는 것을 의미하는 것이 아니다. 범죄의 내용이 중대하고 악질적이며, 법적 안전과 사회질서유지의 견지나 일반사회의 건전한 정의감정의 측면에서 엄중한 처벌이 요청되고, 또한 피해자의 처벌감정이 강하며 그것이 공연한 자의에서 비롯된 것이 아니라 충분히 수긍할 수 있는 경우에는, 그에 상응한 과형을 하는 것이 사회정의를 실현하는 길…, 여기에도 범죄소년의 처우를 국가의 사법기관인 재판소에 맡긴 큰 의의가 있다고 할 수 있다.

이를 간과하고 소년에 대해 위 제반 관점에서 유리된 현저히 관대한 양형을 하는 것은, 일반사회의 형사사법에 대한 신뢰를 흔드는 것일 뿐만 아니라, 소년이 자신의 죄책을 경시하고 함부로 형사처분에 대하여 이완된 의식을 가지게 하는 등 소년 자신의 갱생을 위해서도 적당하지 않다고 생각된다. 또한 형벌이라 하더라도 일반예방적·응보적 측면뿐만 아니라, 수형자의 교화개선과 갱생의 도모를 중요한 목적으로 삼고 있는 것이므로, 당해 소년의 특성을 배려하면서 사안에 부합하고 사회감정에도 적합한 양형이 이루어지고 이를 집행하는 가운데, 소년에게 자신의 죄책에 대한 반성과 사회의 일원으로서의 자각을 촉구하여 개선갱생에 노력하게 하는 것은 널리 소년법의 이념에 부합하는 것이다.

소년범죄에 대한 형사처분의 양형에 있어서는 이상과 같은 점들을 고려한 다음, 소년의 미숙성, 가소성 등 그 특성도 적절히 고려하면서 사안의 정도, 내용 등과 균형을 이룬 형을 부과하도록 특단의 배려를 해야 할 것이다."

본 판결의 판시에 대해서는 응보적 관점이나 일반예방적 고려를 지나치게 강조하고 있다는 지적도 있지만,[89] 그 기준 자체는 실무에서 거의 이론 없이 받아들여지고 있는 것으로 평가된다.[90]

Ⅱ. 소년에 대한 사형

1. 소년에 대한 사형의 적용기준 – 나가야마(永山)사건 판결

범행시 18세 미만의 소년에 대해서는 사형을 과할 수 없지만(少 51조 1항), 반면 범행시 18세 이상이면 사형을 선고할 수 있어 법률상은 소년이라도 성인의 경우와 특별한 차이가 없다. 그러나 소년법이 범행시 18세 미만의 소년에 대한 사형을 불허하는 취지가 인도적 견지에서 가혹한 형을 회피한다는 점에 더하여, 소년은 가소성이 풍부하여 교육에 의한 개선가능성이 높다는 점, 인격이 미숙하여 그 책임이 성인에 비해 유형적으로 낮다는 점에도 있다고 한다면, 이와 동일한 내용은 정도의 차이가 있을 뿐 범행시 18세 이상의 경우에도 타당하다. 따라서 18세 이상의 소년에게 사형을 과해야 하는지를 판단할 때도 소년법 51조 1항의 취지를 고려해야 하는 것은 아닌가 하는 문제가 발생한다. 이 점이 이른바 나가야마사건에서 쟁점이 되었다.

이는 당시 19세였던 피고인이 미군기지에서 권총과 실탄을 절취하고 이를 이용하여 약 1개월 동안 4명을 살해하고 그 후 강도살인미수를 저질러 체포된 사안이다. 제1심 재판소는 사형판결을 선고하였으나, 항소심인 도쿄고등재판소는 이를 파기하고 피고인을 무기징역에 처하면서,[91] 그 판시 중에서 사형을 회피하는 사정의 하나로서 피고인이 범행 당시 19세의 소년이었고 열악한 성장환경을 고려하면 실질적인 정신적 성숙도는 18세 미만의 소년과 동일시할 수 있다는 점을 지적하였다. 그리고 도쿄고등재판소는 범행시 18세 미만의 소년에 대해서 사형을 과하지 않는 소년법의 정신은 연장소년에 대하여 사형을 과해야 하는지 여부를 판단할 때도 존중되어야 한다는 점을 판결의 전제로 삼았다.

이에 대하여, 최고재판소는 피고인이 범행시 소년이었다고는 하나, 19세의

89) 宮澤浩一, "少年の刑事事件における量刑", 少年法判例百選 223면, 荒木伸怡, "いわゆる女子高生監禁殺人事件控訴審判決における量刑判断", 判評 339호(判時 1412호), 1992, 46면.

90) 角田, 앞의 각주12) 255면.

91) 東京高判 昭和56·8·21 判時 1019호 20면.

연장소년이었고 범행의 동기, 태양에서 엿보이는 심각한 범죄성에 비추어 보더라도, 피고인을 18세 미만의 소년과 동일시하는 것은 특단의 사정이 없는 한 곤란하다면서, 이와 달리 18세 미만의 소년과 동일시할 수 있다고 본 원심의 판단에는 의문이 남는다고 하였다. 그리고 이를 이유로 하여 피고인을 무기징역에 처한 원판결은, 양형의 전제되는 사실의 개별적 인정과 종합적 평가를 그르쳐 심히 부당한 형의 양정을 하였던 것으로, 이를 파기하지 않으면 현저히 정의에 반한다고 볼 수밖에 없다고 하여 원판결을 파기하였다.[92]

이와 같이 도쿄고등재판소와 최고재판소의 판단은 결론적으로 상반된 것이었으나, 그 판시만을 보면, 최고재판소도 특단의 사정이 있는 경우에는 범행시 18세 이상의 소년을 18세 미만의 소년과 동일시하여 사형을 회피하여야 함을 인정하였다고 해석할 여지도 있을 것이다. 그러나 오히려 최고재판소는 피고인을 18세 미만의 소년과 동일시할 수 있다는 원심판단의 전제를 부정하는 한도 내에서 이를 언급하였던 것에 불과하므로, 18세 이상의 소년을 18세 미만의 소년과 동일시할 수 있는 경우에 사형을 부정해야 하는지 여부에 관하여는 판단을 내리지 않았다고 보아야 할 것이다.[93]

다른 한편으로, 최고재판소는 사형선고의 판단에 있어 피고인이 소년이었던 점에 대한 고려를 부정하고 있는 것은 아니다. 다시 말해, 본 판결은 사형의 선택기준에 관하여, "범행의 죄질, 동기, 태양 특히 살해수단과 방법의 집요성·잔학성, 결과의 중대성 특히 살해된 피해자의 수, 유족의 피해감정, 사회적 영향, 범인의 연령, 전과, 범행 후의 정상 등 제반 정상을 종합적으로 고찰할 때, 그 죄책이 실로 중대하고 죄형균형의 견지 및 일반예방의 견지에서도 극형이 부득이하다고 인정되는 경우에는 사형의 선택도 허용된다"고 설시하여, 그 고려요소의 하나로 범인의 연령을 명시하고 있다.

본 판결 이후의 판례에서도 피고인이 범행시에 소년이었다는 점은 사형의 선택에 있어서 중요한 고려요소가 되고 있고, 실제 사형판결이 선고된 사례도 극히 드물다. 본 판결 이후의 사형선고는 5건뿐인데, 그 중에서 사형판결이 확정된 것은 범행시 18~19세였던 피고인이 4명을 살해하고 그 범행 당시 강도강

92) 最判 昭和58·7·8 刑集 37권 6호 609면.

93) 角田, 앞의 각주12) 262면, 甲斐行夫=森田恵実, "判例研究", 研修 704호, 2007, 36면.

간 등 전부 14건의 죄를 저지른 사건,[94] 범행시 19세 및 18세의 피고인 3명이 11일 동안 3명을 살해하고 1명을 상해치사로 사망시킨 사건,[95] 그리고 후술하는 히카리(光)시 모자살해사건의 3건이다. 나머지 2건 중 1건은 제1심에서는 사형판결이 선고되었지만, 항소심에서 파기되어[96] 무기징역이 확정되었다. 또 다른 1건은 범행시 18세 7개월의 소년이 교제상대의 언니와 그 친구 2명을 도축용 칼로 살해하고 또 다른 1명에게도 중상을 입힌 사건으로, 소년에 대한 재판원재판에서 처음으로 사형판결이 선고되었고,[97] 항소가 기각되어[98] 현재 상고 중이다.

2. 나가야마(永山)사건 판결 후의 전개 – 히카리(光)시 모자살해사건

이와 같이 피고인이 범행시에 소년이었던 점은 사형의 선택에 있어 중요한 고려요소가 되어 왔는데, 그것이 고려요소로서 어떠한 의미를 갖는지에 대하여는 반드시 분명하였던 것은 아니다. 이 점에 관한 판단을 제시한 것이 이른바 히카리시 모자살해사건에 대한 최고재판소 판결[99]이다.

사건의 내용은 피고인이 주부를 강간목적으로 살해 후 간음하고, 같은 장소에서 생후 11개월의 유아를 살해한 다음, 피해자의 지갑을 절취하였다는 것이다. 피고인은 범행시에 18세 30일이었다. 최고재판소는 피고인에게 무기징역을 선고하였던 제1심판결을 지지한 항소심판결을 파기하였는데, 그 판시 중 다음과 같이 설시하였다.

“본건에 있어서, (사형을 회피할 사정으로서) 참작할 만한 사정은 피고인이 범행 당시 막 18세에 도달하였던 소년이고 그 가소성을 고려하면 개선갱생의 가능성을 부정할 수 없다는 것에 귀결된다고 생각된다. 그리고 소년법 51조…는, 범행시 18세 미만인 소년의 행위에 대해서는 사형을 과할 수 없도록 하고

94) 最判 平成13·12·3 集刑 280호 713면.
95) 最判 平成23·3·10 集刑 303호 133면.
96) 名古屋高判 平成8·12·16 判時 1595호 38면.
97) 仙台地判 平成22·11·25 (재판소 홈페이지 게재).
98) 仙台高判 平成26·1·31 (판례집 미등재)
99) 最判 平成18·6·20 判時 1941호 38면.

있는데, 그 취지에 비추어 보면, 피고인이 범행시 18세에 도달하여 얼마 지나지 않은 소년이란 점은 사형선택의 판단에 있어서 그에 상응하는 고려를 해야 할 사정이기는 하나, 사형을 회피해야 할 결정적 사정이라고까지는 할 수 없고, 본건 범행의 죄질, 동기, 태양, 결과의 중대성 및 유족의 피해감정 등과 대비·종합하여 판단함에 있어 고려할 사정 중 하나에 그친다고 보아야 할 것이다."

본 판결은 사형의 선택기준에 관한 일반론에 있어서 나가야마사건에 대한 판결을 인용한 다음, 죄형균형의 관점과 피고인의 교정가능성의 관점 모두를 고려하면서도, 이를 동일한 차원의 문제가 아니라, 우선은 전자를 고려하여 사형이 상당한 사안인지 여부를 정한 후, 이어서 사형을 회피할 만한 '특히 작량해야 할 사정'이 있는지 여부라는 관점에서 후자의 요소를 고려하는 구조를 제시하고 있다. 그러한 전제에서, 본 판결은 피고인이 범행시 막 18세에 도달하였던 소년이라는 점을 위와 같이 가소성이 높아 개선가능성이 있음을 나타내는 사정으로 파악하였다. 그러나 개선가능성이 있다는 것만으로는 '특히 작량해야 할 사정'에 해당하지 않으므로, 그러한 이상 그것이 사형을 회피해야 할 결정적인 사정이라고까지는 할 수 없다는 결론에 도달하였음은 당연하다고 할 수 있다.

또한 본 판결은 소년법 51조의 취지를 고려해야 한다는 점을 명시하면서도, 나가야마사건에서 문제된 것처럼 본건 피고인을 18세 미만의 소년과 동일시할 수 있는지 여부에 대해서는 아무런 언급도 하지 않았다. 이 점은 그 후 파기환송심의 사형판결에 대한 상고심인 제2차 상고심에서 문제가 되었다.[100] 최고재판소는 상고를 기각하였는데, 동 판결에는 반대의견과 이에 대응하는 보충의견이 붙어 있다.

우선, 반대의견은 나가야마사건에 대한 판결에서 피고인의 정신적 성숙도가 18세 미만의 소년과 동일시할 수 있다는 점이 증거상 명백한 경우에 소년법 51조의 정신을 반영할 것인지 여부에 대하여 이를 부정하지 않았고, 본건의 제1차 상고심판결도 피고인의 정신적 성숙도가 18세 미만의 소년과 동일시할 수 있는 상태라는 점이 증거상 인정되는 경우에 그것이 사형선택의 회피에 족한 '특히 작량해야 할 사정'에 해당함을 부정하지는 않았다고 전제한다. 따라서 정신적 성숙도가 적어도 18세보다 상당한 정도로 낮다는 점이 증거상 인정되는

100) 最判 平成24·2·20 判時 2167호 118면.

경우에는 사형판단을 회피하기에 충분한 특히 작량해야 할 사정이 존재한다고 봄이 상당하다고 한다. 그리고 본건 피고인의 경우, 그 연령대의 소년에 비하여 정신적·도덕적 성숙도가 상당히 낮고 어린 상태였음을 엿볼 수 있는 증거가 본건 기록상 적잖이 존재하는바, 피고인의 인격형성과 정신발달에 무엇이 어떠한 영향을 미쳤는지, 범행시의 정신적 성숙의 수준은 어느 정도였는지에 관하여 재차 양형사정을 검토하여 양형판단을 내릴 필요가 있으므로, 그 점에 관한 심리를 다하도록 하기 위해 본건을 원심에 환송하는 것이 상당하다고 하였다.

이에 대하여, 보충의견은 소년법 51조 1항은 18세 미만인지 여부라는 형식적 기준을 규정하고 있을 뿐이고, 정신적 성숙도 및 가소성의 요건을 요구하고 있지 않으며, 소년법의 다른 규정에서도 실질적인 정신적 성숙도를 문제 삼는 규정은 존재하지 않음을 지적한 다음, 나가야마사건에 대한 판결이나 본건 제1차 상고심 판결 모두 정신적 성숙도가 18세 미만의 소년과 동일시할 수 있는지 여부를 판별하여, 사형적용의 가부를 판단해야 함을 요구한 것은 아니라고 해석된다고 하였다. 그리고 그렇다고 한다면, 정신적 성숙도는 양형판단에 있어 일반정상에 속하는 요소로서의 위치를 부여받는 것이므로, 그와 같은 관점에서 양형에 관한 심리·판단을 한 원심에 심리미진의 위법은 없다고 하였다. 보충의견에 따르면, 본 판결은 소년법 51조 1항이 명문으로 그 적용대상을 범행시 18세 미만의 소년으로 한정하고 있는 이상, 18세 이상의 소년에 대하여 정신적 성숙도를 기준으로 18세 미만과 동일시할 수 있는지 여부를 판단해서는 안 된다는 점을 묵시적으로 표현한 것이 된다.

제10장

소년사건의 보도

제1절 추지보도의 금지

Ⅰ. 취지와 적용범위

가정재판소의 심판에 부해진 소년, 또는 소년이었을 때 범한 죄로 공소가 제기된 자에 대하여는, 성명, 연령, 직업, 주거, 용모 등에 의해 그 자가 당해 사건의 본인임을 미루어 짐작할 수 있을 정도의 기사 또는 사진을 신문 그 밖의 출판물에 게재하는 것이 금지되어 있다(少 61조). 이는 소년의 명예와 프라이버시를 보호함과 동시에 소년이 특정됨으로써 이후의 사회복귀가 곤란해지는 것을 막기 위한 것이다.[1] 따라서 본조에 의한 보도규제는 심판의 비공개와 공통된 취지를 갖고 있다. 다만, 본조가 금지하는 것은 어디까지나 소년을 특정하는 기사 등의 게재이지, 이를 제외한 사건내용의 보도까지 금지되는 것은 아니다.

조문의 문언에서 분명하듯, 본조는 사건이 역송되어 소년이 형사재판을 받는 경우에도 적용된다. 따라서 형사재판은 공개되지만 그 경우에도 추지보도는 금지된다. 또한 위 취지는 현재 심판이나 형사재판이 진행 중인 경우뿐만 아니

1) 田宮＝廣瀨 487면, 団藤＝森田 434면.

라 심판 등이 종료된 후에도 타당한 것이므로, 종료 이후의 단계에서도 추지보도는 금지된다. 나아가 소년이 성인이 된 이후에도 이러한 규제를 유지해야 할 것이다.[2] 같은 이유에서 본조는 가정재판소의 심판이 열리기 전의 수사 내지 조사단계에도 준용된다.[3] 실무상으로도 범죄수사규범에서, 소년사건을 보도기관에 발표하는 경우에 소년의 성명 또는 주소를 알리는 등 그 자를 미루어 짐작할 수 있도록 해서는 안 된다는 규정을 두고 있다(209조).[4]

Ⅱ. 추지보도의 해당 기준

소년사건의 보도에서 기사 등에 기재되는 소년에 관한 정보는 다양하기 때문에, 어떠한 정보라야 그것으로부터 소년을 해당 사건의 본인이라고 추지할 수 있다고 말할 수 있는지가 문제된다. 이 점이 문제된 사안에서, 최고재판소 판결(最判 平成15·3·14 民集 57권 3호 229면)은 다음과 같은 판단기준을 제시하였다.

이는 범행 당시 18세이었던 A가, 다른 3명과 공모하여 저지른 살인, 강도살인, 사체유기 등 4개의 사건으로 역송되어 기소된 사안이었다. 사건이 제1심 재판소에 계속 중, 출판사 B는 그 발행하는 주간지에 '『소년범』 잔학', '법정메모

---

2) 渕野貴生, "少年事件における本人特定報道禁止の意義", 静岡大学法政研究 5권 3=4호, 2001, 322면. 酒井安行, "少年事件報道に関する覚書き", 佐々木喜寿 612면. 성인이 된 후에도 본조를 무제한으로 적용하는 것의 합리성이 문제될 수 있는데, 해석을 통해 시간적인 한계를 설정하는 것은 곤란하다. 한편 그 사람이 사망하면 사회복귀를 고려할 여지가 없으므로 본조는 더 이상 적용되지 않는다(酒井安行, "少年事件報道", 前野古稀 207면). 사형판결이 확정된 경우에는 현실적으로 재심과 사면에 의한 사회복귀의 가능성이 극히 낮아지므로, 이를 어떻게 고려할 것인가에 따라 본조의 대상으로 할 것인지 여부를 결정하게 될 것이다.

3) 田宮=廣瀬 488면, 団藤=森田 434면.

4) 다만, 소년피의자에 대해서도 발견, 검거 및 범죄의 재발방지를 목적으로 공개수사를 하는 경우가 있는데, 그 경우에는 소년의 성명 등이 밝혀지게 된다. 경찰청의 통달에 의하면, 피의자가 소년인 경우의 공개수사는 소년 자신의 보호와 사회적 이익의 균형, 수사의 필요성 등의 여러 요소들을 종합적으로 감안하여 그 요부를 판단하고, 필요하고 적절하다고 인정되는 경우에 예외적으로 공개수사가 허용된다고 하고 있다. 그 예로서는 범죄가 흉악하고 그 수단, 방법이 특히 악질적이어서 재차 흉악한 범죄를 저지를 우려가 크고, 사회적으로도 큰 불안을 주고 있으며, 수사상 달리 취할 방법이 없는 경우 등 소년법 22조 2항 및 61조, 범죄수사규범 209조의 취지를 고려해도 사회적 이익이 강하게 요구되는 경우를 들고 있다("少年被疑者及び人定が明らかでなく少年の可能性が認められる被疑者の公開捜査について"(平成15年12月25日付け警察庁少第816号·刑総第629号, 生活安全部長·刑事部長通達)).

독점공개' 등의 표제 하에, 피해자 부모의 심정과 법정방청기 등을 중심으로 한 기사를 게재하였다. 그런데 그 기사 중에는, A의 본명과 전체적으로 발음이 유사한 가명을 사용하고, 법정에서의 모습, 범죄태양의 일부, 경력과 교우관계 등을 기재한 부분이 있었다. 이에 A는, 위 기사가 자신의 명예를 훼손하고 프라이버시를 침해하는 것이라 하여, B사를 상대로 불법행위에 따른 손해배상청구소송을 제기하였다.

원심(名古屋高判 平成12·6·29 判時 1736호 35면)은, 본건 기사에 사용된 가명 및 경력 등을 통해 A를 알고 있는 특정다수의 독자, 그리고 A가 생활기반으로 삼아왔던 지역사회의 불특정다수의 독자로서는, 기사에 가명으로 기재된 자와 A의 유사성을 알아차리고 A가 당해 사건의 범인임을 쉽게 추지할 수 있으므로, 본건 기사는 소년법 61조가 금지하는 추지보도에 해당한다고 하였다.

이에 대하여, 최고재판소는 소년법 61조에 위반되는 추지보도인지 여부는, 그 기사 등에 의해 불특정다수의 일반인이 그 사람을 당해 사건의 본인이라고 추지할 수 있는지 여부를 기준으로 판단해야 한다고 하였다. 그리고 이를 기준으로 할 때, 본건 기사는 A에 대하여 당시의 실명과 유사한 가명을 사용하였고 경력 등이 기재되어 있기는 하였지만, 이를 A라고 특정하기에 충분한 사항의 기재는 없었으므로, A와 면식이 없는 불특정다수의 일반인이 본건 기사를 통해 A가 당해 사건의 본인임을 추지할 수 있었던 것으로는 인정되지 않고, 따라서 본건 기사는 소년법 61조의 규정에 위반되지 않는다고 판시하였다.

어떤 기사의 게재가 추지보도에 해당하는지 여부가 문제되는 것은, 특정한 소년이 당해 사건의 범인으로 취급되고 있는 자란 사실을 그 기사가 게재되기 이전에 이미 알고 있었던 독자 이외의 독자와의 관계에서 그러한데, 이러한 독자 중에도 그 소년에 대해 어느 정도의 정보를 가지고 있는 자와 그렇지 않은 자가 있다. 전자는 통상 소년과 면식이 있거나 면식이 없더라도 소년의 주위에 있는 자가 될 것인데, 이러한 독자의 경우 게재기사 자체에 실명 등 소년을 직접 특정하는 정보가 담겨있지 않더라도, 자신의 지식을 실마리로 하여 그 기사에 기재된 자가 소년 본인임을 특정하는 경우도 있을 수 있다. 추지보도를 금지하는 취지가 소년이 특정됨으로써 사회복귀가 곤란해지는 것을 막는다는 점에 있음을 강조한다면, 추지보도에 해당하는 범위를 넓게 해석하는 것이 바람직하므로, 소년 본인에 관하여 일정한 지식을 가진 자도 포함하는 형태로, 추지보도에의 해당 여부를 판단해야 한다는 것이 된다.[5] 본건의 원심이 A와 면식이 있는 특정다수의 독자, 그리고 A가 생활기반으로 삼아왔던 지역사회의 불특정다수의 독자를 기준으로, 본건 기사의 게재가 추지보도에 해당한다는 판단을 내린 것은 이러한 사고에 기초한 것으로 생각된다.

그러나 소년 본인에 관한 지식의 정도는 사람에 따라 큰 차이가 있는데, 이러한 차이를 고려하여 추지보도에 해당하는지 여부를 판단하게 된다면 그 기준은 극히 불명확해진다. 또한 각자가 가진 소년에 관한 지식 여하에 따라서는, 기사에 게재된 소량의 정보만으로도 소년을 특정할 수 있는 경우가 생길 수 있는데, 그렇다면 사실상 소년사건의 보도는 그 대다수가 본조위반의 추지보도에 해당하여 금지의 대상이 될 수도 있다.[6] 원심과 달리 최고재판소가, 소년과 면식 등이 없고 그 때문에 소년 본인에 관한 지식을 갖지 않은 불특정다수의 일반인을 기준으로, 추지보도에 해당하는지 여부를 판단해야 한다고 한 것은 이러한 고려에 근거한 것으로 생각된다. 이에 따르면 게재된 기사 자체로부터 소년 본인을 특정할 수 있어야 하므로, 이 기준에 의해 추지보도에 해당한다는 판단을 받게 되는 것은, 실제로는 실명과 사진이 게재되는 정도의 사례에 한정될 것이다.

Ⅲ. 규제의 대상

본조의 직접적 규율대상은 신문 그 밖의 출판물에의 게재이다. 그러나 본조는 불특정다수의 일반인에 대하여 소년을 특정할 수 있는 정보의 제공을 문제 삼는 것이므로, 그 매체는 출판물에 한하지 않고 텔레비전, 라디오, 인터넷통신 등을 포함하며,[7] 제공의 방법에는 게재뿐만 아니라 구두 발언도 해당된다.[8]

5) 後藤弘子, "審判の非公開と匿名報道", 課題と展望(2) 237면.

6) 三村晶子, 最判解 民事編 平成15年度(上) 153면, 飯室勝彦, "事件報道に大きな影響を与える長良川事件 · 最高裁判決", 法セ 582호, 2003, 108면, 廣瀬健二, "少年法61条で禁じられる推知報道の判斷基準", 法教 277호, 2003, 103면.

7) 田宮＝廣瀬 489면, 渕野, 앞의 각주2) 323면, 丸山雅夫, "少年法61条の意義", 社会と倫理 20호, 2006, 66면, 守山＝後藤 266면 [山下幸夫].

8) 田宮＝廣瀬 489면.

나아가 제공의 주체도 출판사에 한정되지 않고 예를 들어, 개인이 인터넷 홈페이지에 게재하는 경우도 규제대상이 된다고 해석해야 할 것이다.

Ⅳ. 본조위반의 법적 효과

본조는 추지보도를 금지하고 있을 뿐이고 위반에 대한 제재는 정하고 있지 않다. 구 소년법은 소년심판에 부해진 사항과 소년의 형사사건으로 예심 또는 공판에 부해진 사항에 관해 출판물에의 게재를 금지하고, 그 위반에 대해 1년 이하의 금고 또는 1,000엔 이하의 벌금을 과하도록 하고 있었다(74조). 그러나 현행법을 제정하면서, 헌법 21조가 보장하는 언론출판의 자유를 존중하고 그 남용에 대해서는 보도기관의 자율적인 규제에 맡긴다는 관점에서 벌칙규정은 삭제되었다.[9]

제2절 추지보도로 인한 손해배상

Ⅰ. 보도기관의 대응

이와 같이 소년법 61조는 소년을 특정할 수 있는 기사 등의 게재를 금지하고 있지만, 보도기관 측이 본조의 규제를 전면적으로 수용하고 있는 것은 아니다. 신문협회는 1958년 이 문제에 관한 내부지침('소년법 제61조의 취급방침')을 정하였는데, 원칙적으로 소년의 성명과 사진을 게재해서는 안 된다고 하면서도, 예외적으로 소년이 도주 중으로 방화, 살인 등의 흉악한 범행을 추가적으로 저지를 것이 명백히 예상되는 경우나 지명수배 중인 범인수사에 협력하는 경우 등 소년보호보다 사회적 이익보호가 강하게 우선되는 특수한 경우에는 성명, 사진의 게재를 인정하도록 당국에 요청하고, 이를 신문업계의 관행으로 확립하고자 한다는 내용이 담겨있다.

9) 丸山, 앞의 각주7) 64면.

입법에 의하지 않고 이러한 예외를 인정할 수 있는지에 대해서는 의문도 제기되고 있으나,[10] 이 지침의 내용 자체는 합리적이라고 볼 수 있다. 그리고 신문에 국한하여 본다면 이 기준은 지켜져 왔다. 그러나 이에 속하지 않는 매스 미디어 특히 잡지의 경우, 위 기준에 합치하지 않는 사례에서도 소년의 성명과 사진을 게재하는 사례가 반복적으로 발생하고 있다.[11] 그리고 최근 들어 성명과 사진이 게재된 소년 측이 이를 게재한 출판사를 상대로 손해배상소송을 제기하는 사례가 출현하였다. 현재 재판소의 판단이 내려진 것은 다음의 2건이다.

Ⅱ. 추지보도로 인한 불법행위의 성부
- 사카이(堺)시 무차별살해(通り魔)사건

그 중 하나는, 범행시 19세였던 소년 Y가 신나를 흡입하고 환각상태에 빠져 지나가던 여고생을 찔러 중상을 입히고, 연이어 근처 길거리에 있던 모녀를 습격하여 5세의 유아를 살해하고 그 모친에게도 중상을 입힌 사건과 관계된 것이다. 이와 관련하여 S사는 그 발행잡지에 '르포 『유치원생』 학살범인의 일상'이란 제목의 기사를 게재하였는데, 그 기사 중에는 Y의 성명, 연령, 직업, 주거, 용모 등에 의해 Y가 본건 사건의 피의자임을 명확히 특정할 수 있는 내용의 기술이 있었고, 동시에 Y의 중학교 졸업 당시 얼굴사진 등도 게재되었다. 아울러 Y의 성장과정, 비행이력, 일상생활에 관하여도 상당히 상세한 기술이 이루어졌다. 이에 대하여, Y는 기사의 집필자, 잡지의 편집장 및 S사를 상대로 불법행위로 인한 손해배상을 청구하는 소를 제기하였다.

1. 제1심 판결

제1심(大阪地判 平成11·6·9 判時 1679호 54면)은, 우선 일반론으로, 형사사건의 피의자로 된 사실은 그 사람의 명예나 신용에 직접 관계되는 사항이므로

---

10) 田宮＝廣瀨 489면.

11) 丸山, 앞의 각주7) 68면, 山下, 앞의 각주7) 267면.

함부로 그 사실이 공표되지 않도록 법적으로 보호받을 이익을 가진다고 할 수 있는 반면, 그러한 사실은 사회일반의 관심 또는 비판의 대상이 되는 사항이므로 일정한 경우에는 공표를 수인해야 하는 경우도 있다고 하였다. 따라서 그 공표가 공공의 이해에 관한 사실의 보도로서 공익도모의 목적에서 이루어졌는지, 그 목적에 비추어 수단·방법이 필요성·상당성을 갖추고 있는지라는 관점에서 검토하여야 하고, 그 결과 당해 사실이 공표되지 않을 이익이 우월한 경우에는 그 공표는 불법행위를 구성한다고 하였다.

그리고 소년법 61조의 취지는 추지보도를 금지함으로써, 비행을 저지른 소년에 대하여 성명, 연령, 직업, 주거, 용모 등이 함부로 공표되지 않을 법적 이익을 보호하는 동시에, 공공복지와 사회정의의 관점에서 소년의 이익보호와 갱생에 대해 우월적 지위를 부여하고 이를 강하게 보장하려는 것이라고 해석하였다. 따라서 동 규정에 반하는 형태의 사실공표가 예외 없이 곧바로 불법행위를 구성한다고까지 말할 수는 없다 하더라도, 성인의 경우와 달리, 본인임을 추지케 하는 방법으로의 보도에 소년의 이익보호와 갱생이란 우월적 이익을 상회하는 특단의 공익상 필요가 있고 그 목적에 비추어 수단·방법이 부득이하였다는 점이 입증되지 않는 이상, 그 공표는 불법행위에 해당한다고 하였다.

그러한 다음, 본건 범죄의 악질성, 중대성이나 사회일반의 관심을 감안하더라도, 소년의 실명과 얼굴사진을 사용하면서까지 범죄를 저지른 사실을 공표할 만한 특단의 필요성이 있다거나, 공익도모의 목적 하에 필요하고 상당한 수단·방법으로 공표하였다고 인정되지 않으므로, 불법행위가 성립한다 하여 Y의 손해배상청구를 인용하였다.

2. 항소심 판결

이에 대하여 S사 등이 항소하자, 항소심인 오사카고등재판소는 1심과 달리 불법행위가 성립하지 않는다고 하여 1심 판결을 파기하였다(大阪高判 平成12·2·29 判時 1710호 121면). 본 판결은 우선, 프라이버시권, 초상권 및 명예권은 모두 법적 이익으로 인정되는 것이라고 한 다음, 어떠한 표현행위로 이러한 권리들이 침해된 경우에는 표현행위가 사회의 정당한 관심사이고 그 표현내용·방법이 정당한 것이었는지 여부에 따라 그 적법성이 판단된다고 하였다. 그리고 사회의 정당한 관심사인지 여부는 대상자의 사회적 지위나 활동상황, 대상사건의 내용에 의해 결정되는 것으로서, 범죄용의자의 경우 범죄행위와 관련하여 그 프라이버시는 사회의 정당한 관심사가 될 수 있는 것이라고 하였다. 또한 소년 측이 주장한 실명으로 보도되지 않을 권리에 관하여는, 인격권에는 사회생활을 영위하면서 자기에게 불이익한 사실에 관해 함부로 실명이 공개되지 않을 인격적 이익도 포함된다고 볼 수 있다고 하면서도, 인격권 내지 프라이버시에 대한 침해와는 별개로, 함부로 실명이 공개되지 않을 인격적 이익이 법적 보호가치 있는 이익으로 인정되려면, 그 보도대상인 당해 개인에게 사회생활상 특별히 보호할 사정이 있는 경우에 한정되는 것이고, 그러한 사정이 없는 한 실명보도는 위법성이 없는 행위로 용인된다고 보아야 한다고 하였다.

그러한 다음, 소년법 61조는 소년의 건전육성의 도모라는 소년법의 목적을 달성하려는 공익목적과 소년의 사회복귀를 용이하게 하여 특별예방의 실효성을 확보하려는 형사정책적 배려에 근거를 둔 규정으로서, 죄를 범한 소년에 대하여 실명으로 보도되지 않을 권리를 부여하는 것은 아니라고 하였다. 따라서 소년의 실명보도에 관하여도 위와 같은 일반적 판단기준이 적용되어, 표현행위가 사회의 정당한 관심사이고 그 표현내용·방법이 부당하지 않은 경우에는, 그 표현행위는 위법성을 결하여 위법한 프라이버시권 등의 침해로 되지 않는 것인바, 본건에 있어서 그 기사내용은 사회의 정당한 관심사였고 표현내용·방법도 부당한 것이 아니었으므로 위법성이 없다고 판시하였다.

본건에서는 소년법 61조에 위반한 추지보도가 이루어진 경우에 불법행위의 성부가 문제되고 있는 것인데, 결과적으로 불법행위책임을 인정한 제1심 판결도 동조위반의 보도가 있었다는 점만으로 곧바로 불법행위가 성립한다고 보지는 않았다. 그러므로 여기서 검토해야 할 문제는 애당초 실명보도로 인해 침해되는 이익은 무엇이고, 그것이 성인의 경우와 소년의 경우에서 다른 것인지, 그리고 이를 판단함에 있어서 소년법 61조가 어떠한 의미를 갖는가이다.

이 점에 관하여, 항소심 판결은 위와 같이 소년법 61조를 공익목적과 형사정책적 배려에 근거한 것으로 보아 소년의 권리와는 관계가 없다고 해석한 다음, 실명보도로 인해 침해되는 명예나 프라이버시는 소년과 성인이 다를 바 없음을 전제로 하고 있다. 이에 비하여, 제1심 판결은 소년은 성인보다 그 명예나 프라이버시가 두텁게 보호된다고 하였는데, 그 근거로서 소년법 61조를 원용하고 있다. 그리고 이로부터 성인범죄에 있어서는 통상 실명보도 자체로 인해 불법행위가 성립하는 것은 아니라고 여겨짐과 달리, 소년범죄에 있어서는 역으로 판결에서 제시된 요건이 충족되지 않는 한 불법행위가 성립한다는 결론을 도출하고 있다.

Ⅲ. 소년법 61조와 성장발달권

이와 같이 제1심 판결의 입장은, 실명보도로 인해 침해되는 개인의 권리나 법적 이익은 성인이든 소년이든 질적으로 동일함을 전제로, 그 요보호성에 차이를 둔 것으로 볼 수 있다. 이에 대하여, 학설에서는 아동의 성장발달권이라는 개념을 매개로 하여 소년의 실명보도는 성인의 경우와 질적으로 다른 권리침해가 존재한다고 주장하는 견해도 유력하다.[12] 이러한 사고에 따라, 소년법 61조에 위반하는 보도에 대하여 불법행위의 성립을 인정하였던 것으로 보이는 판례가 전술한 나고야고등재판소 판결(名古屋高判 平成12·6·29)이다.

나고야고등재판소는 문제된 잡지기사의 게재는 소년법 61조에 위반한다고 보고, 결론적으로 소년 측의 손해배상청구를 인정하였는데, 여기서는 먼저, 소년법 61조가 추지보도를 규제함으로써 소년의 명예, 프라이버시권과 함께 '소년이 건전하게 성장하기 위해 보다 배려있는 취급을 받아야 한다는 기본적 인권'을 보호하고 있다고 해석하고 있다. 그러한 다음, 동조위반의 추지보도는 소년의 이러한 권리들을 침해하는 것이므로 불법행위에 해당한다는 점, 그리고 이 경우에는 보도내용이 진실한 사실로서 그것이 공공의 이익에 관한 사항에 관계되고 오로지 공익을 도모할 목적으로 이루어진 경우라 하더라도, 성인의 범죄사

12) 渕野, 앞의 각주2) 316면. 山口 298면, 服部郎, "少年事件報道と人権", 澤登古稀 265면, 葛野尋之, "犯罪報道の公共性と少年事件報道", 立命館法学 271=272호(上), 2000, 955면, 本庄武, "成長発達権の内実と少年法61条における推知報道規制の射程", 一橋法学 10권 3호, 2011, 99면 등. 다만, 성장발달권을 명예나 프라이버시와 대등한 독립한 권리로 볼 것인가, 아니면 소년의 명예나 프라이버시의 보장의 기초가 되는 권리로 볼 것인가는 논자에 따라 차이가 있다. 또한 성장발달권과는 별개로, 소년에게는 '사회복귀의 촉진을 고려한 취급을 받을 권리'가 보장되어 있다고 하면서, 이를 통해 추지보도의 금지를 근거지우는 견해도 있다(後藤, 앞의 각주5) 235면, 平川宗信, "少年推知報道と少年の権利", 田宮追悼(上) 515면).

실에 대한 보도와 달리, 위법성이 조각되지 않는다고 하고 있다.

다만, 본 판결도 보호되어야 할 소년의 권리 내지 법적 이익보다, 사회적 이익보호의 강력한 요청이 명백히 우선되어야 하는 등 특단의 사정이 존재하는 경우에는 위법성이 조각된다는 것을 인정하고 있지만, 본건에서는 그와 같은 특단의 사정이 존재하지 않는다는 판단을 내리고 있다.

이에 대하여, 상고의 제기를 받은 최고재판소(最判 平成15·3·14)는 전술한 바와 같이, 본건의 가명보도는 애당초 소년법 61조에 위반하는 추지보도에 해당하지 않는다고 판단하면서, 원심에서 소년 측이 본건 기사로 인해 침해된 이익을 명예, 프라이버시라고 일관되게 주장하고 있음을 지적하고, 그러한 점에서 원판결은 명예, 프라이버시를 본건에서의 피침해이익으로 보고 불법행위를 인정한 것이며, 성장발달권의 침해를 근거로 삼은 것은 아니라는 전제에 서있다. 그 때문에 최고재판소 판결에서 성장발달권의 유무를 포함하여 소년법 61조의 법적 성격 등에 관한 판시는 전혀 찾아볼 수 없다.

한편, 최고재판소는 본건 기사가 소년법 61조에 위반하는 추지보도에 해당하지 않는다 하더라도, 자신이 가진 정보를 단서로 그 기사가 소년에 관한 것임을 추지할 수 있는 독자가 존재할 가능성이 있는 이상, 본건 기사는 소년의 명예를 훼손하고 프라이버시를 침해하는 것임을 인정하였다. 그러나 한걸음 더 나아가, 본건 기사의 게재로 인해 불법행위가 성립하는지 여부는 피침해이익별로 위법성조각사유의 유무 등을 심리하여[13] 개별적·구체적으로 판단하여야 함에도 불구하고, 원심이 개별적·구체적 사정에 관하여 아무런 심리·판단 없이 불법행위책임을 긍정하고 있다는 점에서, 원심의 판단에는 심리미진의 결과, 판결에 영향을 미친 명백한 법령위반이 있다 하여 원판결을 파기하고 사건을 원심으로 환송하였다.[14]

---

13) 판례는 명예훼손에 관하여, 그 행위가 공공의 이해에 관한 사실에 관계되고, 그 목적이 오로지 공익을 도모하는 것인 경우로서, 적시된 사실이 그 중요한 부분에서 진실이라는 증명이 있는 때 또는 진실이라는 증명이 없어도 행위자가 그것을 진실로 믿은 데 상당한 이유가 있는 때는 불법행위가 성립하지 않는다고 하고 있다(最判 昭和41·6·23 民集 20권 5호 1118면). 또한 프라이버시 침해에 관하여는, 그 사실이 공표되지 않을 법적 이익과 이를 공표할 이유를 비교형량하여 전자가 후자보다 우월한 경우에 불법행위가 성립한다고 하고 있다(最判 平成6·2·8 民集 48권 2호 149면).

14) 환송심에서는 명예훼손과 프라이버시 침해의 각각에 관하여, 상고심판결이 제시한 기준에 따라 본건에서의 개별적·구체적 사정을 고려한 다음, 어떠한 점에서도 불법행위는 성립하지 않

원판결이 언급한 성장발달권은 이 경우에 국한되지 않고 소년법의 해석에서 종종 원용되는 것인데, 그 근거로서 헌법 13조나 '아동의 권리에 관한 조약' 6조 2항이 거론된다는 점에서도 분명하듯이, 이는 비행소년뿐만 아니라 아동 일반이 주체가 되는 권리이다.[15] 그러한 이유로 성장발달권의 내용은 추상적이고 그 의의와 내용에 관하여 일치된 견해가 없다. 그 때문에 미숙한 아동에 대하여 특별한 배려를 기울일 필요가 있음을 나타내는 이념이라면 모르되, 이를 구체적인 법적 권리로 인정하기 곤란하다는 비판도 강하다.[16] 또한 비행소년에 한정해서 보자면, 이는 소년의 건전육성이란 소년법의 기본이념을 소년의 입장에서 권리로서 재구성한 것으로 볼 수 있는데, 설령 소년에게 그러한 권리가 인정된다 하더라도 거기로부터 실명으로 보도되지 않을 권리라는 구체적인 권리를 이끌어낼 수 있을지 의문이다. 전술한 바와 같이, 최고재판소는 이러한 점들에 관하여 아무런 언급을 하지 않았으므로, 그 해결은 향후의 과제로 남겨지게 되었다.

이상과 같이 소년사건에 관한 기사가 소년법 61조에 위반하는 추지보도라고 하여 손해배상소송이 제기된 2개의 사건 중, 1건은 애당초 동조위반이 아니라는 판단이 내려졌고, 동조위반이 인정된 다른 1건에서는 불법행위가 성립하지 않아 손해배상이 인정되지 않는 결과가 되었다. 다만, 후자의 사건에서는 최고재판소의 판단이 내려진 것은 아니기 때문에,[17] 소년법 61조에 위반한 점이 불법행위의 성부에 어떠한 영향을 미치는지는 여전히 불분명한 상황에 있다.

는다는 결론을 내렸다(名古屋高判 平成16·5·12 判時 1870호 29면).

15) 성장발달권에 대해서는 服部郎, "成長発達権の生成", 愛知学院大学論叢法学研究 44권 1=2호, 2002, 129면 이하, 戸波江二, "人権論としての子どもの『成長発達権』", 子どもの人権と少年法に関する特別委員会=子どもの権利に関する委員会編, 少年事件報道と子どもの成長発達権, 現代人文社, 2002, 204면 이하, 山口 135면 이하 참조.

16) 三村, 앞의 각주6) 165면, 松井茂記, 少年事件の実名報道は許されないのか, 日本評論社, 2000, 177면 이하.

17) 오사카고등재판소의 판결에 대하여 소년 측이 상고 및 상고수리의 신청을 하였으나, 이후 이를 취하하였기 때문에 최고재판소의 판단이 내려지지 않은 채 항소심 판결이 확정되었다.

제11장

소년법 개정의 역사

제1절 현행법 제정 후의 개정논의

Ⅰ. 개정의 움직임

현행 소년법은 1948년 제정된 이래 약 50년에 걸쳐 실질적인 개정 없이 시행되어 왔으나, 최근 15년 사이에 4번(2000년, 2007년, 2008년, 그리고 2014년)의 큰 개정을 겪었다. 다만, 2000년 개정에 이르기까지 소년법개정과 관련된 논의가 전혀 없었던 것은 아니고, 1960년대 중반부터 1970년대 후반에 걸쳐 소년법의 전면개정을 둘러싸고 격렬한 논의가 있었다. 이 논쟁의 직접적인 계기는 1966년 법무성이 공표한 '소년법개정에 관한 구상'(이하 '개정구상'이라 한다)이었다.

이와 같이 이 시기의 개정논의는 법무성의 주도로 시작되었는데, 법무성의 당초 동기는 현행법에서 소년법의 대상연령이 18세 미만에서 20세 미만으로 인상된 데다가 검찰관이 소년심판에서 완전히 배제된 것에 대한 불만이었다고 한다. 이러한 동기에 대응하여, 개정구상의 중심내용은 18세 미만을 소년, 18세 이상 23세 미만 정도를 청년으로 하고, 청년에 대한 절차는 원칙적으로 형사소송법에 따르되, 검찰관이 보호처분이 상당하다고 인정할 때는 가정재판소에 보호처분을 청구할 수 있도록 하고, 이 경우 가정재판소의 심판에 검찰관이 출석하여 의견을 진술할 수 있도록 하는 것이었다. 이는 청년층에 속하는 18세, 19세의 자에 대하여 구 소년법상 검찰관이 보유하였던 선의권을 부활시키려는 시도였다고 할 수 있다.

이 구상에 대해서는 최고재판소와 일본변호사연합회 등이 반대의견을 표명했는데, 이 시기에 미국의 연방최고재판소가 소년심판에서 적정절차를 보장하는 일련의 판결을 내리는 움직임이 있었다.[1] 법무성은 개정구상에 대한 비판과 아울러 이러한 흐름도 반영하는 형태로, 1970년에 '소년법 개정요강'(이하 '개정요강'이라 한다)을 법제심의회에 자문하게 되었다.

Ⅱ. 소년법 개정요강

개정요강은 소년법 전체를 대상으로 하는 포괄적인 것이었는데, 그 핵심은 개정구상을 이어받은 (a) 청년층의 설치였다. 여기서는 18세 미만을 소년으로 하고 18세 이상 20세 미만을 청년으로 한 다음, 소년에 대한 절차는 대체로 현행법과 같이 하지만 청년에 대한 절차는 원칙적으로 형사소송법과 그 밖의 일반규정에 의하도록 하였다. 다만, 성인과의 차이를 고려하여 청년에 대한 절차는 가정재판소의 관할로 하고 판결전조사제도를 두는 동시에 형사처분과 보호처분의 선택을 인정하고 있었다.

그 밖의 중요한 개정내용으로는, (b) 전건송치주의를 재고하여 일정한 요건 하에서 수사기관의 불송치처분을 인정하고, (c) 심판절차 등에서 소년의 권리보장을 강화하기 위해 진술거부권 등의 고지규정을 두고 증거조사청구권을 보장함과 동시에 국선보조인제도·필요적 보조인제도를 창설하였다. 또한 (d) 심판절차에 검찰관의 관여를 인정하고, (e) 재심에 상응하는 비상구제절차를 정비하며, (f) 보호처분의 다양화와 탄력화를 도모하기 위해 보호처분의 종류를 늘리는 한편 사후적 변경을 인정하였던 점을 들 수 있다.

법제심의회 소년법부회가 법무성의 자문에 대한 심의를 맡았는데, 개정요

1) 대표적인 판례의 사안과 판시내용에 관해서는 佐伯仁志, "アメリカの代表的判例", 少年法判例百選 251면 이하 참조.

강의 중심항목이었던 청년층의 설치에 관하여는 연장소년에 대한 처벌강화에 다름 아니고 소년법의 기본이념에 반한다는 반대의견이 강하여, 수차례의 심의를 거쳐도 의견의 일치를 볼 전망이 서지 않았다. 그 때문에 이 문제는 일단 보류하고, 현행법의 기본구조를 변경하지 않는 범위 내에서 개정한다는 기본방침 하에, 그 밖의 문제에 관한 중간보고를 정리하여 1977년 6월 법무대신에게 답신하였다.

Ⅲ. 중간답신

중간답신은 (a) 소년의 권리보장강화 및 일정한 한도 내의 검찰관관여라는 양면에서 현행 소년심판절차의 개선을 도모하고, (b) 소년심판절차상 18세 이상인 연장소년의 사건은 18세 미만인 중간소년 · 연소소년의 사건과 어느 정도 달리 특별한 취급을 하며, (c) 일정한 한도 내에서 수사기관에 의한 사건의 불송치를 인정하고, (d) 보호처분의 다양화 및 탄력화를 도모한다는 4가지 중심축으로 이루어져 있다.

개정요강과의 중요한 차이는, 첫 번째로 18세 이상인 연장소년에 대하여 중간소년 · 연소소년과 다른 취급을 하려 하지만, 이는 현행법상 소년심판의 틀 내에서의 차이에 머무는 것이고, 개정요강처럼 청년층을 두고 그 절차를 성인과 같이 형사소송법에 따라 처리하려는 것이 아니라는 점이다. 두 번째로 검찰관의 심판관여도 개정요강에서는 모든 심판에의 출석을 인정하려고 했음에 비하여, 중간답신에서는 검찰관이 당연히 심판에 출석할 수 있는 사건은 연장소년에 의한 중대사건에 한하고, 그 밖의 사건은 가정재판소의 요청 또는 허가가 있는 경우에만 출석이 가능하도록 하였다. 검찰관의 관여로 인해 소년심판이 원칙적으로 대심구조로 변질되는 것을 막으려는 의도에 따른 것이다. 세 번째로 전건송치주의의 재검토에 관하여, 개정요강에서는 검찰관에게 형사절차의 기소유예처분에 상응하는 재량권을 부여하려고 했지만, 중간답신에서는 수사기관이 불송치할 수 있는 사건을 최고재판소 규칙으로 정하는 것에 한정하고 가정재판소에 필요적으로 사후보고를 하도록 하였다. 이는 수사기관의 판단만으로 송치하지 않을 수 있는 경우를 배제함으로써 전건송치주의를 실질적으로 유지하려고 한 것이다.

이상의 점에서 중간답신은 개정요강과는 기본적인 성격이 다르다고 평가할 수 있고, 그러한 인식에서 개정요강에 반대의 입장을 취하였던 최고재판소도 중간답신에는 찬성하였다. 그러나 일본변호사연합회는 이 중간답신에 대해서도 개정요강과 본질적으로 다르지 않다고 강하게 비판하였다. 결국 이러한 이유들로 중간답신은 법안화되지 못하였고, 그 후 개정작업은 완전히 중단되어 버렸다.[2)]

다만, 이 시기의 개정논의에서 제기되었던 문제들 중에는 그 후 사정이 바뀐 것도 적지 않다. 우선 개정요강의 중심은 연장소년을 특별히 취급하려는 점에 있었는데, 이는 1950년대 중반 이후의 소년범죄, 특히 폭력범과 성범죄의 증가를 배경으로 하는 것이었다. 그러나 그 후 이들 범죄의 검거인원은 감소하였고, 이른바 유흥형 비행이 주류를 이룸과 동시에 연령층에서도 오히려 비행의 저연령화의 문제가 등장하였다.[3)] 이와 같이 당시 청년층의 설치가 주장되었던 사실상의 기초가 사라져버린 것이다.

또한 수사기관에 의한 불송치처분도 간이송치제도의 확대와 정착에 따라 실질적으로는 실현되었다고 할 수 있는 상황이다(본서 23면 이하). 나아가 보호처분의 다양화도 보호관찰과 소년원의 처우 양쪽에서 실무상 조치로 이루어졌다(본서 241면 이하 · 256면 이하). 그 밖에 소년의 절차적 권리보장에 관하여는 비행사실의 고지와 변명청취, 묵비권과 보조인선임권의 고지, 임의성에 의심이 있는 자백의 배제, 보강법칙의 적용, 일정한 범위에서의 반대신문의 기회보장 등이 실무의 운용으로 실현되기에 이르렀다(본서 149면 이하). 재심에 상당하는 절차의 창설도 판례를 통해 일정 부분 해결되어 왔다(본서 301면 이하).

이와 같이 많은 분야에서 실무운용을 통해 대처하여 왔는데, 중간답신이 나오고 나서 20년이 지나 다시 소년법개정의 움직임이 일어났다. 그리고 그것이 2000년 개정으로 연결되었다.

---

2) 이상의 역사적 경위에 관해서는 平場 51면 이하, 守屋克彦, “少年法改正の歴史と少年法”, 課題と展望(1) 1면 이하, 松尾浩也, “少年法ー戦後60年の推移”, 家月 61권 1호, 2009, 87면 이하 참조.

3) 澤登 18면 이하, 丸山 37면 이하 참조.

제 2 절 2000년 개정

Ⅰ. 개정에 이른 경위

2000년 개정은 (a) 소년사건에서의 처분 등의 근본적 재검토, (b) 소년심판의 사실인정절차의 적정화, (c) 피해자에 대한 충실한 배려의 3가지가 중심축이 되고 있다. 이들은 각각 다른 내용을 가지고 있으며 이들이 문제되었던 배경도 다르다.

1. 법제심의회의 답신과 구 개정법안

전술한 중간답신이 나온 이후 오랫동안 중단되었던 소년법의 개정논의는 1990년대 후반에 다시 점화되었다. 개정논의의 초점은 부인사건에서의 소년심판의 비행사실인정절차를 개선하는 것이었는데, 그 직접적인 계기가 된 것은 소카(草加)사건,[4] 쵸후(調布)역전사건,[5] 야마가타(山形)매트사망사건[6] 등 소년심

---

4) 13세부터 15세의 소년 6명이 여중생을 강간살인한 사실로 체포·보도(補導)된 사건이다. 아동상담소에 송치된 1명을 제외한 소년 5명에 대한 심판에서 소년들은 모두 비행사실을 부인하였는데, 가정재판소는 비행사실을 인정하여 소년들을 초등 내지 중등소년원에 송치하였다. 소년들이 항고, 재항고하였으나 모두 기각되었고, 나아가 3회에 걸친 보호처분취소의 신청도 인정되지 않았다.

한편, 그 후에 피해자의 유족이 소년들의 부모를 상대로 민사상 손해배상을 청구하였고, 제1심 재판소는 소년들의 범행관여를 인정할 수 없다고 하여 청구를 기각하였다(浦和地判 平成5·3·31 判時 1461호 18면). 항소심은 제1심과 반대로 범행에의 관여가 인정된다고 하여 손해배상을 명하였으나(東京高判 平成6·11·30 判時 1516호 40면), 상고를 받은 최고재판소는 제1심의 판단을 지지하여 항소심판결을 취소하였고(最判 平成12·2·7 民集 54권 2호 255면), 최종적으로는 손해배상을 인정하지 않은 제1심 판결이 확정되었다.

5) 사건의 개요와 절차의 진행과정에 관하여는 본서 294면 이하 참조.

6) 야마가타 시내의 중학교 1학년 남학생이 체육용구 보관창고에 세워두었던 체육용 매트 안에서 거꾸로 된 상태로 사망하여 있는 것이 발견되어, 같은 중학교의 학생 7명이 상해·감금치사의 사실로 체포·보도(補導)된 사건이다. 비행사실을 자백하고 아동복지법상의 처분을 받은 1명을 제외한 6명의 소년에 대한 심판이 열려, 야마가타가정재판소는 3명에 대해 알리바이의 성립을 인정하여 불처분하고, 다른 3명에 대해서는 이를 부정하여 2명은 소년원, 1명은 교호원에 송치하는 보호처분결정을 내렸다. 이 3명이 항고를 제기하자, 센다이고등재판소는 가정재판소에서 불처분한 다른 3명을 포함하여 7명 전원이 범행에 관여하였음이 인정된다고 하여 항고를 기각하였다. 소년들의 재항고를 최고재판소가 기각함으로써 3명의 보호처분이 확정되었다.

판에서 비행사실인정이 문제되었던 일련의 사건들이었다. 이들 사건에서는 소년이 비행사실을 저질렀는지 여부에 관해서 재판소의 판단이 엇갈리는 사태가 발생하여, 소년이 비행사실을 부인하는 경우에 소년심판에서 사실인정이 곤란하다는 점이 부각되었던 것이다.

이 개정론은 구체적인 사건이 계기가 되었던 점에서 알 수 있듯이 실무의 현장과 뿌리가 닿아 있었기에, 종전의 개정논의에서 수동적이었던 재판소 측, 특히 가정재판소에서 소년심판을 담당하는 재판관들로부터 적극적인 개정제언이 있었다는 점을[7] 그 특색으로 지적할 수 있다. 이 개정제언에서는 ① 아무리 중대하고 곤란한 사건이라도 1인의 재판관이 심판해야 한다는 점, ② 검찰관이 심판에 출석할 수 없기 때문에, 재판관이 사실을 적극적으로 해명하려 하면 소년에게 불이익한 행위도 하지 않을 수 없어, 결과적으로 심판에서 재판관과 소년이 마치 대립하는 듯한 상황이 연출되기 쉬운 점, ③ 소년이 심판단계에 이르러 비행사실을 부인하고 알리바이를 주장하는 경우에는 그 진위를 확인하기 위한 증거조사를 실시할 필요가 있는데, 가정재판소는 수사기관처럼 증거를 수집하는 능력은 물론 이를 위한 기관도 보유하고 있지 않으므로, 적확한 증거수집과 조사를 할 수 없는 경우가 있다는 점, ④ 관호조치기간이 최대 4주밖에 되지 않아 충분한 시간을 들여서 심리하기 어렵다는 점에서, 당시의 소년심판의 사실인정절차는 소년이 비행사실을 철저히 다투는 사건을 취급하는 경우에는, 제도상의 문제점을 안고 있다는 지적이 이루어졌다.

이러한 의견을 받아들여 소년법개정이 법제심의회에서 다시 다루어지게 되었고, 그 답신에 기초하여[8] 1999년에 소년법 등의 개정법안이 국회에 제출되기에 이르렀다. 개정법안의 내용은 (a) 재정합의제도의 도입, (b) 검찰관 및 변

한편, 피해자의 유족이 소년 7명과 신죠(新庄)시를 상대로 민사상 손해배상을 청구하자, 제1심 재판소는 본건에 사건성이 없고 7명의 비행사실이 인정되지 않는다고 하여 청구를 기각하였다(山形地判 平成14·3·19 判時 1806호 94면). 유족 측이 항소하였고 고등재판소는 제1심과 반대로 7명 전원의 관여를 인정하여 손해배상을 명하였다(仙台高判 平成16·5·28 判時 1864호 3면). 소년 측이 상고하였으나 최고재판소가 이를 기각함으로써(最決 平成17·9·6 판례집 미등재), 고등재판소의 판결이 확정되었다.

7) 八木正一, "少年法改正への提言", 判タ 884호, 1995, 35면, 廣瀬健二, "少年審判における非行事実認定手続", 荒木編 211면, 浜井ほか 301면 이하 등.

8) 법제심의회의 답신에 관해서는 "＜特集＞少年法改正ー非行事実認定の適正化", ジュリ 1152호, 1999, 8면 이하 참조.

호사인 보조인이 관여하는 심리의 도입, (c) 관호조치기간의 연장, (d) 검찰관에게 사실인정 및 법령적용에 관한 항고권의 부여, (e) 보호처분종료 후의 구제절차의 정비, (f) 피해자에 대한 심판결과의 통지이다. 이는 소년법의 전면개정을 기도한 것은 아니고, 기본적으로는 전술한 기존제도의 문제점에 대응하기 위한 제한된 내용을 담고 있다. 그러나 이 개정법안은 일본변호사연합회를 비롯한 다양한 입장에서의 반대론에 부딪혀, 결국 형식적인 심의만을 거친 채로 폐기되었다.

2. 새로운 개정법안의 제출

그런데 법안의 폐기 후, 소년심판에서의 비행사실인정절차의 개선이란 관점과는 다른 2가지의 흐름이 개정논의의 정면에 등장하였다. 그 중 하나는 고베(神戸)의 연속아동살상사건[9]이나 사가(佐賀)의 버스탈취사건[10]을 비롯하여 소년이 저지른 일련의 흉악중대사건의 발생을 계기로 등장한 소년에 대한 엄벌론이다. 이러한 의견은 소년에 의한 흉악사건이 발생할 때마다 끓어올랐다가 시간이 지나면 사건에 대한 기억이 희미해지면서 사라지기 마련인데, 이번에는 그때까지와 달리 범죄대책 자체가 정치문제화되는 과정에서 여당이 이를 정면에서 정책과제로 채택함으로써 개정이 현실화될 가능성을 가지게 되었던 것이다.

그리고 다른 하나는 소년범죄의 피해자에 대한 배려라는 관점에서 주장된 개정론이다. 범죄피해자에 대한 사회적 관심이 높아가는 가운데 소년범죄도 그 예외일 수 없었고, 이러한 관점에서의 개정의견은 위와 같이 과거의 개정법안에도 어느 정도 담겨져 있었다. 그러나 소년범죄의 피해자가 목소리를 높이고 이

9) 1997년 2월부터 5월에 걸쳐 고베 시내에 살고 있던 14세의 중학교 3학년생 소년이 ① 노상에서 초등학생 여자아이 2명의 머리를 해머로 구타하여 상해를 입히고, ② 약 1개월 후에 초등학생 여자아이의 머리를 팔각망치로 구타하여 뇌좌상으로 사망하게 하고, ③ 그 10분 뒤에 다른 초등학생 여자아이의 복부를 소형 칼로 찔러서 상해를 입히고, ④ 그 후 약 2개월 뒤에 초등학생 남자아이의 목을 졸라 살해한 다음 시체에서 머리를 잘라 중학교 정문 앞에 방치한 사건이다. 소년은 의료소년원송치의 보호처분결정을 받았다.

10) 2000년 5월에 17세 소년이 승무원과 승객 22명이 탄 고속버스(사가현 출발·후쿠오카현 도착)를 탈취한 다음, 그 차내에서 여성 3명을 도축용 칼로 찔러 그 중 1명을 사망하게 하고 2명에게 중상을 입힌 사건이다. 가정재판소는 소년이 책임능력은 있지만 해리성 장애를 치료할 필요가 있고, 치료와 교육을 통해 소년의 성정을 고치고 피해자에 대한 참회의 마음을 가지게 하며 규범의식을 가르치기 위해서는 의료적 교정시설에 수용하는 것이 상당하다 하여, 역송하지 않고, 5년 이상이라는 의견을 붙여 의료소년원송치를 결정하였다.

에 대한 사회적 공감대가 크게 형성되는 상황에서, 소년범죄피해자에 대한 배려는 개정논의에 있어서 한층 더 확고한 위치를 차지하게 되었다.

뒤에 등장한 이 2가지 관점에서의 개정론은, 소년심판에서의 비행사실인정절차를 개선하려는 요청과는 달리, 소년사건을 취급하는 실무현장에서 내재적으로 나온 요구가 아니라 오히려 실무에 대한 비판적 시점을 포함하는 외재적 요인으로 자리매김할 수 있는 것이다. 그 때문에 이는 기존 소년법의 기본이념 및 이에 따른 실무운용과 정면으로 충돌할 가능성을 내포한 것이었다고 할 수 있다.

이와 같이 서로 다른 요청이 교차하는 가운데, 2000년에 의원입법의 형식으로 새로운 개정법안이 국회에 제출되어, 이것이 가결·통과되었다.

Ⅱ. 개정법의 내용

전술한 것처럼 2000년 개정은 (a) 소년사건에서의 처분 등의 근본적 재검토, (b) 소년심판의 사실인정절차의 적정화, (c) 피해자에 대한 충실한 배려를 3가지 중심축으로 하고 있다. 이 중 (a)는 구 법안에 전혀 포함되지 않았던 부분이고, (b)와 (c)는 구 법안의 내용을 이어받거나 확장한 부분이다.

1. 소년사건에서의 처분 등의 근본적 재검토

그 중심은 역송규정의 개정으로, 이는 역송가능연령의 인하와 이른바 원칙역송제도의 도입으로 이루어져 있다(본서 222면 이하). 단적으로 말하면, 살인과 같은 중대사건에서 소년보호절차와 형사절차, 나아가 그 결과로서의 보호처분과 형사처분의 관계를 재검토하여 종전보다 형사절차 및 형사처분의 비중을 높여야 한다는 생각이 개정의 바탕에 깔려 있다. 특히 원칙역송제도는 그 대상사건에 관하여 형사처분상당성의 내용 중 하나인 '보호부적(保護不適)'을 추정하는 것으로, 그러한 의미에서 소년사건의 처리에서도 응보와 일반예방을 중시하는 것이라고 할 수 있다. 이는 개개 소년의 개선교육을 통한 재비행의 방지라는 의미를 갖는 소년의 건전육성이란 틀 내로 포섭할 수 없는 제도이므로, 이러한 점에서 엄벌화로 평가할 수밖에 없다.

이 점은 동일한 중심축에 포함되는 다른 개정내용인, 소년에 대한 형의 감경규정의 개정(少 51조 2항) 및 가석방특칙의 개정(少 58조)을 보면 한층 더 분명해진다. 이들은 모두 범죄의 중대성을 고려한 소년에 대한 형사처분의 엄격화에 다름 아니다.

2. 소년심판의 사실인정절차의 적정화

이 중심축에 속하는 개정내용은 폐기되었던 구 개정법안의 내용과 거의 대응하는 것이다. 여기에는 ① 재정합의제도의 도입, ② 검찰관 및 변호사인 보조인이 관여하는 심리의 도입, ③ 관호조치기간의 연장, ④ 항고수리신청제도의 도입, ⑤ 보호처분종료 후의 구제절차의 정비가 포함된다.

전술한 것처럼, 이 부분에 대응하는 개정론은 비행사실의 인정이 곤란한 부인사건을 상정하여 기존 심판절차의 문제점을 지적하는 것이었는데, 그 근저에는 1960년대 후반부터 가정재판소의 실무가 확실한 방향성을 잡고 있었던 소년보호절차에서의 비행사실중시라는 사고방식이 깔려 있다고 생각된다. 이 방향성은 예를 들어, 심판의 대상론에서 요보호성과 함께 비행사실도 심판의 대상이라는 비행사실중시설이 통설적 지위를 차지하기에 이른 점, 나아가 가정재판소의 직권증거조사가 소년에게 유리한 방향은 물론 불리한 방향으로도 할 수 있다고 해석하게 된 점 등에서 나타나고 있다.

이와 같이 비행사실을 중시한다는 것은 실체면에서는 소년에 대한 처분을 결정할 때에 비행사실 자체의 경중을 고려한다는 생각이, 또한 절차면에서는 최종적인 처분이 어떠하든 우선은 소년이 저지른 비행사실을 명백하게 하는 것이 중요하다는 생각이 더욱 강해졌음을 의미한다. 이처럼 비행사실을 중시하는 사고방식이 이미 소년법의 해석과 운용에 반영되고 있었는데, 그러한 해석과 운용만으로는 해결할 수 없는 문제에 직면하면서 이를 해결하기 위한 법개정을 요구하는 방향으로 재판소가 움직였던 것은 어찌보면 자연스런 흐름이었다. 개정논의의 과정에서 비행사실인정절차의 개선이란 부분은 소년이 비행사실을 부인하는 경우를 염두에 두고 만들어진 경위도 있었기에, 이 부분의 개정내용에 대해서도 이를 엄벌화와 결부시켜 비판하는 견해가 적지 않았지만, 개정론의 바탕에 있는 사고는 엄벌론과는 다른 것이므로 그 비판은 핵심을 벗어난 것이었다고 볼 수 있다.

한편, 이 개정은 직권주의에 기초한 기존 심판절차의 구조 자체가 비행사실의 인정절차로서 문제가 있다는 인식을 전제로 한 것은 아니었으므로, 일부에서 주장되었던 것처럼 소년심판에 대심구조를 도입하는 내용까지 담지는 않았다. 오히려 본 개정은 비행사실의 인정절차에 한정하더라도, 직권주의구조가 재판소로 하여금 유연하고 비정형적으로 절차를 운영할 수 있도록 해주기 때문에, 소년의 건전육성이란 관점에서 바람직한 절차구조이고 이를 유지해야 한다는 사고에 입각한 것이다. 그 때문에 검찰관의 심판관여도 비행사실의 인정에 필요한 경우에, 그러한 한도에서 재판소의 허가를 얻어 심판의 협력자로서 관여하는 것으로, 비교법적으로도 보기 드문 관여형태이다.

이상과 같이 본 개정은 비행사실의 인정절차에 관하여 재판소의 입장에서 제도적인 불합리를 개선하려고 한 것이다. 따라서 그 개정내용은 소년심판에서의 소년의 절차적 권리보장과는 직접적으로 결부되어 있지 않다. 이 점에서도 적정절차보장을 하나의 축으로 하여 소년심판절차의 개정문제를 다루었던 1960년대 후반의 개정논의와는 차이가 있다. 다만, 이 점과 관련하여 2001년 소년심판규칙을 개정하면서 일정한 부분에서 조치가 이루어졌는데(본서 149~150면), 그 대부분의 내용은 기존의 운용을 확인함에 그치고 있다. 소년의 절차적 권리보장이란 관점에서 문제시되었던 상당 부분을 판례와 실무의 운용을 통해 해결하였다고는 하나, 비행사실인정절차의 개선이란 큰 틀에서 보면 그 부분에 대한 법적 조치가 누락된 감을 지울 수 없다.

3. 피해자에 대한 충실한 배려

구 개정법안이 제출된 이후 범죄피해자에 대한 사회적 관심이 더욱 높아졌고, 형사절차에서는 2000년에 이른바 범죄피해자보호를 위한 2법이 성립하여 발빠른 입법조치가 이루어졌다. 이러한 상황을 반영하여 개정법은 소년보호절차에서 피해자를 보호하기 위한 제도를 도입하였다. 이는 ① 피해자 등에 대한 심판결과 등의 통지, ② 피해자 등의 심판기록의 열람·등사, 그리고 ③ 피해자 등으로부터의 의견청취라는 3가지 내용으로 이루어져 있다(본서 123면 이하).

이들 제도는 그것이 소년의 건전육성에 기여하는지 여부를 문제 삼지 않고, 피해자 자신의 이익을 도모하기 위한 제도로 도입된 것으로서, 그러한 의미에서 소년법 안에 이질적인 것을 반입한 측면이 있다. 그와 동시에 피해자라는 존재가 소년법 안에 명시적으로 자리잡고 피해자가 소년보호절차 내에서 특별한 법적 지위를 가진다는 점이 명확하게 되었다. 다만, 본 개정으로 도입된 새로운 제도는 모두 소년의 건전육성을 방해하지 않는 범위 내에서 인정된다는 제약이 걸려 있다.

제 3 절　2007년 개정

Ⅰ. 개정에 이른 경위

2007년 개정은 (a) 촉법소년에 관계된 사건의 조사에 관한 규정의 정비, (b) 14세 미만 소년의 소년원송치의 승인, (c) 보호관찰 중인 자에 대한 새로운 조치의 창설, (d) 일반적인 국선보조인제도의 도입이란 4가지 중심축으로 이루어져 있다.

개정의 직접적인 계기가 된 것은 2003년부터 2004년에 걸쳐 발생한 저연령 소년이 저지른 일련의 중대사건이다.[11] 그러나 이와 동시에 이 시기에 정부도 내부적으로 소년비행에의 대응을 포함하여 범죄대책을 보다 폭넓은 범위에서 검토하고 있었고, 그 성과로서 2003년 12월에 청소년육성추진본부가 '청소년육성시책대강'을, 범죄대책각료회의가 '범죄에 강한 사회를 실현하기 위한 행동계획'을 공표하였다. 그리고 각각의 내용에서 소년비행대책의 일환으로 촉법사건에 대한 대응을 포함하여 일정한 사항에 대한 법률정비를 검토해야 한다고 제시하였다. 또한 이와 별도로 2001년 6월에 공표된 사법제도개혁심의회의 의견서도 일반적인 국선보조인제도의 도입을 적극적으로 검토할 것을 요구하였고,

11) 특히, 2003년 7월에 나가사키(長崎)에서 당시 12세였던 중학교 1학년생 남자소년이 4세의 남자아이를 기계식 주차장 옥상에서 밀어 떨어뜨려 살해한 사건, 다음해 2004년 6월에 사세보(佐世保)에서 당시 11세였던 초등학교 6학년생 소녀가 동급생을 커터칼로 살해한 사건은 사회에 큰 충격을 안겨주었다.

이를 계기로 법조 3륜이 도입에 관한 의견을 교환하고 있는 상황이었다.

2007년 개정은 이러한 움직임들이 복합적으로 작용한 것으로, 위 개정항목 중 (a) 및 (b)가 촉법사건에 직접적으로 대응하는 것임에 비해, (c)와 (d)처럼 촉법사건과 직접적으로 관계없는 것도 포함되어 있는 것은 이 때문이다. 또한 (a) 및 (b)에 대해서도 이미 이전부터 실무에서 문제가 지적되고 있었는데, 그러한 의미에서 본 개정은 사회의 이목을 집중시킨 사건의 발생을 계기로 이와 직접적인 관계가 없는 부분까지 포함하여 종전의 현안사항이 개정으로 이어졌다고 할 수 있다.

Ⅱ. 개정의 내용과 의의

본 개정의 중심이 되는 촉법사건의 조사규정의 정비는 경찰의 조사권한에 관한 명문의 근거규정을 두는 동시에 신병구속을 제외한 강제처분을 촉법사건에서도 인정하는 것이다(본서 33면 이하). 이 개정은 그때까지 촉법사건에서 경찰에게 충분한 조사권한이 없었고, 또한 아동상담소의 조사도 그 직원이 비행사실을 조사하기 위한 능력이 부족하였으며, 원래 비행 자체의 해명에 주안점을 두고 있지 않았으므로, 결국 어느 단계에서도 비행사실에 관한 충분한 증거가 수집되지 않은 채 가정재판소에 사건이 송치됨으로써 심리가 곤란해진다는 문제에 대응하는 것이었다. 따라서 이는 심판절차 자체의 개정은 아니지만 넓은 의미에서 비행사실인정절차의 개선이란 틀 안에 위치하는 것이다.

또한 촉법사건에 관하여는 아동복지기관선의의 원칙이 채택되어 있지만, 개정법은 조사규정의 정비와 함께, 일정한 중대사건에 있어서는 원칙적으로 아동복지기관이 가정재판소에 사건을 송치하도록 하였다. 이 역시 사건송치 이후에 가정재판소가 결정하는 종국처분의 내용과 관계없이, 사법절차를 통한 사실인정을 확보함으로써 사건처리의 투명성을 제고함을 목적으로 하는 것이므로, 비행사실의 중시라는 점에서는 위 개정과 동일한 의미를 가진다고 할 수 있다.

이와 같이 촉법사건에 관하여 소년법에 경찰조사를 위한 규정이 마련되고 일정한 중대사건에서 아동복지기관선의의 원칙이 실질적으로 수정된 것은, 14세 미만의 소년에 대한 소년원송치의 승인과 맞물려, 그때까지 촉법소년에 대하여 아동복지법에 따른 절차와 조치를 우선해 왔던 법체계를 일정한 범위에서 전환하려 했던 것으로 평가할 수 있을 것이다. 전술한 것처럼, 2000년 개정에서는 일정한 중대사건에 관해 소년보호절차와 형사절차의 관계에 변화를 주었는데, 본 개정에서는 아동복지절차와 소년보호절차 사이에 변화를 주었다고 할 수 있다. 비행소년에 관한 일본의 법체계는 아동복지절차, 소년보호절차, 형사절차가 상호 교차하고 있는데, 2번의 개정으로 중대사건에 관하여는 그 중심이 각각 후자의 방향으로 옮겨졌다고 할 수 있다.

제 4 절　2008년 개정

Ⅰ. 개정에 이른 경위

2000년 개정법은 이른바 5년 후 재검토규정을 두고 있었는데, 2000년 개정의 중심축의 하나였던 피해자에 대한 충실한 배려에 대하여는, 피해자 측으로부터 그 내용이 여전히 불충분하므로 계속된 제도개정을 요구하는 목소리가 있어, 그것이 5년 후 재검토 당시 중요한 검토항목이 되었다. 이에 더하여, 2004년에 '범죄피해자등기본법'이 성립하고, 이를 받아 2005년에 '범죄피해자등 기본계획'이 각료회의에서 결정되었다. 그런데 기본계획에는 그 내용 중 하나로 5년 후 재검토와 관련하여, '소년심판방청의 가부를 포함, 범죄피해자 등의 의견·요망을 반영하여 검토하고 그 결론에 따른 시책을 실시한다'라는 점이 제시되었다. 이러한 움직임에 따라 소년심판에서 범죄피해자 등의 권리이익을 한층 더 보호하기 위한 법정비에 관하여 법제심의회에 자문이 이루어졌고 그 답신을 거쳐, 소년사건에서 피해자를 보호하기 위한 새로운 개정의 실현에 이르렀다(본서 130면 이하).

Ⅱ. 개정의 내용과 의의

본 개정은 (a) 피해자 등의 소년심판방청을 허용할 수 있는 제도의 창설, (b) 가정재판소가 피해자 등에게 심판상황을 설명하는 제도의 창설, (c) 피해자 등의 기록의 열람 및 등사의 범위확대, (d) 피해자 등의 신청에 의한 의견청취 대상자의 확대, (e) 성인의 형사사건에 관한 가정재판소의 특별관할의 폐지[12]로 이루어져 있다. (a)부터 (d)가 피해자의 지위개선에 관한 내용이고 그 중심은 (a)피해자 등의 심판방청이다.

이들 개정으로 소년보호절차에서의 피해자의 권리이익의 보호는 한 단계 진전을 보았다. 다만, 심판의 방청이나 심판상황의 설명 모두 소년의 건전육성을 방해할 우려가 없는 범위 내에서 인정되는 것이므로, 그 점에서 본 개정도 2000년 개정 이래의 기본적 사고방식이 유지되고 있다.

제5절 2014년 개정

Ⅰ. 개정에 이른 경위

2008년 개정법 부칙은 3년 후 재검토에 관한 규정을 두고 있어, 이를 이행하는 형태로 법무성은 '2008년 개정소년법 등에 관한 의견교환회'를 개최하였다. 전술한 것처럼, 2008년 개정은 피해자 등의 심판방청을 중심으로 소년심판에서의 범죄피해자 등의 권리이익의 보호를 도모함을 주된 내용으로 하는 것이었으

12) 개정 전의 소년법 37조 1항은 아동복지법위반 등 소년의 복지를 해하는 성인의 형사사건에 대해서는 가정재판소가 제1심의 재판권을 가진다고 규정하고 있었다. 그 입법취지는 이러한 사건은 소년사건을 전문적으로 취급하여 소년을 잘 이해하고 있는 가정재판소가 취급하는 것이 적당하고, 또한 이러한 사건은 소년사건의 조사 등의 과정에서 발각되는 경우가 많으며, 증거관계도 대부분이 공통되므로 가정재판소가 취급하는 것이 편리하다고 생각했기 때문이다(平場 453면).

그러나 이에 대하여는, 형사사건을 담당하는 재판관도 소년에 대한 이해를 충분히 가지고 있어 적절히 대응할 수 있다는 지적이 있을 뿐만 아니라, 소년보호사건과 소년의 복지를 해하는 성인의 형사사건의 증거관계가 공통된다 하더라도 전자의 증거가 자동적으로 후자의 증거가 되는 것은 아니며, 더욱이 소년법 37조 1항에 규정된 사건과 그 이외의 사건이 병합죄의 관계에 있는 경우에는 가정재판소와 지방재판소 등에 별도로 공소가 제기되는 결과, 심리기간이 부당하게 길어지거나 병합심리된 경우와는 다른 형이 선고되는 등의 불합리가 발생하는 경우가 있다는 지적도 있었다(植村 383면 이하).

이에 개정법에서는 37조를 삭제하고 그러한 사건도 다른 사건과 동일하게 지방재판소 등에서 심리하도록 하였다. 이와 더불어 37조의 대상사건에 관하여 가정재판소에 부과되고 있었던, 검찰관 또는 사법경찰원에 대한 특별한 통지의무에 관한 규정(少 38조)도 삭제되었다.

므로, 의견교환회에서도 우선은 피해자 등의 심판방청이 의제로 다루어졌다. 구체적으로는 방청대상사건의 범위확대나 모니터에 의한 시청제도의 도입의 당부 등이 논의되어, 이를 요구하는 의견도 있었던 반면 신중론도 다수 제시되었다. 의견교환회에서는 그 밖에도 국선보조인제도 및 검찰관관여제도의 대상사건의 확대나 이른바 소년형벌의 재검토 등의 문제가 다루어졌다.

의견교환회에서의 논의와 그때까지 실무상 개정할 필요가 있다고 지적되어 왔던 사항들을 반영하여, 법무대신이 법제심의회에 자문 제95호를 발하였다. 이에 대한 심의와 답신을 거쳐 2014년 개정이 이루어졌다.

Ⅱ. 개정의 내용과 의의

본 개정은 크게 (a) 국선보조인제도 및 검찰관관여제도의 대상사건의 범위를 확대하는 부분과 (b) 소년의 형사사건에 관한 처분규정을 재검토하는 부분으로 나누어진다. 그때까지의 개정과의 관계라는 관점에서 보면, 전자는 그 연장선상에 있는 것이었고, 후자는 새로운 관점에서의 개정이라고 할 수 있다. 한편 의견교환회에서 문제되었던 범죄피해자의 권리이익의 확대를 도모하기 위한 제도개정은 애당초 자문내용에 포함되지 않았기 때문에 본 개정에서는 실현되지 않았다.

1. 국선보조인제도 및 검찰관관여제도의 대상사건의 확대

이 부분은 국선보조인제도와 검찰관관여제도의 대상사건을 '사형, 무기 또는 장기 3년을 초과하는 징역이나 금고에 해당하는 죄'라는 동일한 범위로 확대하는 것이다. 이러한 점에서 양자가 한 쌍이 된 개정처럼 보이고, 실제로도 국선보조인제도의 대상사건의 확대가 검찰관관여의 대상사건을 확대하는 하나의 근거가 되었다. 그러나 이 두 가지 문제는 본래 별개의 것이므로 양자를 분리하여 각각 대상사건을 확대할 필요성과 합리성이 있는지를 검토해야 할 것이다.

우선 국선보조인제도에 관하여는 확대할 필요성이 있다는 점에는 이론이 없었고, 문제는 이를 어디까지 확대해야 할 것인가 하는 점에 있었다. 이에 대해서는 특히 소년원에 송치되는 비율이 높은 우범사건을 포함하지 않았던 것이 비판받고 있지만,[13] 본 개정은 국가예산의 투입에 국민의 납득을 얻을 수 있을 지라는 점과 함께 피의자의 국선변호제도와의 연동이란 점도 고려하여, 일단 위와 같은 범위로 대상사건을 확대하였다. 따라서 추가적인 범위확대를 부정하는 것은 아니고, 이 점에 관해서는 앞으로의 상황을 지켜보면서 계속 검토해야 할 것이다.

다음으로 검찰관관여제도에 관하여는, 그 취지가 개정 전의 대상사건 이외의 사건에서도 타당할 뿐만 아니라, 실제로도 검찰관관여가 필요하다고 생각되는 사건이 존재하므로 그 범위를 확대할 필요성이 인정되었다. 다음으로 구체적인 범위에 대해서는 비행사실의 인정을 위하여 검찰관이 관여할 필요성이 인정되는 범위는 어디까지인가라는 고려와 함께, 국선보조인제도의 대상사건의 확대와 균형을 맞춘다는 점도 이유로 하여, 위와 같은 범위의 사건으로 정한 것이다. 또한 2000년 개정을 통해 검찰관관여제도를 도입한 후에도 당초 우려되었던 폐해는 발생하지 않았으므로, 향후 이러한 운영이 유지된다면 그 대상사건을 확대할 합리성도 긍정할 수 있을 것이다.

2. 소년의 형사사건에 관한 처분규정의 재검토

여기에는 ① 무기형의 완화형으로 선고되는 유기의 징역 또는 금고형의 상한을 15년에서 20년으로 인상하는 부분과, ② 부정기형의 규정을 재검토하는 부분이 포함되어 있다. 이 중, 부정기형을 재검토하는 부분의 중심내용은 장기와 단기의 상한을 각 10년과 5년에서 15년과 10년으로 인상하는 점에 있고, 무기형의 완화형의 상한인상은 이와 균형을 맞춘다는 관점에서 이루어진 것이다. 따라서 부정기형의 장기의 상한이 10년에서 15년으로 인상되었던 것이 본 개정의 출발점이라고 할 수 있다.

이와 같이 인상한 이유로는, 소년이 피해자의 생명을 빼앗는 흉악·중대한 범죄행위를 저지른 경우 등에서 소년에게 무기형을 과하는 것은 가혹하지만 5년 이상 10년 이하의 부정기형으로는 너무 가벼운 사안이나, 공범사건에서 20세

13) 武内, 構造 258면, 山口 251면.

를 조금 밑도는 소년이 주범이고 20세를 조금 넘은 성인이 종범의 역할을 수행한 사안 등 재판소의 적정한 양형이 곤란한 사안이 존재한다는 점이 제시되고 있다.

이 중, 후자인 공범사건의 처리문제에 관하여는, 당초 그러한 사태는 소년에 대해 성인보다 가벼운 형을 정하고 있는 데에 따른 것이므로 이를 고치지 않는 한, 아무리 소년에 대한 유기형의 상한을 높이더라도 문제를 해소할 수 없다. 따라서 본질적인 문제는 전자에 있다. 즉, 성인인 경우 유기형의 상한이 2004년의 형법개정으로 인상되어 30년이 된 것을 감안하면, 피고인이 소년이란 점을 고려해도 상한이 10년이란 것은 무기형과의 차가 지나치게 벌어진다. 그 결과 양형을 하는 재판관의 입장에서는, 소년의 형사책임에 비추어 무기형을 과할 정도는 아니지만, 유기형으로 할 경우에는 그 책임에 상응하는 형이 현행법상 존재하지 않는다는 사태가 발생하고,[14] 최근에는 그러한 불합리를 재판소가 명시적으로 지적한 판결도 등장하였다.[15] 본 개정은 이와 같은 과도한 간극을 메워 소년에 대해 그 책임에 합당한 형을 과할 수 있도록 하는 것을 목적으로 하고 있다고 평가할 수 있다.

14) 八木正一, "少年の刑事事件に関する立法論的覚書", 判タ 1191호, 2005, 65면, 角田正紀, "少年刑事事件を巡る諸問題", 家月 58권 6호, 2006, 16면, 植村 358면.

15) 大阪地堺支判 平成23・2・10(LEX/DB 25470389).

판례색인

사항색인

ㅇ

ㅎ

기타

저자 소개

◆ 川出敏裕(카와이데 토시히로)

1967년 기후(岐阜)현 출생

1989년 도쿄대학 법학부 졸업

1989년 도쿄대학 법학부 조수

1992년 도쿄대학대학원 법학정치학연구과 조교수

현　재 도쿄대학대학원 법학정치학연구과 교수

주요 저서

別件逮捕·勾留の研究(동경대학출판회, 1998년)

刑事政策(공저, 成文堂, 2012년)

역자 소개

◆ 황 순 평

경찰대학 행정학과 졸업, 일본 게이오대학대학원 공법학 석사

공인노무사, 경찰교육원 생활안전학과장

주요 저서·논문

피해자의 소년법상 지위(경찰학연구, 2009년)

생활안전경찰 판례연구 30선(경찰교육원, 2015년)

소년의 구속을 필요로 하는 '부득이한 경우'(경찰학연구, 2015년)

◆ 김 혁

경찰대학 행정학과 졸업, 일본 게이오대학대학원 공법학 석사

연세대학교대학원 형사법 박사, 경찰대학 경찰학과 교수

주요 저서·논문

경찰의 촉법소년 조사에 관한 연구(경찰학연구, 2010년)

회복적 사법의 이념 구현을 위한 경찰의 경미소년사건처리(경찰학연구, 2011년)

소년사건에서의 피해자의 정보권 보장을 위한 개선방안(피해자학연구, 2016년)

◆ 장 응 혁

경찰대학 행정학과 졸업, 일본 도쿄대학대학원 형사법 석사

고려대학교대학원 형법 박사, 경찰대학 경찰학과 교수

주요 저서·논문

범죄피해자 보호지원의 이론과 실무 Ⅱ(공저, 법무부·형사정책연구원, 2012년)

경찰의 소년범 처리절차에 대한 비교법적 연구(공저, 경찰법연구, 2013년)

비교경찰론(공저, 박영사, 2015년)

소년법

초판인쇄 2016년 9월 10일
초판발행 2016년 9월 15일

지은이 카와이데 토시히로
옮긴이 황순평·김혁·장응혁
펴낸이 안종만

편 집 전채린
기획/마케팅 강상희
표지디자인 권효진
제 작 우인도·고철민

펴낸곳 (주) 박영사
서울특별시 종로구 새문안로3길 36, 1601
등록 1959. 3. 11. 제300-1959-1호(倫)
전 화 02)733-6771
f a x 02)736-4818
e-mail pys@pybook.co.kr
homepage www.pybook.co.kr
ISBN 979-11-303-2914-7 93360

정 가 28,000원